中国

卷七

大歷史

明

任德山 毛双民 编著

世界图书出版公司
广州·上海·西安·北京

U0687372

图书在版编目（CIP）数据

中国大历史. 卷七，明 / 任德山，毛双民编著. --
广州：世界图书出版广东有限公司，2020.3（2022.5重印）
　　ISBN 978-7-5192-7353-8

　　Ⅰ. ①中… Ⅱ. ①任… ②毛… Ⅲ. ①中国历史—明
代—通俗读物 Ⅳ. ①K209

中国版本图书馆CIP数据核字(2020)第036047号

书　　名	中国大历史	
	ZHONGGUO DA LISHI	
编 著 者	任德山　毛双民	
责任编辑	梁少玲　卢雁君	
装帧设计	李腾月	
出版发行	世界图书出版有限公司　世界图书出版广东有限公司	
地　　址	广州市海珠区新港西路大江冲25号	
邮　　编	510300	
电　　话	（020）84452179	
网　　址	http://www.gdst.com.cn/	
邮　　箱	wpc_gdst@163.com	
经　　销	新华书店	
印　　刷	鑫艺佳利（天津）印刷有限公司	
开　　本	710 mm×1 020 mm　1/16	
印　　张	171.75	
字　　数	2 748千字	
版　　次	2020年3月第1版　2022年5月第2次印刷	
国际书号	ISBN 978-7-5192-7353-8	
定　　价	398.00元（全八册）	

版权所有　翻印必究
（如有印装错误，请与出版社联系）

前　言

在人类古文明中，中华文明是唯一的从未中断过的文明。在悠久的岁月中，中华民族共同开发了祖国的河山，创造了波澜壮阔的历史和独具风采的文化。历史承载着文化，文化辉映着历史，这是我们必须极为珍惜的宝贵财富。

历史不仅记录了过去，更重要的是深刻影响着现在和未来。今天生活在祖国土地上的人们就是中华民族先民的后裔，是同一种文明按照自身的规律演讲、发展、延绵、繁盛，以至于今。中华文明自始即具有本土性、多元性，展现出独特的风采。

中华民族具有巨大的凝聚力和包容性，其演变不是多元文明互相灭绝，而是互相整合。在长期的生息往来中，民族融合、文化交流，共同创造了灿烂的文明。中华文明还具有善于吸收域外异质文明的特点，对外来文化的消化和吸收，促进了中华文明的发展。

现在学习中国优秀传统文化蔚然成风，季羡林先生在生命的最后时光里为我们题写了"学习中国史，提倡大国学"这一寓意深刻的题词。国学是会通之学、根本之学，只有回到中华民族通史的丰厚土地上，我们才能真正理解和学好国学的百花万术。科学教育需要以通识为基础，方能有广阔的见识，有更大的发展。而通识总是在历史的坐标上才能对准真人真事，给我们以智慧的启迪。历史的辉煌鼓舞着我们要时刻焕发生机与自信，历史上的困难则提醒着我们永远要自强不息，安不忘危。

当人们溯历史的长河而上，通览各种知识和文化的产生、嬗变，体会文明的进程时，不仅会对创造了这些文明的先人们充满了温情与敬意，还会激发起自我创新文明的热情。

好的大历史要使人们对中华民族的历史有更为真实、全面的了解。中国史籍极为丰富，史学发达，近百年来更有长足进步。本部大历史运用了迄今为止中国史学公认成果，就是要保证历史的真实性。不仅所有的记录都出自正史，而且凡是可考的文物和历史人物都配有精美的图片以作诠释，细节的真实让读者读史时如亲临其境。

好的通史还要让人能一览上下五千年的全貌。本部大历史有民族的繁衍、文明的起源、帝国的更迭，历史事件与人物的成就；从政治、经济、文化到社会生活，做一全景式的展开，犹如一幅由远及近的画卷。中国文明曾经有光照世界的荣耀，也曾经历过苦难；有过科技创新和知识大量释出，走向"全球化"的开放，也曾闭关锁国、故步自封。这一切都给我们以警示。

本部大历史尽量做到叙事博洽和浅显，把中国历史的巨大图卷细心描绘，以使读者阅读时兴趣盎然。编著者像一个认真而充满爱心的讲解员，把读者带到历史大厦里边，深情地告诉大家："这就是我们不能忘记的过去，这里面有我们不可不知的遗产。"

任德山

普及中国历史，传承优秀文化

——学习季羡林先生为《中国大历史》题词感言

2009 年初，我受李克先生之托，到 301 医院请季羡林先生为即将出版的八卷本《中国大历史》题词，98 岁高龄的季老欣然命笔："普及中国史，提倡大国学。"这应该是季老百年生命历程中为出版物的最后题词，也是他始终关注历史文化知识普及、晚年再三强调的重要学术主张。季老认为，我们的"国学"应该是长期以来由多民族共同创造的涵盖广博、内容丰富的文化学术，而绝非乾嘉时期学者心目中以"汉学""宋学"为中心的"儒学"的代名词。也就是说，今天我们所要振兴的"国学"，绝非昔日"尊孔读经"的代名词或翻版，而是还中华民族历史的全貌，真正继承和发扬由生活在神州大地上的各民族共同创造的传统学术文化。因此，在八卷本《中国大历史》正式出版之后，我曾经写过一篇短文刊登在《光明日报》上，提出："季老再次重申应提倡'大国学'，值得引起出版、学术、教育界的关注。"

听八卷本《中国大历史》的策划者李克先生介绍，此书出版发行近三年来，多次重印，累计销售了 20 万册，受到了广大读者的欢迎。在书籍品种快速增长而总印数几乎停滞不前的情况下，这是十分可喜的。但是李克先生和他的团队并不满足于此，又邀请一些著名的历史学家对此书提出审改意见，认真地进行修订，使其精益求精，日臻完善，于是有了今天的《中国大历史》。

最近，《中共中央关于深化文化体制改革，推动社会主义文化大发展大繁荣若干重大问题的决定》强调要"建设优秀传统文化传承体系",指出:"优秀传统文化凝聚着中华民族自强不息的精神追求和历久弥新的精神财富,是发展社会主义先进文化的深厚基础,是建设中华民族共有精神家园的重要支撑。"中华大地是五十六个兄弟民族的共同家园,中国历史是各民族共生、共存、共发展的历史,中国传统文化是各民族共同创造的辉煌灿烂的多元一体文化,是共同拥有的精神财富——这就是"大国学"的基石。所以季老强调"'国学'就是中国的学问,传统文化就是国学","现在对传统文化的理解歧义很大。按我的观点,国学应该是'大国学'的范围,不是狭义的国学","国内各地域文化和五十六个民族的文化,就都包括在'国学'的范围之内"。今天,我们要建设优秀文化传承体系,就应该全面认识祖国传统文化,汲取历史的经验教训,跳出狭隘的"儒家""国学"的旧框架,以海涵神州的宽广胸怀,用放眼世界的远大眼光,努力探寻文化传承的规律。

要全面、正确地认识我们的传统文化,就必须普及准确的中国历史文化知识。而传播、普及文化知识的任务,主要靠学校、家庭和大众传媒来承担,其中历史文化精品读物担负重任,不可或缺。因此,注重史料的真实、严谨,注重新资料的开掘运用,注重立足现实、温故知新,注重文字通畅、图文并茂,达到学术性、可读性、现实性的统一,就成为这本《中国大历史》努力追求的目标。效果如何,有待广大读者来评判,而努力本身,则是值得我们肯定和鼓励的。

* 本文作者系中华书局编审,中国敦煌吐鲁番学会副会长兼秘书长,浙江大学、中国人民大学国学院兼职教授,敦煌研究院兼职研究员。

尊反中国史

提倡 大同学

守志林
山子文

本书特点

◎ 以权威严谨的学术成果为基础，强调生动的历史细节，将历史娓娓道来。从中华民族源起直至清朝结束，将一部五千年历史化作现代、生动的表述，让尘封的历史重新焕发神采。鲜活的历史化作了真实的故事，潜伏其中的规律与真相昭然若揭。摆脱枯燥抽象的术语，赋予历史以激动人心的魅力。

◎ 立足现实重读历史，揭示民族兴衰荣辱中的智慧与经验。历史对于读者最大的功能在于鉴古知今。预知未来是最大的智慧，而这种大智慧就寓于历史之中。西方史学家说："历史是现在与过去之间永无止境的问答交流。"我们从来没有像今天这样感到世界在迅速缩小，未来充满挑战，要瞻望未来，历史的智慧就越来越重要。本书力求总结出具有时代性的历史观和历史智慧，"以供社会之需"。

◎ 这是一部百科全书式的中国大历史，完全不同于过去通史单一的朝代更迭的政经内容。本书全面系统地讲述了中华民族创造的政治文明、经济成就、礼乐文明、军事智慧，以及汉字、中医药、艺术、四大发明等科技文明。阅读本书，犹如参观最新展陈、最全内容和最详实讲解的中国历史博物馆。

◎ 这是一部具有审美情趣的《中国大历史》。大史学家夏曾佑先生说："历史必资图画。"本书独创的图史体系，搜集了超过五千幅古代珍品书画作品和文物照片，让丰富的人物图、文物图、军事图和图片说明组成了一部前所未有的图说中国史，使读者读起来赏心悦目，余味无穷。

目 录

明朝，中国历史上一个即将转型的关键时代，先有朱棣（明成祖）派遣郑和下西洋，主动与海外诸邦交流沟通，后有西方传教士东来叩启闭关自守的大门。同时明代又是一个极中央集权的朝代，中国历代各朝无出其右者，而明太祖建立的庞大农村集团，又导向往后主政者不得不一次次采取内向、紧缩的政策，以应付从内、从外纷至沓来的问题。这些发生在有明一代错综复杂的历史事件，使明朝历史具备了极纵横曲折的多面性格，致令学史者必须谨慎细心地厘清，才能洞见真相。

——黄仁宇

明朝文明历程

明 朝（1368年—1644年）

明朝是汉族人在华夏大地上建立的最后一个封建王朝。其创建者为明太祖朱元璋，中经16帝，历国276年。洪武至宣德时期，是明代的强盛期。太祖朱元璋、成祖朱棣奉行开拓进取的统治政策，为明朝的繁荣发展奠定了坚实的基础。在永乐时期，国力已臻于强盛，在亚洲乃至世界上都居于领先水平。仁宗、宣宗继承明初成果，采取稳健务实的治国方略，开创了明代的太平之世"仁宣之治"。正统至隆庆时期，国家逐渐由强盛走向衰落，多次出现统治危机。宦官专权成为威胁王朝统治的一大毒瘤，吏治日益腐败，土地兼并现象严重，阶级矛盾日益激化。在内外交困之际，统治者仍不思进取，耽于游乐，使国势江河日下。万历后期，国家已是千疮百孔。到天启和崇祯时期，后金政权的崛起和农民起义的烈火，最终葬送了风雨飘摇的明王朝。

●明太祖朱元璋

1368年，朱元璋建立明朝，定都南京，年号洪武，是为明太祖。

1393年，凉国公蓝玉以谋反罪被诛。

1380年，左丞相胡惟庸以谋反罪被诛，牵连甚广。

●明成祖朱棣

1402年，燕王朱棣即帝位，是为成祖。

1414年，成祖率军攻打瓦剌部。

1405年，成祖派郑和率领船队出海。

1410年，成祖朱棣率五十万大军亲征漠北。

●明英宗朱祁镇

1435年，宣宗朱瞻基病逝，皇太子朱祁镇即位，是为英宗。

1452年，代宗将太子朱见深废为沂王，立自己的儿子朱见济为太子。

1449年七月，也先率瓦剌兵侵扰大同，王振挟英宗亲征。八月英宗在土木堡被瓦剌所俘，史称"土木堡之变"。

1457年，徐有贞、石亨、曹吉祥等人发动政变，拥戴英宗复位。

1510年，杨一清、张永平定安化王的叛乱。

明

| 1300 | 1350 | 1400 | 1450 | 1500 |

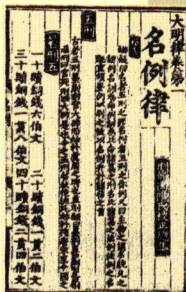

●《大明律》

1373年，朱元璋命刘惟谦等人编订《大明律》。

1376年，"空印案"发生。

1398年，明太祖朱元璋去世。皇太孙朱允炆即位，是为惠帝。

1399年，燕王朱棣举兵，发动"靖难之役"。

1382年，太祖朱元璋改仪鸾司为锦衣卫。

●锦衣卫木印

1408年，《永乐大典》编修完成。

●《永乐大典》

1450年，英宗获释回到北京，幽居南宫。

1424年，鞑靼阿鲁台出兵扰袭大同等地，成祖朱棣第五次亲征。成祖在北征途中驾崩，皇太子朱高炽即位，是为仁宗。

1425年，朱瞻基登上帝位，是为宣宗。

1487年，太子朱祐樘即位，是为孝宗。

1468年，西北地区的少数民族在满四的带领下起兵反明，响应人数号称十万。

●明宪宗朱见深

1464年，朱见深即位，是为宪宗。

●皇都积胜图（局部）。《皇都积胜图卷》描绘了明朝京城及郊区的繁盛景况。该图所选部分为瓮城至大明门一段画面。瓮城内、棋盘街上行人如织、商户云集，热闹非常。

●明宪宗元宵行乐图（局部）。此画卷出自明代宫廷画师之手，描绘了明宪宗朱见深正月十五在皇宫里庆贺元宵节游玩的各种情景。图中身着便服的明宪宗坐在殿前围帐中，侍臣们立于两旁，殿上悬有彩灯，一派繁华。

1519年，宁王朱宸濠在南昌正式举兵反叛。

1616年，建州女真族首领努尔哈赤在赫图阿拉称汗，定国号为后金，建元天命。

1573年，张居正实行"考成法"，以考核各级官吏的政绩优劣。

1637年，宋应星所撰科技巨著《天工开物》刊行于世。

1571年，穆宗下诏封俺答汗为顺义王。

●明世宗朱厚熜

1521年，朱厚熜以藩王身份即皇帝位，是为明世宗。大礼议之争开始。

●张居正

●《天工开物》

明

1550　　　　1600　　　　1650　　　　1700

1524年，因大礼议之争，廷杖大臣一百余人，有十多人丧命。

1627年，袁崇焕等率军击退后金大汗皇太极围攻锦州（今属辽宁）、宁远（今辽宁兴城）的军队。史称"宁锦大捷"。

1577年，张居正提出清丈全国土地。

1550年，俺答汗大举入侵，史称"庚戌之变"。

1581年，张居正在全国范围内推行一条鞭法。

●明神宗朱翊钧

1561年，倭寇大举侵犯台州，戚继光率兵抗倭。李时珍开始撰修《本草纲目》。

1644年，农民起义领袖张献忠在成都正式建国，国号大西，年号大顺，称大西王，以成都为西京，建立了大西政权。李自成在西安正式建国，国号大顺，年号永昌，改西安为西京。崇祯帝自缢于万岁山，明朝灭亡。

●明军与倭寇激战

1620年，神宗去世，太子朱常洛即位，是为光宗。

明 朝

空前集权 七下西洋 市民社会

　　明朝是中国封建社会历史发展进程中的一个重要的转折时期。它将专制主义中央集权的政治体制推到一个新的阶段，社会经济远远超过了前代的最高水平，并从中酝酿着新旧交替的冲动，从而展现出了丰富多变的时代风貌。

　　元朝末年，天下大乱，爆发了以红巾军为主体的元末农民战争。太祖朱元璋崛起于布衣之间，在强敌环伺的形势下，审时度势，消灭群雄，开创了大明基业。明朝建国后，他凭一人之力，一手创建了明朝的各种政治、法律制度，几乎一人完成了明朝延续近三百年的机构设置。成祖朱棣发动靖难之役，登上了皇帝的宝座，草创了影响深远的内阁制度。通过这些大刀阔斧的改革措施，奠定了明朝政治体制的基本格局。北元势力退回到漠北草原，为明朝提供了一个有利的外部环境，在元末动乱中受到严重破坏的社会生产得到了恢复和发展。到了永乐年间，国家的综合国力，在亚洲乃至世界上，都居于前列。成祖凭借着雄厚的经济实力，派遣郑和多次出使西洋各国，促进了明朝政府与西洋各国之间的友好往来，显示出明朝在世界上的影响力。仁宗和宣宗二帝虽然没有雄才大略，却堪称守成之主，在他们的统治下，明朝进入了一个稳定、强盛的时期，史称"仁宣之治"。

　　总的说来，这段时期政治清明，国力蒸蒸日上，堪称明朝的盛世。

　　到了正统（1436 年—1449 年）至正德（1506 年—1521年）年间，国家开始逐渐走向衰落。长期相对稳定的政局，使统治者怠于政事，奸佞之徒得以窃取大权，造成宦官和权臣交替专权的局面。在经济上，土地兼并之风日炽，上至皇帝王公、下至普通地主，无不巧取豪夺，大肆侵占农民的土地。农民经济状况不断恶化，流离失所，纷纷起义，沉重打击了明朝的统治。鞑靼、瓦剌部兴起，屡叩边关，朝廷失去了定国安边的强大实力，处于内外交困之际。

　　到了嘉靖中后期，国家面临的形势已经相当严峻。统治阶级更加腐朽，朝廷中朋党林立，势同水火。漠北蒙古势力日益强大，不时率兵南下骚扰。与此同时，倭寇也不断入侵东南沿海，甚至窜至南京，形成了"南倭北虏"的局面。面对这种危机四伏的局面，统治阶级内部的一些有识之士，主张政治改革，以缓和社会矛盾。张居正就是其中的佼佼者。作为一位出色的政治家，他雷厉风行地展开了一系列的改革，给日渐衰颓的明王朝带来一种新的气象。

　　张居正去世后，改革宣告失败，明朝的统治也自此走向了穷途末路。统治者不思进取，首辅秉政与宦官专权交错更替，政局非常混乱。天启年间，魏忠贤专政，更加剧了政治的危机。在经济方面，商品经济繁荣，但贫富分化十分严重，土地高度集中。到了崇祯元年（1628 年），一场农民起义的风暴席卷了中原大地。东北的建州女真建立后金，与明朝一争长短。明廷无力招架，节节败退，终于被李自成领导的大顺农民军所推翻。清朝又击败李自成，坐收渔翁之利。

　　明代的社会经济远远超越了前代，到了嘉靖年间，社会经济日益繁荣，兴起了一大批市镇，商品经济不断发展。

　　随着经济的发展，在思想文化领域出现了不同于以往的新气象。从明代中期开始，心学便取代了理学的主流地位，出现了反传统的异端思想。在文学方面，出现了许多反映市民生活的名篇巨著。这些变化都是明朝时代风潮的缩影。

　　明朝在科学技术方面也取得了很高的成就，如造船技术、航海技术、机器制造、火器制造等都有长足的发展，还出现了像李时珍、徐光启、宋应星、徐霞客这样的科技巨匠。明朝的科技水平在当时已居于世界前列。

绿地云蟒纹妆花缎织成的褂料

朱元璋：平民皇帝

宪宗行乐：市民趣味

李自成称王：明朝覆灭

出警图画：皇权威仪

明朝世系：

太祖朱元璋 >> 惠帝朱允炆 >> 成祖朱棣 >> 仁宗朱高炽 >> 宣宗朱瞻基 >> 英宗朱祁镇 >>
代宗朱祁钰 >> 英宗朱祁镇（二次继位）>> 宪宗朱见深 >> 孝宗朱祐樘 >> 武宗朱厚照 >>
世宗朱厚熜 >> 穆宗朱载垕 >> 神宗朱翊钧 >> 光宗朱常洛 >> 熹宗朱由校 >> 思宗朱由检

明朝大事索引

时　间	事　件
1368 年	朱元璋建立明朝，定都南京，年号洪武，是为明太祖。
1373 年	朱元璋命刘惟谦等人编订《大明律》。
1376 年	"空印案"发生。
1380 年	左丞相胡惟庸以谋反罪被诛，牵连甚广。 朱元璋废除中书省及宰相，分设吏、户、礼、兵、刑、工六部，分管朝政。
1382 年	朱元璋改仪鸾司为锦衣卫。
1385 年	"郭桓案"爆发。
1386 年	朝廷规定工匠"轮班"制，各地工匠轮流到京城服役，每三年为一班。
1393 年	凉国公蓝玉以谋反罪被诛。
1398 年	明太祖朱元璋去世。皇太孙朱允炆即位，是为惠帝。
1399 年	燕王朱棣举兵，发动"靖难之役"。
1402 年	燕王朱棣即帝位，是为成祖。
1405 年	成祖派郑和率领船队出海。
1407 年	郑和第二次出使西洋。 阐化王、护教王、赞善王奉朝廷之命，修建了从四川雅州（今四川雅安）到乌斯藏的驿道。
1408 年	《永乐大典》编修完成。
1409 年	郑和第三次出使西洋。
1410 年	成祖朱棣率五十万大军亲征漠北。
1413 年	郑和第四次出使西洋。 明廷封萨迦派尚师昆泽思巴为大乘法王，领天下释教。
1414 年	成祖率军攻打瓦剌部。
1417 年	郑和第五次出使西洋。
1421 年	明朝正式迁都北京。 郑和第六次出使西洋。
1422 年	朱棣第三次亲征漠北。
1423 年	鞑靼阿鲁台率军袭扰明朝边境，朱棣第四次亲征。
1424 年	鞑靼阿鲁台出兵扰袭大同等地，成祖朱棣第五次亲征。成祖在北征途中驾崩，皇太子朱高炽即位，是为仁宗。
1425 年	朱瞻基登上帝位，是为宣宗。
1431 年	郑和第七次出使西洋。
1434 年	宣宗封宗喀巴弟子释迦也先为大慈法王。
1435 年	宣宗朱瞻基病逝，皇太子朱祁镇即位，是为英宗。
1445 年	叶宗留率矿工起义。

时 间	事 件
1449 年	七月也先率瓦剌兵侵扰大同，王振挟英宗亲征。八月英宗在土木堡被瓦剌所俘，史称"土木堡之变"。
1450 年	英宗获释回到北京，幽居南宫。
1452 年	代宗将太子朱见深废为沂王，立自己的儿子朱见济为太子。
1457 年	徐有贞、石亨、曹吉祥等人发动政变，拥戴英宗复位。
1464 年	朱见深即位，是为宪宗。
1465 年	荆襄流民在刘通、石龙的领导下起义。
1468 年	西北地区的少数民族在满四的带领下起兵反明，响应人数号称十万。
1479 年	宪宗命汪直巡边。
1487 年	太子朱祐樘即位，是为孝宗。
1488 年	孝宗采纳大臣的建议，重新开设大小经筵。
1492 年	孝宗正式下诏，改革盐法。
1507 年	武宗下令在紫禁城西北筑建"豹房"。
1510 年	杨一清、张永平定了安化王的叛乱。
1517 年	武宗朱厚照在宣府建造了"镇国府"。
1519 年	宁王朱宸濠在南昌正式举兵反叛。
1521 年	朱厚熜以藩王身份即皇帝位，是为明世宗。 大礼议之争开始。
1524 年	因大礼议之争，廷杖大臣一百余人，有十多人丧命。
1550 年	俺答汗大举入侵，史称"庚戌之变"。
1561 年	倭寇大举侵犯台州，戚继光率兵抗倭。 李时珍开始撰修《本草纲目》。
1571 年	穆宗下诏封俺答汗为顺义王。
1573 年	张居正实行"考成法"，以考核各级官吏的政绩优劣。
1577 年	张居正提出清丈全国土地。
1581 年	张居正在全国范围内推行一条鞭法。
1583 年	努尔哈赤以其父"遗甲十三副"起兵，率兵攻打尼堪外兰的驻地图伦城。
1592 年	哱拜纠合儿子哱承恩、义子哱云及土文秀等人，唆使军锋刘东旸发动叛乱。 丰臣秀吉正式发布出征朝鲜的命令。 明朝派副总兵祖承训、游击史儒率五千人支援朝鲜。
1593 年	巡抚王继光奉命进剿杨应龙的叛军。
1616 年	建州女真族首领努尔哈赤在赫图阿拉称汗，定国号为后金，建元天命。
1627 年	袁崇焕等率军击退后金大汗皇太极围攻锦州（今属辽宁）、宁远（今辽宁兴城）的军队。史称"宁锦大捷"。
1637 年	宋应星所撰科技巨著《天工开物》刊行于世。
1644 年	农民起义领袖张献忠在成都正式建国，国号大西，年号大顺，称大西王，以成都为西京，建立了大西政权。李自成在西安正式建国，国号大顺，年号永昌，改西安为西京。崇祯帝自缢于万岁山，明朝灭亡。

盛世：一统山河日月明

明太祖朱元璋出身寒微，在元末群雄中脱颖而出，建立了大明王朝。经过了元末的长期战乱，整个社会还处在百废待兴之中。朱元璋励精图治，主持制定了明朝政治、经济、军事、法律、文化等方面的各项制度，推行了一系列有利于经济恢复的政策，取得了显著的成就。明成祖朱棣开拓进取，使永乐时期明朝的国力臻于极盛。明仁宗、明宣宗二朝，仍处于大明王朝的鼎盛时期，被誉为"仁宣之治"。一时"吏称其职，政得其平，纲纪修明，仓庾充羡，闾阎安乐，岁不能灾。盖明兴至是历年六十，民气渐舒，蒸然有治平之象焉"。或称"明有仁、宣，犹周有成、康，汉有文、景，庶几三代之风焉"。

明太祖

明太祖朱元璋，原名朱重八，字国瑞，濠州钟离（今安徽凤阳东北）人。1368 年，在扫平各地的残余势力后，于南京称帝，国号大明，年号"洪武"。

从游僧到皇帝

元朝末年，政治腐败，各路英雄揭竿而起，爆发了以红巾军为主体的元末农民起义。朱元璋以一介游方和尚之身加入红巾军，与群雄逐鹿中原，最后开创了一个新的朝代。正如《明史》所言："太祖以聪明神武之资，抱济世安民之志，乘时运，豪杰景从，戡乱摧强，十五载而成帝业。崛起布衣，奄奠海宇，西汉以后所未有也。"

出身贫寒

自古以来，中国人的家世观念十分浓厚，祖先崇拜的表现也十分突出。《荀子·礼论》说："天地者，生之本也；先祖者，类之本也……无天地，恶生？无先祖，恶出？"正因为如此，中国人特别重视家世，有修家谱的传统，喜欢从祖先辉煌的历史中寻找成功的依据。历史上许多血统并不高贵的乱世豪杰在登上帝位后，往往要请一个身世显赫的古人作为自己的祖宗，如隋文帝杨坚请到了汉代太尉杨震为其先祖，唐高祖李渊一直将其先祖推到了春秋时代的老子身上。

在中国历代帝王中，朱元璋的身份十分特殊。他出身贫寒，从一名小和尚一步一步走向权力的巅峰，成为一国之君。这种传奇性的人生经历给他的生平笼罩上了一层迷雾。

朱元璋即位后，一些人揣摩他的心理，便将南宋大儒朱熹作为他的先祖。朱熹是徽州（今江西婺源）婺源人，按照明代的地域划分，是朱元璋的同乡。

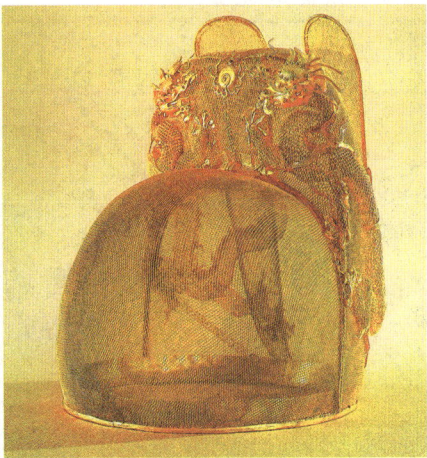

金冠

此金冠用极细的金丝编制而成，冠顶两条蟠龙构成龙戏珠状。此冠制作精细，表现了明代杰出的金丝工艺。

对一个封建皇帝来说，难能可贵的是朱元璋从不隐瞒自己卑微的身世。他命令大臣详细记录他的身世和经历，将自己贫寒的身世原原本本地告诉世人和子孙。这些大臣出于种种顾虑，不愿意直接描写朱元璋当年的窘境，不免稍加润饰。他对这些稍加粉饰的文字并不满意，在许多文章中坦率地谈到了自己的家世，其中最具代表性的就是他在洪武十一年（1378年）所作的《御制皇陵碑》。

明代学者徐祯卿的《翦胜野闻》中，引用了朱元璋亲笔所作的《朱氏世德碑》碑文，详细记载了朱元璋的身世。朱元璋的朱姓宗族出自金陵（今江苏南京）之句容，家住朱家巷，地属通德乡，世代以务农为生。因生计所迫，其先祖几经迁徙，曾迁往泗州盱眙县（今江苏盱眙），在父亲朱五四这一代又举家来到濠州钟离县东乡（今安徽凤阳）。元朝天历元年（1328年）九月十八，朱元璋来到人世。关于朱元璋的出生，民间流传着许多神化的传说。

为了标榜"君权神授"，增强自己统治的合法性，历代帝王的出生都有许多神化的传说，朱元璋也不例外。据《天潢玉牒》记载，在朱元璋出生之前，朱元璋的母亲陈氏遇到一个道士，道士给陈氏一粒大丹，陈氏吞下大丹后不久，就生下朱元璋。在朱元璋出生之时，自东南飘来一股白气，香气弥漫，历经一夜都没有散去。《明太祖实录》中也有类似的记载："母陈氏，方娠，梦神授药一丸，置掌中有光。吞之，寤，口余香气。及产，红光满室。自是夜数有光起，邻里望见，惊以为火，辄奔救，至则无有。比长，姿貌雄杰，奇骨贯顶，志意廓然，人莫能测。"但是现存的《明太祖实录》曾历经两次重修，其可靠程度一直令人怀疑。《明史》因循旧说，也记载了一些这样的

清代年画《洪武出世》
朱元璋幼时家贫，以为地主家牧牛为生。此年画表现的就是这一场景。

故事。因年代久远，朱元璋出生时是不是"白气贯室""红光烛天"，都已无从考证。

关于朱元璋的出生地，也出现了两种说法：其一是泗州盱眙县说；其二是濠州钟离说。那么朱元璋到底出生在何处呢？

《凤阳花鼓》是一首流传广泛的安徽民歌，歌中唱道："说凤阳，道凤阳，凤阳是个好地方。自从出了朱皇帝，十年倒有九年荒……"原来明朝时濠州钟离和泗州盱眙都隶属于凤阳府，因此可以说朱元璋生在凤阳。

在《御制皇陵碑》上有这样的记载："皇考五十，居钟离之东乡，而朕生焉。"但是这里有一个至今无法解释的疑问。根据朱元璋的自述，父亲朱五四在六十四岁去世，朱元璋当时为十七岁，那么朱元璋出生时父亲就应该是四十七岁。而朱元璋又提到他的父亲是在五十岁时来到钟离东乡，那么朱元璋的出生地就不可能是钟离东乡。朱元璋的出生地到底在何处，这个问题还有待于学者进行进一步的研究考证。

出家为僧

堂堂大元，奸佞专权。开河变钞祸根源，惹红巾万千。官法滥，刑法重，黎民怨。人吃人，钞买钞，何曾见？贼做官，官做贼，混愚贤。哀哉可怜！

这首元朝末年民间广为流传的《醉太平小令》，深刻地暴露了元末政治的腐败和社会的黑暗。在这样的一个时代下，朱元璋的父亲朱五四尽管一生辛苦劳作，却依然过着贫困的生活，往往"取草之可茹者，杂米以炊"。

朱元璋原名朱重八，这是因为在当时平民百姓是没有权利取名字的，只是用行辈，或出生日期，或用父母的年龄合算一个数目作为称号。朱元璋这个名字是他参加红巾军后才取的。

朱元璋曾经念过几个月的私塾，后因家境贫困而辍学。为了生活，他曾给地主放牛，结识了徐达、汤和、周德兴等许多放牛娃。朱元璋从小就聪明过人，敢作敢当，大家都把他当作头目看待。一次大家正在山中放牛，突然感到饥肠辘辘，由于离收工的时间还早，又不敢回去。朱元璋就从牛群中拉出一头小牛崽。孩子们恍然大悟，七手八脚地宰杀了这头小牛，美美地饱餐了一顿。饥肠辘辘的孩子们将牛肉全部吃光后，才意识到自己闯了大祸，开始互相埋怨起来。这时朱元璋挺身而出，吩咐大家把小牛崽的皮骨埋好，用沙土遮盖了血迹，并把牛尾巴牢牢地插在石缝里。回去之后，他便对地主谎称小牛钻进了山洞，夹在石头缝里，无法拉出来了。地主知道有诈，就把朱元璋毒打一顿，并且不再让他放牛了。朱元璋虽然丢掉了饭碗，还挨了一顿打，但却赢得了大家的感激和信赖。

元顺帝至正四年（1344 年），淮河流域发生了多年不遇的旱灾。紧接着又发生蝗灾，蝗虫铺天盖地，所到之处颗粒无收。百姓们还在为一日三餐发愁，谁料到祸不单行，瘟疫又起，人畜大批地死亡。不少人家相继病死，成为绝户。朱元璋一家也难逃厄运，先是父亲染病，没过几天就离开了人世，紧接着大哥和母亲也相继病死。这一年朱元璋年仅十七岁，家里穷得连棺材也买不起，在邻居们的帮助下，才将亲人草草埋葬。朱元璋称帝后，在《御制皇陵碑》中伤心地写道："殡无棺椁，被体恶裳。浮掩三尺，奠何肴浆！"

当时灾祸连年，田地荒芜，已经没有办法再留在家乡了。正在朱元璋一筹莫展之际，好心的邻居汪妈妈就给附近的一所寺庙的主持送了点礼，求他们收下朱元璋。这所寺庙当时叫於（wū）皇寺，朱元璋称帝后，洪武十六年（1383 年）在原址东北十五里处命人加以重建，改名为皇觉寺，后又改名为大龙兴寺。朱元璋为了生计，就来到於皇寺，成为一个小行童。所谓行童并不是真正的和尚，比和尚还要低一级。朱元璋在庙里辈分最小，地位最低，每天都要干一大堆杂活，还要忍受师父的责骂和师兄的刁难。日子虽然不好过，总算还可以图个一日三餐。但是好景不长。於皇寺虽然有许多土地，但由于严重的天灾，大部分为於皇寺耕种的佃户也逃亡了，僧人们也开始为一日三餐发愁。朱元璋做了不足两个月的行童，於皇寺的住持就打发僧众四处云游，化缘度日。最后朱元璋也被迫加入化缘的行列，流浪四方。此后荒山

六祖像图轴

此图为明代丁云鹏所绘。丁云鹏善画佛像，尤精白描。此图描绘了僧侣于树下诵经、辩论经义的场景。

弥勒佛像

据《弥勒上生经》和《弥勒下生经》记载，弥勒佛生于婆罗门家庭，后为佛弟子，先佛入灭，上生于兜率天内院，经四千岁当下生人间，于华林树下成佛，广传佛法。

古寺便成为了他的安身之所，他只有靠别人的施舍方能勉强度日。"南历金、斗，西抵光、息，北至颍州"，可见朱元璋的足迹踏遍了淮西、豫南一带。

元朝末年，北方的韩山童、刘福通和南方的彭莹玉都利用明教、弥勒教和白莲教等宗教形式进行起义的宣传活动。明教又叫作"摩尼教"，是3世纪一个名叫摩尼（Mani）的波斯人综合了波斯拜火教、印度佛教和犹太罗马的基督教而创立的新宗教，在唐朝时传入我国。而"弥勒教"的历史最为神秘，所谓弥勒是指释迦牟尼成佛后的次一佛陀，是梵文Maitreya的音译，意思是"慈氏"，也就是最后降生人间的佛陀。据佛经记载，弥勒出生于古印度波罗奈国的一个婆罗门家庭，是释迦牟尼的弟子。释迦牟尼临死前告诉弟子，再过若干年，弥勒佛将重新出世，人间将变得无比美好。"白莲教"是中国人创立的一个佛教支派，与崇拜"阿弥陀佛"的净土宗不无渊源。早在两宋时期，弥勒教与摩尼教就出现了融合的趋势，主张"释迦佛衰，弥勒佛当持世"。到了元末，弥勒教、摩尼教与白莲教相互融合，在民间广泛流传"明王出世""弥勒降生"等教义，成为起义造反的理论工具。朱元璋在淮西一带云游时，正值彭莹玉在这一带宣传弥勒教，秘密进行起义的组织活动。朱元璋很快就接受了起义造反的思想，这为他日后投奔红巾军埋下了伏笔。

元顺帝至正八年（1348年），朱元璋回到於皇寺。这三年来，他开阔了眼界，增长了见识。据《皇朝本纪》载："（朱元璋）复入皇觉寺，始知立志勤学。"在青灯古佛之下，他开始发奋读书，阅读了大量的书籍。至正十一年（1351年）五月，白莲教教主韩山童在颍州（今安徽阜阳）白鹿庄聚众起义。之后彭莹玉、徐寿辉在湖北组织起义，土豪方国珍、盐贩张士诚也先后在浙江和苏北起兵反元。因起义军头裹红巾，身穿红衣，被称为"红巾军"。在短短的几个月内，红巾军起义的烈火燃遍了大江南北。朱元璋虽身处佛门，内心却早已不能平静。

至正十一年（1351年）二月，定远（今安徽定远）土豪郭子兴联合孙德崖等人响应红巾军起义，在濠州（今安徽凤阳）起兵。次年起义军袭杀州官，占领了濠州城，郭子兴自称元帅。元朝派来镇压濠州红巾军的军队，不敢攻城，却在

马皇后

马皇后，安徽宿州人。她早年丧母，被郭子兴夫妇收养为义女，后嫁与朱元璋为妻。朱元璋建立明朝之后，册封马氏为皇后。洪武十五年（1382 年），五十一岁的马皇后病逝，谥号孝慈。《明史》赞扬马皇后："母仪天下，慈德昭彰。"

城外乱抓百姓，以此来报功请赏。就连和尚也可能被当作乱民，於皇寺已经不安全了。这时朱元璋接到儿时伙伴汤和的一封信。汤和曾和朱元璋一起放牛，比朱元璋大几岁，在外面闯荡几年后投奔了郭子兴，因军功当上了千户。汤和对朱元璋的能力非常有信心，劝他"速从军，共成大业"。朱元璋看过信后，"既忧且惧"，一直犹豫不决。不久一位师兄偷偷地告诉他，汤和来信邀他参军之事已经泄露出去了，有人扬言要去报官领赏。

何去何从，朱元璋一时拿不定主意。他在伽蓝神面前祷告，用两个杯珓算一算吉凶。朱元璋发愿说，如果起义可以取得成功就请神显示两个阴珓，结果真的得到了双阴珓。被逼上绝路的朱元璋终于下定决心，离开於皇寺，投奔红巾军。

投奔郭子兴

至正十二年（1352 年）闰三月初一，天刚蒙蒙亮，朱元璋就来到了濠州城下。当时两军对峙，红巾军的防范也很严密。守城军士认为朱元璋是元朝奸细，打算要杀掉他。朱元璋知道多说无益，只是宣称要求见大帅，却不说所为何事。守城军士不敢贸然行事，就通报了郭子兴。

朱元璋见到郭子兴后，从容不迫，侃侃而谈，给郭子兴留下了很好的印象。再加上汤和的书信，朱元璋就被留了下来。加入红巾军后，由于办事周全，心思缜密，朱元璋很快就升为九夫长，成为元帅郭子兴帐下的亲兵。他每次作战总是冲锋在前，从不贪图战利品，得到赏赐时还会平分给部下，因此很得人心。郭子兴认为朱元璋是个难得的人才，将他视作心腹，对他宠信有加。后来郭子兴还把养女马氏嫁给他，并给他取名元璋，字国瑞。郭氏一家对朱元璋日益亲厚，朱元璋在军中的威望也日益提高，军中称其为"朱公子"。

当时濠州城里有五位元帅，孙德崖等四人都是农民出身，大字不识，与郭子兴的意见时常相左。郭子兴瞧不起他们，双方不断发生摩擦。久而久之，矛盾日益尖锐，孙德崖等四人就采取各种方法排挤郭子兴。

至正十二年（1352 年）九月，徐州的红巾军首领彭大、赵均用被元军所败，投奔濠州。孙德崖等四人本想借助彭大、赵均用的力量铲除郭子兴，却被彭、赵二人反客为主。在赵均用的煽动下，孙德崖等人终于发难，趁郭子兴单独外出的机会，将他抓到自己家的地窖里，打算把他杀了。此时朱元璋身在淮北，听说郭子兴有难后，连夜赶赴濠州。他分析形势后，认为郭子兴素来与彭大交好，此事的主谋应该是赵均用。第二天朱元璋陪着郭子兴的两个儿子到彭大处告状，当面陈说利害，请彭大主持公道。彭大带领人马，同朱元璋一起包围了孙德崖的家，救出了郭子兴。这场内讧就这样过去了，但将帅们之间的矛盾日益激化，濠州城已成是非之地。至正十二年（1352 年）十二月，元朝大将贾鲁包围了濠州城，大敌当前，五人只好将怨恨放到一边，共同御敌。至正十三年（1353 年），贾鲁去世，"元兵解围去"，城内的义军也伤亡惨重。于是朱元璋就回到家乡招兵买马，儿时伙伴徐达、周德兴和乡里很多青年都来投军，很快就建立起一支七百人的队伍。郭子兴喜出望外，当即升任朱元璋为镇抚，并把这支部队交给他率领。朱元璋正式成为带兵的军官，有了自己的人马。

此时郭子兴虽名为大元帅，却没有什么实权。他越来越多疑，只相信自己的儿子。随着朱元璋的羽翼渐丰，郭子兴对朱元璋的态度也发生了变化，将朱元璋帐下的得力干将一个一个地调到自己的帐下，逐渐剥夺了朱元璋的兵权，还对他百般刁难。一次郭子兴把朱元璋关进了禁闭室，朱元璋的妻子马氏想到丈夫饿着肚子，就偷偷到厨房拿些热饼，藏在怀中，送给朱元璋。当她把热饼拿给朱元璋时，胸前的皮肤都被烫坏了，朱元璋大为感动。朱元璋的处境日益艰难，马氏深明大义，将自己的私房钱全部拿出来，交给朱元璋去上下打点。就这样朱元璋渡过了这场危机。

至正十四年（1354 年）正月，朱元璋与郭子兴失和后，决定离开濠州独立发展。为了不引起郭子兴的猜疑和反对，他将原来率领的队伍留给了郭子兴，只带着徐达、汤和、吴良、吴祯、花云、陈德、顾时、费聚、耿再成、耿炳文、唐胜宗、陆仲亨、华云龙、郑遇春、郭兴、郭英、胡海、张龙、陈桓、谢成、李新材、张赫、张铨、周德兴等二十四人南下，攻打定远。这二十四人不仅对朱元璋忠心耿耿，而且才干过人，后来都成为明朝的开国功臣。

这时定远县同其他混乱地区一样，兵匪如蝗，军寨林立。有的是游兵团

太祖兵取金陵府
此图出自《皇明英烈图》。表现的是
1356 年朱元璋率兵攻取南方重镇金
陵的场景。

聚，有的是财主结寨自保。收降这些散兵游勇，是壮大势力的最好途径。朱元璋看准了这一点，智取了定远县的驴牌寨，收编了这支三千多人的队伍。不久他就凭借着自己手中的这支人马，乘胜夜袭占据横涧山、拥兵数万的缪大亨。缪大亨在睡梦中慌忙迎战，毫无准备，士兵伤亡惨重。迫于形势，缪大亨只得率领剩下的两万多人投降了朱元璋。朱元璋在不断扩大自己力量的同时，建立了严明的军纪，仁义之声远近闻名，深得民心。很多人都带着队伍主动归附，朱元璋的实力得以迅速扩大。

当时冯国用、冯国胜两兄弟，是远近闻名的才子，二人靠着祖上留下的一些产业，专好习刀弄剑，攻读兵书，结交天下豪杰。他们对朱元璋很是佩服，主动前来归附。朱元璋向冯家兄弟请教夺取天下的大计，冯国用回答道："书生有六字相告。"朱元璋急忙虚心请教。冯国用接着说："'有德昌，有势强。'建康（今江苏南京）虎踞龙盘，帝王之都，拔而取之以为根本，成有势之强。然后命将出师，倡仁义，收人心，不贪子女玉帛，则为有德之昌。而后天下可定。"听到这番话，朱元璋茅塞顿开，就将冯氏兄弟留在了身边，冯氏兄弟因此成为朱元璋最早的幕府参谋。

当时起义军的成分十分复杂，其中有投降的元朝官军，也有收编的地方武装，所以不少士兵养成了抢掠奸淫的恶习。为了成就大业，朱元璋下定决心整顿部队，严肃军纪，使自己的部队成为一支仁义之师。他听从了冯氏兄弟的建议，制定了向南京发展，并以南京为根据地向四方扩张的战略计划。

经营江南

在刘福通、韩山童揭竿而起之时，朱元璋还是一个到处化缘的游方和尚。当徐寿辉自立为帝，建立"天完政权"时，他还是个半僧半俗之人。当陈友谅坐拥雄兵百万、张士诚占据江南之时，他还是郭子兴帐下的一个无名小卒。朱元璋礼贤下士，制定了正确的发展战略，在短短几年的时间里就以南京为中心，建立了自己的根据地，这不能不令人佩服。

朱元璋凭借着手中这支训练有素的队伍，一举拿下了滁州城。此战最大的收获不在于得到滁州城，而在于朱元璋得到了他日后的左膀右臂李善长。李善长，原名元之，祖籍安徽歙县，生于元延祐元年（1314年），比朱元璋大十四岁。他家道殷实，自幼饱读诗书，善于揣摩人的心理。因不满元朝的腐朽统治，李善长弃文经商，成为定远一带有名的大财主。他一直关注着形势的变化，密切地注视着各路英雄的动向，希望能辅佐一位明主，开创一番事业。当朱元璋凭借着胆识与智慧迅速崛起之时，李善长认为朱元璋是位难得的明主，便决定投奔朱元璋。

至正十四年（1354年），四十一岁的李善长求见朱元璋。朱元璋大喜过望，二人都有相见恨晚之感。一次，朱元璋问李善长说："现在天下大乱，到处都在打仗，什么时候才能天下太平呢？"李善长说："秦朝末年，也这样大乱过。汉高祖刘邦是平民出身，因为他气量大，知人善用，从不滥杀无辜，只花了五年时间就统一了天下。现在元朝政治这样混乱，天下土崩瓦解，您何不向汉高祖学习呢？"此后朱元璋便以汉高祖为榜样，礼贤下士，有了吞并天下的远大志向。李善长成为朱元璋帐下的记室（秘书官），深得朱元璋的信任，一切机密谋议朱元璋都会与李善长相商，并认真听取他的意见。朱元璋还让李善长负责协调诸将关系，由此李善长在淮西诸将中享有很高的威望。

至正十五年（1355年），郭子兴病死了。小明王任命郭子兴的儿子郭天叙为都元帅，朱元璋为左副元帅。不久郭天叙阵亡，朱元璋成为大元帅，他接管了郭子兴的旧部，实力更加强大。至正十六年（1356年）二月，朱元璋大破元朝水军，攻克南方重镇集庆（今江苏南京），斩杀了元朝江南行台御史大夫福寿等人，元朝水寨元帅康茂才等率众投降。朱元璋改集庆为应天府，设立天兴建康翼统军大元帅府，以廖永安为统军元帅，以赵忠为兴国翼元帅；设立淮兴镇江翼元帅府，以徐达、汤和为统军元帅；设立秦淮翼元帅府，以俞通海为元帅；设立广兴翼行军元帅府，以邓愈为元帅。

同年小明王设立江南行中书省，任命朱元璋为中书省平章政事、右丞相、吴国公。朱元璋以李善长、宋思颜为行中书省参议，李梦庚、郭景祥为左右司郎中；设立江南行枢密院，以徐达、汤和为行枢密院同金；设立帐前总制亲兵都指

康茂才

康茂才，明朝开国大将。元朝末年，他联结义兵保卫家乡，并因功授都元帅。朱元璋攻克集庆（今江苏南京）后，他率部投降。1368 年，他跟从徐达经略中原，攻取了汴、洛。后留守陕州二年，继续从征定西，进取兴元。后病死于归途中，被追封为蕲国公。

挥使司，以冯国用为都指挥使；设立前、后、左、右中五翼元帅府，以华云龙、唐胜宗，陆仲亨、邓愈、陈兆先、张彪、王玉、陈本等为元帅；设立镇抚司、提刑按察司、兵马指挥司、理问所，负责稽查、监察、司法；设立营田司，负责屯田、农事等。这样行政、军政、司法等机构就大体完备了，朱元璋在江南正式建立了政权机构。

攻下应天府之后，朱元璋占有的地盘虽然还很小，但整个局势却对他非常有利。这时北方小明王、刘福通率领的红巾军主力牵制着元朝的主力部队，使元军无暇顾及他这样的红巾军小首领。朱元璋的东面是张士诚，西面是徐寿辉，在他们之间还夹杂着一些小的地方割据势力以及一些孤立的元军据点。朱元璋与张士诚、徐寿辉之间经常发生摩擦，但江南元军的势力还没有完全消灭，他们还有共同的敌人。再者此时张士诚、徐寿辉的实力还不足以兼并朱元璋。这样朱元璋就得到了一个很好的发展机会。

至正十七年（1357 年），朱元璋攻下了徽州，召见名儒朱升，请教夺取天下的计策。朱升向他提出了三条战略："高筑墙，广积粮，缓称王。"第一条是扩充兵力，巩固后方；第二条是发展生产，储备粮食；第三条是不图虚名，暂不称王。

朱元璋听取了朱升的意见，留朱升在军中办事，并制定了一个在两淮、江南地区"积粮训兵，待时而动"的策略。

所谓"高筑墙"，是指扩充兵力，巩固后方，建立巩固的根据地。朱元璋夺取应天府之后，在应天大兴土木，并以应天为中心，向东扩展，逐渐控制浙东，巩固了自己的势力。所谓"广积粮"，是指发展生产，储备粮食。当时的军队每到一处，都采取抢掠或强征的方法来得到军粮，老百姓的生命财产没有保障，纷纷逃走，这样军队的粮食供应便会出现问题，这在当时是一个普遍存在的问题。朱元璋刚过江的时候，采取的也是抢掠和强征的办法，称之为"检刮寨粮"。为了减轻农民负担，朱元璋强调"惠爱加于民，法度行于军"，在军队里面设都水营田司，任命康茂才任都水营田使，专门负责屯田种地、兴修水利。朱元璋还命诸将在各地开垦粮田，制定章程，以生产量的多少来决定赏罚。同时他推行民兵制度，组织农村丁壮一面练武，一面耕种。一年后康茂才的屯区所生产的粮食不仅可供本部队的军饷，还有了存粮。这些措施不仅增强了日后战胜群雄的经济实力，还得到百姓们的拥戴。与此同时，朱元璋还在自己的势力范围内，设立了盐法局和茶引制度，向商人收税。所谓"缓称王"是指不图虚名暂不称王。因此朱元璋为了避免树大招风，在形式上一直对小明王保持臣属关系。直到朱元璋改称吴王后，文告中的第一句话仍是"皇帝圣旨，吴王令旨"，表示自己仍是小明王的臣属。

同年朱元璋派兵先后攻下镇江、广德（今安徽广德）、长兴（今浙江长兴）、常州、江阴、常熟、池州（今安徽池州贵池）、徽州（今安徽歙县）、扬州等地，占据了应天府周围所有的战略据点。这样从战略上看，东面起自江阴，沿太湖南岸至长兴形成一条阻挡张士诚西进的防线；北面是友军，只需用少数的兵力来维持地方秩序；西线与天完政权接壤，采取以守为攻的战略；南面的宁国、徽州是向浙东（指浙江钱塘江以东以南的地区）挺进的先头阵地，需要派重兵把守。此时浙东的元军与元朝的主力部队完全隔绝，势单力孤，最容易取得成功。朱元璋清楚地看到了这一点，集中力量向南扩展。

到了至正十九年（1359年）年底，朱元璋已经占据了从江苏南京、太湖以西，南经江苏、安徽、浙江三省交界处，到浙东的一带的广大地区，实力大大增强。次年三月，朱元璋礼贤下士，将刘基、叶琛、宋濂、章溢四大名士请到应天。朱元璋诚恳地说道："我为天下屈四先生，今天下纷纷，何时定乎？"章溢回答："天道无常，唯德是辅，唯不嗜杀人者能一之耳。"这句话大有深意，令朱元璋肃然起敬。一天朱元璋问陶安："这四个人同你相比怎么样？"陶安回答："臣谋略不如刘基，学问不如宋濂，治民之才不如章溢、叶琛。"于是朱元璋命刘基参谋政务；任宋濂为江南等处儒学提举，兼做长子朱标的老师；任命章溢、叶琛为营田司佥事，负责民事。并专门建造礼贤馆供他们居住，对他们恩礼备至，人称"四先生"。在这四位先生中，尤以刘基的功业最大。刘基出身于名门望族，自幼聪明好学，有神童之誉。元至顺四年（1333年），二十三岁的刘基一举考中进士，开始进入官场。据《明史》记载，刘基"博通经史，于书无不窥，尤精象纬之学。西蜀赵天泽论江左人物，首称基，以为诸葛孔明俦也"。此时元朝政治腐败，刘基虽然富有才干，但宦

伯温计破陈友谅
此图出自《皇明英烈图》。1360 年，义军统帅朱元璋两次邀请隐居青田的刘伯温出山。刘伯温出山之后，积极地为朱元璋出谋划策，并为其制订了"先灭陈友谅，再灭张士诚。然后北向中原，一统天下"的战略方针。朱元璋依照刘伯温制定的战略，于 1368 年，在南京登基称帝，建立大明王朝。

海生涯屡遭贬抑。刘基来到朱元璋的大军后，成为参赞军务的谋士。他"自谓不世遇，知无不言。遇急难，勇气奋发，计画立定，人莫能测"，为明王朝的建立和发展立下了汗马功劳，朱元璋尊其为"吾子房（张良）也"。刘基为母亲奔丧时，朱元璋在给刘基的信中非常谦卑地写道："顿首奉书伯温老先生阁下。"

朱元璋知人善任，礼贤下士，天下英雄无不归心，武有徐达、汤和、邵荣、常遇春、俞廷玉等一批骁勇善战的武将，文有李善长、朱升、刘基、叶兑等一批足智多谋的谋臣，这些人无一不是一时之选。朱元璋胸襟宽广，善于争取敌军的将领。康茂才本是元朝水军元帅，投降后得到了重用，立下无数战功，死后被追封为蕲国公。

经过数年的卧薪尝胆，朱元璋不仅在元军和诸豪强的夹缝中生存了下来，还不动声色地建起了一支强大的军事力量。他以避强击弱为发展战略，在东部以防为主，防中有攻，对南部则是稳扎稳打，步步推进，以应天为中心，控制了皖南，夺取了婺州（今浙江金华）、衢州、处州（今浙江丽水）等地，成为了称雄一方的霸主。

建立西吴政权

朱元璋取得浙东后，他的领土东、北两面与张士诚相接，西邻陈友谅，东南邻方国珍，南邻陈友定。在这些割据势力中，方国珍、陈友定志在保土割据，对朱元璋威胁不大。张士诚对元朝首鼠两端，也没有多大野心。陈友谅势力最强，占据着朱元璋的上游，野心勃勃，是朱元璋最主要的敌人。

陈友谅本是沔阳府玉沙县一个渔民的儿子，略通文义，做过县吏。徐寿辉起兵后，他在大将倪文俊手下做了文案，屡立军功，"为领兵元帅"。至正十六年（1356年）正月，徐寿辉在汉阳称帝，建立天完政权，而实权则落在了大将倪文俊的手中。九月，倪文俊企图加害徐寿辉，事情泄露后逃往黄州，被陈友谅所杀。陈友谅自立为宣慰使，又称中书平章，将天完政权牢牢地把持在自己手里。至正二十年（1360年）五月，陈友谅派人杀死了徐寿辉，自立为帝，"以采石五通庙为行殿，即皇帝位，国号为汉，改元大义"。他占据了江西、湖南和湖北一带，地广兵多。徐寿辉的一些旧部疑忌不安，怕遭到陈友谅的毒手，纷纷来投降朱元璋。陈友谅称帝后不久，就率领强大的水军沿江东下，与张士诚相约夹攻朱元璋，准备成功后瓜分朱元璋的领地。

刘基来到应天后，朱元璋就曾向他征求对目前军事形势的意见。刘基认为："陈友谅是最危险的敌人。张士诚目光短浅，胸无大志，只满足于割据一方，没有什么值得忧虑的。陈友谅势力最强，版图最大，拥有精兵利舰，又占据我方的上游，来势凶猛，必须集中力量先打败他。陈友谅势力虽然强大，但他杀君胁众，部众离心，人民疲敝，不难取胜。消灭陈友谅的势力后，张士诚势孤力单，便不敢出兵。这样应天城就没有了后患，可一举而定。我们再北向中原，必定可成王业。"朱元璋接着问道："如何打败陈友谅呢？"刘基说："陈友谅自恃人多势众、装备精良，骄傲轻敌。如果采用诱敌深入之计，用伏兵截击，定能取胜。"朱元璋听后茅塞顿开。

等陈友谅东下的军报传来时，应天城里的文官武将众说纷纭，有的主张投降，有的主张弃城，有的主张抵抗。朱元璋召刘基商讨对策。刘基认为："我们必须与陈友谅决一死战，不能弃城而逃。目前我们与陈友谅的力量相差悬殊，首先要避免两线作战，一定要争取主动，集结主要兵力给陈友谅以迎头痛击，这样张士诚便不敢轻举妄动。而争取主动最好的方法就是诱敌深入。"朱元璋采纳了刘基的意见，决定伏兵智取陈友谅。这时康茂才便成为了一个关键的棋子。

朱元璋在攻打集庆时招降了元朝的水军元帅康茂才，康茂才本是陈友谅的好友，归顺后一直备受器重，对朱元璋忠心耿耿。在朱元璋的授意下，康茂才亲笔写信给陈友谅诈降，说自己愿做内应。康茂才在信中说自己守的是

鄱阳湖水战

此图反映的是鄱阳湖水战时的激烈场面。在这次战役中，朱元璋以少胜多，大败陈友谅，为其日后称帝打下了良好的基础。图画带有神话色彩，暗示了神助朱元璋取胜。

江东桥，当陈友谅大举进攻之时，他就把这座木桥吊起来，使陈友谅的战船直达应天城下，同时还约好了接应信号。

同年六月，陈友谅接到信后，深信不疑，迫不及待地率领主力部队直奔江东桥。这时朱元璋派大将胡大海进攻广信，切断了陈友谅的后路，在陈友谅的行军路线上埋下伏兵，并连夜命人将江东桥改为石桥。陈友谅率船队来到江东桥后，发现是座石桥，方知其中有诈，急忙命令船队返航，并直驶龙湾（今江苏南京沿江六渡口之一），在那里离船上岸，整编部队。朱元璋在卢龙山（狮子山）掌控全局，见陈友谅的部队已进入包围圈，便挥旗进攻，霎时伏兵四起，把陈友谅的部队团团围住。陈友谅的大军被打得丢盔弃甲，死伤无数，逃到江边后又发现已经退潮，许多船只搁浅在岸边。在这场战役中，陈友谅的大军元气大伤。朱元璋俘获了七千多名俘虏，缴获了百余艘大船，数百艘小船。张士诚见状，果然未敢轻举妄动。不久朱元璋乘胜追击，又攻取了太平、安庆、信州（今江西上饶）、袁州（今江西宜春）等地，进一步巩固了胜利成果。

此时中原地区的形势发生了很大的变化。在元军的反攻下，小明王被迫退到安丰（今安徽寿县），红巾军内部发生了分裂，由盛转衰。元军在击败红巾军后，也陷于内部的争斗之中，无心南顾。至正二十三年（1363年），张士诚派大将吕珍攻打安丰，刘福通派人向朱元璋求救。朱元璋不顾刘基的反对，决定亲自带兵救援安丰。当朱元璋赶到时，刘福通已壮烈牺牲，朱元璋击退吕珍，将小明王接到滁州（今安徽滁州）。朱元璋对小明王表面上供养优厚，实际上则将他软禁了起来。

当朱元璋赶赴安丰时，陈友谅乘虚而入。六月陈友谅率大军包围了洪都（今江西南昌），同时攻下了吉安、临江等地。陈友谅制造了数百艘巨型战船，上下三层，船尾可当作攻城的云梯，企图采取战船攻城术。朱元璋吸取了太平失守的教训，改建了洪都的城墙，离河岸后退三十步。这样陈友谅就无法利用战船的优势来攻城，而只有弃舟登岸，采取陆战。洪都被围了八十多天，陈友谅也一直未能取胜。朱元璋在解除安丰之围后，亲率二十万大军救援洪都。朱元璋在到达湖口后，就派兵扼守鄱阳湖通往长江的水道，切断了陈友谅的后路。陈友谅得知朱元璋的援军到了，急忙撤去围城的部队，退至鄱阳湖迎战，从而爆发了规模空前的鄱阳湖水战。

陈友谅的水军战船又高又大，用铁索相连，一字排开，远远望去像山一样。朱元璋的水军全是些小船，双方实力悬殊，朱元璋屡屡战败。这时部将郭兴向朱元璋献策："双方的兵力相差太远，硬拼不是办法，不如采取火攻。"朱元璋采纳了郭兴的意见，派出一支敢死队驾着七支小船，内装火药和芦苇，借着风势，冲入敌军船阵，并乘机放火。刹那间，火借风势，风助火威，江面被大火染成了一片红色。陈友谅的船队因连接在一起，无法逃跑，死伤惨重。此后陈友谅又接连打了好几个败仗，只好带兵突围。陈友谅带着残兵败将来到鄱阳湖湖口，在这里又与朱元璋的伏兵相遇。由于连连失利，陈友谅的部队士气低落，很多将士都投降了朱元璋。战场上飞矢如雨，陈友谅被一支冷箭射中头部，当场丧命。主帅一死，部队更是人心离散。鄱阳湖水战一直持续了三十六天之久，战况十分激烈。之后朱元璋对刘基说："我真不该不听先生的建议到安丰去，如果陈友谅乘机直取应天，我便进无所成，退无所守了。但陈友谅却反而去攻打洪都，在那里被困了三个多月，让我有充分的时间来布置。他出此下策，怎么会不灭亡呢？"鄱阳湖水战之后，朱元璋回到应天，命部将攻取武昌。武昌城坚难攻，朱元璋便采取围困的方法，同时分兵攻下湖北诸州县。

这样朱元璋就吞并了陈友谅的残余势力，大汉政权灭亡。至此朱元璋扫除了发展道路上的最大威胁。至正二十四年（1364年）正月，朱元璋在应天府（今江苏南京）自立为吴王，置百官司署，但仍奉小明王为皇帝，用龙凤纪年，对外发布命令称"皇帝圣旨，吴王令旨"，史称"西吴政权"。

群雄俯首

朱元璋吞并了陈友谅的势力后，实力大为增强。至正二十五年（1365年）十月，朱元璋挥师东进，将矛头对准了"吴王"张士诚。徐达、常遇春、胡廷瑞等水路并进，讨伐张士诚。

张士诚，小字九四，秦州白驹场（今属江苏盐城大丰）人。早年以贩盐为生，元朝末年，张士诚率领一帮盐贩子起事。至正十四年（1354 年），张士诚占据高邮，自称诚王，国号大周。至正十六年（1356 年），张士诚以平江（今江苏苏州）为都城，改名为隆平郡。经过七八年的扩张，其所据土地"南抵绍兴，北逾徐州，达于济宁之金沟，西距汝、颍、濠、泗，东薄海，二千余里，带甲数十万"。张士诚的领地盛产粮食，饶有鱼盐桑麻之利，最为富庶。他"外迟重寡言，似有器量，而实无远图"，对部下赏罚不明。朝中大臣整日只知寻欢作乐，武将们每遇战事，都谎称有病，直到张士诚加官赐爵后方才率部出军。打仗之时，这些大将还随身带着妓女解闷。胸无大志的张士诚，"既据有吴中，吴（地）承平久，户口殷盛，渐骄纵，怠于政事"，养尊处优，只图保住一块地盘尽情享乐。自称吴王后，终日不理政事，整日里与一批文人谈古论今，舞文弄墨。其弟张士信和其女婿潘元绍把持大权，贪渎无能，"金玉珍宝及古法书名画，无不充溢。日夜歌舞自娱"。此时张士诚的统治集团已经腐朽不堪，无力阻挡朱元璋的进攻。

朱元璋首先将目标对准大周境内的苏北、淮河流域，在短短的七个月里，就占领了通州（今江苏南通）、兴化、盐城、秦州、高邮、淮安、徐州、安丰等地，使张士诚的军力局促在长江以南。

至正二十六年（1366 年）八月，朱元璋命左相国徐达为大将军，平章常遇春为副将军，统兵二十万攻打张士诚。朱元璋采取了儒士叶兑的计策，先攻打平江的外围地区，分散敌人的军力，使张士诚的军队疲于奔走，再逐一击破，最后直取平江。朱元璋亲自誓师，再三严明军纪，严禁烧杀抢掠，不许部将挖掘坟墓，特别是注意保护平江城外张士诚母亲的坟墓，以免引起百姓的抗拒心理。在出师的同时，朱元璋又发布檄文声讨张士诚。檄文中列举了张士诚的八条大罪，并指斥弥勒教为妖术。这表明朱元璋已经背叛了红巾军，以承顺天命的王者自居，要承继王朝的正统。

朱元璋的大军势如破竹，不到几个月就攻取了绍兴、嘉兴、海宁等地。十一月朱元璋的大军合围苏州。苏州此时虽是一座孤城，但城坚粮足，一时难以攻克。朱元璋在城外筑起长长的围墙，派兵四面立营，屯田固守，断绝了城中与外界的一切联系。张士诚走投无路，只能坐以待毙。小明王死后，朱元璋于至正二十七年（1367 年）正月去龙凤年号，称吴元年。同年九月，苏州城破，张士诚被俘，后自缢而死。朱元璋"得城中兵民二十余万"，消灭了张士诚的割据政权。朱元璋从下令讨伐张士诚，到攻取苏州城，总共用了一年多的时间。他愤恨当地人对张士诚的忠心，即位后对这一带收取的田赋特别重。

朱元璋消灭了张士诚的力量后，占据了现在湖北、湖南、河南的东南部、江西、安徽、江苏和浙江，而这些地方正是全国最富庶、人口最稠密的地区。

这时局势已经有了根本性的变化，朱元璋凭借着手中的强大实力，开始了统一天下的大业。

在平江快要被攻克之时，朱元璋又派军攻打浙江的方国珍，并很快取得胜利。次年正月，朱元璋平定了福建的陈友定，又乘胜南进，击败了盘踞在两广地区的元朝残余势力，从而展开了与蒙元朝廷争夺全国政权的北伐战争。

朱元璋洞观全局，运筹帷幄，为部下做出大的方略，而具体作战则交给手下的大将。朱元璋认为，直接攻打大都（今北京）是十分危险的，如果不能很快地取得胜利，就会进退失据。而应用斫树的方法，先去枝叶，再去老根。他提出了一整套完整的作战计划，先取山东，撤其屏蔽；回师河南，破其藩篱；进据潼关，扼其门户。此时东、南、西三面的军事据点都被我军掌握，再围攻大都，元政府势单力孤，自然会不战而取。攻取大都后，云中、九原及关陇一带，皆可席卷而下。

至正二十七年（1367 年）十月，朱元璋派徐达、常遇春率领二十五万大军挥师北上，并亲自制定了周密的作战计划。大军临行之前，朱元璋告谕全体军士："此行非必略地攻城，要在削平祸乱，以安生民。凡遇敌则战。若所经之处，及城下之日，勿妄杀人，勿夺民财，勿毁民居，勿废农具，勿杀耕牛，勿掠人子女。或有遗弃幼孤在营，父母或亲戚来求者，即还之。"为了瓦解元军的斗志，朱元璋发布檄文告谕北方百姓，在檄文中提出"驱逐胡虏，恢复中华。立纲陈纪，救济斯民"的口号。同时又指出，蒙古、色目等族如愿为臣民者，"与中夏之人抚养无异"。这就表明朱元璋北伐大军是正义之师，北伐的目的是为了将中原百姓从异族统治和阶级压迫中解救出来，新政权的合法性不言而喻。

至正二十七年（1367 年）十一月，徐达率军平定了山东全境，继而兵分两路，进军河南。大军所向披靡，元朝将领纷纷归附。北伐战争按照朱元璋的计划全面展开，并取得了很大的胜利。这时朱元璋已经占据了中原、江南和闽广等地，局势已经十分明朗，李善长率文武百官奉表，劝朱元璋称帝。

至元二十八年（1368 年）正月，朱元璋建立了明朝，年号洪武，此年即为洪武元年，建都于南京，是为明太祖。同年三月，北伐军已对元大都形成了包围之势。元顺帝见孤城难守，慌忙带着后妃、太子逃往上都（今内蒙古中部地区）。八月徐达率领大军攻进大都（今北京），元朝在中原九十余年的统治宣告结束。朱元璋之所以能够取得成功，究其根本原因，在于顺应了历史潮流，顺应了民意。北伐大军旗帜鲜明，得到中原广大百姓的支持，一个生机勃勃的大明帝国诞生了。

洪武四年（1371 年），明朝大军平定四川。洪武十四年（1381 年），傅友德率大军攻打云南。次年大军获胜而归。洪武二十年（1387 年），冯国胜、

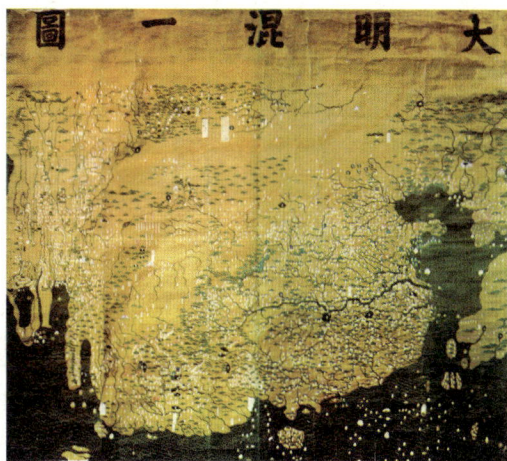

大明混一图
该图绘成于洪武二十二年（1389年），属行政区
域图。地图以大明王朝的版图为中心，东起日本，
西达欧洲，南括爪哇，北至蒙古，是我国目前已
知尺寸最大、年代最久、保存最完好的古代世界
地图。

傅友德、蓝玉率大军攻打辽东元朝残将纳哈出，纳哈出被迫投降，朱元璋顺
利地完成了统一大业。

明太祖重典治国

明太祖朱元璋南征北战，开创了大明王朝。他雄才大略，一手创建了明
朝的各种政治、法律制度，几乎一人完成了明朝延续三百年的机构设置。
为了巩固政权、循正吏治，他采取"以猛治国"的方针，甚至连功臣宿将
也不放过。这种刚猛的治国手段一方面有力地保证了政局的稳定，对统一
战争的顺利进行、经济的恢复与发展都起到积极的推动作用，另一方面也
将民主精神扼杀殆尽，对中国历史的发展有着不可忽视的消极影响。

《大明律》与《大诰》

明朝建立后，百废待兴，朱元璋实行了一系列巩固政权的政策。他非常
重视法律的制定。他明确提出，"礼法，国之纲纪。礼法立，则人志定，上
下安。建国之初，此为先务"，"纪纲法度，为之本"。《大明律》和其后的
《大诰》遂应运而生。

据《明史·刑法志》记载，元朝至正二十五年（1365年），朱元璋占领
武昌后即着手议订律令。元至正二十七年即吴元年（1367年）十月，朱元
璋命左丞相李善长为律令总裁官，参知政事杨宪、傅瓛，御史中丞刘基，翰

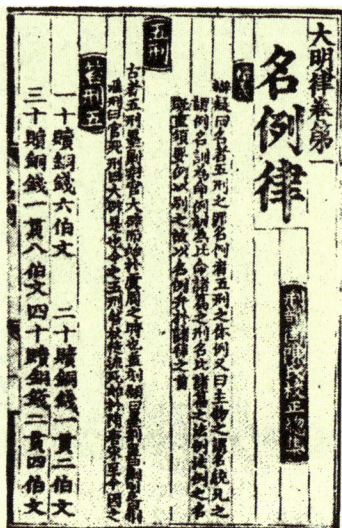

《大明律》书影

朱元璋总结历代封建王朝的统治经验，最后在"明礼以导民，定律以绳顽"等思想的指导下编修了《大明律》。

林学士陶安等二十人为议律官，着手编修法律。朱元璋采纳了李善长提出的关于立法原则的意见："历代之律，皆以《汉九章》为宗，至唐始集其成。今制宜遵唐旧。"十二月又修订《律令直解》，把适用于民间的律令条文及违犯法令的案例，分类编辑成册，颁发到州县。但这部法律毕竟成书尚早，修订的时间也比较仓促，还存在许多问题。

建国之后，朱元璋认为这部法律已经不适合现实的需要，决定着手进行重新修订。从洪武元年（1368 年）开始，他就与主持法律修订的官员和儒生一起研究《唐律》。洪武六年（1373 年），朱元璋命刑部尚书刘惟谦等人编订《大明律》。洪武七年（1374 年），《大明律》正式完成。之后又经过三次修改和增删，于洪武三十年（1397 年）正式颁发。《大明律》共计 30 卷，篇目有名例 1 卷，包括五刑（笞、杖、徒、流、死）、十恶（谋反、大逆、谋叛、恶逆、不道、大不敬、不孝、不睦、不义、内乱）、八议（议亲、议故、议功、议贤、议能、议勤、议贵、议宾），以及吏律 2 卷、户律 7 卷、礼律 2 卷、兵律 5 卷、刑律 11 卷、工律 2 卷，共 460 条。

与《唐律》相比，《大明律》具有以下几个特点：条例周密，刑罚手段极为严苛，对贪赃枉法打击极为严厉。

条例周密、刑罚手段严苛这两点主要集中体现在对"十恶"大罪的惩处上。历代对"十恶"大罪的惩处已是相当严厉，是"遇赦不赦"的重罪，但《大明律》对"十恶"大罪的惩处手段异常严厉，刑罚之严苛乃历代所未见。对犯下谋反罪的人，一改《唐律》中穷追首恶的规定，不分主犯、从犯，一律凌迟处死，三族以内男子在十六岁以上者都要斩首，就连左邻右舍也要一律杀头。《大明律》还将斩、绞列为轻刑，获罪者动辄被"凌迟""剥皮"。自宋朝以来，吏治一直非常黑暗。宋、元两朝对腐败现象打击不力，官场污浊黑暗。至元朝末年，吏治更为糟糕。元末士人叶子奇在《草木子》一书中写道："元朝末年，官贪吏污。始因蒙古、色目人罔然不知廉耻之为何物。其问人讨钱，各有名目，新属始参曰拜见钱，无事白要曰撒花钱，逢节曰追节钱，生辰曰生日钱，管事而索曰常例钱，送迎曰人情钱，勾追曰赍发钱，论诉曰公事钱。觅得钱多曰得手，除得州美曰好地分，补得职近曰好窠窟，漫不知忠君爱民为何事也。"明朝建国之后，前朝的流弊盛行，贪贿之风横炽。朱元璋对贪官污吏深恶痛绝，一案处死者竟达八万多人。这表现在《大明律》中，就是"枉法八十贯论绞"的规定，而实际执行起来则比律文还要严酷。据清人赵翼《廿二史札记》记载："明祖严于吏治，凡守令贪酷者，许民赴京陈述，赃至六十两以上者，枭首示众，仍剥皮实草。府州县卫之左，特立一庙，以祀土地，为剥皮之场，名曰皮场庙。官府公座旁，各悬一剥皮实草之袋，使之触目惊心。"

朱元璋鉴于唐、宋两朝臣下结党、皇权旁落的教训，不断地加强皇权。为防止大臣们结党营私，《大明律》中还专设"奸党"条，规定："若在朝官员，交结朋党，紊乱朝政者，皆斩，妻子为奴，财产入官；若犯罪，律该处死，其大臣小官巧言谏免，暗邀人心者，亦斩；若刑部及大小各衙门官吏不执行法律，听从上司主使，出入人罪者，罪亦如之"。同时，为防范内外官交结，《大明律》还规定："凡诸衙门官吏，若与内官及近侍人员互相交结，漏泄事情，夤缘作弊，而附同奏启者，皆斩，妻子流二千里安置。"

由于长期法纪松弛，人们对法律是否能切实执行还持观望态度。朱元璋严厉惩处贪污受贿的官员，但贪污的现象屡禁不止。为了使《大明律》深入人心，在洪武中后期，朱元璋就命人将全国官吏、百姓犯罪的实例汇编成书，取名为《大诰》。这一方面是为了给有关律条的具体实施提供参考，另一方面也是用犯罪者的悲惨下场以儆效尤。

《大诰》分为大诰、大诰续编、大诰三编，以及大诰武臣四部分，共236条，记载了被处以凌迟、枭首示众、诛九族的案例近五千个，杀头、弃世以下的案例一万个。太祖要求"一切官民诸色人等，户户有此一本"，为"臣民之至宝"。如犯死罪以下，家有《大诰》者罪减一等，家无《大诰》者罪加一等。此外还规定："令天下府、州、县民，每里置塾，塾置师，聚生徒教诵御制《大诰》，欲其自幼知所遵守。阅三岁，为师者率其徒至礼部背诵，视其所诵多寡次第赏之。"洪武三十年（1397年），全国讲读《大诰》的师生至礼部背诵者就达十九万余人。

《大明律》是朱元璋毕生政治活动的经验总结，他在《祖训》中谆谆嘱咐："凡我子孙，钦承朕命，勿作聪明，乱我已成之法，一字不可改易。"《大明律》无论体例还是内容，都较前代法律有所突破，是我国古代具有深远意义的成文法典。《大诰》更加充分地反映出明太祖乱世用重典的施政方针，由于过于严酷，所以在洪武以后已经基本不再行用。

胡惟庸案

朱元璋手下有一大批辅佐自己打江山的谋臣武将，建国后这些人也自然而然地成为明朝的开国功臣。从洪武二年（1369年）到三年（1370年），朱元璋先后两次大封功臣，徐达、常遇春等六人被封为公爵，汤和等二十九人被封为侯爵，其余身居高位者更是数不胜数。

在这些开国功臣中，李善长裁决如流，为开国功臣之首，被封为左丞相。朱元璋曾这样评价李善长的功绩："东征西讨，目不暇给。尔独守国，转运粮储，供给器杖，未尝缺乏。剔繁治剧，和辑军民，各靡怨谣。昔汉有萧何，比之于尔，未必过也。"右丞相徐达是员武将，长期领兵在外，所以朝廷大权长期掌握在李善长手中。大部分开国功臣都是出身于淮西地区的将领，他们与朱元璋、李善长大多是同乡，在朝廷中掌握着实权。李善长自投奔朱元璋后，就被委以重任，负责协调众将领之间的关系，在淮西将领中威望很高。之后李善长的儿子李祺又被朱元璋招为驸马，权势更为显赫，成为淮西集团的首领。李善长是个同乡观念很重的人，用人执政处处从淮西官僚集团的利害出发，以培植自己的势力。李善长凭借自己的权势，颐指气使，常常凌驾于百官之上，从而引起了朝中大臣和朱元璋的不满。早在胡惟庸成为丞相之前，朱元璋曾有意提拔杨宪为相，胡惟庸听到风声后，就私下里对李善长说："杨宪为相，我等淮人不得为大官矣。"杨宪与李善长不和，曾多次在朱元璋面前说李善长无相才。因为李善长早就对杨宪心怀不满，再加上胡惟庸的挑拨，即弹劾杨宪"排陷大臣，放肆为奸"，这实际上是为胡惟庸排除了晋升道路上的障碍。

洪武元年（1368 年），明太祖到汴梁视察，命李善长与刘基留守南京。李善长的亲信、中书省都事李彬犯有贪污罪，时任御史的刘基负责调查此事。刘基为人正直，依法判斩，李善长却一再为他求情。刘基无奈之下，最后只得上奏朱元璋，在得到皇帝的准许后，将李彬处死了。李善长认为刘基不把自己放在眼里，故意使自己难堪，恼恨至极。朱元璋一回到南京，李善长立即上奏诬告刘基侵职擅权，还撺掇淮西派及其他对刘基不满的大臣联名弹劾刘基。刘基则淡然处之，次年就告老回乡了，后又被朱元璋召回。

明朝建立后，局势发生了根本性的变化，朱元璋的注意力也由外部转移到内部。他深知创业难，守业更难，而危险主要是来自统治集团内部，因此他经常与臣下谈论治道，告诫臣下要留意晚节。而李善长却居功自傲，这就引起了朱元璋的反感，为他日后悲剧性的命运埋下了祸根。随着淮西集团势力的日益膨胀，朱元璋对李善长颇有顾忌。洪武四年（1371 年），朱元璋以年迈有病为由，让李善长告老还乡，时年五十八岁。朱元璋想让刘基当丞相，但刘基坚决不干。刘基认为朱元璋生性刻薄，很难容人，如果再在朝中为官，难免有杀身之祸。李善长致仕后，刘基的地位就显得更为突出了。不久刘基再次告老还乡。他韬光养晦，过着闲云野鹤般的生活。但朱元璋对刘基也不放心，还派人监督他的一举一动。

刘基这个人是位奇人，善于洞察世事，无有不中。朱元璋对刘基十分倚重，曾向刘基请教丞相的合适人选，以罢免李善长。刘基说："李善长是有功

东园图

此图为明四家之一的文徵明所绘。东园原名太府园，是明代开国重臣徐达的府第，因地处南京聚宝门内城之东，故又名"东园"。当时的文人雅士常常在这里聚会，该图就生动地反映了其中一次聚会的场景。

的老臣，能够调和各位将领间的关系，不宜马上把他换掉。"朱元璋很奇怪地问道："李善长多次说你的短处，你怎么多次说善长的长处呢？我想让你做右相，你觉得怎么样？"刘基连忙顿首说："换丞相就好比换掉房子里的梁柱，必须要用相当大的木料，如果用小木头代替，那么房子就会立刻倒塌。"朱元璋又问："杨宪如何？"刘基说："杨宪虽然具有丞相的才干，但却缺乏丞相的气量。"朱元璋又问："汪广洋如何？"刘基又答："汪广洋器量偏浅，还比不上杨宪。"朱元璋又问："胡惟庸如何？"刘基急忙摇头道："不可，不可！区区小犊，一经重用，必至辕裂犁破，祸且不浅了！"

　　李善长致仕后，胡惟庸就成为了淮西集团的首领。胡惟庸是凤阳定远（今安徽定远）人，和李善长有同乡之谊，在和州投奔朱元璋，是渡江前的旧人。胡惟庸是李善长的心腹，极有才干。胡惟庸还将自己的侄女嫁给李善长的弟弟李存义的儿子为妻，结为姻亲，使得他与李善长的关系更为密切。在李善长的提携下，胡惟庸一路官运亨通，于洪武三年（1370 年）任中书省参知政事。洪武六年（1373 年），朱元璋任胡惟庸为右丞相。他大权独揽，独断专行，对官员的升降、生杀之事都自作主张，不向朱元璋一一请示。对于臣下送来的奏章，他也先行拆阅，凡不利于己者，就藏匿不报，朝廷势利之徒都奔走在他的门下。此外他还与陆仲亨等武将勾结在一起，在朝廷内形成了一股很大的势力。

　　魏国公徐达对胡惟庸的独断专行深恶痛绝，便给朱元璋上了密奏。胡惟庸知道此事后，私下里买通了徐达家里的下人，让他诬告徐达。谁知弄巧成拙，这条奸计反被自己的下人告知了徐达，此后胡惟庸才稍微有所收敛。

　　洪武十二年（1379 年）九月，发生了占城（今越南南部）贡使事件。占城贡使到南京进贡，把象、马赶到皇城门口，被守门的太监发现，报与朱元璋，朱元璋大怒。由于右丞相胡惟庸不仅未能及时引见占城贡使，还与礼部官员互相推卸

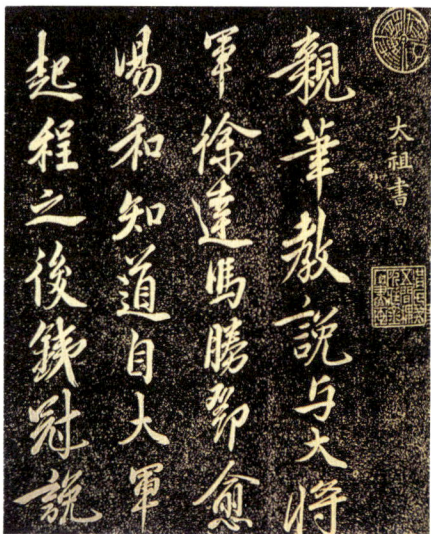

朱元璋《教说大将军》手迹（局部）
明太祖朱元璋虽然没有读过多少书，但字写得别有风格。这幅手迹就是他写给大将徐达等人的亲笔书信。

责任。朱元璋大为震怒，以蒙蔽欺君之罪将右丞相胡惟庸和左丞相汪广洋关进监狱。此时胡惟庸的相位已经岌岌可危。

洪武十三年（1380年）正月，御史中丞涂节告发胡惟庸阴谋叛乱。朱元璋立刻派大臣审理此案，很快就以谋反罪杀了胡惟庸。涂节被大臣参劾，说他本来准备参加谋反，因事情不顺利方才告变，结果涂节连同御史大夫陈宁一同被处死。

胡惟庸虽然死了，但胡惟庸案却一直没有了结。胡惟庸的同乡、故旧、僚属以及其他有关系的人皆被连坐族诛，一万多人因此丧命。胡惟庸案成为朱元璋进行政治斗争的工具，许多对朝廷统治有威胁的文武官员、世族地主，都被罗织为胡党，被灭族抄家。朱元璋还乘机下令废除中书省，声称今后永不再设丞相一职。

洪武二十三年（1390年），朱元璋以胡惟庸案为借口，再次兴起大狱，许多人又被杀。朱元璋颁布严敕，说李善长虽为元勋老臣，却"知逆谋不举，狐疑观望怀两端，大逆不道"，将七十七岁的李善长赐死，并处死了他的家属七十多人。只有李善长的长子李祺和他的两个儿子，因为临安公主的缘故，得以幸免于难，后被流放江浦。洪武二十八年（1395年），朱元璋敕谕群臣："国家罢丞相，设府、部、院、寺，分理庶务，立法至为详善。以后嗣君，其毋得议置丞相。臣下有奏请设立者，论以极刑。"

朱元璋要赐死开国功臣李善长时，太子朱标曾向朱元璋进谏说："父皇诛杀的人太多了，恐怕有违天道。"朱元璋听了没有做声。第二天他把太子叫来，将一根棘杖扔在地下，要太子捡起来。太子面有难色，朱元璋说："我让你拿棘杖，你认为棘杖上有刺，怕伤了你的手，若是把棘刺除去，你就可以不必担忧了。"朱元璋这番话可谓意味深长。

这场"肃清逆党"的活动，前后株连而死的多达三万余人。为了平服人心，朱元璋亲作《昭示奸党录》告示天下，以述其罪状。一时间大臣们人人自危，每天上朝时都要愁眉苦脸地向家人诀别，交代后事。傍晚时如能平安回家，就要摆下宴席，举家庆祝。天下士子更把仕途视作畏途。

事实上胡惟庸谋反的证据并不充分。据《明史·胡惟庸传》载："惟庸既死，其反状犹未尽露。"由此可知，在胡惟庸被处死的时候，他谋反的证据还不充分，所谓的"胡党"更是牵强附会。朱元璋之所以兴起此案，是为了解决君权与相权的冲突。此案的直接后果，就是彻底地废除了延续一千多年的丞相制度。此后皇帝直接统辖吏、户、礼、兵、刑、工六部，控制了一切生杀大权。

蓝玉案

胡惟庸案刚刚告一段落，到了洪武二十六年（1393 年），又发生了一起震动全国的大案蓝玉案。

蓝玉是开国名将常遇春的内弟，早年曾在常遇春的帐下效力。他作战勇敢，所向披靡，深得常遇春的喜爱。由于常遇春的引荐，蓝玉由管军镇抚升为大都督府佥事。洪武四年（1371 年）四月，常遇春的女儿被册封为太子妃，蓝玉也成为太子朱标的舅父，与太子朱标往来密切。蓝玉在北征时看到燕王朱棣的行止，深感不安，回来后对太子说："我看如今的燕王举动行止与皇帝无异。我还听善观望气的人说燕地有天子气，愿殿下早作防备，免生不测。"太子为人忠厚，不愿生事，就对蓝玉说："燕王对我十分恭顺，决不会有这样的事。"随后有人将此事报告了燕王，燕王因此对蓝玉怀恨在心。

洪武二十四年（1391 年），四川建昌卫发生叛乱，朱元璋命蓝玉率军平叛。同年监察御史胡子祺上书说："据百二河山之险，可以耸诸侯之望，举天下形胜所在，莫如关中。"朱元璋颇为心动，有迁都关中的打算，遂派太子朱标巡视关中，并告谕说："天下山川，惟秦中号为险固，向命汝弟分封其地，已十余年，汝可一游，以省观风俗，慰劳秦民。"十一月，奉皇命巡视关中三月之久的朱标因劳累过度，引起旧疾复发，回京后即卧病在床，不久后就去世了。这对六十五岁的朱元璋来说是个沉重的打击，他在召见群臣时伤心地说："朕老矣，太子不幸，遂至于死，命也！"按照嫡长子继承制，皇位应该由皇长孙朱允炆来继任，而此时皇长孙朱允炆才十五岁。太子朱标病死后，朝中便无人再替蓝玉说话。燕王朱棣在入朝奏事时就

正史史料

凉国公蓝玉以谋反，并鹤庆侯张翼、普定侯陈桓、景川侯曹震、舳舻侯朱寿、东莞伯何荣、吏部尚书詹徽等皆坐诛。己丑，颁《逆臣录》于天下。

——《明史·太祖本纪三》

对朱元璋说："在朝诸公，有人纵恣不法，如不及时处置，将来恐成尾大不掉之势。"朱棣虽未指名道姓，但大家都心知肚明，所说的正是蓝玉。

徐达、常遇春去世后，蓝玉南征云南，北征大漠，立下了赫赫战功，是洪武后期最有名的将领之一，被封为大将军、凉国公、太子太傅，赐世券。蓝玉带兵多年，麾下有十多名勇将，在部队中享有很高的威望。事实上蓝玉虽然为明朝立下汗马功劳，但他的死却不那么令人同情。他广置庄田，蓄养了无数的庄奴、义子，为害乡里，霸占民田。蓝玉在出征时，还私自占有元朝皇帝的妃子，这也是一种大逆不道的行为。他被封为凉国公后，居功自傲，骄横跋扈，令朱元璋十分不满。此后蓝玉上朝奏事，没有一件能够获准，但他不仅不知收敛，仍然率性而为。

洪武二十年（1387年），朱元璋命冯国胜为大将军，傅友德、蓝玉为左右副将军，率领二十万大军北征蒙古，取得了"金山之役"的胜利，降服了元将纳哈出。次年三月，蓝玉再次率大军北征，取得捕鱼儿海（今贝加尔湖附近）战役的胜利，沉重打击了蒙古贵族的残余势力，使蒙古内部陷入连绵不断的内讧之中。洪武二十五年（1392年）六月，蓝玉还平定了川西建昌月鲁帖木儿的叛乱。平叛胜利后，蓝玉于同年十二月班师回朝，而等待他的却是一场突如其来的灾难。

蓝玉大胜而归后，朱元璋封宋国公冯国胜、颍国公傅友德为太子太师，蓝玉为太子太傅。蓝玉目空一切，见冯国胜、傅友德的官职比自己大，遂愤愤不平。朱元璋更加坚定了铲除蓝玉的决心。事实上，早在蓝玉出征时，朱元璋就以"胡惟庸案"为借口，处死了蓝玉的亲家靖宁侯叶升，从而拉开了清洗蓝玉势力的序幕。洪武二十六年（1393年）二月，锦衣卫指挥使蒋瓛告发蓝玉谋反，说他与景川侯曹震等计划在朱元璋出宫举行"籍田"仪式时发动兵变。朱元璋下旨将蓝玉收监，第三天就以谋反罪把他处死了，并且抄斩三族。朝中武将、军中骁勇之士被大批屠戮。凡是与蓝玉偶通讯问之人，也

剿灭胡蓝

这是明代刊本《承运传》中的插图。胡即胡惟庸，蓝即蓝玉。当时朱元璋对权势煊赫的王侯将相愈加猜疑，再加上有些功臣骄纵违法，双方矛盾激化。胡蓝两案持续了十多年，数万人被杀。

不能幸免，四面构陷，八方株连，受此案牵涉而丧命者竟达两万多人。诏辑案犯口供为《逆臣录》，并颁行天下。

次年十一月，朱元璋找借口除掉了宋国公冯国胜。洪武二十八年（1395年）二月，又赐死了颍国公傅友德。傅友德有勇有谋，对大明朝的建立有不世之功，是朱元璋册封的九个公爵之一。至此列入《逆臣录》引颈就戮者就有一公、十三侯、两伯。在明初开国功臣中，身为公侯而得以善终的仅有凤翔侯张龙和武定侯郭英二人。朝廷中的勋旧权贵，几乎一扫而空。正所谓"飞鸟尽，良弓藏；狡兔死，走狗烹"。

《逆臣录》共5卷，记载了近千人在不到一个月的时间里，到蓝玉的公爵府赴宴，并密谋叛乱的事情。吕景琳在《蓝玉党案考》一文中，对《逆臣录》的记载加以多方考证，指出了诸多疑点。籍田典礼的举行，对天气要求非常高，需要钦天监预测一个风和日丽的日子。虽定在仲春二月，但具体哪一天还要"择日而行"。为了保证准确，一般都是短期预测，不可能过早决定。即使钦天监奏定了祭祀的日期，朱元璋也不一定会出行。朱元璋一向行踪诡秘，警戒甚严，不可能将出宫的日期提前公布。这样蓝玉在一个月之前又怎能知道皇帝在二月十五这一天要出宫举行籍田典礼呢？这个日期被《明史》等典籍所引据，作为此案的证据，但同时也是蓝玉案中最大的漏洞。再者这起大案仅有几个证人的证言，且这几人身份低微，不是渔夫就是染匠，很难想象身为封疆大吏、手下拥有重兵的蓝玉会跟这些人同谋作乱。

胡惟庸案与蓝玉案前后延续了十四年之久，后人合称为"胡蓝之狱"。经过这两次大清洗，剩下的开国功臣已经寥寥无几。明太祖终于不必再费心罗织什么大狱，剩下的元勋宿将靠一些零散的罪名慢慢收拾就可以了。一些著名的功臣如周德兴、廖永忠、朱亮祖等人，纷纷因为一些莫须有的小过被赐死、鞭死或是砍头。一时间朝堂上下血雨腥风，人人自危。

在大兴党狱、剪除功臣势力的同时，明太祖不断加强分封诸王的宗藩制度。朝廷调兵，守镇官必须有御宝文书和藩王令旨方可发兵，如果没有藩王令旨，即使有皇帝的御宝文书也无权发兵。这样诸王实际上就成为皇帝在地方上的军权代表了，军权从武将转移到皇室手中。

空印案与郭桓案

明朝建国后，元末腐败的风气再次兴起，在中央和地方衙门中泛起一股贪墨之风，"贪墨所起，以六曹为罪魁"。这股歪风邪气乘王朝体制变革的空隙而起，不仅威胁着新王朝政治体制的正常运行，而且对正常社会经济秩序的建立和巩固产生了消极的影响。

太祖朱元璋出身于社会下层，对元末腐败的吏治有着切身的体会，对贪官污吏深恶痛绝，认为"吏治之弊，莫过于贪墨"。洪武二年（1369年），他告诫群臣："朕昔在民间，时见州县官吏多不恤民，往往贪财好色，饮酒废事，凡民疾苦，视之默然，心实怒之。故今严法禁，但遇官吏贪污蠹害吾民者，罪之不恕。"朱元璋运用刑律处置贪污案件，但仍不能有效地阻止贪污腐败风气的蔓延，多起大案相继发生，这就促使朱元璋不惜轻罪重判，法外用刑，用重典整肃吏治。"空印案"与"郭桓案"就是其中最著名的两起贪污大案。

"空印案"发生于洪武九年（1376年）。这是一起明太祖严惩地方财政人员持空印账册至户部结算钱谷的重大案件。

所谓空印，就是指事先盖好官印的空白账册。明朝规定，各布政司、府、州、县对本地的户口、钱粮、军需等事项，均需在年底时派人到京城的户部进行核对。为了防止官员舞弊，明朝还规定地方上的账目要与户部的账目完全吻合，稍有出入，即被驳回，要求地方重新填写。地方上报的文书还要加盖地方衙门的印信方能生效，逐级核对无误后方可通过。事实上地方上的账目与户部的账目时有出入，地方官员如要回到原地重新填写，有时要往返上千里以上，这样不仅浪费时间，而且会延误上报的时间。因此各地进京申报的地方人员就便宜行事，在进京时携带多份空印账册，以便在被户部驳回后重新填制。此法作为"权宜之务"，上下早已习以为常。明太祖朱元璋偶然得知此事后，认为官员相互勾结，徇私舞弊，大为震怒，下令彻查。

"空印案"发生后，宁海人郑士利上书诉冤。郑士利是湖广按察使佥事郑士元的弟弟，在空印案中，郑士元因参与考校钱谷数目而被捕入狱。郑士利指出，考校钱谷的账册必须加盖完整的印信方可使用，且是加盖在两张纸上的骑缝印，即使被奸人得到也不能使用，何况一般人也得不到。各地编造钱谷账册的依据都在各府县留有存根，无论在当地合计，还是到省城合计，都无法作弊。再者先加盖印信而后书写不过是权宜之策，朝廷对此并没有明确禁止，各级官吏并不知这是犯罪，而现在朝廷突然要给他们治罪，无法让人心服。虽然郑士利将"空印案"的原委讲得很清楚，但朱元璋此举意为杜绝奸诈之徒，不为所动。最后郑士元、郑士利都被处以重刑，将全国包括十三个省、一百四十一个府、一千多个县的主印长吏及署字签名者一概处死，副职以下的官员打一百棍，充军流放。

洪武十八年（1385年），又爆发了户部侍郎郭桓盗卖官粮案，史称"郭桓案"。

御史徐敏、丁举廷弹劾郭桓等人与北平布政使司、提刑按察使司等官吏勾结贪污，吞盗官粮。朱元璋听说此事后，十分愤怒，即令司法部门依法严加追查。此案一直牵连到礼部尚书赵瑁、刑部尚书王惠迪、兵部侍郎王志、工部侍郎麦志德等高级官员和许多布政使司的官员。在追查过程中还发现他们贪污了大量没有入库的税粮和渔盐等项税款，其数量之大令人震惊。据《大诰》记载，郭桓的罪行有："其所盗官粮，以军卫言之，三年所积卖空。

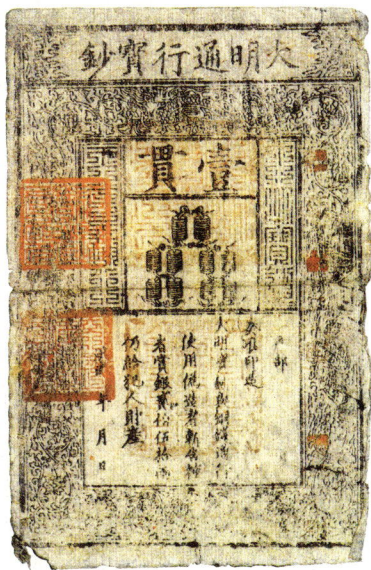

壹贯钞

洪武八年（1375年），中书省造"大明通行宝钞"，面额自一百文至一贯，共六种。此钞面额为一贯，相当于一千文铜钱。

前者榜上若欲尽写，恐民不信，但略写七百万耳。若将其余仓分并十二布政司，通同盗卖见在仓粮，及接受浙西等府钞五十万张，卖米一百九十万不上仓，通算诸色课程鱼、盐等项，及通同承运库官范朝宗偷盗金银，广惠库官张裕妄支钞六百万张，除盗库见在金银宝钞不算外，其卖在仓税粮及未上仓该收税粮及鱼、盐诸色等项，共折米算，所废者二千四百余万精粮。"

朱元璋随即将赵瑁、王惠迪等人处以弃市之刑，郭桓及六部侍郎以下的官员也一概处死。一时间，与各布政使司有牵连的大小官吏几万人也都被逮捕入狱，严加治罪。追赃时又波及全国各地的一批地主富户，受牵连而破产者不计其数。由于此案株连过广，导致民怨沸腾，明太祖最后不得不杀掉此案的主审官员吴庸等人，以平息众怒。

"郭桓案"是一起比"空印案"牵连更广的大案。朱元璋通过此案，不仅彻底打击、震慑了贪官污吏，也打击了地方豪强。通过这两起大案，明初的吏治大为好转，明初的清廉之风持续了很长一段时间。肃清吏治也为经济的发展起到了很大的推动作用，为后世的发展奠定了坚实的经济基础。但不可否认，这两起大案牵连甚广，许多无辜者无端丧命，充分暴露出明太祖专制统治的残暴性。

名家评史

> 严惩贪污使人歌颂，但问题在于诉讼法，即被指控贪污的官员，是不是真的贪污。在酷吏酷刑之下，连灭三族的谋反罪名，都坦承不讳，更何况仅杀一身的贪污。不过真正的恐怖并非死刑，而是追赃。死刑一死即了，追赃则遗祸无穷。
>
> ——柏杨

锦衣卫与诏狱

早在明朝建国前，内部就曾出现了几次叛乱事件，这就引起了朱元璋的警惕。明朝立国后，朝中大臣出现了结党营私的现象，朱元璋多次训诫群臣，要对朝廷绝对忠诚。为了监视大臣的不法行为，朱元璋建立起了严密的特务组织锦衣卫。

洪武初年，朱元璋即置"检校"一职，暗中侦查大臣们的举动。这些人并没有逮捕和审讯的权力，也没有固定的编制，"专主察听在京大小衙门官吏不公不法及风闻之事，无不奏闻"。检校人员的构成也很复杂，有社会闲散人员，也有一些文武官员。这些人互相并不认识，只接受朱元璋一人的调遣，也只向他一人报告事务。当时重要的检校头目有高见贤、夏煜、杨宪、凌说等人。朱元璋将这几个人比作自己豢养的恶狗，使人见人怕。他们"伺察搏击"，专门窥探满朝文武的隐私，以此来博取皇帝的欢心，最后将自己搞得声名狼藉。结果朱元璋也容不下他们，就把他们统统处死。

洪武初年，朱元璋设置拱卫司，作为皇帝的侍从军事机构，后改名为拱卫指挥使司，于洪武二年（1369年）又更名为亲军都尉府，别设仪鸾司归其统领。洪武十五年（1382年），朱元璋将仪鸾司改为锦衣卫，"掌直驾侍卫、巡查缉捕"，归属皇帝直接管辖。锦衣卫由两个职能不同的部门组成，其一与传统的禁卫军没有什么不同，其二负责侦缉、刑讯事务。锦衣卫的最高长官是指挥使，还专门设立了刑讯机构镇抚司。太祖朱元璋常将重犯逮捕至京城关入镇抚司狱中，令其讯治，故又有"诏狱"之称。这样锦衣卫从缉察逮捕到刑讯一应俱全，成为了严密的特务系统。

"诏狱"起源于西汉。在古代的时候，司法本是由官员司寇掌管，到了汉武帝时，为了加强中央集权制的统治，开启了皇帝亲自掌管司法的先河。此后历代因革不常，五代的后唐、后汉都设有侍卫亲军掌管的诏狱，但是荼毒人民生命之残酷，都比不上明朝的诏狱。

这些特务组织最初是负责监视百官动静的，只是负责调查及逮捕谋反妖言及大奸大恶之人，后来发展到专门用于迫害在政治斗争中的失败者。这些特务组织相互交错，密如蛛网，遍布全国的各个角落。这样街头巷尾的一举一动，甚至夫妻吵架和市井打斗，早上发生，晚上就能传到皇帝耳中，这是中国历史上前所未有的现象。

据说有一次，博士钱宰罢朝回家，在路上信口吟道："四鼓咚咚起着衣，午门朝见尚嫌迟。何时得遂田园乐，睡到人间饭熟时？"第二天上朝时，朱元璋就对钱宰说："你的诗做得不错啊！不过我并未'嫌'你啊，改作'忧'字怎么样？"钱宰一听，连忙跪下叩头，吓出了一身冷汗。好在朱元璋并不是要追究他的罪责，而是要显示自己的无所不知，钱宰才算没有倒霉。吏部尚书吴琳告老还乡，已是无所作为，但朱元璋还是不放心，常派锦衣卫去监视他。一天一个特务向田间插秧的一个老农夫问讯道："这里可有个退了休的吴尚书吗？"那老人搓手答道："我便是吴琳。"朱元璋得到了这一消息，知道吴琳并无异志，十分高兴，奖赏了吴琳。

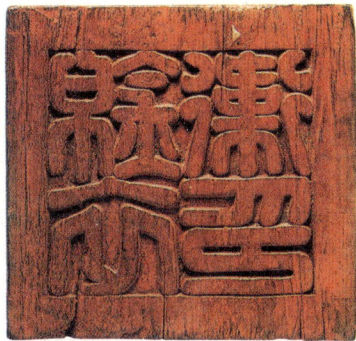

锦衣卫木印

该印上刻"锦衣卫印"字样。虽然此印并不华丽，但在明朝，这枚看似普通的木印，正是让人谈之色变的锦衣卫权力的象征。

大学士宋濂对朱元璋赤胆忠心，但朱元璋还不放心，经常派特务监视他。一天宋濂在家中请客，特务竟把赴宴人等乃至菜肴情况全都列单汇报给了朱元璋。第二天上朝时，朱元璋问宋濂请客及菜肴的情况，宋濂把所请客人和菜肴情况一一据实回答，朱元璋听后十分满意地说："宋学士所说皆实，没有骗我！"国子监祭酒宋讷有一天在家生闷气，监视他的人认为有可能是对皇上不满，就偷偷地把他生气的样子画了下来，交给了朱元璋。第二天上朝时，朱元璋问他何故生气，宋讷做了解释，朱元璋知道他生闷气与朝事无关，才不追究。宋讷非常奇怪地问太祖怎么知道他的家事，太祖就把那张画像拿出来给他看，结果宋讷差点被惊倒。

锦衣卫审讯案件时对犯人严刑逼供，非法凌虐，致使民怨沸腾。洪武二十年（1387后），朱元璋被迫下令焚毁锦衣卫刑具，所押囚犯转交刑部审理。同时还下令将内外狱全部交由三法司审理，废除了锦衣卫。而明成祖朱棣发动靖难之役窃取皇位后，又恢复了诏狱，并且作为一项祖制。

叔侄争帝位

为保证大明国祚绵长，朱元璋殚精竭虑，大行分封，企图用家族力量来维护王朝的统治，结果却造成尾大不掉的隐患。建文帝登基后，实行宽政，同时针对诸王势大难制的问题，实行削藩。燕王朱棣以"清君侧"为名发动"靖难之役"，占据了南京，破城后建文帝下落不明。朱棣入城后，大肆搜捕"奸党"，展开了一系列残酷的报复。一代名士方孝孺因拒绝为朱棣起草即位诏书，被灭了"十族"。其余的建文帝遗臣皆死于酷刑，甚至"转相扳染，谓之瓜蔓抄，村里为墟"。

建文新政

朱元璋当初当上吴王，按照嫡长子继承制，立马皇后所生的长子朱标为世子，将朱标视作自己的接班人。四年之后，朱元璋建立明朝，建元洪武。洪武元年（1368 年）正月，朱元璋立朱标为太子。

朱元璋对太子寄予了很大的期望，花了大量心血去培养这位未来的储君。他命左丞相李善长兼任太子少师，右丞相徐达兼任太子少傅，中书平章录军国重事常遇春兼太子少保。朱元璋还特别设置了宾客、谕德等官职，来培养太子的道德品性。在繁忙的政事中，还不忘对太子耳提面命，教导太子为君之道。太子未满二十岁时，朱元璋就让他帮助处理政务。朱元璋要求朱标做到"仁、明、勤、断"这四个字。做到了仁，就不会失之于粗暴；做到了明，就不会为奸佞所惑；做到了勤，就不会沉溺于安乐；做到了断，就不会教条刻板地去执行法律。这四个字正是朱元璋为君多年的经验总结。

太子朱标也不负厚望，无论为人还是处事都符合一个帝王的标准，可以预见将来会成为一代明君。可惜的是，这位饱学的太子在三十七岁时就因病去世，朱元璋为此痛不欲生。之后朱元璋权衡再三，决定立朱标的长子朱允炆为皇太孙，准备让他将来继承大统。朱允炆小时候相貌并不出众，朱元璋一开始对他并不满意。为了培养朱允炆，朱元璋就把他带在身边，渐渐发现朱允炆聪明好学，有过目不忘之能，心地也十分宽厚。时间长了，朱元璋慢慢地开始喜欢上这个孙子，殚精竭虑地为朱允炆安排一切。他知道宋濂的弟子方孝孺学问极好，只是为人有些骄傲，就把他派到太子的府里去当教习。朱元璋还高兴地对孙子说："我有一个很好的人才送给你。这个人才学很好，就是有点傲气，我先压他几年，等你当皇帝后就可以重用他了。"

洪武三十一年（1398 年）五月初十，明太祖朱元璋去世。同日皇太孙朱允炆即帝位，以第二年为建文元年。建文帝即位后，罢黜了一批洪武旧臣，

刘基

刘基，字伯温，明初军事家、政治家及诗人。他通经史、晓天文、精兵法，是朱元璋的重要军事参谋。明朝建立之后，他决定功成身退，于是在洪武四年（1371年）主动辞去一切职务，告老还乡，回青田隐居起来。尽管如此，他仍旧受到朱元璋的猜疑，终被牵连进胡惟庸案，忧愤而死。

提拔了一批人同参国事，如兵部侍郎齐泰为兵部尚书，翰林院编撰黄子澄为太常卿，汉中府教授方孝孺为翰林院侍讲，决意实行新政。

建文帝大力提升文臣的地位，改变明太祖重武轻文的官僚体制。太祖朱元璋用武力夺得天下，自然而然地形成重武轻文的局面。洪武时期，军事衙门大都督府的左右都督都是正一品，都督也是从一品，而六部尚书却只有正二品。朱元璋的主要谋士刘基仅仅得封"诚意伯"，而武将得封公侯者甚多，在这种局面下，文官在朝廷中的地位可想而知。朱允炆决心结束祖父尚武的政风，大力加强文官在国家政治中的作用。建文帝大开科举考试，并下诏要求荐举优通文学之士，授以官职。建文帝所重用的大臣大多为文人，人称新朝廷为"秀才朝廷"。洪武三十一年末，建文帝采纳了方孝孺的建议，把六部尚书从二品提到了一品，又在尚书和侍郎之间加了一个侍中的职位。在朱元璋废除丞相之后，都司是比任何文官的品级都要高的，这种制度上的改革就把六部尚书提到了与都司同级的地位。

建文帝对政府内部的权力进行了重新分配。他按照《周礼》的规定，对六部及其下属司的组织做了许多改动，对官员和皇帝侍从的头衔也做了变动，同时对南京各官署的名称也都进行了改革。这些变革并不是象征性地恢复古代的模式，也不是任意变更祖制，其真正目的是要建立一套新的建制，以加强皇帝所信任的顾问们的权力，从而加强文官之治，以削弱将军们和皇子们的权势。

建文帝重用黄子澄、齐泰和方孝孺。明太祖朱元璋裁掉中书省后，国家

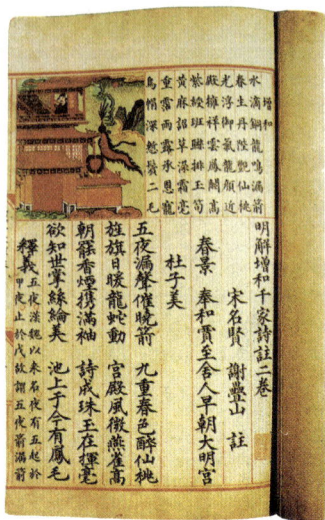

《明解增和千家诗注》书影

此书是当时诸多《千家诗》版本中较有特色的一种。该书为彩色印刷，黄绫封面，并配有插图。据说该书是明代宫中供太子所读之书。

的一切事务都必须由皇帝决定，翰林学士们和六部尚书只有建议权和在政府中执行命令的权力。当建文帝召集这三位士大夫来"参国政"时，就结束了这种局面。此时这几位儒生不仅仅是作为皇帝的老师，实际上还处理国家大事，这样做远远地背离了明太祖朱元璋所定下的制度。这些儒生被置于六部之上施政的地位，他们不仅制定政策，而且执行政策，他们虽无丞相之名，但有丞相之权。文人获得了更高的政治地位，再也不用担心像洪武朝那样动辄以一言获罪的情况。他们对于朝政敢于表达自己的意见，对建文帝忠心耿耿，这也是后来大批文臣甘愿为建文帝殉难的原因。其实建文帝之所以没有设立丞相，只是在形式上尊重明太祖的《祖训录》而已。因为《祖训录》中明确规定，严格禁止后世子孙任命丞相。除此之外，建文帝还将户部和刑部的所属司从十二个减少到了四个，都察院中的两个都御史合并成了一个，同时国子监和翰林院的各项职责和人员编制都被提高和扩大了。这些措施，加强了儒家教育和翰林学士在政府中的顾问作用。同时在詹事府也设立了一些新职位，目的是使翰林学士在教育太子及各位年幼王子方面能够发挥更大的作用。

建文帝还改变太祖"以猛治国"的方针，实行宽政。太祖朱元璋以刚猛治国，经常法外用刑。朱元璋认为："法严则人知惧，惧则犯者少，故能保全民命。法宽则人慢，慢则犯者众，民命反不能保。"他"雄猜好杀"，屡次兴起大狱，动辄杀戮，政治气氛非常凝重，文武大臣人人自危。建文帝在当皇太孙时就已经意识到太祖用刑过猛，曾向祖父请求更定《大明律》。太祖曾叫朱允炆断刑狱之事，朱允炆宅心仁厚，聪明果决，获得了朝野广泛的称誉。建文帝即位仅仅一个多月，就下诏在全国实行宽政，平反冤狱。洪武时期的一些冤假错案得到了纠正，一批无辜的官吏得以恢复自由，被发配远方的人也得以回到家乡。据记载建文朝监狱里的罪犯比洪武朝减少了三分之二。建文帝的这些措施，实际上是对太祖朱元璋严刑峻法的一种调整，也反映出了建文帝与太祖执政风格的迥异。

建文元年（1399 年），建文帝下令减轻江浙地区的田赋。明初以来，江浙地区的田赋明显重于其他地方，这是因为朱元璋憎恨江浙地区的缙绅当年依附张士诚而采取的惩罚措施。另外朱元璋还特意规定江浙人不许担任户部的职位，目的在于防止江浙人偏袒家乡。建文帝则认为江浙重赋只是用惩一时，不应该形成定制。此后江浙人也可以担任户部的官职。他还针对寺庙侵

正史史料

　　惠帝（建文帝）天资仁厚。践阼之初，亲贤好学，召用方孝孺等。典章制度，锐意复古。尝因病晏朝，尹昌隆进谏，即深自引咎，宣其疏于中外。又除军卫单丁，减苏、松重赋，皆惠民之大者。

——《明史·恭闵帝本纪》

占民田的情况，下令僧道每人占田不得超过五亩，多余的要退官分给农民。江南地区"一时士大夫崇尚礼义，百姓乐利而重犯法。家给人足，外户不阖，有得遗钞于地，置屋檐而去者"。

　　建文帝和他的辅臣所实行的新政，应该说是切中时弊的。建文帝宅心仁厚，生长于深宫之中，缺少对现实的了解，而且他所重用的大臣也多是读书人，因此他的改革和所实行的新政难免具有理想主义的色彩。他还接受方孝孺的建议，甚至要恢复西周时期的井田制度。因为他们缺乏政治经验，提出的一些新法难免脱离实际，因此造成了一些混乱。特别是建文帝重用文臣，引起武将的不满；控制内廷过严，引起宦官的离心。建文帝及其亲信大臣对此没有察觉，反而在时机不成熟的情况下，贸然削藩，使新政的基础更加不稳定。

削藩起争端

　　明朝建国后以南京为都城，远离塞北，北方蒙元残余势力时常南下，威胁着明朝的统治。为了保持朱氏王朝的长久统治，加强对边疆的管理，朱元璋便挑选一些"名城大都"分封诸王，以达到"外卫边陲，内资夹辅"的目的。他于洪武三年（1370年）、洪武十一年（1378年）和洪武二十四年（1391年），先后三次分封藩王，分镇全国各地。朱元璋共有二十六个儿子，除立为太子的长子和早夭的第二十六子以外，其余二十四个儿子均被封为藩王，加上一个从孙，共二十五个藩王。

　　为防备北元势力的入侵，明太祖在从东北到西北的漫长边防线上，选择险要地区，建立藩国。如以北平为中心的燕国，以太原为中心的晋国，以西安为中心的秦国，以大宁（今内蒙古宁城）为中心的宁国等等，共设九国。此外在内地则有周（地处开封）、楚（地处武昌）、潭（地处长沙）、蜀（地处成都）等国。

青花舞乐胡人纹扁壶
此壶制造于永乐年间。图中表现的是西域民族歌舞的场面，一名胡人在两位同伴吹箫、拍鼓的伴奏下翩翩起舞，表情生动丰富。

　　按照明制，皇子封为亲王都要授予金册金宝，年食禄米万石。其护卫"少者三千人，多者至万九千人"。但这只是就一般情况而言，像北边防御蒙古的几个藩王，所统士兵都超过此数。边塞诸王因有防御蒙古贵族侵扰的重任，所以护卫甲士尤多，其中又以宁、晋、燕三王的兵力最为强盛。北平的燕王朱棣拥兵十万，大宁的宁王有"带甲八万，革车六千"。他们在边塞负责筑城屯田、训练将兵、巡视要害、督造军器。晋王、燕王多次出塞征战，打败元朝残余势力的军队，尤被重视，军中大将皆受其节制，甚至特诏二王军中小事自断。由于燕王朱棣功绩卓著，朱元璋令其"节制沿边士马"，位列诸王之上。这些藩王的府第、服饰和车旗等，"下天子一等"，公侯大臣见了他们都要"伏而拜谒"。

　　朱元璋分封诸王，本是为了保卫大明江山，却造成了诸王拥兵自重、尾大不掉的祸患。洪武九年（1376年），山西平遥训导叶伯巨就上书太祖，直言藩王封国太大，拥兵太盛，恐"数世之后，尾大不掉"，势必造成大乱。不如现在就采取措施，"节其都邑，减其卫兵，限其疆域"。太祖大怒，将叶伯巨下狱。此后朝臣中再也没有人敢于出来反对封藩了。

　　朱元璋曾对皇太孙朱允炆说："现在朕将抵御胡虏的重任交给诸王，将来你尽可以在朝中作一个太平天子。假如边关有事，他们就会帮你应付。"朱允炆沉默片刻后问道："如果诸王对我有异心，又有谁来对付呢？"朱元璋大感意外，沉默了好大一会儿才问道："那你说如果发生了这种事情，你怎么办呢？"朱允炆答道："先用仁德去收服约束他们；如果不起作用，就要削夺他们的封地和军队；如果还不行，就要征伐他们。"朱元璋听后默默点头，一言不发。

各地的藩王大都是朱允炆的叔父，根本不把这位年轻的皇太孙放在眼里，言行颇为不逊。朱允炆对东宫侍读黄子澄说："现在诸位藩王都是我的长辈，手握重兵，不守法纪，将来该怎么办呢？"黄子澄说："诸王护卫兵的数量并不是很多，如果发生变故，朝廷以大军相临，无人可以抗衡。朝廷讨伐作乱的藩王是以大击小，以强击弱，以顺击逆。西汉吴楚七国的实力非常强大，最后都自取灭亡了。殿下不必过于担心。"朱允炆听了，心情稍微放宽了一些。洪武三十一年（1398年），朱元璋去世。老皇帝去世，往往是新皇帝铲除政敌的一个绝好时机，这种事例在历史上数不胜数。朱元璋去世后，建文帝发布遗诏："诸王各于本国哭临，不必赴京。"此时如果建文帝有心铲除燕王，完全可以在南京布下天罗地网，让燕王朱棣束手就擒，但饱读经史的建文帝白白放过了这个机会。

皇太孙朱允炆即位，是为明惠帝。因次年改元建文，又称建文帝。建文帝提拔齐泰为兵部尚书，黄子澄为太常寺卿兼翰林学士，同参军国事。即位后的第三个月，建文帝听从黄子澄、齐泰的建议，制定了先剪除其他各王、让燕王孤掌难鸣的削藩计划。

此时朱棣的三个儿子在南京，如果朱棣有异谋，三个儿子则性命难保。因此朱棣便以病重为借口，请求建文帝让三个儿子回来照顾自己。这是一箭双雕之策，如果朝廷把他的三个儿子都放回来，那么就免去了受制于人的情况；即使不同意放归，也可以探知朝廷的意向，自己好早做谋划。建文帝一时拿不定主意，后来在徐增寿的蛊惑下竟将朱棣三个儿子送归燕国，燕王此后便没有了后顾之忧。建文帝的这种妇人之仁，被后代的史家们评为最愚蠢的举动。后来周王朱橚的幼子告发自己的父亲有谋反之意，建文帝即以此为借口，命大将军李景隆率兵北上巡边，路过开封时，突然派兵包围了周王府邸，将周王逮捕，押往京师。最后周王被剥夺封号，流放到云南。大臣们看清了建文帝的意图，告发藩王谋反的奏疏如雪片一般飞来。

为了应对建文帝随时可能派来的大军，燕王朱棣私下里培养了一批壮士，同时在燕王府里秘密地打造兵器。建文帝对燕王的行迹有所察觉，有了猜疑之心。朱棣便决定亲自去南京，一方面可以打消仁弱的建文帝对自己的疑心，另一方面还可以趁机探听朝廷的虚实。建文元年（1399年）二月，朱棣来到了南京。户部侍郎卓敬劝建文帝将燕王徙封南昌，以解除燕王对朝廷的威胁。但是建文帝优柔寡断，没有采纳卓敬的建议，几天后就将燕王放归北平。建文元年六月，燕王护卫百户倪谅告发朱棣，说他派两个部下招募死士，意图谋反。建文帝便下令逮捕了这两个人，他们供认了朱棣的一些谋反之事。但是建文帝没有当机立断，只是下诏训责。

在短短一年的时间里，建文帝先后废除了岷王、湘王、代王等五位藩王。

正史史料

夏四月，湘王柏自焚死。齐王槫、代王桂有罪，废为庶人。遣燕王世子高炽及其弟高煦、高燧还北平。六月，岷王楩有罪，废为庶人，徙漳州。己酉，燕山护卫百户倪谅上变，燕旗校于谅等伏诛。

——《明史·恭闵帝本纪》

但是饱读诗书的建文帝与朝中的大臣对消藩的艰巨性认识不足，没有及早制定周密的计划，起初对诸王采取的措施颇显软弱。黄子澄的削藩策略一开始就没有抓住燕王这个最危险的对象，反而将打击对象放在其他势力较弱的诸王身上，扩大了打击面，将本来可以争取的力量都推到了敌方阵营中。燕王朱棣趁此时机，则在暗中加紧活动，挑选壮士充实自己的护卫军，并以补充逃亡军士为名，收罗天下异人术士。一场大战已经无法避免了。

靖难之役

拥兵自重的宗室藩王严重威胁了中央皇权的巩固，建文帝对此有着清醒的认识。早在他还是皇太孙时，就已经有削藩的打算。朱允炆登基时，朱元璋的二子秦王、三子晋王已经相继辞世，四子燕王朱棣就成为皇室中最年长的人了。而且他的封地在北边，扼守防御蒙古的第一线，位尊权重，实权最为强大。洪武三十一年（1398 年）十二月，建文帝命工部侍郎张昺为北平布政使，谢贵、张信掌北平都司，监视燕王的一举一动。

面对这种局势，燕王朱棣暂时选择了韬光养晦。为了麻痹建文帝，燕王假装生病，成天胡言乱语，有时还躺在地上好几天也不起来。张昺、谢贵两人去探病，在盛夏之时，燕王却坐在火炉边烤火，嘴里还不停地叫冷。于是建文帝就信以为真。

建文元年（1399 年）六月，朝廷觉察了燕王的谋反活动，密令张昺、谢贵、张信设计捉拿朱棣。没想到张信偷偷地向燕王告密。八月燕王设下"鸿门宴"，杀掉了张昺和谢贵。北平城官军成了无头的苍蝇，燕王乘乱攻下九门，控制了全城。为了师出有名，燕王援引《皇明祖训》，以"清君侧"为由起兵叛乱，因其自称"靖难"，即平定朝廷的祸难，史称此事为"靖难之役"。朱棣称黄子澄、齐泰为奸臣，把自己的部队称为"靖难军"。

"靖难之役"初起，因为北方诸将多为朱棣的旧部下属，所以降燕者甚众。朱棣起兵不久，即攻取了北平以北的居庸关、怀来、密云和以东的蓟州、遵化、永平（今河北卢龙）等州县，扫平了北平的外围，排除了后顾之忧，便于从容对付朝廷的问罪之师。经过朱元璋大肆杀戮功臣宿将之后，朝廷也无将可用，建文帝朱允炆只好起用年近古稀的长兴侯耿炳文为大将军，率大军（下简称南军）伐燕。建文元年八月，南军在河北滹沱河被燕军所袭，大败而退。耿炳文军大败后，在黄子澄的推荐下，建文帝又任命曹国公李景隆为大将军，取代了耿炳文。

李景隆是开国元勋李文忠的儿子，是个纨绔子弟，素不知兵，"寡谋而骄，色厉而馁"。九月李景隆至德州，收集耿炳文的溃散兵将，并调各路军马，共计六十万，进抵河涧驻扎。为了引诱南军深入，朱棣命姚广孝协助世子朱高炽留守北平，自己则率大军援救被辽东军进攻的永平。他告诫世子只宜坚守，不得出战，还特意撤去了卢沟桥的守军。李景隆听说朱棣率军赴援永平，就率师于十月直趋北平城下，见卢沟桥并没有守兵，喜不自胜。李景隆号令不严，指挥失当，几次攻城都未能成功。南军都督瞿能曾率千余精骑，杀入张掖门，但因李景隆贪图军功，命瞿能等待大部队一起进攻，结果错过了良机。燕军得到喘息之机，扭转了战局。

纱绣伦叙图
该作品用纱做底，用各色丝线绣以花纹。在古人的作品中，凤凰多喻君臣之道，仙鹤多喻父子之道，鸳鸯多喻夫妇之道，鹡鸰多喻兄弟之道，黄莺多喻朋友之道。故此幅作品得名"伦叙图"。

朱棣解救永平之后，率师直趋大宁（今内蒙古宁城西）。大宁为宁王朱权的封藩，所属朵颜诸卫，多为蒙古骑兵，骁勇善战。朱棣攻破大宁后，挟持宁王回到北平，吞并了宁王的部属及朵颜三卫的军队。朱棣带着这些精兵强将于十一月回到北平。李景隆腹背受敌，无法取胜，乘夜率先逃跑，退至德州。次日士兵听说主帅已逃，"乃弃兵粮，晨夜南奔"。

建文二年（1400年）夏，双方又在白沟河（今河北雄县北）交战。李景隆会同郭英、吴杰等集合兵将六十万众，号称百万，进抵白沟河。朱棣命令张玉、朱能、陈亨、丘福等率军十余万迎战，战斗十分激烈，燕军一度受挫。但南军政令不一，不能乘机扩大战果。燕军抓住有利时机，大败南军，李景隆再次逃往德州。五月又从德州逃到济南。李景隆立足未稳之际，又被紧随其后的燕军所败。都督盛庸和山东布政使铁铉固守反击，朱棣久攻不下，下令暂时退兵。

李景隆大败后，建文帝罢免了他的大将军之职，代之以盛庸。建文二年九月，盛庸率兵北伐。十月至沧州，为燕军所败。十二月燕军轻易地夺取了山东临清、馆陶、大名、汶上、济宁等地，在东昌（今山东聊城）与南军的主力相遇，发生了一场大战。在胜利面前，燕军产生了轻敌之心，被南军所

郭英

郭英原是朱元璋的亲信，颇有战功，又因是国戚，备受明太祖的恩宠。他曾跟从耿炳文、李景隆讨伐朱棣，无功而返。朱棣夺得皇位后，罢官归乡。

徐辉祖

徐辉祖是徐达之子，袭承魏国公爵位，其妹为燕王妃。他曾大败朱棣。朱棣入京师时，徐辉祖独守父祠拒迎，朱棣大怒。因其有免死的丹书铁券，朱棣遂将他囚禁。

败，朱棣的亲信将领张玉战死，朱棣自己也被包围，多亏二儿子朱高煦带兵来救，才得以突出重围。东昌战役是双方交战以来南军取得的第一次大胜利。

朱棣及时地总结失败教训，于建文三年（1401年）二月再次进军，先后于滹沱河、夹河、真定等地大败南军。接着又攻下了顺德、广平、大名等地。这场战争进行了将近三年，燕王的部队虽然胜多败少，但他的兵力毕竟有限，这些年来转战各地，逐渐地成了强弩之末，燕王朱棣对此也无计可施。三年来，燕军所攻克的城池在燕军离开后又重被官军占据，燕军所得只有北平、保定、永平三府，双方处于僵持状态。此时朱棣得到朝中密报，得知南京城守备空虚，遂举兵南下，决意"临江一决，不复反顾"。

建文四年（1402年）正月，朱棣孤注一掷，率大军南下，绕过守卫严密的济南，破东阿、汶上、邹县，直至沛县、徐州。四月燕军进抵宿州，与南军大战于齐眉山（今安徽灵璧），燕军大败。这本是南军大举进攻的大好时机，但建文帝却听信一些大臣的建议，认为京城不可无良将，遂将魏国公徐辉祖的军队调回南京。此举不仅削弱了前线的军事力量，而且还打乱了南军的战略部署，南军粮运又为燕军所阻截。燕军趁机反攻，大败南军于灵璧，俘获南军将领数百人。自此燕军士气大振，南军士气低迷，形势明显有利于朱棣。五月燕军南下攻占扬州。六月燕军自瓜洲渡江，围攻南京。此时南军已经丧失了抵抗能力。建文帝见形势紧急，又派人向燕王求和，表示愿意割让土地，请求燕王退兵。这种缓兵之计当然瞒不过燕王，他指挥大军渡过长江，把南京城包围了起来。几天之后，李景隆和谷王朱橞打开城门投降。

燕王朱棣带兵进城，第一件事就是追查建文帝的下落。有人说看到城破前，皇宫燃起了大火，建文帝与一些后妃们已经葬身火海。燕王派人在废墟中寻找，果然找到几具尸体，但这些尸体都已烧焦，面目全非，连男女都很难分清。燕王对着尸体号啕大哭，嘴里说着："侄儿啊，我只是想帮你剪除奸臣，何必要弄成这个样子呢！"他下令将这些尸体以礼下葬。在群臣们的拥戴之下，燕王志得意满地登上了帝位。他废除了建文年号，改年号为

正史史料

乙丑，金川门启，燕兵入，帝自焚。是日，孝孺被执下狱。先是，成祖发北平，姚广孝以孝孺为托，曰："城下之日，彼必不降，幸勿杀之。杀孝孺，天下读书种子绝矣。"成祖颔之。

——《明史·方孝孺列传》

永乐，表明自己是直接继承了明太祖的帝位，并把这整个事件称之为"建文逊国"，意思是建文帝"自愿"把帝王之位让给自己的。

"靖难之役"的结局有一定的偶然性。就实力、道义等因素而言，这次叛乱取得成功的希望并不是很大。但就双方领导者的个人政治、军事素质而言，朱棣占据显著的优势。建文四年六月，朱棣在南京奉天殿登上了帝位，是为明成祖。以次年为永乐元年（1403 年），从此开始了他长达二十二年的帝王生涯。

灭十族与"瓜蔓抄"

朱棣带兵进入京城后，发布"燕王令旨"，"奸臣榜"上仅有二十九人，并下令："凡首恶有名者听人擒拿，余无名者不许擅自绑缚。"但事实究竟如何呢？

方孝孺早年曾师从江南第一大儒宋濂，宋濂对方孝孺的才学赞誉有加，曾把他比作"百鸟中之孤凤"。太祖朱元璋对方孝孺的才学也十分赞赏，只是方孝孺力主教化，与太祖的治国主张不同，才未得重用。早在建文帝时，方孝孺就已是名震天下的大儒，其学问和品德为天下人所敬重。建文帝久闻方孝孺之贤，即位后召方孝孺做翰林侍讲学士，后升文学博士，对他颇为倚重。据《明通鉴》记载，建文帝读书时每有疑惑，即召方孝孺前来为他讲解。当时朝廷的诏书、往来的檄文大都出自方孝孺之手。建文帝对方孝孺特别敬重，君臣关系十分契合。

建文元年（1399 年），燕王朱棣发动靖难之役，争夺皇位。建文帝廷议讨伐，诏檄也都出自方孝孺之手。当朱棣在北平起兵时，谋士姚广孝就曾为方孝孺求情："城下之日，彼必不降，幸勿杀之。杀孝孺，天下读书种子绝矣。"朱棣答应了姚广孝的请求。

方孝孺对建文帝忠心耿耿，南京城破后，誓死不降。朱棣看在姚广孝的

名家评史

　　篡位的印记刻在朱棣的身上，深深地影响了他的执政能力。他曾自称要行周公辅成王之事，但他却推翻了成王，由自己做了皇帝。所以他不再想提起这段故事，更不愿意面对周公，因而干脆把周公从文庙陪祀的行列中请了出去。

——毛佩琦

　　面子上并没有杀他，而是将他投入狱中。几天之后，朱棣准备即位，就想让方孝孺拟写登基诏书。朱棣多次派人到狱中劝方孝孺投降，方孝孺坚决不从。朱棣又命方孝孺的两个学生廖镛、廖铭前去劝降，方孝孺还是没有改变主意。朱棣只好命人押方孝孺上殿，方孝孺穿着一身孝服进入大殿，见到朱棣也不行礼，只是大哭不止。

　　朱棣强压怒火，离座劝慰道："先生不要再伤心了，朕只是效法周公辅佐成王罢了！"方孝孺止住哭声，反问道："成王在哪里呢？"朱棣答道："他自焚而死了。"方孝孺又接着问道："为何不立成王的儿子？"朱棣说："国家需要一个成年的君主。"方孝孺又问道："那么为什么不立成王的弟弟为皇帝？"朱棣无法回答，苦笑着说："这些都是朕的家事，先生不必操心。"他暗示左右递过纸笔，说："即位诏书一定要由先生出面不可。"方孝孺夺过诏纸，在上面乱批数字，便把笔仍在地上，放声痛哭。他边哭边说道："死即死耳，诏不可草！"朱棣大怒，喝道："难道你不怕我诛你九族吗？"方孝孺愤然大喝："便诛我十族又能如何！"

　　盛怒之下的朱棣将方孝孺关在狱中，同时命人逮捕方孝孺的九族，以及他的"门生故旧"，凑成十族，共八百七十三人。不久这八百七十三人便被磔杀于市，整个行刑过程持续了七天。方孝孺也被凌迟于聚宝门（今江苏南京中山门）外，时年四十六岁。方孝孺临死时，作了一首绝命词："天降乱离兮孰知其由？奸臣得计兮谋国用犹。忠臣发愤兮血泪交流。以此殉君兮抑又何求！呜呼哀哉，庶不我尤！"清代学者齐周华曾评价道："靖难受祸惨烈者，亦莫若孝孺。无论知与不知，无不义而悲之。"历朝历代，最严酷的刑罚莫过于诛"九族"，朱棣竟灭掉方孝孺的十族，其残暴程度由此可见。清初史家谷应泰这样叹道："嗟乎！暴秦之法，罪止三族；强汉之律，不过五宗……世谓天道好还，而人命至重，遂可灭绝至此乎！"

　　与此同时，建文帝的余党也遭到了血腥镇压。削藩的提倡者齐泰、黄子澄被凌迟处死，诛灭三族。建文帝兵部尚书铁铉死守济南，城破被俘，朱棣亲自审问他，铁铉宁死也不肯转身面对朱棣。朱棣盛怒之下就下旨将铁铉寸磔，还把铁铉八十多岁的父母流放到海南做苦役，虐杀了他两个年幼的儿子，并把他的妻子杨氏和两个女儿罚做官妓。

建文帝的大理寺丞刘端弃官而逃，后被抓获。朱棣问他："方孝孺是怎样的人？"刘端答道："他是忠臣！"朱棣问："你弃官而逃，还能算是忠臣吗？"刘端说："我之所以活下来是为了将来能够报仇！"朱棣大为震怒，就命人用刀割去刘端的耳鼻，然后问满头血污的刘端："你现在这个样子，还能算是人吗？"刘端骂道："我是忠臣孝子的面目，即使到了九泉之下也有脸面去见太祖皇帝！"朱棣大为恼怒，亲手用棍棒把刘端打死。

"十族之诛"尚有一个明确的打击范围，"瓜蔓抄"就像是一张无边无际的大网，任何人随时随地都有可能被罩入网中。所谓"瓜蔓抄"，是指明成祖朱棣即位后大肆诛戮建文帝诸臣，因妄引株连，如瓜蔓之伸延，故名。

建文朝的御史大夫景清早先曾做过燕王朱棣的参议，其才华能力深得朱棣的敬重。燕王攻破南京即位以后，就让他官复原职。景清为人偶傥洒脱，但最注重名节。他毫不推辞地接受了任命，那些以前认识他的人都大惑不解。御史大夫是从一品的大官，上朝时离皇帝比较近，景清身藏利刃，想利用上朝的机会行刺朱棣。但没等他接近朱棣，就被锦衣侍卫拦下，搜出利刃。景清毫不畏惧，对朱棣破口大骂。朱棣大怒，命人将他牙齿全部打落。景清将一口血喷到了朱棣的龙袍上。朱棣在盛怒之下将他剥皮填草，尸体挂在城门上示众。一天晚上，朱棣梦见景清披头散发，手拿宝剑追杀自己。次日他又命人将景清尸体上的肉一块块割掉，还将骨头敲碎。但朱棣仍不解恨，并"赤其族，籍其乡，转相攀染，村里为墟"，就连他的邻居也受到了株连，这就是中国历史上著名的"瓜蔓抄"。此后但凡和景清扯上关系的人全都倒了霉。据吕毖《明朝小史》记载，大理寺少卿胡闰全族男女共二百一十七人被诛，"所居之地，在府城西隅硕铺坊，一路无人烟。雨夜闻哀号声，时见光怪。尝有一猿，独哀鸣彻晓。东西皆污池，黄茅白苇。稍夜，人不敢行"。

明成祖朱棣对建文帝旧臣的杀戮长达十多年，在晚年时法禁犹严。这一方面与成祖的个性有关，另一方面也暴露了他内心的不安。成祖即位后，为了摆脱篡位的嫌疑，革除了"建文"年号，在建文朝官方文献中歪曲事实，将宽厚仁慈的建文帝描述成一个荒淫昏聩之徒。朱棣之后的明朝皇帝中没有人正式承认朱允炆的帝位，所以建文帝一直没有庙号。直到清朝乾隆年间，建文帝方才有了一个谥号"恭闵惠皇帝"，史称惠帝。

长白仙踪图卷

这是崔子忠专为明代大臣张延登所作。明朝隐居求仙之风颇盛，此图以张延登在长白山遇兔，而筑兔柴洞屋的故事为素材绘制。

建文帝下落成谜

建文四年（1402 年）六月，朱棣的大军直逼南京城下，谷王与曹国公李景隆开门纳降，南京城破，宫中起火，建文帝也随着这场大火，不知所终，成为明代历史的第一谜案。建文帝在太祖朱元璋严苛统治之后，大力实行宽政，所以他的遭遇引起了无数人的同情，他的下落也就备受关注。

孟森等学者都认为建文帝在城破后以身殉国，自焚而死。据《明太宗实录》记载，建文四年六月，燕王的军队打到南京金川门，建文帝本想出来迎接燕王，之后又自叹道："我何面目相见耶！"于是建文帝与皇后一起闭宫自焚。燕王看到宫中火起，匆忙命人前来救援，可惜鞭长莫及，太监从一片废墟中找到建文帝烧焦的尸体，报告了燕王。朱棣伤心欲绝，抚尸痛哭。八天后，朱棣以天子之礼埋葬了建文帝，遣官致祭，辍朝三日。

一些学者对此提出了不同的看法，认为建文帝在城破之后，由密道逃出了京城，并隐姓埋名，出家为僧。朱棣登基后，在政治上实行高压政策，文网严密，对建文帝下落之事并没有留下多少记载。而《明太祖实录》的可靠性一直受到人们的质疑，朱棣曾经三次下旨修改《太祖实录》，为自己夺取皇位寻找冠冕堂皇的理由，以美化自己的形象。天顺朝之后，严峻的政治气氛有所好转，关于建文帝出亡说的史料开始多了起来。据《明史纪事本末》记载，建文帝带着杨应能、叶希贤等人离开京城，隐名易服，云游四海。一些学者根据地方志、遗迹、遗址等资料考证，认为建文帝脱逃后，"西游重庆，东到天台，转入祥符，侨居西粤。中间结庵于白龙，题诗于罗永，两入荆楚之乡，三幸史彬之第"。在这些地方，流传着许多关于建文帝的传说。

《徐霞客游记》中也记载了建文帝曾在贵州白云山修行之事："有巨杉二株，爽立磴旁，大合三人抱。西一株为火伤其顶，乃建文君所手植也。再折而西半里，为白云寺，则建文君所开山也，前后架阁两重。有泉一坎，在后阁前槛下，是为'跪勺泉'。下北通阁下石窍，不盈不涸，取者必伏而勺，故名曰'跪'，乃神龙所供建文君者。"

在一些古籍中还记载了建文帝殉国后所做的诗文："风尘一夕忽南侵，天命潜移四海心。凤返丹山红日远，龙归沧海碧云深。紫微有象星还拱，玉漏无声水自沉。遥想禁城今夜月，六宫犹望翠华临。"这首诗据说是建文帝避难贵州金竺（今贵州长顺广顺镇）时所作，因为年代久远，已经无法判断是否是后人假托，但从诗的内容来看还是符合建文帝的经历的。

一些学者认为建文帝当年曾藏身于江苏吴县普济寺内。在江苏吴县，至今还保留着建文帝出亡时的一些遗迹、遗物。1423 年，建文帝因病而死，葬于寺后的山坡上。四川也留下了许多关于建文帝的遗迹和传说，青川华严庵里有广佛碑和华严庵重建碑，在这两块碑文中记载了宣德六年（1431 年）建文帝从陕西来到四川之事。这些记载可以与《明史纪事本末》互相印证。还有一些记载表明，建文帝曾在四川平昌佛罗寺中出家为僧，病逝后就葬在寺后的山坡上。佛罗寺地处偏僻，不容易被发现，建文帝多年来隐居在此。因为建文帝经常面向京城的方向暗自哭泣，后人就把佛罗寺改称为望京寺。

谷应泰在《明史纪事本末》一书中指出，建文帝失去帝位后，一直在外游历。正统七年（1442 年），因年事已高，建文帝就到广西思恩州官府，自称是建文帝。当地官员大吃一惊，立刻上报朝廷，将其送到京师。朝廷就派建文朝的宦官吴亮前往辨认，建文帝见到吴亮后马上叫出了他的名字，而吴亮则认为这个人并不是建文帝。建文帝说起当年往事，他在吃饭的时候，曾把一片鹅肉扔在地上，吴亮趴下去把鹅肉吃掉了。吴亮听后跪在地上大哭不止，回去后就上吊而死。建文帝被迎入宫中，死后葬在西山，"不封不树"，以庶人之礼被埋葬。郑晓在《吾学篇》中也对这种意见提供了类似的佐证。

明成祖朱棣并不相信建文帝自焚而死，他曾对身边的大臣说："朕于宫中遍寻皇考宸翰不可得，有言建文自焚时，并宝玺皆毁矣，朕深恸之。"事实上宝玺被焚不可能没有一点痕迹，建文帝很可能带着宝玺而逃走，随时可以卷土重来，这种忧虑始终困扰着成祖。据《明史》载："惠帝之崩于火，或言遁去，诸旧臣多从者，帝（指成祖）疑之。（永乐）五年（1407 年），遣颁御制诸书，并访仙人张邋遢，遍行天下州郡乡邑，隐察建文帝安在，以故在外最久。"此处提到的张邋遢，就是道教著名人物张三丰。朱棣派人以访寻张邋遢的名义，来寻找建文帝的下落，前后竟长达十六年之久，这充分说明建文帝在城破后非常有可能逃出了宫中。

北京紫禁城的设计图

如该图所示，紫禁城前部为朝廷举行朝会和典礼的场所，后部为皇族日常工作和生活的地方。图中承天门（今天安门）下的站立者为设计人蒯祥。

　　一些学者主张建文帝在逃出宫后，曾在泉州开元寺避难，后来坐船流亡到海外，最终隐居在印尼苏门答腊岛东海岸。据《明史》记载："成祖疑惠帝（建文帝）亡海外，欲踪迹之，且欲耀兵异域，示中国富强。永乐三年（1405年）六月，命（郑）和及其侪王景弘等通使西洋，将士卒二万七千八百余人，多赍金币。"在郑和率领的船队中，包括了一部分锦衣卫，他们专门负责寻找建文帝的踪迹。这种观点缺乏足够的史料支持，只是一种猜测。

　　建文帝到底是自焚而死呢，还是由密道逃生，历代学者对此各持一说，尚无定论。清朝编修《明史》之时，负责编修此书的大臣对此就发生了意见分歧。徐嘉炎主张建文帝逊国外逃，而朱彝尊则以《明实录》的记载为根据，认为建文帝自焚而死。因此在《明史·恭闵帝本纪》中便有如下的记载："宫中火起，帝不知所终。"由此可见，这两种观点都缺乏足够的证据。近年来有让姓人自称是建文帝的后人，并献出《让氏家谱》，称建文帝由地道逃生后，假扮为僧人，在四方云游，最后在武昌定居，死后就葬在武昌洪山之上。南明弘光帝追谥建文帝为"让皇帝"，故他们以"让"为姓。

　　随着对建文帝出亡问题研究的不断深入，大多数人都主张建文帝并未死在大火之中，而是逃出了南京。当然这一说法还有待于进一步的研究证明。

明成祖的文治武功

　　燕王朱棣即位后，为了剪除藩王对中央皇权的潜在威胁，继续推行削藩措施，将地方军政大权再度集中在自己手中。与此同时，他进一步调整中央机构，设立内阁，从而奠定了明朝政治体制的基本格局。明成祖为了加强北部边防，于永乐十九年（1421年），正式迁都北京，使北京成为明朝的政治、经济、军事和文化中心。他整肃吏治，重用人才，把恢复发展农业生产放在重要地位，有效地促进了社会的安定和经济的发展；在文化上，他标榜文治，尊崇儒学，进行了一系列大规模的修书工作；在外交方面也有许多建树，他采取开拓进取的方针，北征蒙古，南下安南，又派遣郑和率船队下"西洋"，不仅维护并发展了多民族国家的统一，而且扩大了对外影响。虽然成祖取得帝位的手段并不光彩，但从他所作的政绩来看，仍不失为一位盛世明君。

迁都北京

　　首都是一个国家的政治中心，建都或迁都，都是关系着国计民生的大事。太祖朱元璋在建国时经过再三考虑，最终仍以南京为首都。明成祖登基后不久，便计划迁都北平，这在中国历史上是极为罕见的。

太祖朱元璋之所以定都南京，主要出于以下几个原因：其一，应天府（今江苏南京）是朱元璋建国的根据地；其二，南京地理位置得天独厚，形势险要；其三，江南一带经济较北方发达，可作立国之本；其四，此时西北尚未平定，建都北方的风险性很大。而对于明成祖朱棣而言，迁都之事并非可有可无，而是势在必行。首先，北平是成祖夺取天下的"兴王之地"。他在北平度过了几十年，在北平乃至整个北方根基深厚；其次，北平有着优越的地理位置条件，是中原通往东北、塞外的门户。时人指出："（北京）北枕居庸，西峙太行，东连山海，南俯中原。沃壤千里，山川形胜，足以控四夷制天下，诚帝王万世之都也。"朱棣深知，削藩之后诸王失去兵权，北方的边防势必会受到影响。当时北元势力强大，时常南下侵扰，迁都北平就可以加强对北方的防守与控制。再者，北平是辽、金、元时的京城，曾是全国的政治中心和文化中心。可见迁都北京是一件利国利民的好事。

永乐元年（1403年），明成祖下诏，改"北平"为"北京顺天府"，作为陪都，并开始进行迁都北京的准备工作。这主要包括两方面的工作：一是增强北京的经济实力；二是对北京进行大规模的土木建设。

为了增强北京的经济实力，成祖从农业、手工业、商业三大主要产业方面全盘着手。即位三个月后，他就命人到山西太平、平阳等七个府州，核实户口和田产，将那些丁多地少和没有田地的人家，分丁或全家迁往北京务农，由政府出资给他们购置耕牛、种子等农具，还给予了五年以内减免赋税的优待政策。永乐二年（1404年），成祖下令向北京附近大规模地移民屯田。从永乐元年到永乐二年，共有两万多户山西百姓迁到北京周边地区务农。同时成祖还采取了募民务农、将士解甲归田、招抚流民复业、迁发犯人种田等办法。为了促进北京手工业的发展，成祖还将南京的二万七千户工匠迁往北京。同时成祖还下旨选择浙江、江西、湖广、福建、四川、陕西、广东、广西、河南等地没有土地或者土地较少的大户人家充当北京富户，将这些人的户籍迁入顺天府，给予免除五年徭役的优惠。实际上这些富户都是当地的大商人，将他们迁到北京，就是让他们在北京投资，发展北京的商业。通过种种努力，北京地区逐渐繁荣起来。

永乐五年（1407年）五月，明成祖下旨动工修建新的都城。早在动工的前一年，明成祖就派工部尚书宋礼、副都御史刘观等人负责营建工作，开始集中人力和物力。同时派人分赴湖广、四川、江西、浙江、山西等地采集木材、石料，又征集了二十多万工匠和上百万的民工，此外还征集了数不胜数的军队。为了保证物资供应，从永乐九年（1411年）起，着手对大运河进行修浚。成祖派工部尚书宋礼，对淤塞的运河进行重点整治，引汶水、泗水入其中，沿线修建闸门三十八座。过去漕船到达淮安后，需借助一段陆运才能进入淮河，十分不便。针对这种情况，成祖派大臣开清江浦，筑堤建闸，使漕船可直达淮河，至此京杭大运河全线畅通。

经过十多年的修建，至永乐十八年（1420年），北京城的营建工作基本完成。

北京城是在元朝大都的基础上改建的，总体设计仿照南京，但更为壮丽。明代的紫禁城建立在元代皇宫的旧址上，宫殿宏伟华丽，其中心建筑有奉天殿（今太和殿）、华盖殿（今中和殿）、谨身殿（今保和殿）三大殿。整个北京城的建筑布局，是以一条贯穿南北的中轴线为基准左右对称展开，堪称中国古代建筑工艺的结晶。

永乐十九年（1421年）正月，明朝正式迁都北京。明成祖亲往太庙祭祀，并派人赴各坛祭诸神。随后升坐奉天殿，接受朝贺，并大宴群臣。同时颁布诏书，表明他迁都乃是"仿成周卜洛之规，建立两京，为子孙帝王永远之业"。

对于迁都北京之事，一些朝臣并不赞成，但慑于皇帝的威严也不敢多加非议。谁知迁都不到三个月，奉天、华盖、谨身三殿接连发生火灾，朝野为之震动，很多人因此说迁都不吉利，所以才导致天灾。成祖只得下诏，令群臣直陈朝政得失。有些朝臣便乘机上书，指出肇建北京，工费繁巨，调动太广，以致百姓终岁供役，加上官吏横征暴敛，苦不堪言，其中又以主事萧仪、侍读李时勉的言辞最为激烈。成祖大怒之下，处死了萧仪，并将李时勉下狱。反对迁都的大臣不敢指责皇上，便转而攻击那些主张迁都的大臣，双方各执一词，争论得非常激烈，成祖便令他们在午门外跪着辩论。最后大臣夏原吉出面上奏道："这些朝臣都是应诏而言，并没有罪。臣等备员大臣不能协赞大计，罪在臣等。"听了这番话，成祖的怒气才稍稍平息下来，此后再也没人敢非议迁都之事了。

明成祖力排众议，迁都北京，从而巩固了边防，有力地控制北方蒙古势力的发展，巩固了明朝的统治。但政治中心与经济中心分离，也带来了不少问题。一方面北京与赋税重地江南距离遥远，京城及广大北方边城所需要的粮食都需要通过大运河运输调集，然而运河时常淤塞。经过十几年的苦心经营后，北京的经济出现了繁荣的景象，疏通的运河也保证了粮食的运输；另一方面，北京以北一带是平原，无险可守。如果敌军越过长城，即可长驱直入，其潜在的危险是不容忽视的。

郑和下西洋

郑和本名为马三保，人称三保太监，史称"三宝太监"。三宝是佛教用语，指佛、法、僧。所谓佛，是指先知先觉之意。所谓法，是指佛教教义。

郑和出海
此图选自明刊本《三宝太监西洋记通俗演义》，描述了郑和在海上航行的场景。

所谓僧，是指佛教信徒。明朝宦官大多信佛，因此叫三保的人很多，不过郑和"三宝太监"的称号却是明成祖钦封的。

郑和是元代色目人的后裔，是当年追随成吉思汗到中国来的中亚布哈拉贵族赛典赤的六世孙。世代居住在云南，信奉伊斯兰教。他的祖父、父亲都曾亲自到过圣地麦加朝圣。郑和从小就从长辈的口中听说了许多海外的奇人逸事，对航海有着浓厚的兴趣。洪武十五年（1382年），明朝大军平定云南，消灭了元朝残余势力梁王的割据政权。在这场战争中，年仅十二岁的郑和失去了双亲，被明朝的军队掳获阉割，在军中做"秀童"。云南平定后，郑和随军调往北方，因"丰躯伟貌，博辩机敏，有智略，习兵法"，被选送到北京燕王府服役，深得燕王朱棣的宠信。

在"靖难之役"中，郑和随侍军中，立下大功。燕王即位后，提拔他当了内宫监的太监，主管营建宫室和供应皇室的需要。郑和后来也兼信佛教，法名"佛善"。永乐二年（1404年），为表彰郑和的功绩，明成祖亲笔写了一个"郑"字，赐他为姓，从此改名郑和。郑和以太监的身份得到赐姓的光荣，在当时极为少见，由此可见成祖对他的看重。同年倭寇在江浙沿海一带抢掠，成祖命郑和带着敕书出使日本。郑和展现了杰出的外交才能，使日本国王源道义主动出兵剿除倭寇，且按本国法律加以惩处。源道义还接受了明朝"日本国王"的封号，派使者到南京朝见成祖，与明朝签订了《勘合贸易条约》。

从明成祖永乐三年（1405年）到宣德八年（1433年）的二十八年里，郑和先后七次率领规模庞大的船队出海远航，到达了东南亚、印度洋、红海、东非等地的三十多个国家和地区。

第一次是在永乐三年至永乐五年（1405 年—1407 年）。成祖派郑和为主使，太监王景弘为副使，率领船队出海。这支船队有士兵二万七千多人，另外还有医生、工匠、翻译人员等。他们乘坐着六十二艘大船，包括宝船、马船、粮船、座船、战船等具有不同功能的船舶。马船，亦称马快船，在船队中负责运载马匹和货物。粮船主要用来运载船队所需的粮食和其他后勤物品。座船是战座船的简称，是一种由海军指挥人员乘用的大型战舰。战船是负责护航和海战的巡航战舰。宝船是船队中体积最大的船只，是正、副使乘坐的旗舰，有"清和""惠康""长宁""安济""清远"等不同的名号。最大的宝船长四十四丈，宽十八丈，载重量达二千五百吨，可以容纳千人。船队从江苏太仓的刘家港扬帆出海，沿长江顺流而下，经南海，到达越南、泰国、印度尼西亚，最后到达古里（今印度科泽科德）。郑和携带着明成祖诰封各国的诰命和文绮等

榜葛剌进麒麟图

榜葛剌（今孟加拉）是与明朝有朝贡贸易关系的国家，郑和下西洋时曾到过这里。该国曾于永乐、正统年间向明廷进贡长颈鹿。由于当时的中国人从未见过这种动物，因此将其视为瑞兽。

贵重礼物，每到一地，宣读成祖的诏书，行封赏赐，与各国建立友好关系。郑和与古里建立了友好关系后，立碑纪念，之后古里就成为了郑和船队的中转站。

第二次是在永乐五年至永乐七年（1407 年—1409 年）。出行路线与上一次相同，到达印度西海岸柯钦及当时中东贸易中心卡利库特（即古里，在今印度南部）。郑和还特意到锡兰（今斯里兰卡）访问，对锡兰山佛寺进行慷慨的布施，并立碑为文。这块石碑以汉文、泰米尔文和波斯文三种文字刻成，目前保存在锡兰博物馆中，是中斯两国人民友好往来中的一件珍贵文物。

第三次是在永乐七年至永乐九年（1409 年—1411 年）。此次航行以东印度洋为中心，到达孟加拉湾。途中曾遭到锡兰国王亚烈苦奈儿的袭击，郑和临危不惧，生擒了亚烈苦奈儿及其头目，献俘于朝廷。明成祖宽大为怀，将他们遣放回国，海外各国得知无不感佩。

第四次是在永乐十一年至永乐十三年（1413 年—1415 年）。此次最远到达波斯湾，访问了溜山国（今马尔代夫群岛）、东非海岸的木骨都束（今索马里首都摩加迪沙）等地，更多的贡使也随船队来到中国。

第五次是在永乐十五年至永乐十七年（1417 年—1419 年）。船队经阿拉伯南岸驶往东非沿海，到达布腊瓦（今属索马里）、阿丹（今也门亚丁）、剌

名家评史

黄巾起义我们知道是地地道道郑和下西洋，跟纪元前
2世纪张骞通西域一样，都是为中国凿开一个过去很少人
知道的混沌而广大的天地。他们对国家贡献和东西文化交
流，有伟大的功绩。不过，张骞处在一个朝气蓬勃的时代，
而郑和却处在一个暮气日增的时代，所以结局完全不同。

——柏杨

撒（今红海东岸）等地。

第六次是在永乐十九年至永乐二十年（1421年—1422年）。船队的主要
任务是送忽鲁谟斯等十六国使节回国。主力船队留在波斯湾各港，分船队周
游了东非各地。

第七次是在宣德六年至宣德八年（1431年—1433年）。明宣宗朱瞻基因
为怀念其祖父明成祖朱棣当年"万方玉帛风云会，一统山河日月明"的盛况，
再次派郑和出使西洋。郑和在返航途中病逝，时年六十二岁。

总之郑和率船队"自永乐三年奉使西洋，迄今七次。所历番国由占城国、
爪哇国、三佛齐国、暹罗国，直逾南天竺、锡兰山国、古里国、柯枝国，抵
于西域忽鲁谟斯国、阿丹国、木骨都束国。大小凡三十余国，涉沧溟十万余
里"，可谓中国航海史上一次空前的壮举。

郑和的航海船队非常庞大，每一次出海都耗资巨大。关于郑和下西洋的
目的，历代都有不同的说法。

许多人认为此举是为了寻找流亡海外的建文帝。燕王攻占南京城后，并
没有找到侄子建文帝的尸体，但为了安抚人心，他只好下诏书，说建文帝已
在皇宫大火中丧生。朱棣担心建文帝会从海外卷土重来，所以一直不断地派
人四处寻找建文帝的下落，而派往海外的就是郑和。近代一些学者认为，郑
和为了找寻建文帝不但多次下西洋，还曾经三次东渡扶桑（日本）。

有的人不赞同这种说法，认为建文帝根本不可能在燕王严密的追捕下逃
出京城，肯定已死在城中。即使建文帝未死，以他一介文弱书生，也并不值
得成祖耗费这么大的心力去寻找。实际上郑和远航的主要目的是"欲耀兵异
域，示中国富强"，否则仅仅为了寻找建文帝，也不用带这么多的士兵。正是
这支强大的海军力量充分显示了明朝泱泱大国的国威，使那些小国纷纷派使
臣随船来朝见。

还有人指出，郑和航海主要是出于经济上的考虑。船队远航既可以满足

明朝政府扩大对外贸易的要求，也可以建立起西方国家对明朝的"朝贡贸易"体系，借此增加财政收入。除此之外，普通的沿海百姓也从中大大受益。实际上这种说法是站不住脚的。明朝的历代皇帝遵守祖训，坚持以农立国，从未把贸易收入视作政府财政收入的主要来源，更别提主动地去拓展海外贸易市场了。再者在朝贡贸易中，明朝本着大国的姿态，一向薄来厚往，若想以此增加财政收入，岂不是白日做梦一样？

但是无论出于何种原因，总之郑和下西洋促进了中国与亚非各国间政治、经济、文化上的友好交流，增进了各国人民之间的友谊，在 15 世纪初期的人类文明发展史上写下了光辉的一页。

《永乐大典》

《永乐大典》是明成祖永乐年间编纂的一部大型类书（文献汇编），涉及哲学、历史、地理、语言、文学、艺术、宗教、科学技术等方方面面，比著名的《大英百科全书》还要早三百多年。它不仅是我国文化遗产中的瑰宝，在世界文化史上也具有崇高的地位。

据《明实录》记载，成祖即位后，感到"天下古今事物散载诸书，篇帙浩穰，不易检阅。朕欲悉采各书所载事物类聚之，而统之以韵，庶几考所之便，如探囊取物尔"，于是命解缙、胡广、胡俨、杨士奇等著名学者编纂一部大型类书。成祖还规定了编纂宗旨："凡书契以来经史子集百家之书，至于天文、地志、阴阳、医卜、僧道、技艺之言，修辑一书，毋厌浩繁。"

明成祖此举是有其政治目的的。洪武三十一年（1398 年），明太祖朱元璋病故，皇太孙朱允炆即位。当时藩王势重，朝廷孤危，建文帝采用了齐泰、黄子澄的计谋削藩。燕王朱棣援引《祖训》"朝无正臣，内有奸恶，则亲王训兵待命，天子密诏诸王统领镇兵讨平之"，以"靖难"为名，行造反之实。建文四年（1402 年），燕王率大军攻入南京，建文帝下落成谜。这次事变，按照封建正统观念，是"大逆不道"的，从而引起方孝孺等士大夫的坚决反对。朱棣登基后，大肆屠杀建文帝忠臣，朝野间的气氛十分紧张。朱棣想通过编纂大型类书来炫耀文治，笼络文人，消除朝野间的不平之气，从而巩固自己的统治。

永乐元年（1403 年），解缙等奉成祖之命，召集了一百四十七名儒生编修大型类书，于次年十一月编成《文献大成》。成祖阅览后，认为"所纂尚多未备"，内容过于简单。永乐三年（1405 年），又下令太子少师姚广孝、礼部尚书郑赐、侍读解缙担任全书的监修。在监修之外，又下设副监修三人，监

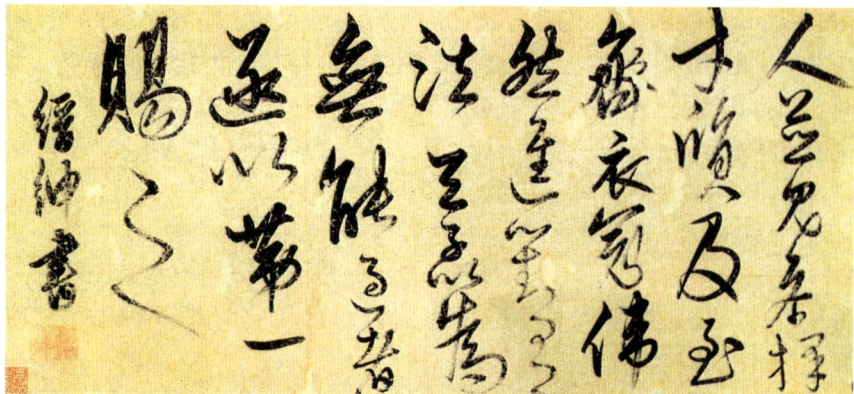

解缙《宋赵恒殿试佚事》（局部）
解缙在书法上颇有造诣，这幅作品笔法精妙，气韵生动。解缙五岁时就能出口成诵，被誉为神童。而他一生最卓著的业绩就是主持编纂了《永乐大典》。

修以下还设有都总裁、总裁、副总裁、纂修、编写人、缮录及圈点生等。由于组织严密，分工明确，整个编纂工作得以有条不紊地进行。朱棣对大典的编纂工作十分重视，对编纂者提供了许多便利条件，特别启用了当时皇家图书馆，即南京文渊阁的全部藏书，令编纂人员"尽读禁中之书"。同时还派官员去各地购买遗书秘籍，并指示买书可不计价钱。

在政府的大力支持下，永乐六年（1408年）全书正式编纂完成。成祖审阅后甚为满意，并亲自作序，谓此书"上自古初，迄于当世，旁搜博采，汇聚群书，着为奥典"，并定名为《永乐大典》。这部皇皇巨著共计22937卷，仅目录就达60卷，装订为11095册，37000万字，全部用毛笔工楷书写，是世界上最早的百科全书。全书分门别类，辑录了上自先秦，下迄明初的8000余种古籍资料。大凡经史子集与道释、医卜、杂家之书均有收辑，并加以汇聚群分，甚为详备。

《永乐大典》卷帙浩繁，参加编纂人员达三千多人，因此难免有所疏漏，如前后体例不一等，但这并不影响它的文化价值。《永乐大典》最重要的贡献在于原原本本地保存了明初以前大量的文化典籍，对中国的文献文化具有不可估量的作用。西晋杜预《春秋释例》、唐林宝的《元和姓纂》、北宋薛居正的《旧五代史》、南宋李心传的《建炎以来系年要录》等重要文献典籍，全赖《永乐大典》才得以流传下来。

《永乐大典》成书后，珍藏在南京文渊阁。永乐十九年（1421年），明成祖迁都北京时，专门下令将《永乐大典》的正本运往北京，收藏在"文楼"之中，原稿仍然留在南京文渊阁里。永乐至万历年间，一些人曾提议刊刻《永乐

《永乐大典》书影

《永乐大典》，初名《文献大成》，是明成祖时解缙等人主持编纂的一部大型类书。它收录了先秦至明初的七八千种古代重要典籍，被誉为中国古代最大的百科全书。

大典》，但因"工费浩繁"而作罢。明英宗朱祁镇即位后，南京文渊阁遭遇了一场大火，原稿化为乌有。明世宗嘉靖三十六年（1557年）四月，宫中发生火灾，三殿主要建筑都被焚毁，《大典》幸得保全。为了防止意外，明世宗便想要重录一部。嘉靖四十一年（1562年）八月，命阁臣徐阶、礼部侍郎高拱等组织儒士一百零九人，誊写了副本一部。重录工作整整用了六年，至穆宗隆庆元年（1567年）四月才得以完成，此后《永乐大典》才有正副两部，分别珍藏在文渊阁和皇史宬两处。

此后《永乐大典》的命运仍十分坎坷。《永乐大典》的正本下落不明，大多数人认为明亡后，文渊阁再次被焚，《永乐大典》的正本很可能在此时被火烧毁。《永乐大典》的副本流传到清代，但没有得到应有的重视。直到雍正年间，《永乐大典》才由皇史宬移藏到翰林院，一些学士和编修官才有机会看到这本巨著。乾隆三十八年（1773年），清政府纂修《四库全书》，此时《大典》已经缺佚达2000多卷，但仍从中辑出了500多种佚书，其文化价值可见一斑。咸丰十年（1860年）英法联军和光绪二十六年（1900年）八国联军两次入侵北京，侵略者大肆焚烧抢掠，《永乐大典》也未能幸免于难，所剩寥寥无几。新中国成立后，对《永乐大典》等珍贵的文化典籍制定了保护措施。国内外许多收藏家将自己珍藏的《永乐大典》的残本捐献给国家，现存797卷。

仁宣之治

永乐二十二年（1424年），明成祖朱棣在北征途中驾崩，皇太子朱高炽即位，是为明仁宗。他一改父亲追求事功的国策，转而采取稳健务实的治国方略。这一方略又被其子明宣宗朱瞻基所继承，从而使洪熙、宣德年间出现了一个政治清明、经济繁荣、国家安定的治世局面，被史家誉为"仁宣之治"。

守成令主

明仁宗和明宣宗二帝在位期间，在政治、军事、经济等方面做出了一系列重大调整，强调以文治国，使百姓得到了充分的休养生息，生产力得到了长足的发展，明朝进入了一个稳定、强盛的时期"仁宣之治"。一时"吏称其职，政得其平，纲纪修明，仓庾充羡，闾阎乐业，岁不能灾。盖明兴至是历年六十，民气渐舒，蒸然有治平之象矣"，后人称这一时期为"明代的黄金时代"。

在对外政策上，从战略进攻转变为积极防御。朝廷改变了永乐时期好大喜功的政策。明成祖五次出征蒙古，长期征战导致军费开支膨胀，不仅大量消耗了国家的财力，也加重了百姓的负担，国家财政一度濒临崩溃。永乐末期，不少地方发生了灾荒，在一些地方出现了民不聊生的局面。成祖还曾一度征服安南，但统治不稳，耗资甚巨，成为中央财政的负担。成祖去世后，蒙古各部落因连年争战，大伤元气，无暇大举南侵，"或有扰边者，不过朵颜之类，或猎或掠，多不过百余骑，少或数十骑而已"。仁、宣二帝充分利用这一有利的时机，修复与蒙古各部落的关系，在北方边疆采取以防御为主的战略。宣德二年（1427年），明宣宗果断地放弃安南，将军队撤回。宣德三年（1428年），宣宗率军出巡边境，但也只是为了固守而已。这些措施节省了大笔的军费开支，有效地减轻了国家的财政负担。在和平安定的社会环境下，社会经济得到了迅速的恢复和发展。

这一时期一改前朝政治大清洗的做法，力求"上下情通"，"政得其平"。为了改善君臣关系，明仁宗即位后从安抚官员入手，妥善地解决历史的遗留问题。经历了明太祖、明成祖的大肆屠杀，政治气氛十分紧张，朝堂之上，大臣们噤若寒蝉，都看皇帝脸色行事。仁宗下令宽宥建文诸臣的家属，每家只留一名男子戍边，其余全被放还为民。宣宗即位后，下旨将"教坊司、锦衣卫、浣衣局及功臣家为奴"的建文帝诸臣的家属全部赦免。在这一时期，许多冤案得以昭雪，有利于政局的稳定。仁宗还起用了一批贤臣，将被罢免的夏原吉、杨溥等人官复原职，这些人后来都成为明朝的中流砥柱。夏原吉和蹇义在永乐朝就以前朝旧臣而受到重用。蹇义为人忠厚，行事谨慎，熟悉朝章典故。夏原吉敢于直言，不怕犯上。永乐十九年（1421年）冬天，成祖准备征讨瓦剌，向他询问边镇粮草情况。夏原吉告知粮草只够边军，不足以供应大军，并借机劝谏成祖身体欠安，不宜出征。成祖大怒，将其下狱，籍没家产。当查抄他的家产时，除了皇帝的赐钞之外，别无余财，家徒四壁，只有些布衣瓦器。后来成祖在军中病逝前，想到了夏原吉，不禁慨叹："原吉爱我！"仁宗朱高炽即位后，立即将他从监狱中释放出来，官复原职，共商丧礼之事。后来"罢西洋宝船，迤西市马及云南、交阯采办"，都是"从夏原吉之奏也"。这一时期大臣各尽其才，同心辅政，君臣关系融洽，改变了明朝初年大臣动辄得咎的情况。

杨士奇

杨士奇，名寓，号东里，江西泰和人。仁、宣父子在位时期，他凭着自己的度量和才能取得了皇帝的高度信任。

为了鼓励大臣们劝谏，明仁宗下诏要求大臣上疏讨论时政得失，并指出："前世人主，或自尊大，恶闻直言，臣下相与阿附，以至于败。朕与卿等当用为戒。"他清醒地认识到，正是由于言路不通，才使得朝政没有起色。仁宗还先后赐给蹇义、杨士奇、杨荣等人银章各一枚，上面刻有"绳愆纠缪"字样，鼓励他们若见政事有所阙失，即用此印密疏上奏。明宣宗也沿用了仁宗的这一做法，多次下旨，让群臣上书进谏。

为了形成清明的政治环境，仁、宣父子都注意整顿吏治，同时慎用刑罚，禁止法外用刑。在处理官吏贪污犯法案件时，大都依法议罪，不再法外用刑，官场风气为之一变。在刑法上，改变了原来用刑过重的情况，废除了"宫刑"和"连坐之法"，强调司法的公正性。对于不称职的官员，绝不姑息，立刻黜退罢斥。为了加强对官吏的考核，杨士奇荐举以廉明刚直闻名的薛宣、顾佐、陈勉等人担任两京左右都御史。仅宣德八年（1433年），就罢斥京城冗官七十七名。同时朝廷积极地选拔循史人才，"察墨吏，举义学武勇之士，令极刑家子孙皆得仕进。又请廷臣三品以上及二司官，各举所知，备方面郡守选"。因此在这一时期出现了许多悉心治国安民的良吏。《明史·循吏列传》中记载循吏共一百二十人，而在洪熙、宣德年间任职的就占半数以上。

在经济方面，实行休养生息的政策。永乐时期，南征北伐，工役繁重，人民疲敝，百姓贫困。明仁宗即位后，立即下令停止各地为宫中采办宝石、金珠、马匹之举，同时下令以后官司所用的物料一律在产地计价购买，对于盘剥百姓者，严惩不贷。

明仁宗体恤民情，常常担心自己的行为加重了百姓的负担。仁宗对地

宣宗行乐图轴
此图结构严谨，色彩浓丽，突出了明宣宗朱瞻基游乐的主题，正好可以与史书上关于宣宗皇帝喜好射猎郊游的记载相互印证。

方的水旱情况十分关心，凡是地方受灾，即下旨减免田赋，发放官粮救济灾民。对一些受灾严重的地区，朝廷十分重视赈济，采取多种措施帮助灾民恢复生产。洪熙元年（1425年）四月，山东、河北一带发生了灾荒，地方官员却依旧催征夏税。仁宗得知此事后，立即命大学士杨士奇草拟诏书，减免当年的夏税和秋粮的一半，并停置一切官需物料。杨士奇认为此事应当让户部和工部事先上奏，仁宗说："救民之穷当如救焚拯溺，不可迟疑。有司虑国用不足，必持不决之意。"如果地方遭受天灾，仁宗要求当地官府必须马上上奏，赈济饥民。明宣宗即位后，继续实行仁宗与民休息的政策，爱惜民力，力行节俭。宣德五年（1430年），宣宗下令在全国减税。在减免田赋的同时，为了保证这些措施的落实，他还常常派钦差大臣去各受灾地区进行监督。

为了发展经济，朝廷还实行了一系列有利于发展生产的措施。明仁宗即位后不久，令"山林川泽，皆与民共。命自居庸关以东，与天寿山相接，禁樵采，余俱弛禁"。洪熙元年正月，"罢山场、园林、湖池、坑冶，听民采取"。这一时期，朝廷对军队的屯田极为重视，同时还鼓励农民垦荒种植，大

正史史料

　　仁宗即位，进太常卿，余官如故。寻进太子少傅、谨身殿大学士。既而有言（杨）荣当大行时，所行丧礼及处分军事状。帝赐敕褒劳，赉予甚厚。进工部尚书，食三禄。时士奇、准皆辞尚书禄，荣、幼孜亦固辞。不允。

　　　　　　　　　　　　　　　　——《明史·杨荣传》

力兴修水利。这些措施有效地促进了农业的发展和经济的繁荣。

　　仁、宣时期政治稳定，汉王朱高煦的叛乱也得以很快平定，没有广加株连。在安定清明的政治下，百姓得以安居乐业，社会经济得到恢复和发展，出现了一片繁荣的盛世景象。

"三杨"辅政

　　仁宗、宣宗两朝，其政治核心的组成存在一个明显的倾向，即保储有功者备受重用，反之则受到冷遇。杨荣、杨士奇、杨溥三人是仁、宣时期的主要辅政大臣，他们都是五朝（建文、永乐、洪熙、宣德、正统）元老，通达政体，时人合称"三杨"。

　　"三杨"都是建文帝朝的旧臣。杨荣、杨溥都是建文二年（1400年）的进士，同年进入翰林院。杨荣，初名子荣，字勉仁，福建建安（今福建建瓯）人。杨溥，字弘济，湖广石首（今属湖北）人。杨士奇，名寓，字士奇，江西泰和人。他出身贫寒，未曾中举，在翰林院王叔英的引荐下才进入翰林院。靖难之役后，"三杨"和翰林院的众多大臣一起出道迎降。此后，"三杨"因迎立有功，再加上自身出众的才华，得到了成祖的信任，很快得以升迁。永乐元年（1403年），杨荣被命为"侍皇太子讲读"，并负责给"诸皇孙讲学"。同年十一月，杨士奇被命为东宫侍讲，负责皇太子的教育，并破格进入内阁，参与朝政。永乐二年（1404年），杨溥被命为太子洗马。太子朱高炽仁义宽厚，对儒学非常感兴趣，主张以德治国，与"三杨"相处得非常融洽。此后，以"三杨"为首的东宫僚属就成为太子朱高炽的心腹，"三杨"的命运就与朱高炽紧密地联系在了一起。

　　明仁宗朱高炽自幼端重沉静，言行得体，性格仁厚，是太祖朱元璋亲立的燕王世子。然而朱高炽身体肥胖，行动不便，有时还跌跌撞撞，因此明成祖朱棣对这个长子并不太满意。他更喜欢另外两个酷似自己的儿子朱高煦和朱高煦。靖难起兵之际，朱高炽留守北平，朱高煦随父出征，多次救朱棣于危难之际，扭转了不利的战局。朱棣认为在自己这三个儿子中朱高煦最像自己，因此特别喜爱他。建文四年（1402年），朱棣在渡过长江之前，曾经向朱高煦暗示朱高炽体弱多病，事成之后有意立他为太子。成祖登基后，储位之争逐渐明朗化。以淇国公丘福和驸马王宁为首的武将大多认为朱高煦军功卓著，支持他为太子。而满朝文臣认为朱高炽是太祖朱元璋亲封的燕王世子，为人仁慈宽厚，按照嫡长子继承制，理应被立为太子。在解缙等人的极力劝说下，朱棣于永乐二年（1404年）四月初四正式册立朱高炽为太子。同一天又分别赐封次子朱高煦、三子朱高燧为汉王和赵王。

朱高炽虽然被立为太子，但是争夺储位的斗争并没有因此而结束。汉王朱高煦和赵王朱高燧时刻窥视着皇储的宝座，多次陷害朱高炽，令朱高炽与明成祖的关系一直颇为紧张。永乐十二年（1414年），朱棣北征回师，监国太子朱高炽遣使迎驾稍迟，再加上给朱棣的奏疏用语不当，令成祖十分不快。朱高煦又乘机进谗言，成祖对太子更加不满。为了开脱太子的罪责，杨士奇等人将罪责揽在自己身上，结果所有的东宫僚属，包括礼部尚书蹇义、学士黄淮、谕德杨士奇、洗马杨溥等人被抓入诏狱。其中黄淮、杨溥等人在狱中竟达十年之久，直到朱高炽登基后才被释放出来。文臣们在这场立储之争中受到了很大的迫害，而他们也确实起到了保护太子的作用。永乐九年（1411年），朱棣回师南京时，曾向阁臣杨士奇询问太子的情况。杨士奇列举了许多事实，证明太子诚敬孝谨，打消了成祖对太子的怀疑。

永乐二十二年（1424年）七月，明成祖在北征途中驾崩。随军的杨荣沉着果断，对成祖的死讯密而不发，连夜派人骑马通知太子。在京的杨士奇妥善地处理了迎丧、即位等重大事宜，帮助太子朱高炽顺利即位。朱高炽登基后，颁布了大赦令，立即释放了狱中的杨溥，令其官复原职。"三杨"不仅能力出众，还与仁、宣父子共过患难，关系非比寻常，因此在仁、宣时期屡获升迁。

杨士奇能荐人之长，容人之短，为"三杨"之首。他为官顾全大局，不计小节，体恤爱民。针对当时"流徙尚未归，疮痍尚未复，民尚艰食"的实际情况，他多次上奏，提出与民休息的施政主张。明仁宗采纳了他的意见，实施休养生息的政策，促进了社会经济的恢复与发展。杨士奇后又升为少保、少傅，兼任兵部尚书，开启了内阁直接插手六部行政事务的先例。不久杨士奇又成为内阁首辅，逐渐填补了朱元璋废除丞相后留下的权力真空。杨士奇还特别注意人才的选拔，积极举荐优秀人才，周忱、况钟以及于谦等名臣皆得力于他的引荐。一次仁宗与大臣讨论科举中存在的弊病，杨士奇虽是南方人，看问题却非常公允，指出科举取士应该制定措施以保证南北兼收。仁宗

杏园雅集图卷（局部）
此图绘于1437年，描绘了大学士杨荣、杨士奇、杨溥及阁员五人在杨荣家的杏园中聚会的情景。宫廷画家谢环亦被邀请参加并作此图。该图是当时仕宦生活的真实写照。

说："北方人的学问远不如南人，该如何处理？"他说："南方人虽多有才华，然而偏于轻浮。长才大器者，不少就出自北方。"仁宗便询问杨士奇有何良策，杨士奇说："试卷依旧密封誊录，但在外边表明'南''北'字样。如要取进士一百名，可取南卷六十名，北卷四十名。"仁宗觉得他的意见很好，当即让大臣与礼部讨论具体方案。仁宗去世后，宣宗将仁宗的这一政策贯彻了下去。科举制度的这一改革，在一定程度上改变了科举录取名额地区不平等的状况，保证了各省士人都有机会进入中、高级官僚的队伍，从而加强与扩展了封建政权在全国的统治基础。杨荣曾多次在宣宗面前中伤杨士奇，杨士奇得知此事后不但不生气，还请求宣宗仍像信任自己一样信任杨荣。

杨荣机敏通达，善于察言观色，尤其擅长谋划边防事务，被封为太子少傅、谨身殿大学士，兼工部尚书，并食三禄。明宣宗朱瞻基即位不久，汉王朱高煦发动叛乱，杨荣极力主张宣宗御驾亲征，掌握战争的主动权。朱瞻基接受了杨荣的建议，以迅雷不及掩耳之势围攻乐安，朱高煦被迫投降，叛乱很快得以平定。他曾两次跟随宣宗巡边，深得宣宗的信任，始终坚持"事君有体，进谏有方"的本分。宣宗即位后，杨溥成为朝廷重臣，被选入内阁，与杨士奇、杨荣等阁臣共掌机务。他为人十分低调，擅长处理臣僚关系，每次上朝都沿皇墙而走，以示遵守礼制。

"三杨"相得益彰，同心协力，尽心辅佐皇帝，为"仁宣之治"的出现做出了不可忽视的贡献。

内阁制的完善

明代的内阁制是在废除传统的宰相制度基础上逐步发展起来的，它标志

七品文官的补子
明朝文武官员官服的前胸和后背上都有
区分官职品级的方形补子。文官绣飞禽，
象征其文采；武官绣猛兽，象征其威猛。
该补子为七品文官所用。

着封建专制中央集权制度进入了一个更高的历史阶段。它在洪武和永乐时期
出现雏形，在仁宗、宣宗时期得以进一步完善。

明代建国之初，朱元璋沿袭元朝官制，设中书省作为佐助皇帝综理政务
的机构，但相权过重常使皇帝的意愿难以实施。洪武十三年（1380 年），朱
元璋为了加强皇权，废除了中书省及宰相，分设吏、户、礼、兵、刑、工六
部，分管朝政，对国家政治体制进行了重大改革，以期"权不专于一司，事
不留于壅蔽"。六部直接向皇帝负责，皇帝事务繁杂，"密勿论思，不可无
人"。洪武十三年九月设置"四辅官"，任命年高的耆儒王本等人先后担任辅
官，在皇帝身边讲论治道，以"协赞政事"。

四辅官虽然官秩正三品，但事实上从未直接地处理过重大的政务。不到
两年，四辅官就被废除。洪武十五年（1382 年），朱元璋仿效宋朝制度，置
华盖殿、武英殿、文渊阁、东阁、文华殿诸大学士以备顾问，正五品，这就
是明代内阁辅政制度的雏形。大学士办公地点在宫内殿阁，后改称内阁学士。
这时的内阁还不能参决政务，只是辅助性的办事机构。

内阁制度的基本形成，是在明成祖朱棣时期。明成祖通过"靖难之役"
夺取天下，为巩固政权采取了一系列的措施，设立内阁就是其中非常重要的
一项。据《明史·职官志一》载："以其授餐大内，常侍天子殿阁之下，避
宰相之名，又名内阁。……成祖即位，特简解缙、胡广、杨荣等直文渊阁，
参预机务。阁臣之预务自此始。"此后阁臣的设置成为常制，职责是"参与机
务"。但永乐一朝阁臣的品秩并不高，"各赐五品服"，仅属于中级官员，地位
远不及尚书。

仁、宣时期，不断提高阁臣的官阶，明朝的内阁制度得到进一步发展。

正史史料

　　中极殿大学士、建极殿大学士、文华殿大学士、武英殿大学士、文渊阁大学士、东阁大学士，掌献替可否，奉陈规诲，点检题奏，票拟批答，以平允庶政……以其授餐大内，常侍天子殿阁之下，避宰相之名，又名内阁。

　　　　　　　　　　　　　　　　——《明史·职官志一》

　　明仁宗即位之初就将阁臣的官阶由正五品提到正三品。此后为了进一步提高原东宫僚属的地位，仁宗还恢复了建文、永乐时废除的公、孤官（太师、太傅、太保为三公，正一品；少师、少傅、少保为三孤，从一品），进蹇义少傅，进杨士奇少保，进杨荣太子少傅兼谨身殿大学士。内阁大学士本身的品秩虽然并不高，但若加上公、孤衔，就成为一品大员。

　　明仁宗对原东宫僚属的宠信，打破了永乐年间内阁的基本格局，扩大了内阁的权限。起初官居五品的内阁学士，此时跻身于公侯尚书之列，内阁的势力已有超过六部势力的迹象。据《明史》记载："至仁宗而后，诸大学士历晋尚书、师、保、傅，品位尊崇，地居近密。而纶言批答，裁决机宜，悉由票拟。阁权之重偶然汉唐宰辅，特不居丞相名耳。"

　　明宣宗登基后，不断擢升杨士奇等阁臣，又召杨溥入内阁，不久后又将其升为尚书。在宣宗时期，阁权得以进一步强化，内阁开始下设官属。《明史》载："宣德间，内阁置诰敕、制敕两房，皆设中书舍人。"

　　内阁的政治地位得以明显提高，其最主要的表现在于有了"票拟"之权。所谓票拟，亦称票旨、条旨，也就是说对全国各地的奏章，在送呈皇帝批示以前，由内阁学士"用小票墨书"，贴在各奏疏的对面进呈。在君主专制体制下，掌握代替皇帝起草批示的职权，其重要性是可想而知的。在这一时期，阁权之重、阁职之隆，自不待言。《殿阁词林记》载："至宣德时，始令内阁杨士奇辈及尚书兼詹事蹇义、夏原吉，于中外章奏，许用小票墨书，贴各疏面以进，谓之'条旨'，中易红书批出御笔亲书。及遇大事大疑，犹命大臣面议。议既定，即传旨处分，不待批答。自后始专命内阁条旨。"由此可知，阁臣拥有票拟权，就相当于直接掌握了处理国家政事的大权。

　　随着内阁权势的提高，阁体内部也产生了变化。内阁权力集中在"三杨"手中，"天下建言章奏，皆三杨主之"。宣德时期，"三杨"所拟的票拟，基本上都被皇帝采纳。张瑛、陈山二人虽然也是加尚书衔的阁臣，但权力与"三

明宣宗孙皇后

明朝的皇位之争颇为激烈，这直接影响到后宫。据说明宣宗的孙皇后就被迫将宫中其他女子的孩子据为己有，以此巩固自己的地位。

杨"相比不可同日而语。由此可见，明中叶形成的首辅制度，在此时已初见端倪。

在洪武、永乐时期，武臣对军国大事多有参赞决议之权。永乐后期，大臣在储位人选上产生了严重分歧，武臣多支持汉王朱高煦，文臣则支持世子朱高炽。明仁宗即位后，对于武臣不予重用，削弱了武臣的权力。洪熙元年（1425 年）正月，仁宗设置宦官守备，"命内官监太监郑和领下番官兵守备南京，在内与太监王景弘、朱卜英、唐观保协同管事，遇到有事同襄城伯李隆、驸马都尉沐昕计议而行"。同年二月，设内监镇守之职，此后设置守备太监和镇守太监成为定制，武臣的权力受到了大幅削弱。仁、宣二宗对于武臣权力的限制，适应了内阁制权位上升的需要。

仁、宣时期，内阁成员与皇帝关系亲密，使内阁成为"俨然汉唐宰辅"的中枢机构，加强了中央集权制度，有效地发挥了朝廷的统治职能。明代的内阁制度作为一种新的政治制度，对维护政局的稳定和制约皇权方面有着积极的作用，对明代政局有着深远的影响。

平定朱高煦叛乱

朱高煦是明成祖朱棣的次子，英勇善战，屡立奇功。在靖难之役中，成祖陷入建文帝大军的包围之中，朱高煦不远千里带兵来救，方才脱险。成祖最宠爱这个酷似自己的儿子，还曾许下诺言将来事成后封朱高煦为太子。成祖一向觉得长子朱高炽儒雅有余，而英武不足，对他不甚满意，因此登基后一直在太子人选的问题上犹豫不决。

淇国公丘福、驸马王宁等人拥护朱高煦为太子，在成祖面前"时时称高煦功高"。而朱高炽早在朱元璋洪武二十八年（1395 年）就被册封为世子，得到朝中大部分文臣的支持。朱高炽身体肥胖，不能骑射，并有足疾，行动不便，朱棣对他并不太满意。但朱高炽的长子朱瞻基却相貌英俊，聪明过人，颇得朱棣的宠爱。朱棣将希望寄托在朱瞻基身上，朱高炽也因此巩固了自己的地位。

永乐二年（1404 年）四月初四，明成祖正式册立朱高炽为太子。同一天又分别封次子朱高煦、三子朱高燧为汉王和赵王。朱高炽虽然已经被立为太子，但是争夺储位的斗争并没有因此而结束。汉王朱高煦和赵王朱高燧时刻窥视着皇储的宝座。成祖对朱高炽始终不太满意，几次想废掉他，多亏文臣们的支持，朱高炽才保住了皇太子之位。永乐十五年（1417 年），野心勃勃的汉王朱高煦因触怒

朱瞻基《武侯高卧图卷》

此图为明宣宗所作。明宣宗朱瞻基是明仁宗嫡的长子，他擅长书法和绘画。这幅图描绘了诸葛亮高卧竹丛之下，袒胸露怀，头枕书匣的情景。人物以形写神，甚得其妙，其疏放旷达之状，显露无遗。

了成祖而被治罪，朱高炽不计前嫌地为朱高煦求情，成祖将朱高煦逐出了京城。朱高煦怨怼日深，处心积虑要夺取皇位。永乐二十二年（1424 年），成祖在北征途中去世，朱高炽登上帝位，是为明仁宗。不幸的是，仁宗在位不足一年，就因病去世。洪熙元年（1425 年），太子朱瞻基毫无悬念地登上帝位，次年改年号为宣德，是为宣宗。

明宣宗朱瞻基"天资聪颖，过目不忘"，文武全才，深得大臣们的拥护。但他即位后，就一直面临着亲叔叔汉王朱高煦的威胁。宣德元年（1426 年）正月，朱高煦派人向宣宗进献元宵灯笼，借以刺探朝廷虚实。八月朱高煦认为时机已经成熟，就派亲信枚青潜至京师，秘密联络英国公张辅做内应，又约山东都指挥使靳荣等接应。张辅得知汉王的阴谋后，立即上报了宣宗。

明宣宗准备派阳武侯薛禄率军征讨，但遭到夏原吉、杨士奇、杨荣、杨溥等人的强烈反对。夏原吉等人指出，朱高煦在功臣宿将中享有很高的威望，不若出其不意，"以天威临之，事无不济"。八月初十，宣宗御驾亲征，围攻汉王朱高煦的封地山东乐安。宣宗为了分化瓦解敌军，两次致信招降。汉王的属下听到宣宗亲征的消息，人心大乱。大军压境后，乐安城人心惶惶，许多人都逃出城外，投降了宣宗。朱高煦众叛亲离，成为了孤家寡人，被迫在八月二十一日出城投降。

北耕兼种图

此图选自明代宋应星的《天工开物》，描绘了古人耕种的情景。图上清楚地说明"麦、粟、粱皆用此具"，表明了图中农具的广泛用途。

　　九月，汉王朱高煦父子被押至京城，废为庶人，"筑室西安门内锢之"，取名为"逍遥城"。明宣宗除了限制朱高煦的行动自由外，供给颇为丰厚。宣德四年（1429 年），宣宗来囚室看望朱高煦，朱高煦出言不逊，并出其不意地将宣宗绊倒在地。宣宗大怒，处死了朱高煦。

　　赵王朱高燧，一贯与朱高煦关系亲密。明宣宗率大军回到京城后，马上传诏给赵王朱高燧，暗示他交出兵权，朱高燧见大势已去，只好公开认罪并交出了兵权。至此困扰明初近半个世纪的藩王问题在宣德一朝终于得到了圆满解决。朱高煦叛乱的平定，保证了政治稳定和社会安定，为明朝的顺利发展提供了必要的条件。

社会经济的恢复和发展

　　明朝建国后，在经济上面临着一副凋敝不堪的景象。中原大地满目疮痍，人烟稀少，就连一向经济较为发达的汉中地区，也是一片废墟。明朝统治者励精图治，使社会经济得到很快的恢复和发展。到了永乐时期，国力已臻于极盛，为郑和下西洋的壮举奠定了坚实的经济基础。

农业的快速发展

　　经过元末的长期混战，明初经济凋敝，尤以中原为最。朝廷针对这种情况，制定了各项经济措施，大力发展农业。

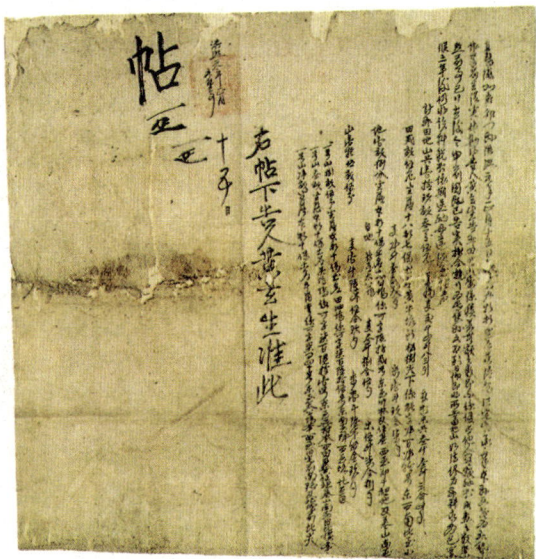

垦地产业凭证

此垦地事帖是明初官府发给直隶徽州府祁门县农民黄玄生开垦荒地的凭证。帖中除了对开垦荒地的详细情况做了说明之外，还规定"永为己业，候三年后仍将该科税粮依期送纳，毋违"，这与明初的开垦政策是完全一致的。

其一，鼓励垦荒屯田。洪武元年（1368年），朝廷规定："州郡人民先因兵燹遗下田土，他人垦成熟者，听为己业。业主已还，有司于附近荒田如数给与。"这样业主在战争中遗下的荒田经他人耕种后成为熟地的，土地就归开垦者所有。如果原业主重新回到乡里，则由朝廷在附近拨给同样面积的荒地。朝廷通过一系列政策法令，从法律意义上正式承认了农民在战争中取得的成果，承认垦荒之后土地所有权为耕者所有。新政策体现了按照现有实际生产能力调整土地的原则，防止了占地抛荒的现象。此外政府还把大批游离于编户之外的自耕农重新控制在册，增加了政府的赋税收入，巩固了新王朝统治的经济基础。朝廷下令各地流亡人民还乡生产，还乡者皆免税三年。对荒地较多的山东、河南、河北、陕西等地，朝廷还下旨各处新垦荒地，都"永不起科"。

在奖励垦荒的同时，朝廷大力推行屯田政策。屯田可分为民屯、军屯、商屯三种，其中以军屯规模最大。所谓民屯是由政府组织人民进行屯田，又分为移民屯种、募民屯种等。洪武年间，朝廷不断地把地狭人稠地方的百姓迁往地广人稀的地方开垦荒地，这就是移民屯田。政府发给他们路费、耕牛、农具等，还规定免除三年的赋税。政府还招募无业农民开垦荒地，每人给田十五亩，又给地二亩种菜，这就是募民屯种。朝廷还把犯罪的官员和百姓发配到偏僻的地区。民屯解决了部分穷苦农民的困难，使人口与土地资源配置失调的状况有所调整。民屯与一般的垦荒有所区别，一般垦荒是由百姓自行开垦，所垦的田地归百姓所有，而民屯则是由官府组织，土地属于官田，人

《耕织图》之桔槔
该图是《耕织图》的一部分，反映的是当时农民灌溉田地的场景。桔槔是中国古代汲水或灌溉用的简单机械。它根据杠杆原理，使水桶上提时省力。

《耕织图》之织机
该图是《耕织图》的一部分，反映的是当时妇女们从事纺织劳动的场景。画中两妇女在辛勤劳作，屋外一妇女、一老妇人带着一个小孩在驻足观看。

民是官府的佃户。

军屯是由卫所军队屯田，粮食自给自足，以减少政府的军费开支。明初各地卫所一律屯田，大致上边地十分之二的士兵进行守城，十分之七的士兵进行屯种；而内地的卫所用十分之二的士兵进行守城，十分之八的士兵进行屯种。洪武时期，全国军队基本上可以实现屯田自给，屯田总额多达60多万顷，满足了全国一百多万军兵的需要。正如朱元璋所说："养兵百万，不费百姓一粒米。"

商屯是军屯制度的补充。明初为了解决边地军粮问题，招募盐商运粮到边地以充军粮，根据道路的远近和运粮数量的多少换取政府的盐引（贩盐执照），商人持盐引到指定的盐场领取食盐，再到指定的地区贩卖，这就是所谓的"开中法"。商人为了免除运粮的麻烦及费用，便在边地上雇人屯田，用这些土地上收获的粮食来换取盐引，这就是所谓的商屯。商屯使朝廷节省了大笔军粮的运输费用，并对边疆荒地的开垦及经济的繁荣起到了一定的积极作用。

朝廷奖励垦荒的政策取得了可喜的成果。在明朝建立伊始，朝廷所能控制的耕田仅有180万顷。洪武十四年（1381年），全国耕田面积就达3667715顷。洪武末年，全国耕地面积达800万顷以上，比元朝末年足足增加了4倍多。

其二，重视兴修水利。元末动荡，水利失修，河患严重。明初朝廷对兴修水利十分重视，命令各地的地方官吏陈奏有关水利事宜，并派官员分赴各地乘农闲之时督修水利，并对那些轻视水利、玩忽失职的官员予以处罚。明初朝廷多次组织百姓在各地兴修水利，动辄动用役夫多达几十万人。到了洪武二十八年（1395 年），全国各地共开塘堰 40987 处，疏通河流 4062 处，修建陂渠堤岸 5048 处。永乐时期，朝廷继续兴修水利。户部尚书夏原吉疏浚吴淞江，使苏、松一带的百姓大得其利。工部尚书宋礼督开山东境内的会通河，并建有调节水量的闸门，重新疏浚开通南北大运河，而且使沿岸农田获得灌溉之利。

其三，鼓励种植桑棉等经济作物。明初政府十分重视经济作物的种植。早在小明王韩林儿龙凤十一年（1365 年），朱元璋就曾下令："凡民田五亩至十亩者栽桑、麻、木棉各半亩，十亩以上者倍之。其田多者率以是为差。有司亲临督劝，惰不如令者有罚，不种桑使出绢一匹，不种麻及木棉，使出麻布、棉布各一匹。"洪武元年（1368 年），朝廷又将这一法令推广到全国各地，规定全国农民有田五亩至十亩者，必须栽种桑、麻、棉各半亩；有地十亩以上者，种植面积则要按比例加倍。凡不种桑者，要交纳绢一匹；不种麻者，要交纳麻布一匹；不种棉者，要交纳棉布一匹。凡种桑、麻"四年始征其税，不种桑者输绢，不种麻者输布"。洪武二十七年（1394 年），朝廷下令各地农民多种棉花则蠲免赋税。经过政府的强行推广，棉花的种植开始普及起来，从南方的局部地区扩展到全国，对纺织业的发展起到了积极的作用。

朝廷还大力推广其他经济作物的种植。洪武二十八年（1395 年），朝廷下令山东、河南农民，自洪武二十六年（1393 年）以后所种植的桑、枣、果树，"不论多寡，俱不起科"。朝廷还规定地方官员任满赴京考课的，"必书农桑学校之绩"，从而把种植经济作物的情况作为考核官吏政绩的重要内容。

通过这一系列的措施，桑、麻、棉等经济作物的种植面积有了很快的增长，为手工业提供了充足的原料，从而为明中后期丝、棉织业的繁盛打下了坚实的基础。

通过这些努力，明朝初期的农业生产很快得以恢复和发展。洪武二十六年，全国岁征麦、米、豆、谷达 3278 万多石，比元代的岁入粮数增加了近两倍。永乐十七年（1419 年），朝廷共征收布帛 1206887 匹，丝绵 246507 斤，棉花绒 583324 斤。中央政府的财政收入得到大幅度的增长，从另一个角度说明当时的农业经济已达到十分繁荣的程度。农业经济的繁荣，为社会经济的兴盛和繁荣奠定了坚实的基础。

皇都积胜图卷（局部）

《皇都积胜图》描绘了明朝都城北京及郊外的繁盛景况。所选部分为瓮城至大明门一段画面。瓮城内外、棋盘街上行人如织，商户云集，热闹非常。

工商业日趋繁荣

元朝统治者强迫全国手工业工人和大批的俘虏、驱丁在各种官营手工业部门服役，制造兵器和贵族消费品。这些工匠的户籍，编入另册，称为匠户。匠户的社会地位非常低下，实际上就是官奴。匠户的职业是世袭的，不经朝廷批准，子孙不能脱籍，这就是所谓"匠不离局"。这种落后的奴隶制劳役，严重压抑了工匠的劳动积极性和创造性，再加上手工业技术被宫廷垄断，产品不能拿到市场上交换，技术无法得到交流，这些都大大阻碍了手工业的发展。明朝建立后，沿袭了元朝的匠户制度，定以前的匠户为匠籍，还规定这些加入匠籍的手工工人的后世子孙不得脱籍。但是朝廷大大提高了工匠的地位，他们无须成年累月地为朝廷服役，只需抽出一小部分时间到京城服役。洪武十九年（1386年），朝廷规定工匠"轮班"制，各地工匠轮流到京城服役，每三年为一班，每期无偿服役三个月，其余时间可自由地进行生产经营。洪武二十六年（1393年），朝廷又对工匠服役法进行了改革。

明初匠役制度的改革，大大提高了工匠的生产积极性，使他们将大部分的时间投入到社会生产中，为手工业的发展提供了技术和劳动力，促进了手工业的发展。其中尤以纺织业、陶瓷业、冶铁业的表现最为突出。

明朝建国后，在南京设有织染局，"内局以应上供，外局以备公用"。此后又在苏州、杭州、绍兴以及四川、陕西等地设织染局。同时民间的棉纺织业也很发达，成为许多地区农民家庭的重要副业。松江、苏州、杭州等地成

青花海水龙纹扁瓶
这是明朝宣德年间的青花瓷。该瓶用留白的方法在两侧各饰一条白龙，两条白龙相互追逐飞舞在蓝色的海浪波涛之中，神奇生动。

为棉纺织业的中心。在这些地方出现了许多作坊主，雇十多个工人进行纺织，作坊主除供给工人衣食外，还发给他们工钱。其中松江的棉纺织业最为著名，几乎家家有织布机，有"衣被天下"之美誉。每年松江仅供给朝廷的军用棉布就达三十万匹。

瓷器制造也有了很大进展，永乐、宣德时期堪称明朝瓷器制造的鼎盛时期。江西景德镇成为当时全国瓷器制造的中心，其生产规模、工艺水平和瓷器产量都居于全国前列。景德镇的窑场分为官窑和民窑，官窑专门烧造皇家瓷器。洪武年间（1368 年—1398 年），景德镇有官窑 20 座，到了宣德年间 1426 年—1435 年增至 58 座，工匠达三百多人。景德镇的民窑主要生产民用瓷器，其产品远销南洋各地。这一时期的瓷器制造，在品种、造型、釉彩等方面取得了很大的成就。永乐时期的锥拱、脱胎，宣德时期的镂空等，都是瓷器制造技术的新突破。釉彩方面的成绩更为突出，如永乐时期（1403 年—1424 年）出现的甜白、翠青、釉里红，宣德时期的釉红。半胎薄釉瓷器、勃青瓷器、三彩瓷器都是名重一时的艺术品。

明代的矿冶业分为官营和民营，其中以官营为主。明初的官矿包括金、银、铜、铁等矿业，以冶铁业的规模最大。洪武六年（1373 年），在江西、湖广、山东、广东、陕西、山西设置了十三个铁冶所，年冶铁达 746 万多斤。此后朝廷常根据库存铁量的多少来决定铁冶所的生产或停产。洪武二十八年（1395 年），内库贮铁多达 3743 万斤，遂罢各处铁冶所，允许民间自由采炼，每年交纳课程（实物税）。洪武三十一年（1398 年），因内库贮铁量不足，朝廷下令重开铁冶所。永乐时期，又在四川龙州及辽东定辽左卫、三万卫和遵化新设了冶铁所。遵化冶铁所的规模很大，冶铁技术也很高。官营的铜矿和铅矿在这一时期发展不大。铜、铅是铸造铜币的原料，官府控制较严。洪武时期，在济南、青州、莱州建有铅厂，年产量达 32 万余斤。江西德兴、铅山两地的铜场，在宣宗时期年产量可达 50 余万斤。金、银是贵金属，具有货币价值，官府对金、银矿的开采和冶炼控制极严。洪武时期，福建尤溪县银屏山设置银场局，有炉冶 42 座，规模很大。此外在浙江的温州、处州、丽水、平阳等地也设有银场。永乐年间，在陕西商县、福建浦城、贵州太平溪、云南大理等地设置金银矿场。永乐十二年（1414 年），全国年课金约为 495 两，年课银约为 393900 多两。宣德九年（1434 年），全国年课金约为 335 两，年课银约为 127608 两。事实上这些数字只是朝廷派给当地的岁征数额，而并不是实际产量，因此不能完全反映这时期金、银矿冶的实际情况。明代的矿冶技术较前代有所进步，永乐年间所铸的华严大铜钟，高 5.8 米，重 84000 斤，钟口铸有《金刚经》，钟内铸有《华严经》《光明经》，钟的表面有诸佛菩萨名号，共计二十多万字，至今仍可辨识，显示了高超的铸造技术。

明初造船业十分发达。造船业也分为官营和民营，其中以官营为主。南京的龙江船厂、福州的五虎门船厂、新会的东莞船厂是著名的造船业中心。南京的龙江船厂是明初官营造船业中规模最大的，厂内分工很细，除船主体工厂以外，还设有细木、油漆、铁件、艌作、蓬作、索作、缆作等作坊。龙江宝船厂专门负责为郑和下西洋制造大型的海船，厂里工匠都是从闽、粤、江、浙等地征调而来，技术十分高超。福建福州船厂专门生产抵御倭寇的战船，即所谓的"大福船"。据《明史·食货志》载，这种船"能容百人，底尖上阔，首昂尾高，舵楼三重，帆桅二，傍护以板，上设木女墙及炮床。中为四层，最下实土石，次寝息所，次左右六门，中置水柜，扬帆炊爨皆在是。最上如露台，穴梯而登，傍设翼板，可凭以战，矢石火器皆俯发，可顺风行"。此外政府在太仓、临清、直沽、辽东吉林等地也都设有造船厂。官营造船厂生产种类很多，如海上远航用的大型海船、用来作战的战船、运粮的浅船，以及航行在江河之上的快船，等等。民间造船厂则主要生产小型的民运船只。明初造船业的制造技术和生产总量都居于世界前列，是发展水平较高的手工业。

明初的制盐业由官府垄断，盐务由户部掌管，盐价和盐税收入是与田赋收入同等重要的官府财源。洪武时期，设有两淮、两浙、长芦、山东、福建、河东六个都转运盐使司（简称"转运司""盐运司"或"盐司"）。此外在广东、海北、四川、云南黑盐井、白盐井、安宁盐井、五井等地设七个盐课提举司（简称"提举司"）。盐运司和提举司是明代管理盐务的最高地方机构，下设分司、盐课司等机构，设在盐业生产地。明初制盐业的生产者称为灶户。灶户

河东盐池图
河东盐池位于山西运城的中条山
北麓。此图绘于明代，生动地反
映了明代运城盐池的自然风貌和
盐工们劳作的情景。

和匠户一样属于灶籍，不许随便脱籍。灶户每年生产的原盐，定额之内称为
"正盐"，多生产的部分称为"余盐"。"余盐"也归官府专卖，灶户不得私自
出卖。洪武时期规定，灶户私自出卖余盐则处以绞刑。

　　明初农业和手工业的发展给商业带来了新的发展契机，特别是这一时期，
交通事业发展很快，给商业的发展扫除了障碍。洪武时期，整顿驿站。永乐
年间，大运河沟通了南北。这些都有力地促进了商业的发展，加强了南北地
区和全国各地的经济交流。江南的南京、扬州、苏州、杭州等地，成为以手
工业和商业闻名的城市。中原地区社会安定和商业的发展，使内地与边疆少
数民族的贸易恢复起来。朝廷在边境设立了茶、马市场，进行与少数民族的
茶、马贸易。这种贸易不可避免地带有浓厚的政治色彩，但加强了各族人民
的经济往来，促进了边疆地区的经济发展。

明初的边疆统治

　　明朝建国后，大力防守北边，壮大了国威。明成祖朱棣即位后采取恩威
并施的政策，在广阔的边境上建立起了牢固的防线。

设立奴儿干都司

　　洪武元年（1368年），明军北伐紧逼元大都（今北京），元顺帝仓皇北
逃，明军遂占领了大都，元朝宣告灭亡。但其时元军主力尚存，数十万精兵
盘踞在从东北至西北绵延数千里的北疆一带，时常南下侵扰，极大地威胁了
明朝北疆的安全。为了稳固建立统治不久的北方地区，明朝一方面加强边防，

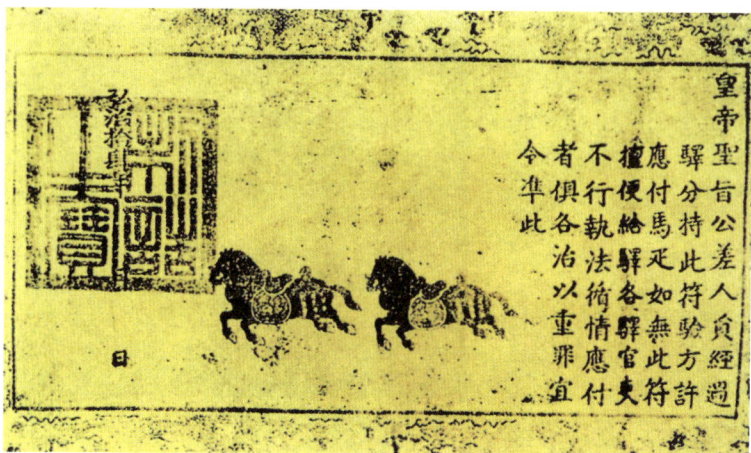

明代驿符

驿符是官府传送文书、通行各驿站的凭证，只有持有此信物，才能得到驿站的接待。

一方面采取安抚边疆地区少数民族的策略，以分化瓦解元朝的残余势力。

女真这个古老的民族，在秦以前称肃慎，隋唐时期称为靺鞨，辽代时才叫女真。明朝永乐时期（1403 年—1424 年），朝廷为了对东北地区进行统治，将其分为建州女真、海西女真、野人女真，合称为"女真三部"。"野人女真"生活在黑龙江两岸的广大地域，此时他们还处于原始社会末期，"道在三译之表，其民曰吉列迷，及诸种野人杂居焉……其地不生五谷，不产布帛，蓄养惟狗……或以捕鱼为业，食肉而衣皮，好弓矢"；建州女真则居住在牡丹江、绥芬河流域和长白山一带，以及今黑龙江依兰县；海西女真主要在海西江（今松花江）南岸一带活动，因海西江而得名为海西女真。三部女真中，以海西女真的进化程度最高，野人女真较为落后。元朝时期，他们归辽阳行省管辖，然而元朝政府对他们的统治和管理只是象征性的，并没有多大的实际意义。明朝建国后，朝廷对于北疆的统治极为重视。明朝以大都为北方的战略枢纽，在其东西两翼展开防卫，屯有重兵。为了牵制北元势力，明朝积极地经营东北。朱元璋在攻占大都后，就派人到辽阳行省招降。洪武四年（1371年），"元辽阳行省平章刘益，以辽东州郡地图并籍兵马钱粮之数"投降明朝。明朝设辽东卫指挥使司（后改称辽东都指挥使司，简称"辽东都司"），以刘益为指挥同知，辖区为今辽宁省大部。之后明朝又以辽东都司为依托，不断向西发展势力，先后建立兀良哈三卫、大宁卫等。洪武二十年（1387 年），明太祖派大将冯国胜、傅友德和蓝玉率兵二十万征讨元朝残余势力纳哈出，纳哈出归降。此后太祖朱元璋对东北各族提出以王化吸附其归属的策略，多次派人到东北各地进行诏谕，并给予一定的物质帮助，赢得了各部的拥戴。

　　成祖朱棣即位后，定都北京。为了巩固北部边防，他多次亲率大军北攻大漠，重创了蒙古残余势力。他采取"以夷制夷"的民族政策，招抚东北各少数民族，封其首领为世袭官员，统率所属各部。永乐元年（1403年），成祖"遣行人邢枢偕知县张斌往谕奴儿干，至吉烈迷诸部落诏抚之"，"于是海西女真、建州女真、野人女真诸酋长，悉境来附"。成祖下令，对于这些归顺的部落，以本部落为基础，统一设立了军事机构卫所，任命各部落首领为卫所的世袭官员。这些卫所以"守备为本"，兼管民政，是军政合一的机构。从永乐元年开始，朝廷在奴儿干地区先后设立了134个卫所，其分布遍于今鄂嫩河、嫩江、松花江、格林河、兀第河、乌苏里江领域。到永乐七年（1409年）时，几乎整个奴儿干地区都归附了明朝，归奴儿干卫统辖。在这些卫所当中，地处北山（今外兴安岭）、兀的河（今乌第河）和黑龙江下游的卫所离辽东都司所在地辽阳远达五六千里，管理多有不便。形势的发展，需要设置一个更高级别的政府机构来管理这一地区。同年四月，奴儿干地区的一个名叫忽剌冬奴的酋长进京，奏称奴儿干"其地冲要，宜立元帅府"。明成祖同意了这一建议，在这年的闰四月下旨设置奴儿干都指挥使司（简称"奴儿干都司"），以汉人官员康旺为都指挥使同知、王肇舟为都指挥佥事，治所在黑龙江下游东岸的特林。

　　永乐九年（1411年），康旺、王肇舟等奴儿干都司的官员，会同钦差大臣亦失哈，"率官军一千余人、巨船二十五艘，复至其国，开设奴儿干都司"。亦失哈对所到之处的女真部落首领大加封赏，"授以官爵印信，赐以衣服，赏以布钞，大赉而还"，同时还"依土立兴卫所，收集旧部人民，使之自相统属"，建立了一套完善的统治体制，从而确立了明朝对奴儿干地区的有效统治。

　　奴儿干都司是明朝政府设置的第十八个都司，管辖黑龙江、精奇里江（今俄罗斯结雅河）、乌苏里江、松花江流域等地以及库页岛（今俄罗斯萨哈林岛），与辽东都司相依相辅，是明代在东北地区的一个非常重要的据点。女真族三部，还有这一地区的蒙古族及其他各族人民都受奴儿干都司的管辖。奴儿干都司是当地军政合一机构，与其他都司不同，直接隶属于中央政府的清吏司。

　　奴儿干都司下设都指挥使、都指挥同知、都指挥佥事等职，品秩由正二品递减至正三品，均由明朝从内地派员担任，属于"流官"。每隔几年要调换一次，但不按照明代"凡流官不袭"的惯例处理，而是"父死子代，世世不绝"，以维护该地区的长治久安。而卫所的官员，如卫指挥使、千户等职，均由当地少数民族部落首领担任，代代世袭，称为"土官"。土官的任命、升降和承袭，都必须经过明政府的批准行文，方可生效。

　　为了加强奴儿干都司与内地的联系，明朝恢复了元朝时候在北方设立的驿站，从辽东都司的边境到奴儿干的满泾（在奴儿干都司对岸），建设了四十五个驿站。同时又在吉林松花江岸设立造船厂，以便通过水路运输粮食、贡品和其他货物。这种种措施，使奴儿干地区的落后面貌有了极大的改善，民族融合的步伐大大加快，经济日益繁荣。

明成祖亲征漠北

元顺帝逃往漠北后，于洪武三年（1370年）死于应昌（今内蒙古克什克腾旗西北达里诺尔西）。其子爱猷识理达腊继位，逃往和林（今蒙古人民共和国哈尔和林），史称"北元"。永乐初年，蒙古贵族势力发生内乱，遂分裂为鞑靼、瓦剌和兀良哈三部。鞑靼部居住在今俄罗斯贝加尔湖以南和蒙古人民共和国的大部分地区，瓦剌部居住在今蒙古人民共和国西部和准噶尔盆地一带，兀良哈部则占据今老哈河（今属内蒙古）和辽河流域一带。

三部中以鞑靼部最为强盛，鞑靼部首领本雅失里于永乐七年（1409年）斩杀了明成祖派遣的使臣，并在明朝边境大肆剽掠。这一事件成为战争的导火索。同年七月，成祖朱棣命令淇国公丘福为征虏大将军，率精骑十万出征鞑靼。丘福轻敌冒进，孤军深入，导致全军覆灭。败讯传至朝廷，成祖大怒，决定御驾亲征。

永乐八年（1410年）二月，明成祖率五十万大军亲征。三月出塞，抵凌霄峰（今河北张北东北）。四月抵阔滦海（今内蒙古呼伦湖）。五月初进至胪朐河（今克鲁伦河）流域。本雅失里闻讯后，尽弃辎重牲畜，率领一部分军队逃至瓦剌部。太师阿鲁台则带领另一部分人马东逃。成祖兵分两路，一部分人马负责监视阿鲁台部，自己亲自率领另一部分大军追击本雅失里。双方在斡难河畔相遇，发生了一场激战。本雅失里大败，仅率七骑突出重围，在逃亡途中被瓦剌部所杀。两路明朝大军汇合后，挥师攻击阿鲁台，在飞云壑和静虏镇（今哈拉哈河南岸）重创阿鲁台部，斩杀无数，阿鲁台败退。鞑靼部经过这次打击，归服了明朝，鞑靼太师向明朝称臣进贡马匹。

本雅失里死后，阿鲁台屡次请求明成祖出兵攻打瓦剌部，为大汉本雅失里报仇雪恨。另一方面，鞑靼战败后，瓦剌部逐渐强盛起来，一再声称要进攻鞑靼，并不断以武力要挟明朝，妄图占领明朝的宁夏、甘肃地区。在这种形势下，明成祖决定亲率大军征讨瓦剌部。

永乐十二年（1414年）三月，明成祖率领三十万大军由京师出发，并让皇太孙朱瞻基从行。六月初，前锋部队在三峡口（今内蒙古多伦西北）大败瓦剌部的游兵。成祖乘势向西北方向进攻，在忽兰忽失温（今蒙古人民共和国首都乌兰巴托）与瓦剌大军相遇，双方展开一场大战。瓦剌军大败，成祖顺势追击。瓦剌部受此重创，此后多年再也不敢侵犯明朝边境。次年瓦剌部向明朝称臣进贡。

经过数年的恢复，鞑靼部的势力日渐强盛。阿鲁台改变了对明朝的依附政策，反叛明朝，不仅轻侮、拘留明朝使节，还时常骚扰明朝北部边境。明成祖为此致书劝止阿鲁台，但阿鲁台不予理会，依旧我行我素。永乐十九年（1421 年）十月，阿鲁台率大军围攻明朝北方重镇兴和，并斩杀了指挥使王祥。为了打击鞑靼的嚣张气焰，成祖决定第三次亲征。

永乐二十年（1422 年）二月，明成祖率大军出征。当明朝大军来到宣府（今河北张家口宣化）鸡鸣山时，阿鲁台闻讯后乘夜逃跑，避而不战。五月大军过偏岭（今河北沽源南），举行阅兵式。成祖告谕兵将："兵行犹水，水因地而顺流，兵因敌而作势。水无常行，兵无常势，能因敌变化取胜者，得势者也。"为了鼓舞士气，成祖还亲自作平虏曲，供将士传唱。七月大军来到煞胡原，俘获了阿鲁台的部属，得知阿鲁台已仓皇北遁。成祖生怕重蹈覆辙，下令停止追击。成祖认为兀良哈部为阿鲁台之羽翼，在回军途中派两万人马分五路攻打兀良哈部。兀良哈部得知大军来袭，仓皇西逃。成祖指挥军队夹击围歼，兀良哈部大败。九月初成祖大胜而归。

胡人出猎图（局部）
此图乃明代张龙章所作，描绘了胡人出猎的情景。所选部分为胡人列队出发之场景。图中虽人物鞍马众多，但画面组织错落有致、动静结合，并不显得重复。

永乐二十一年（1423 年），鞑靼首领阿鲁台再次率军袭扰明朝边境，明成祖决定再次亲征。九月上旬，大军来到沙城（今河北怀来），阿鲁台的部将阿失帖木儿率众来降。十月明军继续北上。鞑靼王子也先土干率部众来降，成祖立即封其为忠勇王，赐名金忠，余者皆有封赏。十一月成祖班师回朝。

永乐二十二年（1424 年）正月，鞑靼阿鲁台出兵扰袭大同等地，明成祖决定第五次亲征。忠勇王金忠自降明后，多次请求出兵攻打阿鲁台，成祖任命他为前锋。明朝的大军一直行至答兰纳木儿河，鞑靼军避而不战。因军中粮食日渐匮乏，成祖遂命班师回京。在回师途中，成祖身染重病。七月大军来到榆木川，明成祖病死在军中。

占据漠北的蒙古割据势力，是明王朝面临的最大威胁。明成祖利用蒙古各部之间的矛盾，频频反击，五次远征漠北，进一步巩固了明王朝的统治。

驿道直达乌斯藏

西藏在明代称乌斯藏，藏族的上层喇嘛和各个部落的酋长成为各级封建主，占有大量的农奴和牲畜，对藏族人民进行统治。

元朝政府利用当地的宗教势力统一了藏族地区，之后又大力扶植萨迦派

设立了一系列的军政机构。元世祖忽必烈封花教首领八思巴为"大宝法王"，在西藏实行政教合一的统治政策，八思巴成为西藏的政治领袖。八思巴去世后，元朝政府赐其号为"大元帝师"，此后的"大宝法王"皆被称为"帝师"。明朝建国后，承袭元朝旧制，利用宗教势力统治西藏。洪武二年（1369 年），明太祖朱元璋多次派官员到西藏，招谕各地僧俗首领归顺新朝，宣布承认元朝所封僧侣的封号。此后朝廷派陕西行省员外郎许允德到西藏，"令举元故官赴京授职"。

洪武六年（1373 年），明太祖颁降诏谕："我国家受天明命，统御万方，恩抚善良，武威不服。凡在幅员之内，咸推一视之仁。乃者摄帝师喃加巴藏卜率所举故国公、司徒、宣慰、招讨、元帅、万户诸人，自远入朝。朕嘉其识天命，不劳师旅，共效职方之贡。已授国师及故国公等为指挥同知等官，皆给诰印。自今为官者务遵朝廷之法，抚安一方。僧务敦化导之戒，率民为善，共享太平，永绥福祉，岂不休哉！"这样西藏最后一位故元摄帝师喃加巴藏卜奉诏归顺明朝政府，被封为"炽盛佛宝国师"，授以玉印。同时朝廷根据喃加巴藏卜的举荐，将元朝在西藏所封的旧官员一百余名，分别封为指挥同知、佥事、宣慰使同知、副使、元帅、招讨等各级官职。其他僧俗首领争相归附，上缴元朝旧敕印信，以换取明朝的新敕印信。

为了加强对西藏地方的统治，自洪武四年到洪武六年，朝廷先后在西藏地区设置了乌斯藏朵甘卫指挥使司，下设宣慰使司、招讨司、万户府、千户所等行政机构。洪武七年（1374 年），乌斯藏朵甘卫指挥使司升为都指挥使司。明廷直接敕封当地的僧俗首领担任各级官员，并直接决定这些官员的升迁、任免和更替。

喇嘛教在西藏势力极大，内部教派林立，互相争夺统治权。永乐时期（1403 年—1424 年），元朝扶持起来的藏传佛教萨迦教派逐渐衰落，帕木竹巴派、止贡派、噶玛派、格鲁派等教派的势力日益强大。明朝统治者根据当时西藏教派林立的特点，派人持节入藏，与各地方、各教派领袖人物多方接触，对具有地方实力的诸教派首领都赐加封号，最高者为王和法王。

永乐年间，萨迦派在西藏仍有举足轻重的力量。永乐十一年（1413 年），明廷封萨迦派尚师昆泽思巴为大乘法王，领天下释教。所谓尚师是藏语对高级僧侣的尊称。大乘法王之封，是继大宝法王之后超越地域的教法王爵，地位十分崇高。同年明廷将萨迦派另一支系的南渴烈思巴封为思达藏辅教王。同时明廷还封止贡派真巴儿吉监藏为阐教王，使止贡派与帕木竹巴派、萨迦诸派相抗衡。

帕木竹巴是西藏白教噶举派中的一支，因创始人帕木竹巴·多吉杰布而得名。帕木竹巴僧章阳沙加监藏在西藏地区享有很高的威望，被元朝封为灌顶国师。14 世纪后期，帕木竹巴派的势力发展很快，胜过了萨迦派。洪武五年（1372 年），明朝仍封章阳沙加为灌顶国师。章阳沙加去世后，他的徒弟承袭了国师一职。永乐四年（1406 年），朝廷封灌顶国师吉剌思巴监藏为阐化王，赐印并厚赏。其后每一代阐化王都由中央政府册封。这一举措改变了元朝以宣政院掌治释教僧徒的做法，开始以王爵封授各教派僧人。

永乐元年（1403 年），噶玛派第五世曲贝藏卜应明廷之召，来到南京，为明太祖朱元璋夫妇追荐冥福，明成祖封曲贝藏卜"如来大宝法王"名号。永乐五年（1407 年），封噶玛派尚师哈立麻为如来大宝法王。同年朝廷封噶玛派馆觉（今西藏贡觉）灌顶国师宗巴斡（南哥巴藏卜）为护教王，封噶玛派灵藏（今四川德格）灌顶国师著思巴儿监藏为赞善王。

格鲁派出现在明朝前期，是西藏喇嘛教中新兴的一个教派，因其僧侣头戴黄色的僧帽，俗名为"黄教"。当时喇嘛教各教派戒律松弛，严重削弱了其在社会上的影响力。格鲁派的创始人宗喀巴进行宗教改革，严禁僧人娶妻生子和进行各种世俗活动，同时加强对经典的研究，在西藏享有崇高的声望，引起明廷的注意。明廷于永乐六年（1408 年）和永乐十二年（1414 年）两次宣召宗喀巴入京，皆因事而未能成行。永乐十二年，宗喀巴命其上首弟子释迦也先代行进京。宣德九年（1434 年），释迦也先再度进京，明宣宗封其为大慈法王。此后格鲁派逐渐成为西藏地区占统治地位的教派。

直到宣德时期（1426 年—1435 年），朝廷先后在西藏封授了三大法王（大宝法王、大乘法王、大慈法王）和五大地方之王（阐化王、护教王、赞善王、辅教王、阐教王）。次于"法王"的封号是"王"，五王都是各有领地的政教首领，其承嗣必须上报中央政府，由中央政府派人入藏册封。明朝还制定了西藏的僧官制度，僧官分为法王、王、西天佛子、大国师、国师、禅师、都纲、喇嘛等。三大法王因从事传法没有一定的驻地，其封号由师徒或转世相传承，不由朝廷任命，修贡也没有定期，也没有任命下一级僧官的权力。法王以下的各级僧官均由朝廷颁授印信，以"忠修职贡"、"抚治人民"，其任免升迁皆由朝廷直接决定。明朝规定，除三大法王外，西藏地方的各级僧俗官员都必须在规定的时间里向朝廷修贡。由于朝廷赏赐丰厚，入贡者络绎不绝。

明朝政府还十分重视发展内地与西藏的交通。永乐五年（1407 年），阐化王、护教王、赞善王奉朝廷之命，修建了从四川雅州（今四川雅安）到乌斯藏的驿道。这样西藏地区与内地的交通，除了由甘肃经青海入藏外，又多了一条路线。此后朝廷多次下令对这条驿道的驿站进行修复与增设，"自是道路毕通，使臣往还数万里，无虞寇盗矣"，大大加强了内地与西藏地方之间的政治、经济、文化交流。

祸乱：长使英雄泪满襟

　　明朝正统十四年（1449 年）至正德年间（1506 年—1521 年）的七十多年，在明朝历史上，乃至在中国封建社会历史上都占有举足轻重的地位。一方面，长期相对稳定的政局，使统治者怠于政事，宦官因而得以窃取朝政大权，造成了政治上的腐败与黑暗；另一方面，土地兼并之风日炽，社会矛盾日益尖锐，不堪忍受压迫的农民一次次地掀起了武装起义斗争的高潮。此时朝政黑暗，财政拮据，边防废弛，侵略势力纷至沓来，朝廷失去了定国安边的强大实力，陷于内外交困之中。

明英宗

明英宗九岁即位，开始时有杨士奇、杨荣、杨溥辅佐，社会比较安定。后来受英宗宠信的宦官王振执掌大权，政治开始腐败。以致明英宗在土木堡之变中被瓦剌俘获，后被送回，又趁代宗病危时复辟，并大杀群臣，其中包括名臣于谦在内。

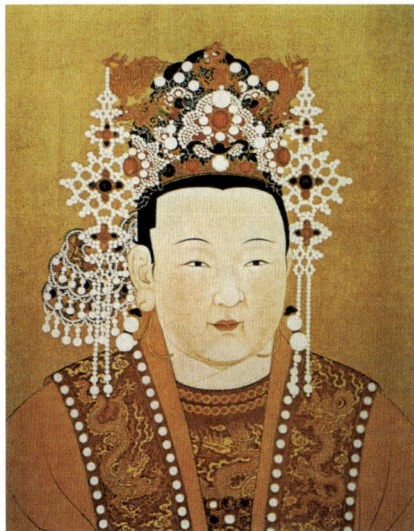

仁孝文皇后

仁孝文皇后，徐达之女。自幼贤淑有才，被纳为燕王妃，燕王朱棣称帝后被册封为皇后。她不但将家务料理得井井有条，在国家大事上也颇有真知灼见，因此得到朝野内外的广泛称赞。

土木堡之变

　　宣德十年（1435 年）正月，明宣宗朱瞻基病逝，皇太子朱祁镇即位，是为英宗，次年改年号为正统。当时明英宗年仅九岁，太皇太后张氏用"三杨"等老臣主持政务。正统七年（1442 年），太皇太后张氏病逝后，太监王振窃取了朝政大权，政治日趋腐败。当时瓦剌部崛起于北方，王振却不予重视，边防松弛。正统十四年（1449 年）七月，也先率瓦剌大军大举入侵明朝。在没有做好准备的情况下，王振挟英宗率五十万大军亲征，导致英宗在"土木堡之变"中被瓦剌所俘。这又让强盛的大明王朝面临着前所未有的危机。

王振乱政

　　明英宗朱祁镇当太子时，太监王振在东宫伴读并服侍他。王振为人狡黠，摸透了英宗的秉性，遂曲意逢迎，取得了朱祁镇的欢心。朱祁镇尊称王振为"先生"，而不直呼其姓名。后来明宣宗壮年去世，年仅九岁的朱祁镇成了新皇帝。王振依仗着英宗的宠信，入掌司礼监，逐渐开始掌握朝政大权，开启了明朝宦官专权的序幕。

王振是山西大同府蔚州（今河北蔚县）人。他本是个市井无赖，永乐朝末年自愿净身当了太监，明宣宗时被选入内书堂读书。宣德时期（1426年—1435年），宦官的整体文化素质并不高，王振便显得与众不同。为此宣宗让他进了司礼监当了秉笔太监，又让他侍候皇太子朱祁镇读书。

明朝初年，太祖朱元璋鉴于历代宦官干预朝政、酿成祸乱的教训，曾制定了许多制度，主要是不许宦官读书识字，禁止宦官兼任外臣文武官衔，不许与各部往来，不得互通消息，不许干预外事等，且太监的官职不得超过四品。太祖还在宫中立一铁碑，上书："内臣不得干预政事，预者斩！"太祖对太监的管理十分严格，对违犯禁令的太监严惩不贷，因此在洪武时期太监没有什么势力。但是这个制度在永乐年间便被破坏了。明成祖朱棣在夺取帝位时，因为得到了宦官的帮助，便将宦官视作心腹。自永乐朝开始，宦官便可以出使外国，还可以到地方去征税、采办、监军，甚至可以担当镇守地方、边防的重任。宣宗时期，在宫中设内书堂，选小太监为小内侍，令大学士陈山为教习，使宦官读书成为定制。

明英宗继位后，群臣以皇上年纪幼小为由，请求太皇太后张氏临朝听政。张氏坚持不允，说："不要破坏祖宗成法，只要废止一切不急的事务，勉励皇帝向前人学习，并委托得力大臣就可以了。"

太皇太后张氏是明仁宗的皇后，她见识出众，深得明成祖及仁孝文皇后徐氏的欢心。仁宗朱高炽在当太子时多次被汉王、赵王所离间，又因身体肥硕不能骑射，成祖对此十分不满，大减太子的宫膳，且多次要另立太子，张皇后从中巧为周旋，从而改善了父子之间的关系。朱高炽之所以最后能够坐稳太子之位，张皇后起到了很大的作用。明宣宗朱瞻基继位后尊奉张氏为皇太后，军国大事多受命于皇太后，非常尊重她的裁决。当时国家安宁祥泰，宣宗对皇太后入奉起居，出奉游宴，四方有所进献，即便是微小物品，也一定要先奉送给皇太后。张太后对外戚要求严格，她的弟弟张升虽然为人忠厚谨慎，却一直没有让他参与国家大事。宣宗驾崩时，英宗年仅九岁，一些大臣主张立襄王朱瞻墡为皇帝。张氏立刻把各位大臣召集到宫中，指着太子朱祁镇说："这就是新天子啊！"群臣立刻叩头高呼万岁，英宗的皇位这才定了下来，流言也就不攻自破了。

明英宗刚即位时，朝政由他的祖母太皇太后张氏和辅政五大臣主持。王振只能通过怂恿小皇帝来干预朝政。此时他虽然已掌握了一些权力，却不能随心所欲。他最忌惮的人就是太皇太后张氏。太皇太后精明能干，把政事委托于杨荣、杨士奇、杨溥等元老重臣。太皇太后张氏虽然不直接参与朝政，但对朝政十分关心，在朝中有着举足轻重的地位。

王振为了巩固自己的地位，故作姿态，耍弄权术，以取得太皇太后和"三杨"的好感。一次英宗朱祁镇与小宦官在宫廷内击球，王振跪奏说："先皇帝为一球子，几误天下，陛下复踵其好，如社稷何！"他每次到内阁去传旨时，都表现得非常恭敬，"立阁外，不敢入，'三杨'呼入坐，以宠异之"。暗地里王振却勾结内外官僚，窃取权力。起初太皇太后对王振是存有戒心的。在英宗刚即位后的一天，太皇太后就把英国公张辅，大学士杨士奇、杨荣、杨溥和尚书胡滢召到便殿，对英宗朱祁镇说这些大臣是"先朝所简贻皇帝者，有行必与之计。非五人赞成不可行也"。之后太皇太后又把王振召来，对他说："汝侍皇帝起居多不律，今当赐汝死。"太皇太后话音刚落，几个女官便一拥而上，把刀架在他的脖子上。王振吓得面如土色，拼命磕头求饶。英宗急忙跪地求情，皇帝身边的大臣见英宗跪下，也只好跪下为王振求情。太皇太后这才宽免了王振，命他"此后不可令干国事也"。

王振谨言慎行，处处表现自己的忠心。正统四年（1439年）十月，福建按察佥事廖谟杖死了驿丞。驿丞是辅政大臣杨溥的同乡，而廖谟则是辅政大臣杨士奇的同乡。杨溥想为驿丞报仇，将廖谟处以死刑，杨士奇则想包庇廖谟，以"因公杀人"论罪。此事久议不决，闹到了太皇太后那里。王振乘机对太皇太后说："二人皆挟乡故，抵命太重，因公太轻，宜对品降调。"太皇太后认为他说得有道理，降廖谟为同知。太皇太后见王振处理事情"秉公无私"，渐渐地信任他，有时还会交给他一些事情去办。王振在取得太皇太后的信任后，经常诱导年轻的明英宗对臣下施以重刑，以防止朝臣的欺蔽行为。结果很多大臣被责杖下狱。于是一些官员畏服王振，更有一些阿谀献媚之辈投靠到他的门下。久而久之，王振便逐渐培植起自己的势力。

明英宗年少即位，不知轻重，用王振掌管司礼监。司礼监是明代二十四个宦官衙门中最重要的一个，督理皇城内礼仪、刑名、当差、关防门禁等一切事务，更为重要的是替皇帝管理内外一切奏章，代皇帝批答臣下的一切公文。每天大臣们的章奏，一般由皇帝亲批数本，其余的按照惯例由秉笔太监用朱笔楷书分批，再由内阁拟诏颁发。司礼监的宦官往往迎合皇帝的心意，取得皇帝的信任，欺上瞒下，在代皇帝批答奏章和传达皇帝的命令时，私下加以篡改，以此来威慑百官，从而来把持朝政大权。王振执掌了司礼监之后，便借此树立自己的权威。

豆青釉雕狮烛台

明代的豆青釉仍以青中闪黄为基本色调，而青色比以前较为淡雅。该烛台胎质细腻，釉泽晶莹润澈，座上塑的狮子造型别致，生动逼真，实为珍品。

正统四年，明英宗年满十五岁，开始亲秉国政。王振就开始左右国家的大政方针。正统六年（1441年），宫中的奉天殿、华盖殿、谨身殿建成，英宗在奉天殿大宴百官，按照皇室规矩，宦官无论如何得宠都是没有资格参加宫宴的。在宴会上，英宗想念王振，便派人前去问候。王振见了来人，生气地说："我像周公辅佐成王一样辅佐皇上，难道我就不能到宴会上去坐一坐吗！"来人将王振的话回复给英宗，英宗也觉得王振受到了委屈，立刻下令打开东华中门，召王振前来。王振应召而来，百官候于门外，望风罗拜，王振春风满面，得意洋洋。

正统七年（1442年），太皇太后张氏病逝，元老重臣或死或贬，王振更加擅作威福，肆无忌惮。他命侄子王山为锦衣卫指挥，王林为锦衣卫佥事，其党羽一个个平步青云，飞黄腾达。他命人盗走太祖立于宫中的"内臣不得干预政事"的铁碑，并大兴土木，役使军民在皇城内修建自己的府第。他的府第在京城内外有好几所，富丽堂皇，不亚于皇宫。

他在朝中恣意排斥异己，陷害忠良。侍讲刘球在奏疏中语刺王振，被逮捕下狱，王振令人将其残酷肢解。大理寺少卿不愿附从王振，王振记恨在心，设法将他下狱。御史李铎碰到王振没有下跪，被谪戍铁岭。驸马都尉石璟，有一回斥骂自己家中的阉人，王振得知后心怀怨恨，将他逮捕入狱。几个内侍和锦衣卫卒对王振的专横心怀不平，以匿名书揭露王振的种种罪行，王振查获后，把这几个人全部处以磔刑。在王振的淫威下，许多正直的朝臣相继受到迫害。

王振如此专横，但昏庸的明英宗一直对他信任有加。正统十一年（1446年），英宗赏给王振白金等物，还特赐敕一道，内称王振"性资忠孝，度量弘深"。王振在朝中呼风唤雨，公侯勋戚也不得不尊称他为"翁父"，至于那些畏祸者更是争附其下。许多人为了讨好他，备厚礼晋见，王振来者不拒，卖官鬻爵，大肆聚敛。"土木堡之变"后，朝廷抄没王振家产，从他家中搜出金银六十余库，玉盘百面，高达六七尺的珊瑚就有二十余株，其他珍珠宝玩，不计其数。

土木"北狩"

洪武后期，塞北的蒙古贵族内部互相残杀，分裂为鞑靼、瓦剌和兀良哈三部。鞑靼为明朝对中部蒙古的称谓，游牧于在今贝加尔湖以南和蒙古人民共和国的大部分地区。瓦剌为明朝对西部蒙古的称谓，游牧于今蒙古人民共和国西部和准噶尔盆地一带。兀良哈部聚居在今老哈河（今属内蒙古）和辽河流域一带，靠近中原，实力也比较弱，在洪武时期就已归附中原。永乐末年，蒙古瓦剌部逐渐强大起来，首领脱欢率领部众攻杀了鞑靼部的阿鲁台，

胡人出猎图（局部）
此图乃明代张龙章所作，描绘了胡人出猎时的情景。所选部分为胡人围捕猛虎的场景。画家在这幅图中将胡人的外貌特征和马匹的健壮勇猛刻画得生动传神。

吞并了各部落，立成吉思汗的后裔脱脱不花为可汗，自为太师（丞相），把持大权。明英宗正统四年（1439年），脱欢去世，他的儿子也先嗣位。他征服了漠南诸部，数次侵扰明朝辽东、宣府、大同等边镇，以致明朝连年边患不断。

王振藻饰太平，对瓦剌部的贡使优礼款待，有求必应，以求得边境的安宁。按原来规定，每年瓦剌部到明朝的贡使不得超过五十人。正统朝时，明朝政府软弱无能，瓦剌部贪图明朝优厚的赏赐，贡使逐年增加到两千人。如果他们的要求不能得到满足，就要在边境制造事端，所以明朝赐予的财物也与年俱增。正统十四年（1449年）春，瓦剌部派两千人前来明朝贡马，为了多领赏赐就冒称有三千人。王振令礼部按实际人数给予赏赐，还削减马价五分之四，也先大为震怒。再加上明朝本来答应把公主嫁给他的儿子，现在却出尔反尔。同年七月，也先诱胁其他部落一起向明朝进攻。

明朝因为太平已久，长时期无战事，因此军队的战斗力很差。在这种情况下，在边境驻守的部队根本就不是强悍的瓦剌部落士兵的对手，纷纷不战而逃，防御战线很快就崩溃了。瓦剌军队长驱直入，一直攻到了内地，包围了西北重要的军事重镇大同。边镇告急，边报接二连三地传到京城。英宗把大臣们都召来商议对策，王振为了邀功固宠，极力怂恿英宗亲征。七月十五日，英宗下诏令自己的弟弟郕王朱祁钰留守北京，驸马都尉焦敬辅政。于谦等大臣听说英宗要亲征，认为"六师不宜轻出"，而且时间又如此仓促，都劝谏皇帝不要亲征，主张派大将出兵讨伐。但是英宗却听信王振的蛊惑，认为

柳荫双骏图

明朝画家中颇多擅画鞍马之人。该图描绘了柳荫下两匹骏马的神态，画面刻画细腻，用笔工整，颇有南宋院体风格。

自己亲率大军定可一战而胜，竟下令再谏者以煽动军心罪论处，斩首示众。七月十七日，在王振的陪伴下，英宗亲率五十万大军从北京出发。

明朝大军出居庸关，过怀来，抵宣府。由于时间仓促，军队所需的粮草辎重并没有完全准备好，当到达宣府时，就开始缺少粮草，以至许多士兵在路上因饥饿而死。一路上风雨交加，士气低落，而前方战事却越来越吃紧，随行的大臣不断请求英宗回京，王振大怒，把在场的大臣痛骂了一顿，还命兵部尚书邝埜和户部尚书王佐在草地上跪了一天。王振的心腹、钦天监正彭德清见形势不妙，也劝王振："再往前行，只恐凶多吉少。"王振却说："果真如此，那也是命。"学士曹鼐听了，忍不住责问道："臣子生命不足惜，皇上系宗社安危，岂可轻率前进！"但王振仍坚持继续深入。

八月初，大军到达大同。王振还想北进，这时前方全军覆没的消息传来，明英宗和王振这才开始慌张起来，决定回师。起初军队准备从紫荆关撤退，途经蔚州，王振想邀英宗临幸他的家乡，借此炫耀自己的权势，于是大军就向蔚州方向行进。走了四十里后，王振忽然想起大队人马行进势必会践踏他庄田里的庄稼，便下令改道宣府。也先得知英宗退兵，就日夜兼程，紧追不舍。

几经周折，明朝大军在十三日才到达土木堡。土木堡距离怀来城仅二十里，许多大臣主张进怀来城抵御，因为瓦剌军都是骑兵，擅长野战，却不擅长攻城。如果大军保护明英宗进入城中，是可以脱险的。王振却以辎重车辆未到为由，拒绝进城。实际上那一千多辆车上装的都是王振一路上搜刮来的民脂民膏。兵部尚书邝埜见形势危急，来到行殿极力劝说英宗迅速入关，留下重兵殿后，严加防守。王振却对他怒喝道："腐儒怎会懂得行军作战，再胡说就砍掉你的脑袋！"他命令左右把邝埜拖了出去。

十四日敌军追至，土木堡很快被瓦剌兵重重包围。土木堡地势高，挖井二丈多深还看不到水，而南面的河流又被瓦剌部队占领。这时人马已经两天多喝不到水，饥渴难耐。十五日也先派使臣假装请和，指挥军队佯退，意在诱明军出营，好乘乱一举歼灭。王振和明英宗不知是计，见瓦剌退兵，急忙下令移营取水，一时间阵形大乱。瓦剌兵突然回军掩杀，从四面冲杀过来，明军毫无准备，顿时溃不成军，被瓦剌骑兵往来践踏，死伤遍野。混战之中，邝埜、张辅等随从大臣多遭死难。禁军将领樊忠忍无可忍，痛斥王振误国，拎起手中大锤将王振锤杀于阵前，自己冲入敌阵，力战而死。明英宗跟随着亲兵数次突围都没成功，手下的将士越杀越少。明英宗无计可施，只好下马盘膝而坐，束手就擒。

土木堡这一战，明军几乎全军覆没。也先带着缴获的大量马匹、辎重，拥着被俘的明英宗朱祁镇，退兵北去，这就是明史上著名的"土木堡之变"。土木堡之败，是明朝由盛而衰的分水岭，也是明英宗人生经历中的一个低谷。

皇兄弟的政治博弈

也先俘获明英宗后，大喜过望，企图以英宗为质要挟明朝。在于谦等大臣的支持下，英宗之弟朱祁钰受命于危难之际，登上了皇位，是为代宗，有效地稳定了政局。北京保卫战后，也先无计可施，于景泰元年（1450年）八月将英宗放归。代宗无意让传位于英宗，并将英宗软禁起来。景泰八年（1457年）正月，徐有贞、石亨、曹吉祥等人乘代宗病重之机，发动政变，拥戴英宗复位。英宗复辟成功后，将代宗废为郕王。病中的代宗大受打击，没过几天就去世了。石亨、曹吉祥以拥立之功把持了大权，朝政大坏，最后酿成了"曹石之变"，使国家元气大伤。

北京保卫战

正统十四年（1449年）八月，明朝北征大军在土木堡遭瓦剌军围歼，明英宗被俘。失败的消息传到北京后，文武百官一片恐慌。英宗的母亲孙太后和皇后钱氏在内宫中号啕大哭，并把宫中的金银珠宝聚集在一起，企图用财物赎回英宗。也先见到送来的大批珠宝，认为英宗奇货可居，更加不肯将英宗放回来。

为了安定局势，孙太后于午门南接见百官，下诏立明英宗年仅三岁的儿子朱见深为皇太子，命英宗之弟郕王朱祁钰监国。朱祁钰是监国的不二人选，因为英宗只有他一个弟弟，且太子朱见深年纪幼小，无法在此时承担起拯救大明江山的重任。此时孙太后并没有立朱祁钰为帝之意，诏书中说："迩者贼寇肆虐，毒害生灵。皇帝瞿忧宗社，不遑宁处，躬率六师问罪。师徒不成，被留王庭。神器不可无主，兹于皇庶子之人，选贤与长，立见深为皇太子，正位东宫，仍命郕王为辅，代总国政，抚安百姓，布告天下。"不过不久后发生的"左顺门事件"，使局势产生了很大的变化。

金壶

此金壶出土于北京定陵。该壶工艺精美，肩与腹上部镶嵌白玉与各色宝石，制作精巧，为明代杰作。

土木堡之变后，明军精锐部队多已陷没，当时京城中疲卒不满十万，北京城内人心惶惶，惊恐不安。郕王召集群臣讨论战守之策，"群臣聚哭于朝"，翰林侍讲徐珵（后改名为徐有贞）倡言南迁避难。而兵部侍郎于谦慷慨陈词，坚决主张抗战，并得到了吏部尚书王直、内阁大学士陈循的支持。孙太后与郕王便任命于谦负责抗御瓦剌军。

八月十九日，于谦奏请调南北两京河南备操军、山东及南京沿海备倭军、江北及北京诸府运粮军以及，宁阳侯陈懋的军队亟赴北京。同日调通州仓粮入京。各地部队先后抵达京城，人心日趋安定。八月二十日，于谦升任兵部尚书。

八月二十三日，朱祁钰在午门代理朝政。右都御史陈镒上奏，指出王振祸国殃民，应族诛以安民心。朝臣大都认为王振是土木堡之败的罪魁祸首，因此纷纷响应，痛哭声响彻殿宇。郕王朱祁钰犹豫不决，挥手命群臣退下。这时王振的党羽锦衣卫指挥马顺上前叱骂、驱逐朝臣。在悲愤之中，户科给事中王竑怒火中烧，上前扯住马顺的头发，呵斥道："若曹奸党，罪当诛。"群臣们蜂拥而上，将马顺打死。随后群臣又索要王振的余党宦官毛贵、王长随。在大臣的压力下，二人被人从宫门中推出来，立刻又被大臣们打死。郕王想退避回宫，于谦上前拦住郕王，请求宣布马顺等人论罪当诛，参与殴杀的官员一概不予治罪。朱祁钰宣布了王振的罪状，王振家族中无论老幼皆被斩首，家产籍没。于谦当机立断，处置得宜，使混乱的局面在很短的时间内得到平息，朝野为之一振。

当时郕王朱祁钰没有皇帝的名分，明朝仍然处于一种国无君主的境况，不利于政令、军令的推行和人心的稳定。九月初一，群臣合请皇太后立郕王为帝，孙太后准议。九月初六，朱祁钰登基，是为代宗，遥尊英宗为太上皇，以明年为景泰元年，英宗长子朱见深仍为皇太子。明代宗称帝后，稳定了动荡的朝廷政局，朝野上下一心，抵御瓦剌军。

明代宗朱祁钰即位后，重用于谦，斥退了主张南迁的大臣，积极筹划抗击瓦剌军。于谦识拔和荐举了一批有才干的文武官员，从各方面大力整顿内政，加强战备。时"上下皆倚重（于）谦，谦亦毅然以社稷安危为己任"。经过于谦的苦心经营，京师人心稳定，军事力量大大增强。

同年十月初一，也先挟明英宗南下。明代宗得到紧急军报后，京师即行戒严。初八日于谦受命提督各营军马，将士皆受其节制。面对瓦剌的大军压境，代宗召集文武群臣商量对策。总兵石亨提出将军队撤进城里，关闭北京九门，坚壁清野，以避贼锋。于谦坚决主张出城迎敌，说："敌军气焰嚣张，我军如果示弱，只会助长敌人的气势。"

在代宗的支持下，于谦分遣诸将率兵二十二万列阵于京城九门之外：总兵石亨、副总兵范广、武兴列阵于德胜门，都督陶瑾列阵于安定门，广宁伯刘安列阵于东直门，武进伯朱瑛列阵于朝阳门，都督刘聚列阵于西直门，镇远侯顾兴祖列阵于阜成门，都指挥李端列阵于正阳门，都督刘德新列阵于崇文门，都指挥杨节列阵于宣武门。于谦命兵部侍郎吴宁代理兵部的日常事务，自己亲自来到德胜门石亨军营，参加抵御瓦剌的战斗。各部队在城外部署就绪后，于谦即下令关闭各城城门，并颁布临阵军令："临阵将不顾军先退者，斩其将；军不顾将先退者，后队战前队。"于谦以忠义报国的道理晓谕众将士，明军官兵上下士气昂扬，誓与北京共存亡。

瓦剌大军来势凶猛，攻破了紫荆关，从紫荆关、白羊口两路进逼京城。十月十一日，瓦剌军来到北京城下，驻扎在西直门外。也先挟持着明英宗，要求明朝派人出迎，想乘机攻进城中。代宗和一些大臣有些动摇，又想要议和，就派人到军中问于谦的意见。于谦答道："今日止知有军旅，它非所敢闻。"在于谦的坚持下，代宗拒绝派人出迎。

十三日瓦剌军与明军在德胜门外展开激战。于谦令石亨带兵埋伏在道路两旁的空屋里，另派数骑前去诱敌，待瓦剌大军来到埋伏圈后，前后夹攻，瓦剌大军人仰马翻，大败而逃。之后瓦剌军转攻西直门，同样受到明军的坚决抗击。

这次战斗后，于谦根据实际情况重新进行部署，加强了西直门和彰义门（今广安门）之间的军事力量。瓦剌军在彰义门组织进攻，于谦命副总兵武兴、都督王敬等率领明军迎战。明军"俱以神铳列于前，弓矢短兵次之"，击退了瓦剌军的主力。此时监军太监为了争功，领数百骑抢到阵前，令明军大乱，武兴中流矢而亡。瓦剌军乘机攻到土城，附近的老百姓纷纷跳上屋顶，用砖瓦投掷敌人，喊声震天。毛福寿等率军来援，瓦剌军腹背受敌，仓皇撤退。

也先本以为明军不堪一击，京城唾手可得，但经过五天的激战，瓦剌军死伤惨重，士气低落。也先听说各地的援军马上就要赶赴京城，害怕退回草原的后路被截断，于十五日夜晚拔营潜逃。于谦侦知英宗已经离开后，立即命石亨用大炮轰击瓦剌军营，瓦剌兵马死伤无数。也先被迫下令全线撤退，于谦派将领分路追击，乘胜扩大了战果。十一月初八，瓦剌军退出塞外，京城解除戒严，北京保卫战取得了辉煌的胜利。

于谦临危受命，救国家于危难之时，不仅确保了京城的安全，而且粉碎了也先对中原的图谋，在中国历史上书写了辉煌壮丽的一页。

正史史料

夏五月甲午，废皇太子见深为沂王，立皇子见济为皇太子。废皇后汪氏，立太子母杭氏为皇后。封上皇子见清荣王，见淳许王。大赦天下。

——《明史·景帝本纪》

夺门之变

也先掳走明英宗后，本想以英宗为质，使明朝上下形势方寸大乱，从而实现自己的野心。但明朝在于谦的带领下，众志成城，在京师大败瓦剌大军，使也先的这一图谋落空。景泰元年（1450年），也先多次出兵南下，结果又为明廷所败。此时，瓦剌内部的矛盾也日益激化，反对也先的人愈来愈多。八月也先被迫与明朝议和，送回了明英宗。

明代宗朱祁钰与英宗朱祁镇是异母兄弟。朱祁钰当上皇帝后，对迎英宗回国之事一直不太热心。八月初二，也先给朱祁镇饯行，派人护送他回京。代宗朱祁钰尤意让位，规定迎接朱祁镇的礼仪也异常简慢，只派侍读商辂率一轿二马迎之于居庸关。十五日朱祁镇回到北京，由安定门进入东安门，群臣在此朝见。代宗也在东安门谒见朱祁镇，双方完成了授受帝位的形式上的礼节。之后代宗将英宗朱祁镇软禁在南宫（今北京南池子），并对英宗严加防范，不让他与外界有任何接触。英宗不能随便见任何人，不能过问朝政，也不能走出宫门一步，就连每天的饮食都是由专人从墙洞中递进来的。

明代宗为了解除后顾之忧，在小心防范英宗的同时，意欲废掉原太子朱见深，而改立自己的儿子为太子。朱见深是英宗的儿子，被立为太子后也没有什么大的过错，想要废掉他并不是一件容易的事。几经周折，景泰三年（1452年）五月，代宗将太子朱见深废为沂王，将自己的儿子朱见济立为太子。朱见济是代宗唯一的儿子，被立为太子后不久就病死了，此事令代宗大受打击。代宗重用于谦等贤臣，击退了瓦剌大军，挽救了危难中的明朝，但始终为皇位的承袭问题所困扰，一直未能做出妥善的安排。

景泰八年（1457年）正月，明代宗一病不起，不能视朝。群臣上奏请择立太子，代宗仍然一味拖延，迟迟未有定论。副都御史徐有贞见代宗病重，想乘机拥立太上皇复位，以图迎复之功。于是徐有贞与武清侯石亨共谋废立之事，拉拢京营监军太监曹吉祥，密谋发动政变。他们偷偷地把消息传递给

嵌宝石金帽饰

有明一代，黄金在富贵人的头饰中应用得比较广泛。但为了显现更为强烈的美感，一些达官贵人还在金饰上面嵌有各种宝石。此金帽饰就是典型的一例。

金爵、金托

此器出土于北京定陵。酒爵及托盘都由黄金制成，爵腹与盘底有二龙戏珠纹样。另外爵与托盘上还镶有宝石，制作精致，反映出明朝时期高超的工艺水平。

桃形紫砂杯

此杯为暗红色，紫砂泥制作。其主体造型如一丰硕而半剖的桃子，构思新颖，造型奇巧，为紫砂器中的上品。

英宗，英宗答应按计划行事。

正月十六日夜，在徐有贞、石亨的谋划下，张轨率领千余名将士在四更时分进入南宫。一行人簇拥着明英宗离开南宫，行至东华门。守门的士兵远远地喝令他们站住，英宗对守门的人说："朕是太上皇！"门卫不敢拦阻，四散而逃。英宗来到奉天殿升座，徐有贞等人立即高呼万岁。十七日黎明，钟鼓齐鸣，诸门大开。此时大臣们都在朝房中等待着明代宗临朝。听到钟鼓声后，群臣来到大殿，见英宗坐在宝座之上，这才恍然大悟，纷纷跪倒。英宗复辟取得了成功。

卧病在床的明代宗听到深夜之中的喧哗之声，不以为意，直到明英宗派来的亲兵闯进他的宫中，宣布太上皇复辟了，方才明白过来。随后英宗将代宗幽禁在西宫之中。代宗在一夜之间失去皇位，成为了阶下囚，心中忧愤难平，病情更为加重，没过几天，就去世了。这场宫廷政变，史称"南宫复辟"，又称"夺门之变"。

十七日，明英宗便命徐有贞入内阁参与机务。次日少保于谦、王文，学士陈循、萧镃、商辂，尚书俞士悦、江渊，都督范广，太监王诚、舒良、王勤、张玉等人都被捕入狱。

二十一日，明英宗改年号为天顺。他昏庸如前，对祸国殃民的王振追念不已，于天顺元年（1457 年）十月下诏恢复了王振的官位，"刻香木为（王）振形，招魂以葬，建祠祀之"，还在匾额上书写"旌忠"二字。于谦本对朝廷有大功，但因性格刚直，执法时不避权贵，得罪了很多大臣。徐有贞、石亨等人对他恨之入骨，一再上书要求以"谋逆"罪处死于谦。英宗感到于谦有大功于国家，有些于心不忍，徐有贞怂恿道："不杀于谦，今日之事无名。"英宗下定决心，将于谦判处了死刑，于谦的家属也被发配到边地充军。就这样一位铁骨铮铮的功臣成为这场皇室权力斗争的牺牲品。许多大臣也被视作于谦一党，遭到了残酷迫害。

于谦遇害后，天下人都认为他冤枉。有人感念于谦的耿直无私，偷偷收殓了他的尸骨。之后于谦的女婿又把灵柩送到他的家乡杭州。于谦祠墓位于杭州西湖畔，与南宋民族英雄岳飞的墓相邻，后人有"赖有岳（岳飞）、于（于谦）双少保，人间始觉重西湖"的诗句。人们感佩于他们的忠义，每年到那里祭拜的人络绎不绝。

曹石之乱

在"夺门之变"中，有三个人踩着于谦的尸骨爬上了权力的顶峰，他们就是徐有贞、石亨和曹吉祥。

翰林侍讲徐有贞颇有智谋，热心功名。土木堡之变后，明代宗召集群臣商议对策。徐有贞大声说："对应星象，再根据历数，天命已去，只有南迁才能消除灾难。"他的话刚说完，就遭到于谦的强烈反对。于谦慷慨陈词："言南迁者，可斩也！京师是天下的根本，一动则大势已去。大家难道忘了宋朝南渡的教训吗？"于谦的话得到吏部尚书王直、内阁大学生陈循的支持，太监金英将徐有贞轰出大殿。之后在于谦的领导下，北京保卫战取得极大的成功，徐有贞不仅丢了面子，而且多年未得升迁。于是他便开始攀附达官贵人，请求大学士陈循在于谦面前替自己说好话，想要谋得国子监祭酒一职。于谦见徐有贞颇有才学，就在代宗面前推荐了他。代宗对于谦说："徐有贞虽然有才气，但心术不正，如果让他做祭酒，恐怕把天下的书生都教坏了。"徐有贞见此事不成，就认为于谦从中作梗，影响了自己的前程，因此怀恨在心。

明英宗复辟成功后，徐有贞的小人嘴脸立刻显露了出来。英宗当天就任命他为学士，入内阁参与机务，第二天又加封他为兵部尚书。徐有贞还不满意，由于石亨以功封伯，他就对石亨说："愿得冠带随仁兄之后。"石亨把他的愿望告诉了英宗，英宗又封他为武功伯兼华盖殿大学士，掌文渊阁事务，赐了个"奉天翊卫推诚宣力守正文臣"的称号，食禄一千一百石，世袭锦衣卫指挥使，他这才心满意足。

徐有贞一得志，立刻开始了疯狂的报复，诬陷少保于谦、大学士王文，并使他们被明英宗处死。内阁各大臣几乎全被逐出，陈循素来对徐有贞有恩，徐有贞也见死不救。徐有贞得志后，便想大权独揽，开始疏远曹吉祥和石亨。他看到英宗对两人已经开始厌恶，一面稍稍地压制他们，一面暗中对英宗说两人贪婪凶暴的情况。英宗开始对石亨、曹吉祥存有戒心。正巧御史杨瑄上奏弹劾石亨、曹吉祥侵占民田，英宗便征求徐有贞和李贤的意见，他们都说杨瑄所奏的情况属实。因而石亨、曹吉祥非常怨恨，日夜图谋陷害徐有贞。此时英宗对徐有贞宠信有加，经常屏退左右秘密交谈。曹吉祥令小宦官偷听，然后故意把听来的话泄露给英宗。英宗大吃一惊，问他是从何处得到这些消息，曹吉祥就说是从徐有贞那里听到的。英宗从此又开始疏远徐有贞。正好御史张鹏等人想弹劾石亨的罪行，奏疏还没有送给皇上，就被给事中王铉把此事泄露给石亨、曹吉祥。两人于是向皇上哭诉，说此事实为内阁主使。皇上于是将各御史投进监狱，同时逮捕徐有贞和李贤。不过英宗很快又后悔了，让徐有贞出任广东学政。

没有扳倒徐有贞，石亨和曹吉祥不肯善罢甘休，继续寻找机会。一次石亨派人送匿名信给明英宗，说徐有贞怨恨皇上。徐有贞遂被关进监狱，后被罢黜为民。石亨等人叛乱失败后，皇上又让徐有贞回家静养。徐有贞一直希望皇上再起用他，结果一直也没有得到消息，最终老死于家中。

南宫复辟后，石亨被封为忠国公，太监曹吉祥也被升为司礼监，总督三大营。在除掉徐有贞之后，石亨和曹吉祥变得更加嚣张。他们公开纳贿，结党营私，随意更换文武大臣，朝臣们都是敢怒不敢言。石亨的侄儿也被封为定远侯，另外其亲朋故旧冒功而得官者达四千多人。太监曹吉祥迎复英宗有功，他的侄儿曹钦、曹铉、曹铎等都被封为都督，执掌兵权。曹钦还被封为昭武伯，拉开了宦官子弟封爵的序幕。曹吉祥门下之人冒功当官者多达千人，其权势与石亨相当，朝野并称为曹、石。

石亨一面排斥异己，一面培植自己的党羽，朝廷内外的将帅大多出自他的门下，一时权势滔天。他屡兴大狱，构陷弹劾他的大臣。户部侍郎陈汝言依附石亨而升为兵部尚书，贪赃枉法，胡作非为。明英宗下令将他逮捕，藉没家产，查抄出无数钱财。石亨以忠国公的身份，自认为是英宗复辟的功臣，每天直入内廷，这就引起了英宗的不满。英宗对石亨的专权擅政也有所察觉，开始疏远他。

石亨见自己地位下降，心怀不满。他自恃兵权在手，养子石彪勇冠三军，领兵在外，于是图谋不轨。石亨对他的党羽说："宋太祖陈桥驿兵变，历史上并没有说他是篡位。你们若能助我成就大业，将来富贵同享。"明英宗派石亨去大同视察，途中石亨在查看紫荆关的地形时，对左右的人说："此处地势险要，如果派兵守住此关，以大同作为根据地，京师的兵马就无法通过。"英宗得知此事后，对石亨产生了戒心。此时石彪从陕西回朝，上奏请求镇守大同。石亨还指使千户杨斌等人出面奏保，这种种异常更引起了英宗的怀疑。天顺三年（1459年）八月，英宗下令逮捕了杨斌，通过审讯证实石彪确有异谋，于是下旨逮捕了石彪。石亨急于举事，其家人出来告发，石亨被捕入狱，死于狱中。就这样一场叛乱被扼杀在了萌芽之中。

一次英宗与大学士李贤谈及"夺门"事件，李贤说："说迎驾可以，怎么能说'夺门'呢？这个说法就不对。陛下复位，理所当然，何必要夺？况且内府的门能随便夺吗？当时有人邀请臣下参与，臣下就没有参加。"英宗问："为什么？"李贤说："代宗病重，代宗的儿子也早已去世，群臣自当上表请陛下复登大位，何必要夺呢？这都是因为有几个小人想借陛下升官发财，达到专权干政的目的，根本就不是为陛下和国家着想？如果不是他们，就不会有那么多的大臣被杀或被贬，贪贿之风也不至于发展到如今这个地步！这种人也谈不上有什么社稷之功。"英宗这才恍然大悟。

于是明英宗下旨，凡是总兵官，非有"宣召"不许进宫。英宗还下旨朝臣，在今后的奏章中不许再提"夺门"二字，此外还命令在夺门事件中冒功受赏的人自首。

石亨死后，曹吉祥感到自己的处境也十分危险，遂决心铤而走险。他通过侄儿曹钦，用贪污得来的钱财网罗了一批亡命之徒。一天曹钦和他的心腹一起喝酒时说："自古以来，历史上有没有宦官子弟当皇帝的？"有个姓冯的千户说："有啊，魏武皇帝曹操就是中官曹腾的后人。"曹钦听后非常高兴，加紧了阴谋叛乱的活动。

天顺五年（1461 年）七月，蒙古军队侵扰甘州（今甘肃张掖）、凉州（今甘肃武威）一带，朝廷派恭顺侯吴瑾、怀宁伯孙镗领军征讨，命兵部尚书马昂做监军，决定在初二黎明开拔。曹吉祥和曹钦认为时机已到，商议在这天黎明以京军开拔作掩护，由曹钦率五百人袭杀孙镗，曹吉祥在宫中以所掌握的部分禁军接应，夺取帝位。计谋已定，曹钦大摆酒宴，与属下畅饮。席间一个蒙古族降将马哈麻连夜溜了出来，把这一紧急情况告诉了等候早朝的吴瑾和孙镗。明英宗得知消息后，立即逮捕了曹吉祥，并下旨紧闭皇城大门及京城九门。

黎明时分，曹钦发现走漏了风声，认为告密者是锦衣卫指挥陆杲。于是曹钦领兵直奔陆杲家，陆杲被乱刀所杀。曹钦提着陆杲的人头，带兵闯进西朝房，砍杀了好几个大臣。

吴瑾和孙镗得到马哈麻的情报之后，便分头去调兵。孙镗召集城内西征军与曹钦的兵马展开一场激烈的战斗。曹铉、曹铎死于乱军之中。曹钦见大势已去，拼死杀开一条血路，直奔齐化门（今朝阳门）。北京城门早已奉命关闭，曹钦久攻不下，折向东直门、安定门，都无法出城。

在走投无路之下，曹钦率领残兵回到自己的府里死守。当天晚上，官军攻入曹府，曹钦投井自尽，官军尽屠其家，曹钦的党羽也全被杀死。经过一整天的激战，叛乱才彻底平息。明英宗在午门连夜召见了有功之臣，曹吉祥

玉角端形薰炉

角端是我国古代神话传说中的一种独角神兽。该炉盖和炉身合为角端形。炉内空，可贮香料，香气从角端口中喷出，既实用又有辟邪的意味。

也被处以磔刑。

这两起事变被合称为"曹石之变"，英宗又度过了一场惊心动魄的危机。此后他在政治上开始成熟起来，与阁部大臣建立起较为稳定的君臣关系，百官各任其职，政局较为稳定。

万氏乱政

明宪宗朱见深自幼缺乏家庭温暖，对年长他十七岁的宫女万氏一往情深，即位后封其为贵妃。万贵妃依仗宪宗对自己的宠爱，不仅在后宫颐指气使，还染指朝政，其父兄都任职锦衣卫，与大学士万安互通声气，从而控制了朝政。宪宗耽于游乐，万贵妃内控宦官，外结阁臣，其父兄掌控了锦衣卫，朝政十分混乱。万贵妃死后，朱见深悒悒不乐，"甘弃臣民不复顾"，不久也离开了人世。

万贵妃独宠后宫

万贵妃，山东诸城（今山东青州一带）人。父亲万贵为县衙掾吏，犯法成边。万氏年仅四岁便入宫，成为明英宗母亲孙太后身边的宫女。她聪明伶俐，得到孙太后的欢心。正统十四年（1449 年），十九岁的万氏奉孙太后之命照顾年仅两岁的皇太子朱见深，这是他们缘分的开始。

朱见深虽长于深宫，自小锦衣玉食，却缺乏家庭温暖。朱见深在万氏的照顾下一天天长大，对她产生了深厚的感情。在他的眼中，万氏有时像母亲，

后妃宫嫔侍女图

这是水陆画中的后妃宫嫔侍女图。水陆画是举行佛教法会时悬挂的条幅式绘画，其中也包括各种人物形象。在该图中，居于最前面气度雍容华贵者应是皇后，后面的应是宫嫔和侍女。

有时像姐姐，有时又像情人。万氏并没有倾国倾城之貌，"貌雄声巨，类男子"，周太后对朱见深钟情于万氏之事大惑不解，曾问他："彼有何美，而承恩多？"朱见深答道："彼抚摩，吾安之，不在貌也。"可见朱见深对万贵妃的感情是极其深厚的。

天顺八年（1464 年），明英宗朱祁镇病逝，十八岁的太子朱见深即位，是为宪宗，次年改年号为成化，此时万氏已经三十五岁了。由于种种原因，明宪宗无法立万氏为后。同年七月，宪宗册立吴氏为皇后。吴皇后入宫之初就得不到丈夫的喜爱，心里十分不满。万氏恃宠而骄，每次见到吴皇后都板着脸，甚至故意摆架子。吴皇后忍无可忍，斥责了她几句。万氏不但不知悔改，反而反唇相讥。吴皇后在盛怒之下，下令杖打了万氏。朱见深大怒，立刻废掉了吴皇后，在诏书中说："朕见举动轻佻，礼度率略，德不称位……不得已请命太后废吴氏别宫。"此后万氏在宫中更加横行无忌。同年十月，王氏被立为皇后。王氏天资聪颖，性情淡泊，对万氏一味忍让，才得以相安无事。

万贵妃为了将明宪宗牢牢地掌握在自己的手里，处处迎合圣意。她经常身穿戎装，骑着大马在宪宗的辇车前扬鞭开路，宪宗十分高兴，对她更加宠爱。成化二年（1466 年），万氏为朱见深生下了他的第一个儿子。宪宗大喜过望，立刻册封万氏为皇贵妃，将万氏一门尽数封官，还赏赐给大量的金银财宝。宪宗一心想立这个孩子为太子，派人到全国各地去祭祀山川河海、天地神灵。不料一年后，这个孩子就夭折了，此后万氏就再也未能生育。

万贵妃恃宠而骄，在宫中横行无忌，她决不允许任何一个女人母以子贵，夺走宪宗对她的宠爱。她派人在宫中暗自侦察，千方百计地阻挠其他嫔妃宫女接近皇帝，并以残酷的手段迫使怀孕的宫女堕胎。

明宪宗没有子嗣，宫内外为此事而忧虑，一些大臣直言要宪宗"广施恩泽，博爱后宫"。宪宗深知没有皇子的严重性，但又不能放弃与万氏的多年感情。万贵妃的父兄都是锦衣卫指挥使，负责侦伺百官，统领诏狱。许多官吏奔走在她的门下，成为她的党羽。阁臣万安自称是万贵妃的子侄，二人互通声气。万贵妃祸乱宫廷，她的三个兄弟与太监梁芳、韦兴勾结在一起，将大明的国库挥霍殆尽。宪宗得到消息后，到国库视察，"见累朝金七窖俱尽"，说道："靡费帑藏，实由汝二人。"可见宪宗对太监梁芳、韦兴的不法行为是清楚的，只是碍于万贵妃的面子而没有加以惩治。

明宪宗元宵行乐图（局部）
《明宪宗元宵行乐图》描绘了明宪宗朱见深在皇宫里庆赏元宵节游玩的情景，是一幅生动的明代元宵节风俗画。
所选部分为在宫内设街市，模仿民间习俗闹花灯，明宪宗则在旁边的宫殿前台上站着观看，与民同乐。

　　成化五年（1469 年），柏贤妃为宪宗生下了一个皇子。在群臣的极力规劝下，成化七年（1471 年），这个皇子被立为太子。不久这个孩子也夭折了，时人多认为此事与万贵妃有关。

　　纪氏是广西一个地方酋长的女儿，被明军俘掠至北京，送入后宫。纪氏容貌出众，颇有文才，入宫后很快升任女吏。由于她是乱酋之后，没有资格侍候皇帝和宫中后妃，所以被派往一处宫室，负责管理书籍。明宪宗喜好文墨，一天偶然去翻阅书籍，正好巧遇纪氏，就临幸了她，纪氏因此怀上身孕。万贵妃一听说宪宗宠幸了纪氏，马上派太监张敏去打探实情。张敏隐瞒了纪氏怀孕的消息，万贵妃这才放下心来，命人将纪氏关到西内的冷宫。

　　纪氏在冷宫中忍受着孤独寂寞，几个月后居然顺利地生下了一个儿子，这就是后来的明孝宗朱祐樘。由于营养不良，这个孩子一生下来就十分虚弱。太监张敏帮助纪氏将小皇子藏在宫中一个隐秘的地方，细心喂养。明宪宗的第一个皇后吴氏这时也居住在西内的冷宫中，她十分同情纪氏的遭遇，与纪氏一起细心地抚养皇子。

　　成化十一年（1475 年），明宪宗召太监张敏为他梳理头发。他对着镜子长叹道："老将至矣，无子！"张敏闻言后立即跪伏请罪说："奴才罪该万死，万岁已有皇子！"宪宗不禁愕然，忙问皇子安在。张敏回答说："奴才说了即死，请万岁给皇子做主！"张敏心知自己的性命不能保全，只是恳求宪宗为

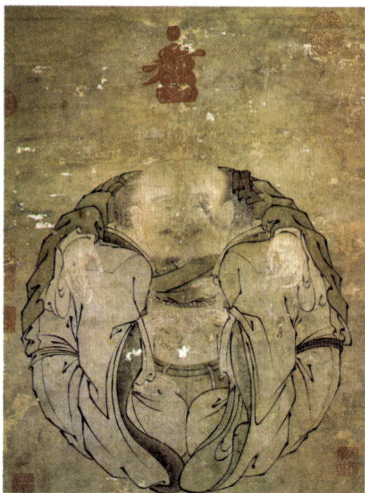

一团和气图

明宪宗朱见深登基后不久，出于对群臣万众一心的期望，绘制了《一团和气图》，号召臣民"合三人以为一，达一心之无二，忘彼此之是非，蔼一团之和气"，对朝政的安定团结有着积极的意义。

皇子做主。站在一边的太监怀恩也随声伏地顿首说："张敏所说的是实情，纪氏早已生下皇子，偷偷地养在西宫，如今已经六岁，我们一直不敢告诉您！"宪宗欣喜若狂，当即派人迎接皇子。宪宗看到这个孩子，不禁悲喜交加，流着眼泪说："是我的儿子，很像我！"

朝中大臣得知后欣喜万分，纷纷入贺。明宪宗立刻颁诏天下，封纪氏为淑妃，立即迁出冷宫，住进了宫城内的永寿宫。万贵妃得知此事后，大为恼怒。不久刚刚住进永寿宫的纪淑妃突然暴死。紧接着帮助纪氏潜养皇子的太监张敏也吞金自尽，时人都怀疑此事与万贵妃脱不了干系。但由于宪宗一直对万贵妃怀着一种又爱又怕的情感，事情就这样不了了之。

明宪宗对这个儿子十分宠爱，取名为朱祐樘。同年十一月，立朱祐樘为太子。为了太子的安全，宪宗开始注意宫中的防范措施。此时后宫到处都是万贵妃的亲信，宪宗谁也不敢相信，只好把太子放到自己母亲周太后所住的仁寿宫里。万贵妃挟恨在胸，酿成肝疾，越发喜怒无常。成化二十三年（1487 年）正月，万贵妃突然病故。万贵妃之死，对宪宗打击很大。此后宪宗一直心情抑郁，于同年八月去世了。

万岁阁老

万安是四川眉州人，善于揣摸明宪宗的心意，成化五年（1469 年）被封为大学士，进入内阁。成化七年（1471 年），由于宪宗多日不召见群臣，大学士彭时和商辂就力请宪宗出来上朝。司礼监宦官于是约定皇上御殿之日召大臣应对，并说："君臣初见，感情可能不会太融洽，不要说得太多。"宦官将入内时又叮嘱了一遍。宪宗召见群臣时，彭时上奏道："昨天御史有奏疏，请削减京官的俸薪。这样做武臣不免失望，请照旧为便。"宪宗答应了。彭时本来还有其他的事要上奏，岂料万安叩头高呼万岁。彭时、商辂不得已都叩头告退。宦官嘲笑朝臣说："你们曾说得不到皇上的召见。这回见到了，就只知道高呼万岁吗？"这件事一时传为笑谈，万安因此被称为"万岁阁老"。

万安虽然没有多大的本领，但非常善于钻营。尹直入阁后，想求见皇上讨论朝政。万安劝他说："从前彭公请召对，一语不合，即叩头呼万岁，以此让人笑话。现在我辈应每事都尽言，由太监选择向皇上汇报，皇上无不应允，这胜过当面应对多了。"

时万贵妃宠冠后宫，万安通过宦官献殷勤，自称是万贵妃子侄之辈。万贵妃一直自愧没有门阀家世，听说此事后非常高兴，将万安视作心腹。万贵妃的弟弟万通担任锦衣卫指挥，以同族的身份多次拜访万安。万通娶妻王氏，王氏的母亲从博兴来到京城，王氏对母亲说："原来家贫时，曾把妹妹送给别人作妾，不知她现在身在何处？"她的母亲回答道："好像是四川万编修家。"万通怀疑是万安，一番查访，王氏的妹妹果然是万安的妾室。此后两家妇人经常往来。万通的妻子落籍在禁宫内，可以随意出入内宫。万安由此与万贵妃互通消息，以巩固自己的地位。

成化九年（1473 年），万安升为礼部尚书，后来改调到户部。成化十三年（1477 年），明宪宗加封他为太子少保，不久改为文渊阁大学士。万安结党营私，排斥异己，在朝二十年，每遇科举考试，一定令他的门生任考官，他的子侄多能及第。他的儿子万翼任南京礼部侍郎，孙子万弘璧任翰林院编修。

万安掌权多年，只做过一件好事，那就是借势上奏撤了西厂。成化十八年（1482 年），汪直失宠，言官上奏请求撤去西厂，明宪宗没有答应。万安上奏再次请求，宪宗居然批准了。

万安一生碌碌无为，时人讥讽他"面如千层铁甲，心似九曲黄河"。当初纪氏之死，朝臣纷纷暗指是万贵妃所做的手脚。明孝宗即位后，大臣主张逮捕审问曾经出入禁宫的万贵妃的亲戚。万安惊惧不安，因孝宗仁厚，没有追究此事，万安才得以无事。

万安为了邀宠，还在给明宪宗的奏章中大谈房中术。明孝宗即位后，在宫中发现一小盒奏疏，里面都是谈论房中术的，末尾署名是"臣安进"。孝宗命太监怀恩拿着这些奏疏来到内阁，斥责万安道："这是大臣所应该做的事吗？"万安羞愧万分，跪倒在地。大臣们纷纷弹劾他，孝宗又命怀恩对着万安宣读他的罪状。万安多次跪下恳求哀悯，一直不想辞官。怀恩不为所动，上前摘下他的牙牌说："你可以出去了。"万安这才回到家中，上疏请求辞官，此时他已七十多岁了。一年之后，万安去世，赠太师，谥号"文康"。万安死后不久，万翼、万弘璧也相继死去，万安绝后，时人都说这是他应得的惩罚。

传奉官

天顺八年（1464 年）二月，即位不到一个月的明宪宗朱见深下了一道诏令，授予一位名叫姚旺的文人为文思院副使。《明史》对此的简要记载是："二月庚子，始以内批授官。"这便是"传奉官"之始。传奉官是不经过正常途径，不经选拔、廷推和部议等选官过程，由皇帝直接传旨任命的官员。明宪宗成化年间（1465 年—1487 年），四方"白丁"勾结内臣，进献珍玩，哄

杏园夜宴图（局部）

此图描绘了文人春夜设宴的情景。院内景物秀美，文人展卷雅赏，仕女闲游，仆人煮茶，一派闲适雅逸之趣。人物造型清瘦，线条流利，设色柔润，表现出一种梦幻般的春夜氛围。

皇上高兴了，动辄便赏个什么官。

这一举措对制度的破坏，带来了三个最直接的后果：第一，从此皇帝视官爵为私物。只要皇帝喜欢，他可以随意地任用官员，从而破坏了皇帝与官僚士大夫之间的平衡。宪宗自己也往往一传旨就授官百数十人。对于士大夫们来说，官爵原是"天下公器"，皇帝这样的行为，无疑将官爵变成了"人主私器"；第二，传奉官既然是由皇帝直接任命的，也就说明其中大部分人是无法通过正常渠道获得官职的。对于一个文官政府来说，混杂着一大批出身于军人、僧道、工匠、画士、医官的官员，朝廷想不乱政都困难。传奉官中多数是一些佞幸之人，靠着结交宦官或者行贿的手段取得一官半职，他们的在职也就大大地败坏了吏治；第三，既然传奉官由宫中旨意直接传授，而又不需要经过吏部复核，因此掌握宫中大权的嫔妃及太监就可以借皇帝之名，大行私利，卖官鬻爵。

太监梁芳为了取得明宪宗的宠信，经常给宪宗的宠妃万贵妃送去一些美玉珍宝，然后以采办珠宝为名，出使各地，在地方上大肆搜刮民脂民膏。为了敛财，梁芳开始卖官鬻爵，江西人李孜省本是江西布政司下一个贪赃枉法的小官吏，靠着梁芳的引荐得到了宪宗的信任。终成化一朝，太监梁芳始终得宠于宪宗，取中旨授官累计多达上千人。

传奉官的泛滥，引起了许多官员的不满，大臣们纷纷上疏指责传奉官之弊。成化十九年（1483年），山西巡抚郑时上疏，指出传奉官日益冗滥，弹劾梁芳、李孜省等。御史张稷也上疏，谈及传奉官给朝政带来的混乱："末流贱伎妄厕公卿，屠狗贩缯滥居清要。文职有未识一丁，武阶亦未挟一矢。……自古以来，有如是之政令否也？"张稷说自有传奉官后，文官中竟有一字不识的，武官中竟有从来没拿过弓箭的，自古以来，有这样的政治吗？因此官员们纷纷请求淘汰传奉官员。

成化二十一年（1485年）正月的一天，京城上空坠落一道白光，并有赤星出现。古时天象变化常被附会人事、政事，出现如此星变，明宪宗不免有些惊惶，忙下令群臣，直言时政得失。于是九卿大臣、给事御史纷纷上书，条陈政事，指责的中心便是传奉官，认为这是目前"最大且急"的弊政。有大臣在上疏中为宪宗算了一笔账："一年传奉千人，几年就是几千人。而这几千人的俸禄，一年就要耗费几十万。这些都是国家的租税，老百姓的脂膏。"请求宪宗尽罢传奉官。

在巨大的舆论压力下，明宪宗有所感悟，于是贬李孜省为上林监丞，斥

明宪宗元宵行乐图（局部）
《明宪宗元宵行乐图》生动地描绘了明宪宗朱见深正月十五在皇宫里庆赏元宵节游玩的情景。其中有杂技、魔术等表演，明宪宗身着便服，坐在殿前围帐中观看。殿上悬有彩灯，一派喜庆的场景。

罢五百余名传奉官，一时朝野称快。然而大臣们有关方士、宦官的言论，也不免触痛了宪宗，宪宗便叫人暗暗地将这些大臣的姓名写在屏风上，遇有官员调迁，便将这些大臣贬往边远地区。直至成化二十三年（1487 年）孝宗即位后大力裁汰冗官，这才平息了朝野的议论。

由明宪宗创造的传奉官本是对制度的破坏，但由于能满足历代皇帝任用私人的愿望，因此竟成了制度。或许这就是所谓的"率土之滨，莫非王臣"吧。

汪直与西厂

明宪宗朱见深即位后，启用了一些忠直之士，朝政颇有振兴的气象。成化元年（1465 年），宪宗为于谦平反，任于谦之子于冕为府军前卫副千户。宪宗为夺门之变厘定是非，恢复了被父亲废掉的代宗的庙号，顺乎人心。可惜好景不长，年轻的宪宗宠信宦官，耽于游乐，使朝政大权又被一些奸佞所把持。成化中期，终于形成了太监汪直擅权的局面。

宪宗调禽图

此幅图描绘了明宪宗朱见深玩鸟的情景。图中一位侍者双手捧着鸟笼，宪宗手指着鸟笼，好像在评说着什么。另一侍者则双手持拂尘。

《明人宫装图》中的太监

该图中的太监手持首饰盘侍立，正在侍候妃嫔整妆。从其服饰上看，应是级别较高的太监。

汪直擅权

汪直是广西大藤峡瑶族人。1465 年，金都御史韩雍率领明军镇压了瑶族人民大起义后，年仅五六岁的汪直成了俘虏。韩雍将汪直阉割后带到京城，作为礼物送给了宪宗皇帝。

明宪宗见汪直机灵可爱，就让他到昭德宫当了一名小内侍，服侍万贵妃。汪直聪明伶俐，很快就取得万贵妃的欢心，在万贵妃的举荐下，很快就升为御马监太监。

成化十二年（1476 年），妖人李子龙"以符术结太监韦舍私入大内"，在宫内图谋不轨，事情泄露后被诛。这件事使明宪宗对内外朝臣都产生了警戒之心，"锐欲知外事"。汪直为人狡黠，得到宪宗的宠信。宪宗经常派他带领两三个校尉乔装出宫，秘密监督内外官僚的一举一动。

早在洪武初年，太祖朱元璋即设立了锦衣卫，以探听臣下的动静。燕王朱棣为了夺取帝位，勾结京师宦官，以为内应。即位之后，他对朝廷大臣心怀戒心，对锦衣卫这个特务机关也不尽放心，一反太祖关于宦官不得干预政事的禁令，重用宦官。永乐十八年（1420 年）十二月，明成祖朱棣为了镇压政治上的反对势力，设立"东缉事厂"（简称"东厂"），命宦官担任提督，委以缉访刺探的大权，与锦衣卫互相监督。

成化十二年正月，明宪宗命汪直领锦衣卫官校百余人，在灵济宫旁灰厂拘讯人犯。由于灵济宫在皇城之西，故称"西厂"。至此厂卫的编制不断膨胀，已超过六七万人。西厂"事侔东厂，而势出其上"，"自京师及天下，旁午侦事，虽王府不免"，权势远远高于锦衣卫和东厂。西厂特务四处侦察，官员百姓的一言一行都在西厂的侦察视听之下。

汪直统领西厂后，为树立权威，屡兴大狱，极力培植自己的党羽。南京守备太监覃力朋到北京进贡，在返回的途中弄了上百船的私盐。途经山东时，受到武城县典史的盘查，覃力朋胆大妄为，竟将典史毒打了一顿，还射杀了随从一人。汪直得知此事后，急忙报告了明宪宗，并下令逮捕了覃力朋治罪。之后覃力朋通过关系免除了刑罚，但宪宗认为汪直能惩奸罚恶，对他越发信任。

锦衣卫百户韦瑛是汪直的心腹。一次韦瑛向太医院左通政方贤索取药品，被方贤拒绝。韦瑛大怒之下，经过搜查得到片脑沉香、御墨及龙凤瓷器，就把方贤抓了起来。西厂还有权"不侔奏请"逮捕大臣，事后再向皇帝禀告，还时常捉完又放，这些事情皇帝都不知情。

都御史王越、陈钺，以及御史戴缙、王亿等人都先后投靠了汪直，得以加官晋爵。那些不肯屈服的大臣则被罗织种种罪名加以陷害。同年二月，西厂大兴杨晔之狱。建宁卫指挥杨晔是故少师杨荣的曾孙。他和父亲杨泰横行乡里，被人告发后逃入京师，藏在姐夫中书舍人董玙家里。董玙找到汪直的心腹锦衣百户韦瑛求情，韦瑛表面上答应下来，暗地里却报告给汪直以邀功。汪直立即把杨晔和董玙逮捕，搜出了一张准备行贿的名单，其中有大学士商辂、三法司官员和司礼太监黄赐、陈祖生等人的名字。汪直将情况报告给明宪宗，宪宗命他严加追查。当时杨晔还没有开始行贿，因此一时也查不出个所以然。西厂校尉便施以酷刑，杨晔"骨节皆寸解，绝而复苏"，因不胜其苦，谎称行贿用的财物寄放在叔父兵部主事杨仕伟处。汪直不奏闻朝廷，就将杨仕伟一家逮捕入狱。之后杨晔死在狱中，杨泰论斩，杨仕伟、董玙被谪官。汪直还诬陷左右大臣多得杨晔的贿赂，"一时九卿劾罢者，尚书董方、薛远及侍郎滕昭、程万里等数十人"。汪直利用西厂罗织大狱，使得人心惶惶。从此汪直更加有恃无恐，大臣见到汪直都要跪着说话。

成化十五年（1479 年）秋，明宪宗命汪直巡边，这实际上就是授予他指挥九边部队的权力。汪直到达边镇后，气焰十分嚣张，"率飞骑日驰数百里，御史、主管等官迎拜马首"。各边都御史因为畏惧汪直的势力，都出迎数百里外。都御史陈钺"郊迎蒲伏，厨传尤盛，左右皆有贿"，得到汪直的欢心。"兵部侍郎马文升方抚谕辽东，（汪）直至，不为礼，又轻（陈）钺，

长随奉御出入宫禁牙牌

明朝在宫中的宦官组织极其庞大，内宫十一监所设的长随奉御为正六品。牙牌是出入宫禁的通行证，使用时系于腰间，备出入宫禁时检查。

被陷坐戍"。此后汪直权倾天下，时人"知有汪太监，不知有天子"，皇权受到严重的损害。

西厂被废

汪直及西厂的恶行，激起了人们极大的不满。成化十三年（1477年）五月，大学士商辂在要求罢西厂的奏疏中指出："自汪直用事以来，卿大夫不安其职，商贾不安于途，庶民不安于业。若不立即加以匡正，天下安危，未可知也！"明宪宗看过后大发雷霆说："无非是用一内臣，何至于危及天下。"商辂据理力争说："朝臣无大小，有罪皆请旨收问。（汪）直擅逮三品以上京官。大同、宣府，北门锁钥，守备不可一日缺，（汪）直则一日擒械数人。南京，祖宗根本重地，留守大臣（汪）直辄收捕。诸近侍，（汪）直辄易置。（汪）直不黜，国家安得不危！"这时兵部尚书也率九卿上书弹劾汪直。宪宗不得已之下，下令罢西厂，将缇骑划归锦衣卫，令汪直仍回御马监。一时间人心大快。这是第一次罢西厂。

不过明宪宗并非真心接受商辂的意见，虽然西厂被废，依然宠信汪直，密召汪直伺察外间动静。太监黄赐、陈祖生曾在司礼监任职，位在汪直之上，汪直对他们很是嫉恨。西厂被罢后，汪直诬称商辂奏疏为"黄赐、陈祖生意"，目的是"为杨晔报复"，宪宗立即让他们去南京。御史戴缙逢迎宪宗之意，上书"盛称（汪）直功"，请求恢复西厂，宪宗立即同意。成化十三年（1477年）六月十五日，宪宗下令复开西厂。大学士商辂因西厂终于恢复，知事不可为，于是上疏坚决要求致仕，与汪直有矛盾的刑部尚书董方、都御史李宾等人也先后被迫去职。汪直的亲信王越接任兵部尚书兼左都御史，陈钺为右都御史巡抚辽东，汪直的权势越发显赫。

汪直好大喜功，王越、陈钺等人便劝汪直用战功来巩固自己的地位。汪直听了正合己意，便借口辽东有战事，几次协同王越、陈钺等人出征，每次回来后都得到明宪宗的厚赏。汪直因迷恋战功，时常在外，宫中有个善演杂戏的小太监，名叫阿丑，一天他在宫中扮醉酒者谩骂之状，别人提醒说皇帝来了。他照旧谩骂不休，说："汪太监来才避走，今日只知汪太监也。"随即又学作汪直的模样，手操两钺，走到宪宗面前说："我统率军队，全仗此两钺。"别人问哪两钺，他答道："王越、陈钺也。"宪宗也忍不住笑了。然而他由此也对汪直及西厂的胡作非为有所觉察。

汪直的擅权引起东厂和锦衣卫的不满，西厂与东厂经常发生矛盾。东厂头目尚铭，起初因依附汪直而得到明宪宗的重用。正当汪直忙于出征之际，有贼人偷了大内西宫的财物，宪宗命厂校侦缉此案。东厂抢先抓住了贼人，起获了赃物。汪直怨恨尚铭抢功，声称"尚铭负我"，要对付尚铭。尚铭"惧将倾己"，决定先发制人，勾结李孜省和阁臣万安等，弹劾汪直。以前汪直"时或泄禁中语于（王）越"，王越传之他人，尚铭有所耳闻，这时"尽发王越交通不法事"，宪宗于是开始疏远汪直。

成化十七年（1481年），明朝北部边境遭受蒙古骑兵的侵扰，明宪宗命汪直、王越前往宣府御敌。敌兵退却后，其他人均奉调回京，却让汪直镇守大同。同年秋天，朝臣们看到这个情况，知道汪直在宪宗面前失宠了，才敢上告汪直的罪行，请求罢西厂。成化十八年（1482年），言官弹劾西厂胡作非为有违国体。三月宪宗下诏再罢西厂，危害一时的西厂这才在宪宗朝终结了它罪恶的历史。

次年六月，汪直被贬到南京司马监供职。八月御史徐镛上疏弹劾汪直与王越、陈钺勾结，犯下欺罔不法之罪，疏中有"天下只知有西厂而不知有朝廷，只知畏汪直而不知畏陛下"之语。宪宗这时才对汪直擅权之事有所警觉，下诏贬汪直为南京奉御，其党羽亦先后被罢黜。

弘治中兴

成化二十三年（1487年），明宪宗朱见深病亡，年仅十八岁的太子朱祐樘即位，次年改年号为经治，是为孝宗。明孝宗一扫前朝弊政，重用了一大批正直、练达之士，弘治时期形成了"朝多君子"的盛况，出现了许多名臣。

孝宗"明于任人"，进行了一系列政治改良活动，有效地促进了生产的发展和社会的稳定，开创了"朝序清宁，民物康阜"的盛世局面，史称"弘治中兴"。

中兴令主

明宪宗朱见深在位期间，重用宦官，偏信僧道，沉湎方术。成化一朝虽无大的战事，政局较为平稳，但朝政已经极为秽乱，为后世留下了许多隐患。孝宗即位后，面临着"朝多秕政"的局面。

为了巩固统治，明孝宗大刀阔斧地整肃朝纲，从四个方面进行政治改良。首先，就是清理朝中的奸佞之徒，任用贤能。太监梁芳在万贵妃的荐举下，得宠于明宪宗。他以采办珠宝为名，出使各地，在地方上大肆搜刮民脂民膏，宪宗朱见深对此不管不问。梁芳还利用宪宗对道教和佛教的迷信，大兴土木，从中敛财。江西人李孜省本是一个贪赃枉法的小官。他得知宪宗喜爱方术，便拜左道为师，学会五雷法，重金买通太监梁芳，向宪宗进献符咒。术士僧人继晓通晓"秘术"，也是靠着梁芳的关系得到了宪宗的宠信，使宪宗沉迷于佛教。继晓蛊惑宪宗兴建大永昌寺，仅建寺一项的费用就高达十万两银子，迁移居民几百家。尤其荒唐的是，继晓的母亲本是一个娼妓，他胆大妄为，竟然请求皇帝旌表他的母亲，皇帝立即下旨为他的母亲立起了牌坊。成化后期，许多内阁权臣明哲保身，庸碌无为，京城流传着这样一句俗谚："纸糊三阁老，泥塑六尚书。"所谓"三阁老"是指万安、刘翊、刘吉，所谓"六尚书"是指尹旻、殷谦、周洪谟、张鹏、张鎣、刘昭。这九人尸位素餐，毫无建树，所以有此时评。

面对这种情况，明孝宗即位不久就把太监梁芳下狱，随后又将李孜省流放边陲。太监韦兴、陈喜等人也先后得到应有的惩罚。同年十月，孝宗又做出了一项重要的决策，罢免了明宪宗朝所封的法王、国师、真人等一千多人，并处死了妖僧继晓。同时下旨取消传奉官，右通政任杰、侍郎蒯钢等两千多人被罢免。紧接着大学士万安也被逐出朝廷。刑部尚书杜铭、吏部尚书李裕、左都御史刘敷、礼部左侍郎黄景、兵部尚书尹直等一大批不称职的大臣也被孝宗罢免。孝宗大力惩治奸佞之徒，使"先朝妖佞之臣，放斥殆尽"，天下正直之士无不拍手称快。

在罢斥佞臣的同时，明孝宗还注意任用贤能，多次指示吏部、都察院，"考察进退人才，务得实迹以闻"。在弘治一朝，出现了许多名垂青史的名臣，如王恕、马文升、刘大夏、谢迁、李东阳等。

其次，明孝宗一改前朝怠于政事的陋习，勤于政事。明朝中期以来，皇帝常常身居后宫，不问政事，大臣们的奏折直接让司礼监的太监代批，从而

黄河运河全图（局部）

治黄是中国古代历代政府的头等大事。但由于种种原因，即使能解决黄河的决口问题，但其泥沙沉积问题一直没有得到解决。这幅绘于明朝的《黄河运河全图》就很清楚地显示出了黄河水浊，运河水清。

造成宦官专权。明孝宗即位后，勤于朝政，天下臣工的奏折往往由自己来批阅。孝宗还十分注重太监的遴选，任用正直有才的人来执掌司礼监。大太监怀恩，为人正直，敢于直谏，是弘治朝不可多得的忠臣。孝宗下令恢复正统年间废除的午朝，每天坚持上朝听政。弘治元年（1488年），孝宗采纳大臣的建议，重新开设大小经筵。经筵制度创立于正统初年，在宪宗朝时一度废置。所谓大经筵，即在每月逢二、十二、廿二日举行，主要是一种礼仪。所谓小经筵，又称日讲，君臣之间不拘礼节，从容地讨论朝政，是重要的辅政方式。此外孝宗还在文华殿议政，在早朝与午朝之余的时间与内阁大臣共同商讨政事。孝宗锐意求治，朝廷上下纷纷上言，或痛陈时弊，或广进方略。马文升上时政十五事，包括选贤能、禁贪污、正刑狱、广储积、恤土人、节费用、抚四裔、整武备等诸多方面，孝宗无不大为赞赏，一一付诸实施，对弘治朝兴利除弊起到了积极的作用。

再次，明孝宗采取了一系列的措施，力求节俭，减轻农民的负担，使百姓能够休养生息。孝宗多次下诏，减少皇宫的开支与供奉，禁止宗室、勋戚侵占民田，鱼肉百姓。同时孝宗还大力兴修水利，发展农业，对于发生水旱灾害的地区及时加以赈济，并对这些地区减免赋税。弘治二年（1489年），开封黄河决口，孝宗命户部左侍郎白昂领五万人前去治理黄河，并派朝中重臣前往督察。弘治五年（1492年），苏松河道淤塞，河水泛滥成灾，孝宗命工部侍郎徐贯主持治理，历时近三年方告完成。经过孝宗一朝的精心治理，苏松地区消除了水患，再度成为鱼米之乡。

最后，鉴于前朝教训，明孝宗注意抑制勋戚宦官的势力。弘治三年（1490年）闰九月，孝宗下旨"禁宗室、勋戚奏请田土及受人投献"。弘治九年（1496年），孝宗再次下旨"禁势家侵夺民利"。孝宗还惩治了张皇后的两个弟弟张鹤龄和张延龄，表现出了抑制势家近幸作恶的决心。东厂、锦衣卫再也不敢任意行事，几任锦衣卫指挥使大都持法公允，用刑宽松。

流民图

明朝中后期社会政治腐败，大批农民背井离乡，流民开始成为重要的社会问题。明代画家周臣绘的《流民图》，就形象地表现了这一场景。

孝宗"恭俭有制，勤政爱民"，缓解了日益激化的社会矛盾，在统治阶级内部没有较大的纷争，政治上也相对稳定，被史家称为"弘治中兴"。

名臣辈出

大力裁汰冗官后，明孝宗着手选拔贤能并委以重任。他制定了严格的官吏考核制度，诏谕吏部官员，提拔选调官员要以政绩为主要标准。他还令内官将两京文武大臣和内外抚臣、守备的名字抄下来，贴在宫内的墙上，以便自己熟悉选用。明孝宗注意任用贤能，使得弘治一朝名臣辈出，朝中的许多重臣都是正直贤能之士。其中最著名的有王恕、马文升、丘浚、彭程、李东阳、刘大夏。

王恕，字宗贯，号介庵，陕西三原人。正统十三年（1448 年）进士。成化元年（1465 年），爆发了以刘千斤和石和尚为首的流民起义。明宪宗得到急报后，立即派白圭带大军前往镇压，同时提升王恕为副都御史，参与军事。朝廷的许多官员都认为流民造反，大逆不道，应该予以彻底剿杀。王恕深知民间疾苦，认为流民造反主要是因为难以维持生计，可抚不可剿，应该更为重视对流民的抚治。白圭采纳了他的建议，一方面陈兵以待，另一方面贴出榜文昭告流民，只要放下武器愿意归乡复业的，一律由国家分配土地钱粮。王恕的这一措施安抚了流民的反抗情绪，也解决了流民的生计问题。成化十二年（1476 年），王恕被派往云南做巡抚。云南镇守太监钱能专横强暴，贪赃枉法，当地的地方官敢怒不敢言。王恕到任之后，得知钱能贪赃枉法之

事，立刻写了一份参劾他的奏折，令侍卫火速送往京城，同时派人监视钱能的心腹郭景。郭景得知此事后，自知难逃一劫，就畏罪自杀。钱能收买刺客想刺杀王恕，但阴谋没有得逞。不久钱能买通朝中权贵，在宪宗面前参劾王恕，王恕被贬到了南京管理都察院。王恕恪尽职守，严格对官员进行考察和参劾，拒绝纳贿，声誉渐隆，随后就被提升为南京兵部尚书。明孝宗即位以后，很赏识王恕，任命他为吏部尚书，加太子太保衔。王恕事事以身作则，亲自写了一副对联悬挂于吏部的大堂之中："仕于朝者，以馈遗及门为耻；仕于外者，以苞苴入都为羞。"王恕用这副对联告诫官员不可收受贿赂、贪赃枉法。王恕一生为官四十多年，"刚正清严，始终一致。所引荐耿裕、彭韶、何乔新、周经、李敏、张悦、倪岳、刘大夏、戴珊、章懋等，皆一时名臣"。王恕在吏部任上选用的一大批忠正廉明的大臣，为弘治中兴局面的出现奠定了坚实的人才基础。

马文升，字负图，号三峰居士，钧州（今河南禹州）人。成化四年（1468年），西北地区的少数民族在满四的带领下起兵反明，响应的人号称十万。消息传到京城，明宪宗大为震动，急忙派大将带兵十万前往镇压。由于用人不当，官兵初战大败。宪宗再调马文升以右副都御史巡抚陕西，协助作战。马文升经过细心部署，平定了满四之乱。马文升被升为陕西巡抚，后又因功擢升为左副都御史兼兵部右侍郎。他守边不仅重视守备，还十分重视边民贸易，认为只有允许边民相互贸易，边民的生计得以维持，他们才不会犯上作乱。是时孛罗忽、满都鲁等少数民族首领连年进犯明朝边境，马文升采取诱敌深入之计，大败敌军于黑水口，使之大伤元气。之后马文升被调回京城，授以兵部右侍郎之职。马文升调入兵部后，对屯田、马政、边备、守御等各方面事务，多次提出很好的建议。后来马文升被汪直陷害贬官。汪直

李东阳

李东阳，字宾之，号西涯。他四岁时就能写径尺大字。明英宗时任侍讲学士、东宫讲官。太监刘瑾专权时，李东阳依附周旋，委蛇避祸，颇为当世气节之士所不满。但他未曾助纣为虐，反"保全善类，天下阴受其庇"。

事发后，马文升再次被起用，被任命为左副都御史巡抚辽东。巡抚辽东期间，他治军有方，一时间边患偃然。成化二十一年（1485年），马文升因功被升为兵部尚书。明孝宗即位后，马文升被调任左都御史，后又升任兵部尚书。他采取了一系列的措施，努力扭转前朝军备废弛的状况，加强对将校的考核，罢黜了不合格的军将。云南思叠反叛朝廷，许多官员都建议发兵讨伐，马文升则主张如今国家军困民乏，财政短缺，没有力量出兵讨伐，如果勉强出兵，可能会激起更大的祸乱，不如派一名朝臣前去宣谕安抚，然后再派兵立威。孝宗听从了他的建议，成功地平息了这场叛乱，避免了一场战争。之后他一度调任吏部尚书。孝宗还接受他的建议废除了传奉官，为朝廷节省了大量的费用。马文升文武全才，善于应变，朝廷大事的决策多要等待他的决定。

丘浚，字仲深，琼山（今属海南）人。成化元年（1465年），两广地区瑶族人民起义，官府屡次用兵皆未能平叛。丘浚向大学士李贤奏报情况，详细分析了两广地区的形势。李贤非常欣赏他的谋略，依计而行果然取得了成功。他奉命参与编纂了《英宗实录》后，被擢为学士，兼国子监祭酒。他撰写了《大学衍义补》一书，仿照真德秀《大学衍义》的体例，论及政治、经济、军事、礼乐等许多方面的内容，尤其在古人忽略的财政、赋税、货币和生产等经济理论方面提出了许多独到见解，书中的某些理论对当今社会还有某些实际的指导意义。丘浚十分重视理财，认为国家理财，是为民而理，理民之财，要注重发展生产，使黎民富有，反对将国家财政专门用在皇帝一人身上。在这本书中，丘浚提出了"理财为天下之要道，财用为立国之本"的著名思想。明孝宗继位以后，丘浚将《大学衍义补》进献给孝宗，孝宗读后，深以为然，下诏命有关部门刊行。孝宗加授丘浚为太子太保，兼文渊阁大学士，入阁参与机务。丘浚为官廉洁，敢于坚持自己的意见，经常上疏针砭时弊。弘治五年（1492年），丘浚上疏孝宗，主张朝廷应该对经籍图书给予充分保护。孝宗立即下诏命全国官员访求遗书，加强对宫廷所藏图书和档案的管理和保藏。丘浚是明朝中叶的著名理学家、经济思想家，与同乡海瑞被并称为"海南双璧"。

李东阳，字宾之，号西涯，茶陵（今湖南茶陵）人。在家庭文化氛围的熏陶下，李东阳自幼就显现出非凡的才华。他四岁时就会写直径一尺的大字，被京城中人视为神童。顺天府官员把他推荐给明代宗，他在代宗面前写了"龙、凤、龟、麟"等十多个大字，代宗看了非常高兴，两次召见李东阳，并要他试讲《尚书》大义，代宗听后非常满意，准予他进顺天府学读书。之后李东阳师承颜真卿书法，得其精髓而又自成一家。人们称赞道："长沙公大草，中古绝技也！玲珑飞动，不可按抑，而纯雅之色，如精金美玉，毫无怒张蹈厉之癌。盖天资清澈，全不带渣滓以出。"弘治八年（1495 年），他考取进士，任户部主事一职。李东阳参与编修《宪宗实录》，因编修有功被升为侍讲学士，兼太常寺少卿。李东阳敢于直谏，深受孝宗皇帝赏识。弘治七年（1494 年），李东阳升为礼部右侍郎兼侍读学士，朝廷的诏书、行文大多出自李东阳之手。弘治十一年（1498 年），被升为礼部尚书，兼文渊阁大学士。弘治十八年（1505 年），上书明孝宗，品评朝政，指出时政上有"二病""三害""六渐"。他认为现在官场的风气不正，官员们相互庇护，对皇上也不肯说出实情，宦官专权现象对社会稳定和社稷安全是一个极大的威胁。

刘大夏

刘大夏，字时雍，号东山。与王恕、马文生并称为"弘治三君子"。他因反对宦官扩大势力，于正德三年（1508 年）被宦官刘瑾诬陷入狱，充军肃州。正德五年（1510 年），刘瑾以罪被诛，刘大夏得以官复原职。

他还上书弹劾寿宁侯张鹤龄的不法行为，惹怒了处处维护张皇后的明孝宗，被囚于锦衣卫狱中。大学士刘健、谢迁等人一再为他求情，才被从狱中放了出来，官复原职。李东阳不仅热心朝政，在文坛上还颇有声望。在成化、弘治年间他主持诗坛，奖励后学，颇具声望，形成了以他为首的茶陵诗派。李东阳主张写诗要反映民间真实生活，他为明朝的诗歌发展史注入了一股清新自然的气息。李东阳为官清廉，虽身居高位，却从不敛财，过着清贫的书生生活。

刘大夏，字时雍，号东山。他做官不求虚名，注重务实，在朝野之中享有很高的声誉。弘治五年（1492 年），刘大夏被转调为浙江右布政使。次年春天，黄河张秋镇、黄陵岗等处决口，漕运也被阻断。明代漕运一直为南粮北运的重要通道，朝廷对此事极为重视。在吏部尚书王恕的推荐下，刘大夏被任为右副都御史，前往治理黄河。刘大夏采取遏制北流、分流入淮的策略治理黄河，他不顾年高体弱，每天都要亲临工地，还善于听取水利专家的建议，成功地治理了黄河。此后刘大夏更加得到明孝宗的信任和倚重。孝宗采纳了他的建议，下诏在全国反贪倡廉，裁革传奉官，削减捐纳。孝宗的宠信，使刘大夏声名鹊起，同时也引起了一些大臣们的不满。孝宗为了保护刘大夏，告诉他不必在朝堂上亲自陈奏，可以写个折子密封上奏。刘大夏却认为用密

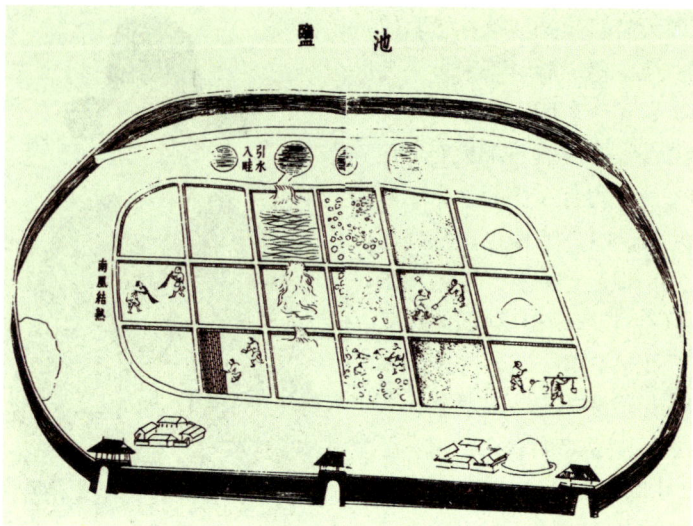

池盐

《天工开物》记载："凡池盐，宇内有二：一出宁夏，供食边镇；一出山西解池，供晋、豫诸郡县。"因池盐呈颗粒状，人们也称其为"颗盐"。池盐色洁白，质地纯净，可供人们食用。

折之法，时间长了会出弊端，令孝宗更为叹服。孝宗善于用人，一批才德兼备的大臣得到重用，"弘治朝中多君子"，朝廷风气为之一新。

改革盐法

洪武三年（1370年）六月，山西行省针对军屯和税粮不足的实际情况，提出："大同粮储，自陵县（今山东德州陵城）远至太和岭（今山西朔州），路远费烦，请令商人于大同仓入米一石，太原仓入米一石三斗，给淮盐一小引。商人鬻毕，即以原给引目赴所在官司缴之。如此则转运省费而边储充。"这就是开中盐法的肇始。

明代统治者通过开中制度这种形式，将盐政与边政有机地结合起来。永乐年间（1403年—1424年）之后，由于各个部门从中克扣，商人无利可图，开中盐法逐步废弛。明朝中期，官宦富商纷纷利用职权，把持盐场的专卖权，然后贱买贵卖，从而影响了商人运粮支边的整个流程，对开中制度造成了极大的破坏。成化时期（1465年—1487年），"内府供用日繁"，"光禄岁供增数十倍，诸方织作，务为新巧，斋醮日费数万，太仓所储不足饷战士，而内府取入，动四五十万。宗藩贵戚之求土田、夺盐利者亦数千万计"，国家开支增多，使国库日渐枯竭。弘治二年（1489年），国家已陷入"民日贫，财日匮"的窘困局面。为了解决财政问题，明孝宗任用叶淇担任户部尚书，实行盐法变革，一改盐政边政相结合的政策，从而使明代盐法发生了一次大的变化。

叶淇对盐法中的弊端早有所闻，指出："商人们到边境送粮，价格本来就低，还要长途跋涉，到头来还得不到食盐，也赚不到多少钱，长此以往自然没有人再愿意做这些事。如果不让他们运送粮食，而是让他们到盐法司用银子来换取食盐，再由朝廷自己买粮充边，这样商人们获利多而且容易实施，对朝廷和商人都有好处。臣认为改用银子来换取食盐是大势所趋，也是利国利民的大事。希望皇上能够及时下诏改革旧制，实行新法。"明孝宗深以为然，下决心改革旧盐法。弘治五年（1492年），孝宗正式下诏，改革盐法，规定由商人交纳银两给国库，由国库分拨到各边作为军饷，再由国家给商人凭据换盐运销。这次变革盐法的提倡者是叶淇，因此在历史上一般也称之为"叶淇变法"。

这次改革盐法，大大促进了山西一带商人的兴起。山西南部有巨大的盐池，在夏季可以捞采到天然结晶盐，这种盐比晒制河盐、海盐、井盐和熬制土盐都要容易得多。这些商人就近输银换盐，然后再运往全国各地，逐步成为历史上一个十分有影响力的地方商人集团。但是这次盐法改革，也危害了一大批以贩盐渔利的权贵宦官们的利益，一些保守的官僚诬蔑叶淇，说叶淇收受了盐商的贿赂。叶淇担任户部尚书六年，正直廉洁，但在强大的舆论压力下被迫辞官归乡，退出了政治的舞台。明孝宗继续推行他所提倡的盐法改革，给明朝带来了巨大的实利，对明朝中后期商品经济的发展起到了积极的促进作用。

武宗嬉政

明武宗朱厚照是明孝宗朱祐樘长子，年号正德，是中国历史上很有争议的一位皇帝。有人认为他一生纵情声色，荒淫暴戾，是为世人所诟病的"风流天子"；也有人认为他一生追求个性解放，追求自由与平等，是极富个性色彩的"个性皇帝"。武宗狂放不羁，一生纵情声色，不问朝政，使昏庸之臣充斥朝廷，弘治时期的"中兴"气象一扫而空，社会形势逐渐趋于动荡。

太监刘瑾的时代

弘治十八年（1505年）五月，明孝宗在弥留之际，将内阁大学士刘健、李东阳、谢迁三人召至床前，将年仅十五岁的太子朱厚照托付给他们。孝宗死后，朱厚照即位，是为武宗，次年改年号为正德。明武宗即位后，"好逸乐"，大权落在了宦官刘瑾之手。

刘瑾，原本姓谈，陕西兴平人。他自幼被太监刘顺收养，后净身入宫当了太监，改姓刘，侍奉太子朱厚照，"以俳弄为太子所悦"。明武宗即位

青花人物套盒

此盒为圆筒式三层套盒，主要用于存放药物、香料和化妆用品。套盒上主要绘四仕女游春图。其造型秀丽端正，是明朝正德时期典型的青花器物。

玉带饰

玉是中国文化的重要载体，除了用作器皿之外，也大量用作陈设装饰，此玉带饰即是其中一例。其正面镂雕游龙戏珠纹，间缀云纹，其下有半圆形环扣结构，是元代向明代过渡时期的典型作品。

后，入侍东宫的内宦刘瑾、马永成、谷大用、魏彬、张永、丘聚、高凤、罗祥等八人得宠，"八人俱用事，谓之'八党'，亦谓之'八虎'"，形成了以刘瑾为首的宦官集团。

明武宗生性好嬉戏，刘瑾等"八虎"千方百计地迎合圣意，每日进奉飞鹰、猎狗等物，供武宗游玩享乐，取得了武宗的欢心，以便乘机窃取朝政大权。为了满足武宗的欲望，刘瑾准备了各种歌舞技艺取悦武宗，武宗整日沉湎于逸乐。朝中大臣对这种情况很是担忧，纷纷上疏劝谏，武宗仍然我行我素。在这种情况下，大臣们的言辞开始激烈起来。正德元年（1506 年）十月，大学士刘健、谢迁等大臣上疏，斥责太监败坏朝政。十月户部尚书韩文又联合九卿冒死进言，以汉朝"十常侍之祸"和唐朝"甘露之变"的旧事，请求武宗将刘瑾等"八虎"治罪。武宗读后，"惊泣不食"，颇受震动。这时司礼太监王岳等人与"八虎"已有嫌隙，因而和阁臣刘健、谢迁等联合，决定除去"八虎"。此时恰逢京师接连下了三个月的大雨，在一个风雨之夜，雷电把祭坛的大门、奉天殿的屋顶以及太庙的镇脊兽都劈坏了。陕西及江南一带发生了地震，天象一时间大变，出现了彗星。时人认为这些都是灾祸的预示，上天借此来警告世人。武宗不知所措，但还是不忍心杀掉刘瑾等"八虎"，准备将他们送到南京安置起来。

刘健、谢迁等坚持主张严惩刘瑾等权宦，与王岳等人商议此事，不慎走漏了风声。吏部尚书焦芳是刘瑾的党羽，在得知此事后，立刻通报给了刘瑾。刘瑾得悉后十分恐惧，与马永成等连夜跑到明武宗面前，跪在地上痛哭流涕。武宗于心不忍，便好言相慰。刘瑾乘机对武宗说："想加害奴才的人正是王岳。"武宗不明其故，刘瑾道："王岳暗结阁臣，想限制皇上外出，还想把他们嫉恨的人除掉。骑马射箭怎么会损害到国家大事呢？朝臣之所以胆敢反对，是因为我们在司礼监没有人。如果司礼监有了人，陛下就可以随心所欲，再也没有人胆敢出来反对了。"武宗听后，态度骤变，当即任命刘瑾掌管司礼监，同时让马永成与谷大用分掌东、西厂。在明朝一代，司礼监是一个很重要的内宫官署。许多皇帝怠于政事，百官向皇帝上书，便由司礼太监代笔批示，这就给太监的胡作非为提供了机会。此外司礼太监还有一个别人无法比拟的特权，那就是传达皇上的旨意，大开了篡改圣旨之门。刘瑾掌管了司礼监，成为其日后把持朝政大权的重要资本。

第二天早晨，大臣入朝议事，见刘瑾等人趾高气扬，方知发生了变故。刘健、谢迁等大臣纷纷提出辞官，刘瑾矫旨准允。一些曾上疏弹劾刘瑾的大臣，一个个被削职为民。王岳被贬逐到南京，在途中被刘瑾派去的人追杀。不久焦芳出任文渊阁大学士，与刘瑾沆瀣一气，由此朝廷内外大权皆归刘瑾。这样一来，朝中的大臣们噤若寒蝉，对刘瑾等"八虎"的胡乱作为敢怒不敢言。此后明武宗更加无所顾忌，纵情放荡，朝政日益败坏。

刘瑾一方面千方百计地讨好明武宗，一方面在朝中大发淫威。每当皇帝上朝时，刘瑾就站立在武宗的身边，一同接受大臣的朝拜，没有一点儿退让一旁的意思，人们在私下里称他为"立皇帝"，也就是说他是站着的皇帝。

刘瑾专权用事，不遗余力地打击异己，并将自己的想法用法律形式固定下来，以便名正言顺地发号施令。大学士刘健、谢迁曾力主惩治刘瑾等人，刘瑾便把他们充军边关，痛加残害。一些挽留刘、谢二人的官员皆被撤职拿问，有的还被列为奸党，揭榜朝堂，颁示天下。正德三年（1508 年）的一天，御道上出现了揭露刘瑾罪行的匿名书。刘瑾闻讯后大怒，假借皇帝的圣旨，召集朝廷文武百官，责令长跪于奉天门下。天气炎热，许多大臣因中暑而死。黄昏时分，刘瑾又将其中的三百多人逮入锦衣卫狱。幸亏李东阳等人极力援救，被捕的大臣第二天才得以释放。当时许多正直的官员被谪徙贬死，生杀予夺的大权尽由刘瑾掌握，朝廷上下人心惶惶，不可终日。

刘瑾在打击异己的同时，广收贿赂，将亲信党羽擢升要职，大力培植自己的势力。他公开索取贿赂，凡外地官员入朝觐见，每人都必须给他二万两银子，方能见得到皇帝。朝官因公外出，回京时也必须向他交纳重贿。

刘宇依附刘瑾，仗势凌人，任吏部尚书，后为文渊阁大学士，加授少傅兼太子太傅。张彩，善于献策，被刘瑾委以重任，视为心腹。当时满朝文武在刘瑾重压之下，曲意逢迎，只求自保。在这一时期，社会矛盾重重，自然灾害不断发生，出现了大批避难迁徙的流民。刘瑾依旧派人到边境地区查勘屯田情况，严令各地按田交税以搜刮钱财，闹得民怨沸腾。正德五年（1510 年）四月，远在西北的安化王以"诛刘瑾，清君侧"为名起兵反叛。这次叛乱虽然没有持续多长的时间，但在朝廷中掀起了轩然大波，明武宗也隐隐约约地意识到了刘瑾过于跋扈。

此时以刘瑾为首的"八虎"集团内部也出现了分裂。刘瑾一直想独掌大权，对其他人的要求不予理会，引起他们的不满。"八虎"之一的张永一直受刘瑾的排挤，越来越不得志，对刘瑾恨之入骨。御史杨一清抓住了这个难得的机会，联合张永，计划铲除刘瑾。

掐丝珐琅玉壶春瓶

玉壶春瓶是中国瓷器造型中的一种典型器形，定型于北宋时期，当时主要为装酒器皿，到了后来逐渐演变为观赏性的陈设瓷。此春瓶的制造融入了明朝的掐丝珐琅工艺，具有很高的艺术价值。

正德五年（1510 年）八月，杨一清、张永平定了安化王的叛乱后，班师回朝。朝廷在京城举行了盛大的献俘仪式，明武宗还设宴慰劳张永。庆功宴过后，刘瑾先行告退，张永就趁此机会把安化王叛乱的檄文和供词都呈给皇帝，说安化王与刘瑾互相勾结，并提醒武宗提防刘瑾。武宗这时已有几分醉意，同意了张永的奏请，命他带人去抓刘瑾。张永怕武宗酒醒后会改变主意，得到圣旨后马上连夜带人闯到刘瑾家中，将其抓获。

次日凌晨，张永就请明武宗一起去查抄刘瑾的府邸，抄出金银数百万、珠玉宝玩数不胜数，还发现了衮服、玉带、甲杖、弓弩等违禁之物，并在刘瑾平常所用的扇子中发现匕首两把。武宗大怒说："这个奴才果然有谋反之心。"于是明武宗下令将刘瑾凌迟处死。当行刑之时，许多人都花钱买割下来的刘瑾肉吃，以解心头之恨。

安化王起事

安化王朱寘鐇的曾祖是明太祖朱元璋的第十六子庆靖王。明朝初年，朱元璋大肆分封朱姓子孙，庆靖王就藩于宁夏。朱寘鐇的祖父是庆靖王的第四子，于永乐十九年（1421 年）封安化王。弘治五年（1492 年），朱寘鐇袭嗣王爵。他"素有逆谋，与宁夏卫生员孙景文、孟彬往来甚密。觋王九儿降鹦鹉神，妄言祸福，每见寘鐇，辄呼'老天子'，寘鐇盖怀不轨"。

明武宗荒淫无道，不问政事，朝政大权被左右佞臣把持。正德三年（1508 年）八月，大太监刘瑾奏明武宗后，派人到边境各地查勘屯田，编审屯粮，使民怨沸腾。被派到宁夏的巡查官为了迎合刘瑾的心意，严令丈量土地，强令以五十亩折合一顷，按顷征税，大肆搜括钱财以孝敬这位九千岁。这种做法使当地的戍将卫卒大为愤怨。驻守宁夏的安化王朱寘鐇抓住了这个难得的机会，大肆收买人心，蠢蠢欲动。

孙景文为朱寘鐇出谋划策，制造舆论。他们利用一些江湖术士到处进行宣扬，说安化王相貌伟岸，有九五至尊之相，将来必定会大富大贵。之后他们又借助巫师之言，当众称朱寘鐇有帝王之相，为天上星宿下凡。此后他们打出了"诛刘瑾，清君侧"的旗帜，到各地发布檄文，详细列举了宦官刘瑾残害忠良、扰乱朝纲的种种罪行。

正德五年（1510 年），会有边警，游击将军仇钺和副总兵杨英奉命出征。指挥周昂是朱寘鐇的党羽，接到出兵的任命后，就和朱寘鐇的另一个同党千户何锦一起为朱寘鐇谋划叛乱之事。

四月初五，朱寘鐇设宴，宴请巡抚安惟学、镇守太监李增、大理寺少卿周东及总兵姜汉等人，托词说商量处理边镇军队中出现的骚乱现象。安惟学、周东辞而未来，何锦、周昂率牙兵闯入宴会，将李增、邓广及姜汉等人当场杀掉。同时千户丁广奉命来到公署，除掉了安惟学和周东。

朱寘鐇招兵买马，扩充军队，解除了游击将军仇钺的兵权。宁夏副总兵杨英虽然进行了抵抗，但很快就被击溃。朱寘鐇以何锦为讨贼大将军，周昂、丁广分别为左右副将，四处出击，企图先控制整个宁夏，然后再图大业。固原总兵曹雄得知安化王谋反后，立即统兵进行镇压。曹雄命黄正率领三千人入灵州，联合附近的各镇总兵一起进行讨伐，同时暗地里拉拢仇钺，让他做内应。朝廷得知朱寘鐇反叛之后，立即派老臣杨一清和太监张永率兵前往。仇钺接到曹雄的密信后，整天装病在家，何锦等人不知实情，经常前往探望仇钺，与他商量战略部署。仇钺"谬输心腹，而阴结壮士，遣人潜出城，令还报'官军旦夕至'"。一天大将何锦前来探病，仇钺乘机对何锦说："曹雄的大军就要来了，应该抢先出兵把守渡口要塞，以阻止他们渡河，这是取胜的关键。"何锦信以为真，率领军队倾营而出，只留下周昂守城。仇钺又趁安化王命周昂探视之机，在家里埋伏兵士，斩杀了周昂。随后仇钺率壮士一百余人直奔安化府，将安化王擒获。仇钺假传安化王之令，召何锦、丁广回城，同时在暗中传播安化王被擒的消息。何锦、丁广的部众人心惶惶，四分五裂，何锦、丁广二人单骑出逃，皆被捕获。孙景文等党羽也被斩杀。四月二十三日，安化王的反叛彻底宣告失败。

这次反叛从举事到被平定，前后仅十九天，却产生了很大的政治影响，并间接导致了刘瑾的灭亡。

"豹房"与"镇国府"

明武宗朱厚照贪玩好动，凭借着皇帝至高无上的权力，随心所欲，为所欲为，游戏国政。他废除了尚寝官和在文书房侍从皇帝的内官，以减少对自己行动的限制，并以各种理由逃脱经筵日讲，后来甚至连早朝也不上了。

正德二年（1507年），明武宗听从刘瑾的建议，下令在紫禁城西北筑起了一片宫殿式的高大建筑，命名为"豹房"。从此武宗和他的近侍人员就朝夕呆在此地，不再回宫。朱厚照即位不久就娶了夏皇后，之后又选置了几个妃嫔，但他对后宫中的皇后、嫔妃并不在意，自从搬到豹房之后，就很少回到后宫了。

事实上豹房并非由明武宗首创，早在元朝时期就有此风气。一般认为豹房是贵族豢养虎豹等猛兽以供玩乐的场所，也有人认为豹房里并没有豹子，只是一个行政机关。明朝是皇帝及贵族豢养动物的鼎盛时期，光北京城内就

豹房勇士铜牌（正面）

明武宗贪玩好动，在紫禁城西北建造了一座专供其娱乐的"豹房"。为了保护明武宗的安全，豹房设立了专门的随驾勇士。这面铜牌就是他们出入豹房的通行证，上面铸有一只蹲坐的豹子，并横铸"豹字九百五十五号"字样。

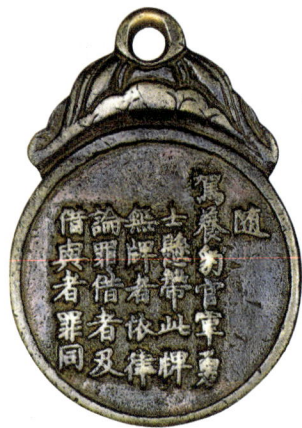

豹房勇士铜牌（背面）

豹房勇士铜牌的背面铸有其使用规定："随驾养豹官军勇士悬带此牌，无牌者依律论罪，借者及借与者罪同。"

有虎豹园、虎城、象房、豹房、鹁鸽房、鹿场、鹰房等场所，房又称为坊，如羊坊、象坊、虎坊等，北京至今尚存此类地名。明武宗命刘瑾在西苑（今天东华门外的报房胡同）建造豹房，令江彬广选民间美女充实其中。

江彬是宣府（今河北张家口宣化）人，初任蔚州卫（今河北蔚县）指挥佥事。通过贿赂明武宗的宠臣钱宁，江彬得以获得武宗的召见。江彬见驾时，于御前大谈兵法，深得武宗的欢心，就被留在了武宗身边。他为人狡诈，善于献媚。一次武宗在豹房里玩"搏虎"的游戏，武宗先下场搏虎，不料平日里十分温顺的老虎突然兽性大发，朝武宗冲过来，武宗急忙招呼身旁的钱宁护驾，钱宁非常害怕，不敢上前。在一旁的江彬立刻上前，制服了老虎，武宗心里十分感激。此后江彬逐渐取代钱宁成为武宗的宠臣。武宗升江彬为左都督，并赐姓朱，收为义子。

据《万历野获编》载："嘉靖十年（1531年），兵部覆勇士张升奏，西苑豹房畜土豹一只，至役勇士二百四十名，岁廪二千八百石，占地十顷，岁租七百金。"豹房就像密室彼此相连的迷宫，一些密室专供武宗淫乐，一些是武宗用来玩乐的场地，一些是武宗做法事时所用的场所。武宗用各种手段从各地网罗美女，并把她们置于豹房之中，以便随时享乐。武宗在玩腻了所选的美女之后，又令锦衣卫到京官府第中物色能歌善舞的美女，将她们留在豹房的密室中，待之如妃嫔。一时无法安置的美貌女子，就被安排在浣衣局寄养。又令各地贡献珍禽野兽，招纳伶人、僧人、市井无赖、义子等人聚之。

明武宗的玩乐之心如脱缰之马，不断寻找新的刺激。他令宦官们开设店铺，自己换上平民服装充作店主，以讨价还价为乐。他又让宦官们开设酒店，弄来宫中美女歌舞助兴。此外他还经常大搞军事游戏，把太监分成两帮，自己身披铠甲指挥宦官对阵攻打，呐喊声震天，火炮声不断，闹得京城鸡犬不宁。

明武宗每日广招乐妓，荒淫无度。正德九年（1514年）正月十六日，宫中元宵节放烟花，不慎失火，大火烧到了乾清宫。乾清宫是内廷三殿之首，象征着皇帝至高无上的权力和地位。武宗见到大火，不但没有下令扑救，反而跑到豹房观看，并对身边的随从说："好大的烟火啊！"

为了进一步得到明武宗的欢心，江彬又极力鼓动武宗到西北巡幸。他对武宗宣称宣府是北方重要的军镇，兵精将广，靠近蒙古，皇帝来到此地可大展大明朝的声威。此外这里美女如云，山川秀丽，还可以避开朝臣们喋喋不休的劝谏。"豹房"对于不断寻求刺激的武宗来说，也显得乏味了。正德十二年（1517 年），在江彬等人的鼓动下，朱厚照离开京城，在宣府建造了"镇国府"，称为"家里"。武宗将豹房内的珍宝、美女运来，填充镇国府，有常驻宣府之意。宣府是抵御蒙古军队入侵的第一道防线，朱厚照虽然荒淫无耻，在内心里却一直仰慕明太祖朱元璋和明成祖朱棣的武功，盼望着自己也能像他们一样立下赫赫军功。驻守宣府，多少满足了他追求军功的心理。

明武宗来到宣府后，在"镇国府"中设立了各种玩乐设施，同时命人把各地的奏章送到这里。武宗的生活更加放荡，经常夜闯民宅，或索要酒食，或抢劫妇女，无恶不作。后来他对这种"出巡"产生了巨大的兴趣。每一次出巡回来，他的队伍都满载着金玉玩器、美姬艳妓，仿佛打了一场大胜仗，俘获了无数战利品一样。正德十二年，武宗西巡大同，又大索女乐于太原。

在这些美女乐妓之中，明武宗一眼就发现了天生丽质的刘美人。刘美人不仅有倾城之貌，还能歌善舞，武宗如获至宝。刘美人，名叫刘良女，是太原乐工刘良的女儿，后来嫁给了晋王府的乐工杨腾为妻。武宗巡幸完大同后，对刘美人念念不忘，再次宠幸了她，愈加觉得难舍难分，于是把她一起带回京师。从此这位色艺双绝的美女就留在武宗的身边，两人日夜相伴。

江彬深恐钱宁对自己不利，经常向明武宗鼓吹边军如何英勇善战，引诱武宗将边军与京军互调，借以稳固自己的权势。按照明朝的祖制，边军、京军是绝对不允许互调的。因为如果边军的战斗力过弱，蒙古就会大举入侵；如果京军的战斗力太弱，边塞的将领就会拥兵自重。武宗对江彬宠爱有加，对他言听计从，不顾群臣的反对，打破祖制调边军入京，江彬的势力逐渐扩张。

当时许多大臣上疏弹劾江彬，但这些弹劾的奏章根本到不了皇帝的手中。明武宗到河西巡游时，当地驻军指挥在江彬的授意下，大肆搜刮民脂民膏，许多人家破人亡。御史刘士元上奏弹劾江彬，奏章被江彬直接扣下了，江彬因此对刘士元恨之入骨，就向武宗进谗言，说刘士元私下里辱骂陛下荒淫无道，并让这里的百姓将他们的女儿全都藏了起来，以免被武宗糟蹋。武宗听后，大为恼怒，立即派人将刘士元绑了起来，亲自审问。由于当时正在野外，没有什么正规的刑具，武宗就命人用柳条当作刑杖，当众狠狠地杖打了刘士元。之后刘士元被押送回京，受到严惩。

朝中的大臣们对江彬等佞臣的胡作非为敢怒而不敢言，明武宗不务朝政，纵情声色，朝政更加黑暗。

奏乐铜俑

这十件奏乐铜俑是明代的传世品。通高约 20 厘米，发式皆为长环型发髻，并戴有发笄。这十位女子，除了两人持盘献桃外，另外八人均持乐器，作演奏状。

宁王之乱

朱宸濠的高祖是太祖朱元璋的第十七子朱权。洪武二十四年（1391 年），朱权被封为宁王，后就藩大宁。靖难之役中，燕王朱棣挟朱权迁到北平，永乐元年（1403 年）改封南昌。正统十三年（1448 年），朱宸濠的祖父朱奠培嗣位，在天顺年间因罪削去护卫，改为南昌左卫。弘治十年（1497 年），朱宸濠袭位。

早在刘瑾当权时期，朱宸濠就野心勃勃，千方百计地发展自己的势力，为夺取皇位做准备。时"术士李自然、李日芳，妄言其有异表，又谓（南昌）城东南有天子气"，朱宸濠的野心更加膨胀。正德二年（1507 年），他用重金贿赂刘瑾，得以恢复护卫。刘瑾倒台后，朱宸濠的护卫也被削去。正德八年（1513 年），陆完被任命为兵部尚书。朱宸濠与陆完素有交往，写信请他帮助恢复护卫。陆完回信请他"须以祖训为言"，拒绝了他的要求。时伶人臧贤得宠于明武宗，臧贤的女婿在南昌卫当兵。朱宸濠通过其女婿结交了臧贤，在臧贤的帮助下，贿赂朝中诸权要，与武宗的宠臣钱宁勾结在一起。在钱宁的帮助下，朱宸濠于正德九年四月实现了恢复护卫的目的。

朱宸濠不断网罗四方死士，积极扩充自己的队伍，不断添购武器，储备粮草，加紧为叛乱做准备。恢复厂卫后，朱宸濠更加恣意行事，"尽夺诸附王府民庐，责民间子钱，强夺田宅子女，养群盗，劫财江、湖间，有司不敢问，日与致仕都御史李士实、举人刘养正等谋不轨"。南京留守太监刘琅、太监张锐、近臣钱宁、江彬等均被朱宸濠所收买。此外朱宸濠还与广西土官及南赣、汀、漳等地的土司互相勾结，以图壮大叛乱的势力。

朱宸濠谋叛的迹象愈来愈明显，大学士费宏、江西按察副使胡世宁、巡抚江西右副都御史孙燧等先后上奏明武宗，请求裁抑。朱宸濠"奥援甚众"，武宗受近臣挑拨，对此置若罔闻，这些官员反而先后遭到贬谪，甚至被捕下狱，这更助长了朱宸濠的气焰。由于觉得时机尚未成熟，朱宸濠本想利用武宗无子的时机，拥立自己的儿子为皇位继承人，从而兵不血刃地夺取政权。事实上从血缘上讲，朱宸濠一脉离武宗很远。朱宸濠想入非非，贿赂武宗的近臣钱宁，想让自己的儿子承继大统。谁知就在朱宸濠春风得意之时，形势突然起了变化，江彬成为武宗身边的红人，与钱宁之间的矛盾日益激化，江彬与太监张忠合谋，想借朱宸濠谋反之事除掉钱宁与臧贤。

适逢朱宸濠祭父，大肆张扬，场面搞得很大，甚至惊动了朝廷。张忠乘机对明武宗说："钱宁、臧贤勾结宁王谋叛，不知陛下可知此事？他们认为宁王孝顺，讥讽陛下不孝；认为宁王勤政，讥讽陛下怠于政事！"武宗一改过去的态度，开始注意起朱宸濠的一举一动，下诏驱逐了宁王派到京城里的人。张锐等曾帮助朱宸濠恢复护卫，得知消息后，怕引火烧身，连忙策划削夺了朱宸濠的护卫。御史萧淮借此机会上疏说："宁王不遵祖训，包藏祸心，招纳亡命，反形已具。"内阁大学生杨廷和提议削除宁王的护卫，令其归还所夺的田地。武宗同意了这一意见，派驸马都尉崔元、都御史颜颐寿、太监赖义等到南昌，欲革除朱宸濠的护卫，对其进行处置。朱宸濠得到消息后，知道用儿子"入嗣"的办法已经彻底失败，于是决定破釜沉舟，在南昌举兵反叛。

正德十四年（1519年）六月十四日，宁王朱宸濠在南昌正式举兵反叛。在反叛前夕，他以庆祝生日为借口，宴请地方官员。次日地方官员前来道贺，朱宸濠即命人将地方官员团团围住，称"奉太后密旨，令起兵入朝"，并杀害了巡抚江西都御史孙燧和江西按察司副使许逵，参政王纶、按察使杨璋、副使唐锦等人投降了朱宸濠。朱宸濠起兵反叛后，一面向附近各州县宣布讨伐檄文，一面派人到江西各地夺印起兵，妄图以南昌为根据地，直取南京，建立与朝廷对立的政权。朱宸濠派人到各地进行征兵，组成了一支八九万人的军队，号称十万，命李士实、刘养正任左右丞相，王纶为兵部尚书。

汀、赣巡抚副都御史王守仁得到朱宸濠叛乱的消息后，通过对朱宸濠军事动向的深入分析，料定了他将沿江东进，企图夺取南京。为了使各州县有足够的备战时间，他又设法拖延朱宸濠的行动。王守仁派出士兵四处散播谣言，说朝廷派出的大军马上就要抵达南昌。朱宸濠得到消息后，被拖在了南昌，白白浪费了十几天的时间，贻误了最佳战机。王守仁与吉安知府伍文定等急檄各府州县，调集了近十万人马，按兵不动。七月初一，朱宸濠亲率大

珐华高士图梅瓶

高士是指志行高尚之士，在古代多指隐士。古人对高士的喜好在文人的书画作品以及各种日常器物上有着生动的体现，此梅瓶上所绘的人物就是一飘逸的高士。

金饰凤凰

有明一代，藩王往往拥有各种特权。图中的金饰凤凰就是一位藩王次妃的陪葬品，藩王经济实力之强由此可见一斑。

军攻打安庆，想打开南京的大门。王守仁抓住南昌守备空虚的大好时机，北上直取南昌，于七月二十日轻而易举地占领了南昌。宁王朱宸濠进攻安庆并不顺利，又得知老巢已失，急忙撤兵回救。二十四日，疲惫不堪的叛军与王守仁的大军相遇于黄家渡，王守仁以逸待劳，击溃了叛军。此后朱宸濠又接连打了好几个败仗。二十六日，王守仁用火攻之计，大败朱宸濠的军队。朱宸濠及其世子、郡王，并李士实、刘养正、王纶皆被生擒。

朱宸濠的叛乱不得人心，很快就被平定。王守仁等为了朝廷，不顾个人安危，与叛军进行了激烈的战斗，而明武宗却把这一事件作为寻欢作乐的机会。江彬等人借宁王朱宸濠叛乱之事，游说武宗南巡亲征，并献上所谓擒拿朱宸濠的策略。大臣百余人跪求劝阻，江彬故意激怒武宗，使这些人全部被捕入狱。八月十二日，武宗与江彬等率兵从北京出发，亲自征讨朱宸濠。途中武宗获悉朱宸濠已被王守仁所擒获，但为了畅游江南，竟压着捷报，秘而不宣。一路上江彬时常假传圣旨，派自己的手下到处骚扰搜括，百姓苦不堪言。

九月明武宗一行来到临清。在从京城出发前夕，武宗与宠妃刘美人约好，自己带兵先行，之后再派人接刘美人随驾同行。临别之际，刘美人取下一簪，送给武宗，作为凭信。武宗将簪藏在衣中，在过芦沟时"驰马失簪，大索数日不得"。武宗到达临清后，立刻遣中使宣召刘美人南行。中使传旨，刘美人不见信簪，辞谢说："不见簪，不敢前往。"武宗没有办法，便独自乘舸昼夜兼行，亲自迎接刘美人，刘美人这才和武宗一同南行。这次为了迎刘美人，往返花去了一个月的时间。

同年九月，王守仁将朱宸濠押至杭州，交给太监张永，自己返回南昌。正德十五年（1520年）闰八月，明武宗在南京举行了一个很滑稽的受俘仪式。十二日武宗从南京起驾回宫。二十五日从镇江出发，于九月初到达了淮安的清江浦。武宗突然游兴大发，不顾大臣的劝告，坚持要在河上泛舟，不料落入水中。此时已是农历九月，天气已经转凉，武宗长期沉迷于女色，身子已是外强中干，落水后就一病不起。

十二月朱宸濠被处死，明武宗回到京城。十四日武宗大祀天地于南郊，"再拜，呕血于地，不能终礼，遂大渐"。武宗一生阅女无数，但一直没有子嗣。武宗在豹房养病期间，张太后等人联合起来把持朝政，切断了武宗同外界的联系，以防止意外。正德十六年（1521年）三月，武宗在豹房离开了人世。

各地的起义

在这一时期，大地主阶级分化为皇族和豪绅两大集团，他们大肆兼并土地，无数农民失去了赖以为生的土地。皇室地主横征暴敛在前，豪绅地主肆虐乡里于后，再加上赋税庞杂，差役增多，人民逃亡日众，阶级矛盾激化，起义风起云涌。

浙江矿徒起义

明朝初期，冶金业主要控制在官府手中。贵金属金银等矿皆属于官矿，由国家统一经营，严禁民间开采。明初货币，行用钱钞，禁止用银。明英宗时，由于商品经济的发展，社会上普遍使用白银。统治者将银矿视为其利源所在，屡下禁令，封禁矿区，加重"盗矿"处罚，以严格控制矿源。正统三年（1438年）朝廷下令："福建、浙江等处军民私煎银矿者，正犯处以极刑，家口迁化外。如有逃遁不服追问者，量调附近官军剿捕。"正统五年（1440年）朝廷再次重申，严禁私采，对于聚众偷采银矿者"调军捕获，首贼枭首示众。为从及诱引通同有实迹者，连当房家小，发云南边卫充军"。朝廷还将划定的封禁山区，派兵把守。仙霞岭山区位于浙江、福建、江西三省的交界处，是当时的禁区之一。明中叶以来，土地兼并日趋激烈，大量农民失去土地。他们为生活所迫，不得不背井离乡进入深山，冒险"盗矿"，以图温饱。此外参加"盗矿"的还有官矿的矿工。明朝朝廷对官矿的矿工采取农奴制度进行残酷剥削，强迫矿工为朝廷提供"矿课"，即使矿脉微竭，也依然要按原额征收，因此大量的矿工被迫逃亡。这些逃亡的矿工无以为生，只好进入封禁的山区进行"盗矿"，明朝政府派兵围剿这些"盗矿"者，激起了矿工的武装反抗。叶宗留起义就是在这种情况下爆发的矿徒起义。

开采银矿图

明代的金银开采有了很大的发展。《天工开物》就对明朝银矿的分布、开采等情况进行了详细的记述。此幅插图就生动地反映了当时的银矿生产状况。

　　叶宗留是浙江庆元人。他出身贫苦，自幼丧父，随叔父在宣平读私塾。稍长习武，立志"刀劈人间不平事，枪打世上不平人"。因不堪受压迫，正统七年（1442年），他与王能、郑祥四、苍大头、陈恭善等人率领数百名流民，进入仙霞岭山区开采银矿。他们在非常艰苦的条件卜进行劳动，但开采所得十分微薄，还时常发生坍塌事件，"没死者甚众"。而朝廷还多方逼迫，实行封禁政策，地方官吏经常派士兵搜山，驱逐入山开矿的流民。因为叶宗留带领的人数众多，地方官府便将此事上报了朝廷，朝廷命福建参议竺渊、兵马指挥金事刘海率兵进行围剿。

　　正统十年（1445年），叶宗留为了自卫，率矿工武装起义，对抗官兵。起义军诱敌深入，大败官兵，擒杀了竺渊，刘海被箭所伤，带兵逃走。起义军首战告捷，闽北各坑场矿工纷纷响应，附近的贫苦农民也加入了起义军，起义军的势力迅速发展到仙霞岭铜塘山一带。江西承宣布政使司命广信（今江西上饶）府和铅山县的官兵围剿起义军。起义军抢先进攻官兵必经的永丰（今江西上饶广丰）县城，乘官兵立足未稳之机，出城袭击，大败前来镇压的官军，"被杀者甚众"。此后起义军活跃在闽、浙、赣三省边境山区，流动作战，以对付官兵的"搜剿"，"东剿则西走，南搜则北移"，多次粉碎了官军的"进剿"。

　　朝廷见地方官兵镇压不力，"贼势滋蔓"，遂命御史柳华提督闽、浙、赣三省兵马合力围剿起义军。起义军在永丰、浦城、庆元、政和、福安一带与官军展开激烈的战斗，多次大败官军。柳华因剿匪无功，被弹劾问罪。永丰知县邓容派人入山招抚，王能等三十五人投降了朝廷。王能等人充当"快手"，帮助官兵镇压起义，郑祥四、苍大头等三百多人被诱杀。

叶宗留率众转战到处州（今浙江丽水）、云和（今属浙江）、政和（今福建松溪、政和东南）等地，一边继续采矿，一边积聚力量，准备伺机再起。叶宗留认为："与其取于山，劳而不获，孰若取于人，一举而有余。"正统十二年（1447年），叶宗留再次举起义旗，自称"大王"，攻打政和县城。之后叶宗留带领起义军回到庆元，"召龙泉良葛山人叶七为教师，训练武艺"，队伍有了很快的发展。随后，起义军进入福建浦城、建阳、建宁（今福建建瓯），"从者益众"，起义队伍已达近万人。不久叶宗留分兵进入江西铅山（今属江西上饶）车盘岭，控制了福建、浙江、江西三省的交界地带，声势大振。次年春，福建爆发了邓茂七起义，明朝政府派遣都御史张楷、都督刘得新、陈荣率军前去镇压。叶宗留为配合福建义军，率领一支起义军越过铜塘山进入江西，占领了闽、赣交通要道上的车盘岭，在广信（今江西上饶）、铅山等地袭击官军，使之不得进入福建。不久叶宗留率起义军主力转战在浙南一带。这时叶宗留的好友陶得二在处州领导千余农民响应起义，起义军声势更大，控制了闽、浙、赣三省边境地区和交通要道。

掐丝珐琅出戟尊

在矿冶业发展的基础上，明朝的珐琅工艺有了很大的发展。该掐丝珐琅出戟尊，形制端庄而不失典雅，各色花朵、枝叶搭配得体，是明朝掐丝珐琅器中的典范之作。

正统十三年（1448年）十一月，叶宗留起义军在建阳黄柏铺与官军进行了殊死的战斗。叶宗留身先士卒，率领起义军奋勇杀敌，不幸中流矢牺牲。起义军拥戴叶希八为领袖，继续与明军作战。起义军在玉山（今属江西）十二都与明军展开激战，大败明军，斩杀了都督陈荣、指挥戴礼，都御史张楷不敢再战，逃奔福建。此后起义军的声势更加壮大，与邓茂七起义军"互为声援，此入彼出"。明军两面受敌，疲于奔命。

叶希八率领起义军来到浦城，攻占龙泉（今属浙江）、云和、丽水。陶得二、陈鉴胡率众加入起义军。此后起义军的主力部队占据云和山中。不久起义军进逼处州。明朝守将频频告急，朝廷命都指挥徐恭率兵前往救援，也为起义军声势所吓，不敢出城迎战。陈鉴胡率领一支起义军大破浙江松阳（今浙江丽水西）、龙泉，活动于浙江武义、义乌、东阳一带，"自号太平国王，改泰定元年"。不久陈鉴胡受丽水县丞丁宁诱降被杀。

正统十四年（1449年）五月，邓茂七起义失败。张楷率明军由闽入浙，集中兵力围攻叶宗留起义军。叶希八势单力孤，声势稍弱，后进攻江西广信、

玉环把环

明朝的玉器制造业已发展到相当成熟的水平，并涌现出如陆子刚等一批一流的工艺大师。此玉环把环的把下刻有"子刚"二字，应为明朝玉匠陆子刚的作品。

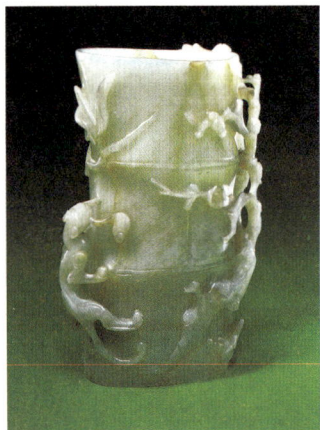

玉竹筒形环

该玉环雕刻精美，环体为扁圆的三节竹筒形，环壁一侧镂雕折枝梅花为把，另一侧镂雕一只向上爬的螭虎。其精美的造型反映了当时高超的工艺水平。

永丰、上饶等地，斩杀了永丰知县邓颙。

张楷以"相机抚剿"之策诱降起义军。景泰元年（1450年），叶希八、陶得二先后投降，起义宣告失败。明朝统治者大肆屠杀，"录居民通贼者尽行诛戮，家产入官"。在起义军主要根据地铜塘（江西上饶、铅山、永丰三县的交界地）封禁数十里，山塘地皆不得耕种。为了加强对这一地区的统治，朝廷于次年在浙江分丽水、青田两县为云和、宣平、景宁三县，在福建置永安、寿宁两县。

福建邓茂七起义

正统十三年（1448年）四月，在叶宗留矿工起义的推动下，邓茂七率领农民在福建沙县起义。

邓茂七原名邓云，建昌（今江西南城）人。佃农出身，"勇悍自智"。他不堪忍受地主的剥削，杀死恶霸地主，逃到福建宁化县投靠陈政景，改名茂七。"时郡邑长吏受富民贿，纵其多取田租，倍征债息。小民赴愬无所"，福建农民饱受地主阶级残酷的剥削。邓茂七在宁化经常聚集佃户谋划抗租斗争，被当地官府察觉后，转移到沙县。

御史柳华奉命围剿叶宗留矿工起义，来到福建后，命"乡村各置望高楼，及编其各乡居民为什伍，设总小甲以统率之"，"由是总小甲各得号召其乡人"。邓茂七和他的弟弟邓茂八被推为总甲。当地地主除了向佃户收取地租之外，逢年过节还强迫佃户缴纳鸡鸭等，称为"冬牲"。邓茂七利用总甲的身份组织农民反抗地主的剥削，号召废除"冬牲"，不给地主纳送租谷，要地主自行到地头收租，得到附近农民的响应。

当地地主向官府告状，县衙派兵丁缉捕，邓茂七拒捕，并打死了前来抓捕的士兵。随后沙县县令亲自带领三百名官兵进行围捕，邓茂七组织佃农武装反抗，斩杀了县令和巡检，官兵几乎全被斩杀。邓茂七率众占据陈山寨，正式宣布起义。

当时福建左布政使宋新是宦官王振的党羽，"浸鱼贪恶，民不能堪"。当地贫苦百姓不堪宋新的残酷压迫，"相率从乱"，"皆举金鼓器械应之"。邓茂七带领起义军主力，进攻杉关、光泽、邵武、顺昌等地。陈政景在宁化率众起义，蒋福成在尤溪率众声援。农民起义军所到之处，官吏、豪绅"悉逃

正史史料

八月乙卯，福建贼邓茂七作乱。甲戌，命御史丁瑄捕之。

冬十一月丙戌，宁阳侯陈懋充总兵官，保定伯梁珤、平江伯陈豫副之，太监曹吉祥、王瑾提督火器，刑部尚书金濂参赞军务，讨邓茂七。甲辰，处州贼流劫金华诸县。庚戌，永康侯徐安备倭山东。十二月庚午，广东瑶贼作乱。

——《明史·英宗前纪》

匿"。宁化农民军进攻连城、汀州（今福建长汀）等地。邓茂七与蒋福成会合，联兵占领了沙县，并在这里建立了地方政权，积极向外扩展势力。邓茂七自称"铲平王"，宣称要铲平天下的不平之事。起义军进逼延平（今福建南平），朝野震动。

八月朝廷感到起义军声势浩大，一时难以平定，便命御史丁瑄到福建"剿抚"。朝廷任都督刘聚为总兵，都督陈荣为副总兵，陈诏、刘德新为左右参将，佥都御史张楷监军，率大军随后进入福建，以解延平之危。丁瑄到延平后，立刻命同知邓洪率领官兵前往沙县征剿，遭到邓茂七、蒋福成的联合反击，全军覆没。丁瑄又改变策略，派人前去招降，说"解散得免死"。邓茂七轻蔑地说："吾岂畏死求免者！吾取延平，据建宁，塞二关，传檄南下，八闽谁敢窥焉！"遂斩杀了前来诱降的朝廷官员。延平守城御史张海立刻派兵前去阻击，在王台南部双溪口遭到起义军的伏击。起义军派少量士兵事先埋伏在双溪口隘道的两旁，大部队则埋伏在附近山上，当官兵大队人马过去、殿后都指挥将至之际，埋伏在道路两旁的起义军突起，用木栅塞道，使前面的明军无法返回，迅速地擒杀了都指挥及其数名从兵。明军得知都指挥被杀，军心溃乱，山上的伏兵趁机出击，一举歼敌数千人。邓茂七乘胜追击，进而围攻延平府城。张海再次上城诱降，都未能取得成功。双方在城外展开大战，起义军连斩明军都指挥范真、指挥彭玺，官兵不敢再战，闭城固守。

正统十三年（1448 年）九月，张楷率南京、江西、浙江官兵及数百名蒙古骑兵向福建进军。邓茂七派人与叶宗留取得联系，商讨协同作战。叶宗留派重兵在闽、赣边境要道袭击官军，阻止明军入闽。张楷派刘德新率军从建昌入邵武，亲自率领主力部队由浙江经广信入闽北。

张楷来到广信，前锋陈诏被矿工起义军所败。张楷畏惧起义军的锋芒，久久不敢进军。之后张楷怕朝廷追究责任，命都督陈荣、指挥戴礼率兵进攻铅山的黄柏铺。叶宗留牺牲后，叶希八率领起义军继续坚持作战，并派人与邓茂七取得联系。在矿工起义军的支援和配合下，邓茂七继续围攻延平，派部将黄琴、刘宗、罗海把守建阳、邵武等要塞，防止明军南下。同时陈敬德、吴都总带领一支起义军，连克德化、永春、安溪，直抵闽中沿海重镇泉州府，生擒了知府熊尚初。另一支起义军转战闽西，由将乐、连城，进逼上杭。农民起义军沿途焚烧衙门，打开监狱释放囚徒，开仓赈济贫苦的百姓，深得百姓的拥护。起义军在短短数月间，先后连克二十余州县，队伍很快发展到十余万人，建立了十九寨三十六营，严重威胁到了明王朝在东南地区的统治。

正统十四年（1449 年）正月，明英宗下诏严斥刘聚、张楷"进军日久，全无实效"，"再不用心，必杀不宥"。同时朝廷命宁阳侯陈懋为征南将军，保定伯梁珤、平江伯陈豫为副将军，都督同知范雄、都督佥事董兴为左右参将，刑部尚书金濂参赞军务，太监曹吉祥、王瑾、陈梧监军，"率京营及江西、浙江诸处大军"，配备神机铳、炮等火器，进入福建镇压起义军。

南部的农民军在杨福的带领下，先后攻陷了漳浦、南靖、长泰、龙岩等地，在进攻漳州时受挫，被明军守将卫指挥顾斌击退。邓茂七久攻延平不下，遂转攻建宁，斩杀了参政张瑛。

滞留在广信的张楷率兵抵达建宁，金濂的大军也将入闽，形势对农民军十分不利，邓茂七便主动撤回到陈山寨一带。张楷诱降了起义军首领罗汝先、黄琴等人。由于罗汝先等叛徒的引诱，邓茂七再次率兵进攻延平。

张楷于四面布置重兵，令延平的官军出城诱敌。邓茂七中计，乘浮桥前进，此时埋伏的明军枪炮齐发，突起合围，起义军伤亡惨重，混战中邓茂七不幸中流矢阵亡。罗汝先、黄琴为官军诱杀了刘宗、罗海等起义军将领，起义军遭到溃败，明军终于打通了南下的通道。邓茂七牺牲后，形势急转直下，余部在邓茂七的侄子邓伯孙的带领下继续坚持战斗。起义军据守陈山寨、后洋、贡川、九龙山等地，与官兵展开战斗。

此时陈懋带领大军来到福建。在众寡悬殊的形势下，起义军被迫退守山寨。张楷、金濂在分兵进剿的同时招降纳叛，邓伯孙中了明军的离间计，误杀了农民军骁将张留孙。起义军内部互相猜疑，人心不稳，一些人投降了明军，邓伯孙陷入孤立，九龙山等据点先后失守。景泰（1450 年—1456 年）初年，陈山寨也被明军攻破，邓伯孙被捕遭害，农民军将士二百余人殉难，至此邓茂七领导的农民起义被镇压下去。

邓茂七领导的农民起义，是明朝中叶较大规模的农民起义，沉重打击了明王朝的腐朽统治，在我国农民战争史上具有重大的意义。

流民图（局部）

此图选自明代周臣的《流民图》。农民失去土地之后，生活极其困苦，一些人靠乞讨为生，另外一些人则走街串巷以卖艺为生。

广东黄萧养起义

正统年间（1436 年—1449 年），广东沿海一带社会矛盾尖锐。这一带经济虽然非常繁荣，但地远法疏，官员多贪赃舞弊，欺压百姓，大地主经常采用"占沙"和"抢割"来抢占农民的土地和农产品。在广东沿海地区，不断有冲积而成的新地，称为沙田，或称浮生土地。这些土地"皆海中浮土，原无税业"，贫苦的百姓往往到这里耕种。当地的豪强地主抢夺农民已经耕种的土地，将其据为己有，这就是"占沙"。所谓"抢割"更是一种赤裸裸的强盗行径，当沙田里的庄稼成熟后，恶霸地主就派打手将农民的土地连同农作物一起抢过来。这种情况主要集中在顺德、香山、新会一带。广东沿海一带的农民不堪忍受地主阶级的压迫，终于在正统十四年（1449 年）爆发了黄萧养起义。

黄萧养，原名黄懋松，广州府南海县冲鹤堡人。在他刚满月的时候，地方官吏到处拉壮丁服役，他父亲连夜逃走，叔叔就把黄懋松托付给表兄萧大成，黄懋松由萧家养大，改名为黄萧养。他自幼性情倔强，喜欢舞枪弄棒，好打抱不平。他为人豪爽，先后结识了许多江湖好汉，在当地颇有侠名。正统十一年（1446 年），边境战乱频频，赋税徭役繁重，再加上南海、顺德一带洪水为患，农田歉收，但税赋依然苛重，人民生活在水深火热之中。黄萧养在走投无路之下，带头抗粮抗税，痛殴抢占沙田的恶霸地主，吃了一场人命官司，被捕入狱。之后他逢大赦出狱，参与了武装走私，结识了许多江湖豪杰。当时沿海一带海禁甚严，黄萧养以"盗嫌"的罪名再次入狱，并被定了死罪。当时广东地区经常有人民起来反抗地主阶级的残酷剥削，朝廷将他们称之为"山海盗"。黄萧养智计过人，想办法联络在押的"山海盗"，伺机越狱。正统十三年（1448 年），在狱外同伴的接应下，黄萧养和事先串联好的难友利用利斧砍开囚械，打开牢门，狱中的上百名重囚集体越狱。

黄萧养率众攻入军械局夺取武器，撞开东城门，登上事先停靠在河边的船只，扬帆出海。两个月后，黄萧养回乡招兵起义，得到当地百姓的热烈响应，"赴之者如归市"。

正统十四年（1449年）五月，黄萧养在南海县冲鹤堡正式祭旗起义，自称"天威将军"。起义军一边召集人马，一边训练队伍。当地老百姓闻风归附，起义军很快就发展到上万人，并拥有了一百多艘战船。起义军先后攻下桂洲、逢简、大良、马齐、龙江、新涌口、太艮堡（今广东佛山顺德大良）等地，并以太艮堡为根据地，开仓济民，修筑防御工事，封锁河道，储备粮草，并乘机大力发展水师。黄萧养亲自率领三百艘战船，从苇涌进逼广州，沿途官兵节节败退，起义军声威大震，队伍不断扩大。起义军顺利地来到广州城下，水军进军南门，陆路则进军西关，形成水陆夹击之势。广州城内的官军不敢出城迎战，一边派人向朝廷告急，一边紧闭城门固守待援。明朝都指挥王清奉命由高州驰援广州，但船至沙角尾搁浅。起义军装扮成逃难的百姓，乘着小船，船上装着柴、米、油、盐等物品，迎面向官军划去。起义军出其不意，冲上了王清的坐船，活捉了王清，明军全军覆没。广西总兵张安率领水军前往镇压，被起义军重重包围，张安落水而死。广州城里的官兵不敢出战，龟缩在城里。朝廷为了防止起义军混入城里，下令禁止百姓出入，以致"樵采绝"。这更加激起了人民的反抗，起义军的队伍很快就发展至十多万人，拥有战船一千余艘。起义军围攻广州数月之久，沙田一带的农民纷纷起来响应，扫清了广州外围一带，解除了起义军的后顾之忧。之后黄萧养分兵攻打新会，与新会的起义军联合起来，大败官军。起义军又分兵占据南海、番禺等县，军威大振。此时明英宗在土木堡被也先所俘，朝廷人心惶惶，局势十分混乱。黄萧养乘机在大良建立政权，以广州城南五羊驿为行宫，建立"大东国"，自立为"顺民天王"，改年号东阳，分封文武官员。起义军加紧赶造吕公车、云梯等攻城器械，广州城中的官兵登城见到起义军，十分震恐，相顾涕泣。

即位不久的明代宗朱祁钰收到军报后大为震惊，命令都督同知董兴为左副总兵，调集广西、江西、南京的兵力增援广东。景泰元年（1450年），右佥都御史杨信民奉命巡抚广东。杨信民曾在广东任过官，有较好的官声。杨信民面对声势浩大的起义军的势力，感到不能仅用武力加以镇压，还要采取安抚的方法，以孤立分化起义队伍。他一到广州，就开仓赈济，并派人到起义军中诱降，还打开城门，让百姓得以自由进出。同时又刻制散发了数万份"押印公据"，宣称即使参加了起义军，只要拿着"押印公据"即可免罪，可以进城就食。起义军此时粮食不继，很多人动摇了，散归家乡，"留者不满千人"，"叛萧养者渐多"。同时朝廷又派都督同知董兴率大军前往镇压。黄萧

斗彩"天"字款龙纹盖罐

该罐胎体细腻洁白，釉质莹润平滑，红、绿、黄诸种色彩搭配谐调，具有很高的艺术价值。因罐底有楷书"天"字，故有"天"字罐之称。

养的起义军经过杨信民的招抚，战斗意志大大减弱，甚至连黄萧养本人也动摇了。直至杨信民暴病身亡，董兴率领大军前来围剿，起义军的军心才坚定下来。同年二月，董兴来到广州，水陆并进，在广州外围与起义军展开激战。双方激战了五天五夜，黄萧养在战斗中被流矢射中，落水牺牲。黄萧养死后，大东国瓦解，义军群龙无首，士气低落，被迫分两路撤退。一路由黄大牙率领，退守三山、太艮等地，因孤立无援很快就被明军镇压了下去。另一路由黄公庞率领，转战在钦州一带，一直坚持到成化三年（1467 年）。至此黄萧养起义宣告失败。

荆襄流民起义

明朝政府对人户的控制十分严格。早在洪武三年（1370 年）十一月，明太祖朱元璋就下令推广由陈灌所创的户贴。史载："明初，宁国知府陈灌禁豪右兼并，创'户帖'以便稽民。帝取为式，颁行天下。"所谓户贴，就是明代的户籍。洪武十四年（1381 年），户贴制因为有着诸如"不载户丁等则及田地科则"等先天缺陷，被黄册制度所取代。太祖诏令天下整顿户籍，编制黄册，在全国范围内普查人口、丈量土地。朝廷规定全国人口以户为主，分"里"（一百一十户为里）来编制户口档案，详列所有户籍人口情况，包括丁口、事产、乡贯、名姓等具体情况。

明朝法律制度规定，百姓外出超过一百里的，就要向朝廷申请"路引"，否则就要以私度关津论罪，杖八十。其主要目的就是要把人户束缚在土地上，以便于管理。明代中期，随着土地兼并的加剧和赋役的苛重，"逃户"和"流民"日益增多，使明朝政府的赋税和徭役大量流失，成为朝廷的"腹心之疾"。为了稳定统治，朝廷采取了各种措施来遏制流民问题。正统元年

掐丝珐琅狮纹尊

此尊肩部以三个铜镀金兽首衔环耳为饰，腹部主要为四狮戏球纹，底部则为以三双镀金铜飞狮为足。由此可见明代掐丝珐琅器装饰题材的丰富多彩。

（1436 年），朝廷造"逃户周知册"，登记流民的详细情况，送报巡抚，督令他们回籍复业，或在当地纳税服役。次年，政府又发布"挨勘流民令"，登记流民的丁口，十家编为一甲，互相识保，由甲长管理。景泰二年（1451 年），朝廷颁布"隐丁换户之禁"，允许原来隐瞒丁口或改换户籍的人自首，重新入籍。但这些措施，都未能解决根本问题。最终于成化年间（1465 年—1487 年），爆发了著名的荆襄流民起义。

荆襄地区是流民最集中的地区。荆襄的郧阳地区，在湖广、河南、陕西、四川四省交界处，山深地广，有许多荒地，是流民屯聚垦荒的理想地区。长期以来，许多破产的农民来到这里垦荒开矿，安家落户。为了加强对这一带的控制，朝廷于天顺八年（1464 年）特地增设湖广布政司参议一员，专门处理荆、襄、南阳三府的流民事宜。到了成化年间，这里的流民已多达一百五十万人以上。

由于政府屡次强令驱散流民，成化元年（1465 年），荆襄流民在刘通（又名刘千斤）、石龙（又名石和尚）领导下在房县（今湖北房县）举行了起义。刘通是河南西华人，由于不堪忍受盘剥，于正统年间流亡到湖广房县。刘通自称汉王，年号德胜，设置将军、元帅、国师、总兵等官职，竖起反旗，荆襄地区的流民纷纷响应，一时间起义军声势浩大，建立起四万多人的队伍。刘通在襄阳房县、豆沙河等地的大山中，分作七屯，一边种田，一边进行战斗。刚刚当上皇帝的明宪宗急忙派工部尚书白圭、湖广总兵李震前往镇压，双方在梅溪附近相遇，发生一场激战。起义军锐不可当，大败李震率领的湖广军，杀死都指挥以下军官三十八人。白圭率领大军从南漳、远安、房县、穀城四路向梅溪进逼。刘通避其锋芒，转战到寿阳，在古口山与明军相遇。经过两天的血战，刘通被明军俘虏，后壮烈牺牲。刘通等被杀后，明军深入山区，大肆残杀起义群众及其家属一万多人。石龙率领一支起义军转战至四川，攻下巫山、大昌。后来，石龙被叛变的部下抓住，交给了明军，石龙不屈被杀。起义暂时陷入了低谷。

起义失败后的几年间，又多次发生旱灾，百姓们生活在水深火热之中，朝廷赈灾不利，各地流民源源不断地来到荆襄山区。成化六年（1470 年），李原（又称李胡子）和小王洪聚众起义。李原和小王洪都是刘通的属下，李原起义后，自称太平王，在南漳和河南内乡、陕西渭南一带活动，得到了数百万流民的响应，起义军声势大震。成化七年（1471 年），明宪宗派都御史项忠率领大军二十五万，分八路进攻起义军，同时派人进山招抚流民复业。

玉马

玉马始见于商朝，但数量较少。到了明代，玉马雕琢的线条比较粗犷，多含有吉祥的寓意。图中的玉马直立，尾巴下垂，体态颇为肥硕。

这些流民多半是赤手空拳跟随李原起义，既没有武器，也没有严密的组织，在项忠的引诱下，几十万流民走出大山，严重削弱了起义军的力量。成化七年，李原在竹山（今湖北竹山）被明军击溃，被俘牺牲。小王洪率领义军在均州（今湖北丹江口）一带遭到明军的袭击，兵败被俘。项忠没有遵守抚恤流民的诺言，残酷地屠杀起义军，驱逐山区里的流民，数十万流民被折磨致死。《明宪宗实录》记载说："兵入，尽草剃之，死者枕藉山谷。"

项忠在流民的白骨之上树立起一块"平荆襄碑"，以纪念自己的"功劳"。人民将这块石碑称为"堕泪碑"，因为这里埋葬了无数无辜的生命。朝廷还将流民开垦的土地封赏给各级军官，荆襄地区附近的藩王也乘机以各种名目霸占土地。

此后朝廷企图以严刑峻法来隔绝郧阳地区，在这一地区的通行要道上筑立营堡，分兵把守，以防止流民再次涌入。朝廷无力解决农民的生计问题，饥饿的流民还是成批地涌入荆襄一带。到了成化十二年（1476年），荆襄流民又聚集了几十万人。为了解决流民问题，祭酒周洪谟总结了东晋时处理流民的历史经验，写了一篇《流民说》，主张采取安抚的政策。他认为："若今听其近诸县者附籍，远诸县者设州县以抚之，置官吏，编甲里，宽徭役，使安生业。"明宪宗采纳了周洪谟的建议，于成化十二年二月命都御史原杰经略郧阳，负责安抚流民。朝廷又设置郧阳府与湖广行都司，由都御史吴道宏抚治郧阳、襄阳、荆州、南阳、西安、汉中六府。这样几十万流民在当地加入户籍，荆襄地区的流民问题暂时得到解决。流民附籍后，垦辟老林，从事农作，大力开发当地的药材、竹木、铁、炭等资源，使荆襄山区的经济得到了很大的发展。

河北刘六、刘七起义

正德年间（1506年—1521年），由于宦官刘瑾乱政，皇庄不断发展，土地兼并问题日趋严重，促使社会矛盾日益尖锐。农民的反抗斗争此起彼伏，规模较大的就是河北刘六、刘七起义。

河北地区作为明朝的统治中心，皇帝和权贵在这里广占庄田，无数农民失去了赖以为生的土地。皇庄内部的管理人员大多由宫廷直接委派管庄太监管理，管庄太监倚仗权势，对农民进行残酷剥削，引起京畿地区农民的不断反抗。同时河北农民还饱受马政之害。为了保证军用马匹的供应，官府强迫京畿百姓代官喂养种马，缴纳马驹，充当马户。一般按丁田授给种马，每年征小马，种马死掉或小马孳生数量不足，都要加以赔偿。官吏催督甚紧，马户不堪忍受，不断聚众反抗。他们经常利用官马来组织马队，劫富济贫，被官府称为"响马盗"。正德初年，响马的势力逐渐壮大，朝廷派御史分驻各地，采用各种手段进行压制。他们以捕盗为名，滥杀乱捕无辜百姓，致使民怨沸腾。

正德五年（1510年）十月，刘六、刘七在霸州举起了起义大旗，各地流民纷纷响应，起义的队伍越来越大。刘六名宠，霸州文安人。他的弟弟刘七，名宸。兄弟二人骁勇善战，精于骑射。刘六、刘七率领起义军南征北战，打击各州县的官吏以及地主大户，杀富济贫，受到广大百姓的欢迎和拥护，"凡'贼'过之处，则乐于供给，粮草器仗皆因于民，弃家从乱者比比而是"。

正德六年（1511年），参加起义的人日渐增多，起义军的势力有了进一步的发展，"自畿南达山东，倏忽来去，势如风雨"。起义军兵分两路，一路由刘六、刘七、齐彦名率领，一路由赵鐩遂、杨虎、邢老虎率领。朝廷派惠安伯张伟、都御史马中锡率京营兵前往镇压。张伟是个纨绔子弟，是张太后的兄长，为人软弱，不敢与起义军作战。马中锡则是一介书生，不懂用兵，只知道采用招抚的办法，于是起义军声势更盛。

次年九月，赵鐩、杨虎一路起义军攻破兴济（今河北沧县）、沧州，在山东蒙山大败副总兵李瑾带领的明军。赵鐩题诗有"纵横六合谁敢捕"之句，可见起义军的声威之盛。他们转战在河北、山东、河南等地，攻破城池数以百计。十月刘六率领大军进入山东，连破日照、海丰、曲阜诸城，后又在济宁焚烧漕船千艘，擒拿工部主事王宠。随后赵鐩又挺进河南，攻克灵璧、夏邑、虞城，入归德府，大破官军。明朝政府将主张招抚起义军的右都御史马中锡下狱，命太监谷大用总督军务，兵部侍郎陆完提督军务，除加派京营军外，还增调宣府、大同、延绥等地的边镇兵，企图将起义军围困在山东。杨虎率领起义军突破明军的包围，南下徐州，没有攻克，于正德六年（1511年）

十一月转战宿迁。在与明军的战斗中，杨虎牺牲。在众人的推举下，以刘惠为首，赵燧为副。刘惠进一步整顿了起义队伍，自封为奉天征讨大元帅，赵燧改名为怀忠，任副元帅。正德七年（1512年）二月，起义军首领邢老虎因病去世，赵燧合并了他的部众，拥兵十三万。辽东巡抚都御史彭泽、总兵咸宁伯仇钺等率延绥、榆林边镇精兵，参加了对河南起义军的围剿。赵燧、刘惠率领起义军在河南洛阳大败明军，杀掉指挥冯祯，但也付出了惨重的代价。之后起义军在汝宁府等地作战屡告失利，刘惠与赵燧为逃脱明军的追捕，兵分两路，刘惠被明将仇钺击败，中箭后自杀。赵燧突围后化装成和尚，潜渡长江，准备去江西再次举事，不幸在江夏被捕殉难。河南方面的起义军被镇压下去。

刘六、刘七领导的起义军，于正德六年（1511年）秋从河北进入山东。起义军所向披靡，连破日照、海丰、寿张、阳谷、宁阳、曲阜等地。之后起义军往来于霸州、德州、洛阳、登州、莱州等地，与官军展开战斗，互有胜负。在大敌面前，起义军时分时合，协力作战。刘七率领的起义军一路直逼固安，使京师大震。武宗亲御左顺门，紧急召见阁臣，命陆完迅速回师救援。陆完兵分两路，一部分官军留在霸州与起义军作战。起义军见官军前后夹击，便乘机退走。正德七年（1512年）四月，朝廷派十万大军合围起义军，在明军的围追堵截之下，起义军的势力渐渐衰弱。刘惠、赵燧失败后，官军便集中兵力扑向刘六、刘七所率领的起义军。刘六、刘七被迫转战湖广，在黄州（今湖北黄冈）战斗中，刘六中箭受伤，与儿子一起投水自尽，刘七、齐彦名夺得船只，顺江而下。起义军活跃在九江、安庆直到南通的长江沿岸，多次打败官军，三过南京如入无人之境。之后起义军以通州（今江苏南通）的狼山为根据地，不断出击江阴等地。这时各路明军进逼通州，对起义军形成包围之势。同年七月，副总兵刘晖率辽东兵、千总任玺率大同兵、游击郤永率宣府兵合力猛攻狼山，起义军寡不敌众，刘七中箭后投水而死，齐彦名阵亡，起义军几乎全部英勇牺牲，起义失败。

刘六、刘七领导的起义历时近三年，转战河南、河北、山东、山西、湖广、南直隶等大片地区，纵横上千里，声势极壮，对明王朝的统治是一次很大的打击。

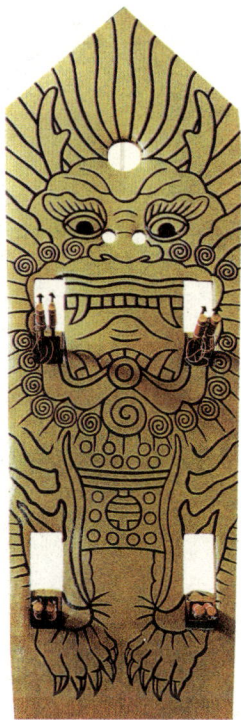

虎头木牌

盾牌内面嵌以四个小匣，每个匣中藏有射程达三百余步的神机箭。这种盾牌是明朝独有的，随着威力更强的火器的发明，盾牌逐渐被淘汰。

中兴：最后的一抹亮色

　　从明武宗正德十六年（1521年）至神宗万历十年（1582年）是明朝统治的调整期。正德末年，统治者面临的形势相对严峻。统治阶级内部的有识之士，从长远的统治利益出发，主张政治改革。这些改革措施在一定程度上顺应了历史发展的要求，对挽救明王朝的危机也起到了一定作用，国内各民族进一步融合的趋势也得到了强化。

以藩王身份继位的明世宗

明世宗朱厚熜，年号嘉靖。他以藩王身份继承大统，即位之初，革除先朝弊政，朝政为之一新。但后来却尊崇道教，好服丹药，性格日益暴虐，最终也因服食丹药中毒而死。

大礼议之争

明武宗朱厚照去世后，留给朝廷一个难题，他既没有儿子，也没有亲兄弟，皇位该由谁继承呢？皇太后张氏命太监张永、谷大用等到内阁与大学士们商量对策。首辅杨廷和根据《皇明祖训》，于是上推至武宗的父亲明孝宗一辈。孝宗的两名兄长皆早逝且无子嗣，四弟兴王朱祐杬虽已死，但有二子。长子朱厚熙已死，按照"兄终弟及"的原则，应该立兴王次子朱厚熜为帝。即："宪宗之孙，孝宗之从子，大行皇帝之从弟，序当立。"杨廷和的意见得到其他大学士和张太后的首肯。正德十六年（1521年）四月，藩王朱厚熜来到京城，即皇帝位，次年改年号为嘉靖，这就是在位长达四十五年的明世宗。

《大礼疏》

明世宗朱厚熜以藩王的身份继承大统，并不是当然的皇位继承人。他即位后的第五天，也就是正德十六年（1521年）四月二十七日，即下旨礼官集议生身父亲的祀典和尊称，以提高生身父亲的地位。杨廷和主张效法汉代定陶王入继成帝和宋代濮王入继仁宗的故事，"宜尊孝宗曰皇考，称兴献王为皇叔考兴国大王，母妃为皇叔母兴国太妃。自称侄皇帝名，别立益王次子崇仁王为兴王，奉献王祀，有异议者即奸邪，当斩"。于是毛澄会公卿台谏等官六十多人上奏，主张尊孝宗为皇考，尊兴献王及兴献王妃为皇叔父和皇叔母，祭告上自称侄。这就是说，世宗不得称自己的生身父母为父母，而要以大伯孝宗朱祐樘为"皇考"。这种"移易"父母的办法令世宗难以接受，虽然"皇考"只是个称谓，但在朱厚熜心里却等同于认不认亲生父亲的问题。他深知给自己父亲上封号之事阻力重重，然而如果没有封号，父亲只是个藩王，很快就会淹没在历史的风尘之中。世宗当即表示不满，要求另议。

事实上朱厚熜在未即位之前，就在内阁制定的继位大礼问题上与朝臣们发生了争执。当时内阁主张朱厚熜以皇太子的身份继承皇位，朱厚熜对此十分不满，说："遗诏上只说要我继承皇帝之位，并没有命我当皇太子。我是先皇的堂弟，怎么能够以皇太子的身份即位呢？"朱厚熜坚决不入城，让内阁重新修改继位大礼，方肯入城。因情势紧急，张太后和杨廷和只好同意了朱厚熜的要求。朱厚熜在和大臣们的初次较量中获得了胜利，树立起自己的威信，可以说是议礼之争的导火索。朱厚熜从外藩即皇帝位，对朝廷的旧臣并不十分信任，因此不希望以明孝宗朱祐樘养子的身份来承继大统，坚决要求追封自己的亲生父亲为皇帝。世宗的要求恰恰是标榜尊崇礼教的大臣们所无法接受的，杨廷和等内阁大臣一意坚持原议。世宗每次召见杨廷和，都赐茶慰谕，希望他能妥协。杨廷和则一直坚持己见，不肯让步。

正德十六年（1521年）七月，事情出现了转机。张璁以新科进士的身份上《大礼疏》，提出："夫汉哀帝、宋英宗皆预养宫中，立为储嗣，其为人后之义甚明。今陛下以伦序当立，循继之义，非为孝宗也……故谓陛下入继祖统则可，谓为人后而绝其亲则不可。"张璁提出了不同于杨廷和的主张，为明世宗朱厚熜尊崇自己的亲生父母提供了理论依据，而且引经据典地批驳了群臣的观点。此时世宗正为此事一筹莫展，看见张璁的奏疏如获至宝，急忙把他的奏章交给朝臣商议。大臣们看了张璁的奏章，群起而攻之。张璁又写了一篇《大礼或问疏》，皇帝就拿着这篇文章去责问阁臣。九月，世宗的母亲兴献王妃蒋氏从安陆来到通州，得知大臣们打算让世宗以孝宗为皇考，非常生气，就不肯来到北京。世宗听说后，非常伤心，流泪不止。杨廷和不得已，于是草敕下礼部说："圣母慈寿皇太后懿旨，以朕缵承大统，本生父兴献王宜称兴献帝，母宜称兴献后。"世宗批准了这个草敕，蒋氏这才来到京城。

至此围绕着议礼一事，朝臣中分为两派：一派以张璁为首，主张尊兴献王为皇考，史称"议礼派"；一派以杨廷和为首，主张尊奉孝宗为皇考，史称"护礼派"。

杨廷和利用手中的权力，开始排斥在议礼之事上持不同意见的人，授意吏部任张璁为南京刑部主事，使之远离了朝廷。同年十二月，明世宗下御札一道，令加兴献帝、兴献后以"皇"字。杨廷和等大臣表示反对，世宗声称这是慈寿皇太后的"懿旨"，不敢不从命。

　　嘉靖元年（1522年）正月，清宁宫后殿起火，杨
廷和等抓住时机，说此事是由于"兴献帝、后之加称，
祖宗神灵容有未悦"所致。明世宗迷信神灵，这才尊
孝宗为皇考，兴献帝、后为本生父母，取消了"皇"
字。此时张璁等"议礼派"大臣都被以各种理由调离
京城，只剩下皇帝独自与整个文官集团对抗。

　　杨廷和在此事上屡持反对意见，因此引起了明世
宗的不满。杨廷和自知前路茫茫，上疏请辞。世宗开
始还做出挽留的样子，到了嘉靖三年（1524年）正月，
"听之去"，还责备他不懂为臣之道。

松鹤纹斑纹地雕填漆盘
此漆盘为嘉靖年间制作，中心为山石松树，三只仙鹤立于树上，姿态优雅，天空中一鹤作欲降落状。另外盘的边缘也有松鹤装饰。

　　明世宗再次命礼部讨论皇考这个问题，吏部尚书
乔宇和新任礼部尚书汪俊率领百官继续坚持杨廷和的
主张。张璁于是再次给世宗上疏，支持他的想法。与
此同时，另外一个中级官员桂萼也上书支持世宗。世宗得到两人的支持，非
常高兴，下旨调张璁、桂萼进京集议。三月朱厚熜决意抛开内阁，一意孤行，
下旨奉本生父兴献帝为"本生皇考恭穆献皇帝"，奉本生母兴献太后为"本生
母章圣皇太后"，并在奉先殿侧另建一室，安置皇考神主。

　　五月张璁、桂萼二人抵达京城，再次上书支持明世宗。"护礼派"大臣气
势汹汹，甚至扬言要杀掉他们。桂萼吓得连门都不敢出，张璁也经过好多天
才敢出门朝见皇上。最后在世宗的坚持下，御史段续、陈相被下狱。张璁、
桂萼在世宗的支持下力辩朝臣，终于使世宗如愿定自己的生父为"皇考"。从
此世宗对张璁宠信有加。

　　之后"护礼派"以文渊阁大学士石瑶、大学士毛纪为代表，坚持恪守礼
法，维护皇室血统的一脉相承，与以张璁、桂萼为首的"议礼派"相对抗。
在世宗朱厚熜的支持下，"议礼派"大臣的队伍不断扩大，大礼议之争达到了
白热化的程度。

大礼狱

　　嘉靖三年（1524年），明世宗任张璁、桂萼为翰林学士，任席书为礼部
尚书，这样，"议礼派"就掌握了典礼大权。七月世宗又采纳了张璁、桂萼的
意见，多次派司礼太监到内阁找大学士毛纪等人，要求去除生身父母尊号中
的"本生"二字。这件事在朝中立刻引起了一场极大的风波，成为大礼议斗
争中最激烈的一幕。

　　大学士毛纪等坚决反对此事，令明世宗大为恼怒，限四日恭上册室。对

杨慎簪花图

杨慎因礼议之争事件获罪。据说他被流放到云南之后，曾头簪鲜花，与执乐诸妓踏歌于闹市，行为颇为乖张。

矾红地贴金缠枝莲纹高足碗

高足碗，又称"高柄碗"，兴起于元代，明代仍有少量生产。图中所示高足碗红地贴金，饰以莲纹，是明代高足碗中的精品。

于"护礼派"大臣的奏折，世宗觉得不满意，皆被驳回。而"议礼派"大臣的奏折得到了世宗的批准，但又被内阁驳回，双方陷入僵持状态。

七月十五日早朝后，内阁、六部、詹事、翰林、御史、给事等两百多名朝臣跪在左顺门下，请求明世宗继续尊奉孝宗为皇考。世宗两次派司礼监太监前去劝说大臣们回家，"群臣仍伏不起，自辰迨午"。世宗大怒，立即下令锦衣卫旗校逮捕为首之人，于是丰熙等八人皆系诏狱。杨慎、王元正等百官大哭不止，"声震阙廷"。世宗怒不可遏，命太监将所有跪伏官员的名字记录下来，对四品以上的官员夺俸，五品以下的官员一律逮捕入狱。次日世宗余怒未息，将昨天所捕之人处以廷杖，受刑人数达一百多名，结果十多人死于杖下，"护礼派"大臣受到了沉重的打击。这件事被称为"大礼狱"。

这次事件成为大礼议之争的转折点，此后大部分大臣"依违顺旨"，明世宗不仅实现了追封自己父亲为皇帝的愿望，而且树立了新皇帝的威信。同年九月，世宗定大礼，称明孝宗朱祐樘为"皇伯考"，昭圣太后张氏为"皇伯母"；称自己的父亲、恭穆献皇帝为"皇考"，母亲、章圣太后为"圣母"。与此同时，兴献王朱祐杬的神主被迎奉入京，供奉在新建的观德殿（奉先殿西室）里，尊号为"皇考恭穆献皇帝"。

"大礼议"本身不过是礼文末节，但其背后却隐藏着大臣之间的权力之争。随着斗争形势的变化，统治集团的内部也发生了变化。明世宗通过对左

名家评史

大礼之狱，为嘉靖一朝士大夫气节之表示。议礼之所由来，以由外藩入嗣，必欲追尊其所生，廷臣持之，遂拂帝意。其入嗣之故，则以武宗荒惑，以致无后。不能效法孝宗，明运已大可危，赖世宗起而振之，尚得为中叶守文之世。晚年虽惑于奉道，放弃万机，一意玄修，能助其玄修者即为忠爱，遂至奸人专国，荼毒正士。

——孟森

顺门事件的处理，大大打击了"护礼派"官员。杨廷和罢官后，蒋冕为首辅，因反对世宗尊崇生父的活动，不久就被免职。接替蒋冕之位的毛纪，仍然坚持杨廷和的主张，几个月后也被罢官。同时"议礼派"大臣在世宗的支持下开始风光起来。

嘉靖四年（1525年）四月，光禄寺丞何渊请立世室，崇祀明世宗的生身父亲于太庙。席书、张璁、桂萼都表示反对，他们认为世宗的生身父亲没有当过皇帝，不宜入太庙，否则会干犯皇帝的统系。他们提议另建一庙，将朱祐杬的神主迁去，以便"尊尊亲亲，并行不悖"，得到了世宗的同意。张璁升为詹事兼翰林学士，从此深得世宗的器重。后来在讨论世庙神道、庙乐、武舞及太后谒庙等问题上，世宗也都根据张璁的意见做出决定。嘉靖五年（1526年），世庙建成于太庙之左。张璁升任兵部右侍郎，他的升迁遭到许多朝臣的反对，但反对者都遭到世宗的训斥。不久张璁又升为兵部左侍郎。张璁大权在握后，就开始报复原来反对过他的大臣。不久张璁升任礼部尚书兼文渊阁大学士，进入内阁，参与机务。

嘉靖七年（1528年）正月，明世宗视朝，看见张璁、桂萼位列兵部尚书李承勋之下，大为不满。内阁首辅杨一清为了讨好皇帝，上书请求给二人加官，于是世宗赐张璁少保兼太子太保。世宗为了肯定"议大礼"之事上的胜利，颁布了一部《明伦大典》，并借此机会，再一次打击了"护礼派"的大臣。他发布命令详细列举这一派官员的"罪过"，并宣布了惩治决定。许多官员被免职，这样支持尊崇世宗父亲的官员开始得到重用。张璁升任少傅兼太子太傅、吏部尚书、谨身殿大学士。

嘉靖十七年（1538年），世宗奉皇考献皇帝为睿宗，祔于太庙。至此这场大礼议之争以世宗的胜利告终。致仕的大学士杨廷和被视为"罪之魁"，削籍为民；已故尚书毛澄、林俊，各夺生前的官职；大学士蒋冕、毛纪、乔宇、汪俊等人虽已退休，也被夺职。通过"大礼议"，世宗清除了以杨廷和为首的前朝旧臣的势力。关于世宗父亲的尊崇典礼，世宗君臣前后争论了一二十年，对嘉靖年间的政治格局产生了极为深远的影响。

世宗崇道废政

正德十六年（1521 年）四月二十二，朱厚熜以藩王身份继承皇位，第二年改年号为嘉靖，是为世宗，亦称嘉靖帝。嘉靖帝在位四十五年，是明朝统治时间较长的皇帝之一。其即位之初，革除先朝弊政，朝政为之一新。但不久与杨廷和等朝臣发生大礼议之争。通过大礼议之争，他大力打击异己势力，总揽朝政大全，皇权高度集中。同时他还信奉道教，幻想通过方术得以长生不老，爱慕虚荣，喜好祥瑞，使得朝纲败坏。

信方术

明世宗朱厚熜崇信道教，一辈子追求得道成仙，长生不老。早在嘉靖初年，就"数不豫"，身体状况欠佳。这样的身体状况，使他痴迷于能求长生、成神仙的方术。

明世宗即位不久，就在太监崔文等人的引诱下，好方术鬼神之事，日事斋醮，即建坛向神灵祈福。嘉靖二年（1523 年）闰四月，大学士杨廷和上奏"慎始修德十二事"，其中也包括停止斋醮之事。其他大臣和言官也多次上奏请求停止斋醮，但世宗一意孤行，一直不肯听从大臣的建议。在他长达四十五年的帝王生涯里，基本上有一半的时间住在专门用来炼丹、斋醮的西苑。他还为自己取了几个很长的道号，如"灵霄上清统雷元阳妙一飞玄真君""九天弘教普济生灵掌阴阳功过大道思仁紫极仙翁一阳真人元虚圆应开化伏魔忠孝帝君"，又号"太上大罗天仙紫极长生圣智昭灵统元证应玉虚总掌五雷大真人元都境万寿帝君"。世宗将自己当作道教的神仙，真是可笑至极。

道士们看准了明世宗想寻找长生之道的心理，竞相向他进献一些邪方妖术，以讨取他的欢心。邵元节和陶仲文是世宗最宠信的道士。

邵元节，江西贵溪人，龙虎山上清宫的道士。正德年间（1506 年—1521 年），宁王朱宸濠曾礼聘他去宁王府，被他婉言谢绝。宁王朱宸濠的叛乱被平定后，邵元节非但没有受到牵连，反而受到人们的尊崇。嘉靖三年（1524 年），迷恋道教的明世宗召邵元节入京，让他居住在显灵宫中，专门掌管祷祀之事。当时世宗正因为没有皇子而苦恼至极，邵元节进宫后，马上建祈嗣醮。他做法后不久就请求回山修炼，临行前告诉世宗说不必为子嗣的事烦心，上天念皇帝信道心诚，皇子指日可待。世宗听后喜出望外。不久世宗宠爱的阎贵妃果然生下一个儿子，紧接着其他几个妃子也相继生下了皇子。世宗因此对邵元节感激不尽，邵元节步步高升，屡得赏赐。

嘉靖十五年（1536年）闰十二月，邵元节又得到礼部尚书的头衔，赐一品冠服，专事祷祀。此后明世宗对道教更加痴迷，修建显灵宫的昊极通明殿，来祭祀道教神仙浮德王、宝月光后。每天上朝之后，世宗就到邵元节的宫中学他作法。有一次京师大旱，一连几个月不下雨。世宗知道邵元节作法灵验，便要他作法求雨。没想到几天之后果然下起了雨，世宗对邵元节更加信任有加，加封邵元节为真人，让他主管朝天、显灵、灵济三个道观，总领天下道教。世宗还派人在邵元节的家乡贵溪建造道院，名仙源宫。

之后邵元节患重病，在死前向明世宗推荐了自己的好友陶仲文。陶仲文，初名典真，湖广黄冈人，曾做过黄梅县的县吏、辽东库大使。他来到京城后，就住在邵元节的府邸中。邵元节去世后，陶仲文成为世宗身边最受宠的道士。世宗还加封陶仲文为"忠孝秉一真人"，加礼部尚书衔，食一品俸禄，命他马上进宫侍奉皇上。同时下诏封自己年仅四岁的儿子为监国，自己则退居后宫，专门体验陶仲文的房中术和金丹。世宗对陶仲文的宠信已到了"见则与上同坐绣墩，君臣相迎送，必于门庭握手方别"的程度。

水陆画中的道士形象

在明世宗朱厚熜尊崇道教的氛围下，道士在当时的社会上有着很高的地位。明世宗时道士邵元节曾官至礼部尚书，道士陶仲文曾兼少师、少傅、少保数职，这在中国历史上是很少见的。

一次世宗出巡，陶仲文也随行护驾。在路上他们遇到了旋风，陶仲文说宫中将会发生火灾。当天晚上行宫果然起火，世宗惊叹不已，认为陶仲文真的是神仙，又加封他为少师兼少保、少傅，位登三孤。此后世宗每次举行斋醮大礼，总要命文臣写一篇祷告太上老君的文章，用朱笔写在青藤纸上，名曰"青词"。一些大臣投其所好，致力于撰写青词，以取得皇帝的欢心。世宗完全沉迷于道教，不再理会朝政。

陶仲文向明世宗推荐了一种名为"元性纯红丹"的丹药，说服下此药后就可以长生不老。世宗信以为真，马上派人去各地采集炼制丹药的必备药材。

相传这种药必须以晨起采得的露珠，或是女子初为人母的乳汁调服才能奏效。当时宫女们每天黎明起床，到御花园之中采集露珠。早晨很冷，宫女们穿着单薄的衣裳站在晨风之中，冻得浑身发抖，很多人都因此病倒。天长日久，宫女们心中都充满了怨恨。因为采集甘露极为辛苦，明世宗就把它作

出警图（局部）

此图描绘的是明朝皇帝率领庞大的皇家谒陵队伍，由北京德胜门出发，到离京城四十五公里外的明朝历代皇帝的陵寝区谒陵的情景。图中反映的即是皇帝从陆路出京的一个场面。

为惩罚嫔妃和宫女的一种手段。宫女们实在忍受不了这种残酷的折磨，杨金英和邢翠莲秘密地纠集了十几个患难与共的宫女，准备找机会杀死荒淫暴戾的世宗。

嘉靖二十一年（1542 年）十月二十一日，世宗在爱妃曹氏的宫中饮宴，晚上就倒在曹妃的床上酣然入睡，曹妃自己则避到另一个房间歇息。以杨金英为首的十六名宫女趁世宗熟睡之机，蹑手蹑脚潜入房间，企图勒死世宗。她们七手八脚地按住他的手脚，用绳子勒住他的脖子，眼看就要大功告成，可是由于过分紧张，宫女们将绳子系成了死扣，怎么也收不紧。曹妃宫中的另一名宫女张金莲发现了此事，立刻向方皇后处报信。方皇后马上领人前来救驾，这十六名宫女全部被捕。世宗苏醒后，神志恍惚，好长时间不能说话，一时无法处理此事。方皇后全权处理了这场宫变。方皇后对曹妃素有妒忌之心，审讯时将曹妃打成主谋，并以明世宗的名义将杨金英等十名宫女及曹妃一并凌迟处死。这件事情发生在旧历壬寅年，所以后人称之为"壬寅宫变"。

明世宗恢复神智后，得知方皇后构陷曹妃的经过，心里暗暗怀恨。嘉靖二十六年（1547 年）十一月，宫内发生火灾，方皇后陷身于大火之中，厉声呼救。太监们向世宗报告，世宗却有意拖延时间，不采取抢救措施，以致方皇后就这样被大火烧死。此后世宗落下了一个心病，总是觉得宫中鬼影憧憧，常常听到冤魂凄厉的哭声。

对于宫女们的反抗，明世宗并没有忏悔之意，认为自己之所以大难不死，全赖于崇敬神灵，因此更加笃信道教。但是他再也不敢住在宫中，为了躲"鬼"，就搬到西苑燕王的旧居居住，并宣称自己已是化外之人，还自封为"灵霄上清统雷元阳妙一飞玄真君"。他自封为仙界的帝君，从此不问人间政事，专心炼丹修道，朝中事务变得一片混乱，到了难以收拾的地步。

晚年的明世宗，更加荒诞不经。他派人巡行天下，遍访名士，寻求长生不老之术，因而又有一大批道士、方士先后得到世宗的宠信。百姓为了获得封赏也纷纷献书，丰城居民熊显进献《仙书》六十六册，方士赵添寿、医士申世文共献"秘法"三十五种，还有人伪造了《诸品仙方》《养老新书》等书，说是仙书，献给世宗。

明世宗信用方术，耗费了大量的财物，"时每一举醮，无论他费，即赤金亦至数千两"。他一生迷信道教，最后终于因为服用红丸中毒而死。在临终之际，他对自己的所作所为方才有所悔悟。

爱祥瑞

明世宗迷信道教，一生都在追求长生不老之术，因此十分喜欢祥瑞吉兆之类的东西。所谓祥瑞，就是指吉祥的征兆，源于道教中的天人感应说。古人认为祥瑞是上天预示人间的征兆，封建帝王如果顺应上天的意愿治理国家，使得天下承平，百姓安居，那么自然界就会出现一些好的征兆。如果君主无道，民不聊生，自然界也会有所反应，发生自然灾害或者彗星之类的变异反应。皇帝们喜欢祥瑞，大多是为了标榜自己把国家治理得很好，上天赐福罢了。

明世宗爱慕虚荣，对祥瑞的喜爱超出了人们的想象。许多善于逢迎的大臣因此得到了加官晋爵的机会。嘉靖七年（1528 年）三月，灵宝县的官员上奏说，灵宝县境内的黄河突然变清。世宗得知后十分高兴，以为这是上天赐给自己的吉兆，立刻下诏令当地官员祭谢河神，又派武定侯郭勋携礼部诸官员到京郊祭祀天地。世宗则在内廷答谢诸神灵。御史周相上书指出这是大臣们逢迎皇上之举，请求世宗即刻罢除祭告，昭告天下臣民不可奏祥瑞之象。世宗听后十分生气，认为周相诽谤朝政，亵渎圣灵，下旨将周相捕入诏狱，严加审讯。此后一些官员投其所好，纷纷寻找或者制造所谓的祥瑞，以图加官晋爵或者抵消己过。

嘉靖八年（1529 年），御史唐凤仪进献了一茎五穗的麦子，说这支麦子是在四川发现的。陕西总制王琼也不甘落后，奏称甘露降于固原。祥瑞接二连三地出现，明世宗认为是上天在嘉奖自己。

嘉靖三十七年（1558 年），胡宗宪因平倭失利而受到指责。为了讨好明世宗，他将一只在舟山捕获的白鹿献上。事实上毛色纯白的鹿只不过是动物的一种变异，诸如"白虎"之类，都算不得什么珍禽异兽，只是世间少有罢了。世

明朝宫女图
这些宫女的服装明显较各嫔妃朴素。其中一位宫女手里拿着一件女装，应是随侍妃嫔的衣物。

凤凰图

凤凰被古人视作一种象征吉庆的神鸟。在早先时候，雄的为凤，雌的为凰。后来凤凰合称，再后来龙凤相配，凤凰便成了宫廷后妃的象征。凤凰式的花纹或装饰也多出现在女性的服饰之中。

麒麟图

麒麟是古代传说中的一种动物，被古人视为仁兽、瑞兽，与凤、龟、龙合称为"四灵"。古人在石雕、泥塑、年画和刺绣等方面多采用麒麟形象，作为祥瑞的象征。

宗却以为这是上天赐给他的祥瑞之物，如获至宝，立刻到玄极宝殿、太庙举行了隆重的告庙礼，并亲临两处，告谢天神和祖宗。百官也都顺着他的心意纷纷称贺，闹得沸沸扬扬。胡宗宪又设法弄来两只白龟和五棵大灵芝，进献给世宗。世宗一高兴，不仅没有治罪，还对他大加封赏，真是昏聩不堪。

同年八月，明世宗突然在几案和被子里发现了一粒金丹和一只桃子。他询问众人是谁放的，大家都回答说不知道。世宗立刻跑到太极殿去拜谢天帝。宫里养的白兔生了两只小兔子，白鹿也在同时生了两只小鹿，世宗就以为天眷非常，大喜过望。官员们也纷纷上表称贺，朝政一片混乱。

各地的祥瑞接连不断地奏来，明世宗整天忙得不亦乐乎。一次泰安地区的地方官进献祥瑞，世宗准备斋醮来答谢上苍，废寝忘食地忙了整整一天。他对身边的太监说："朕仰仗皇天的保佑，今年夏天醴泉在西苑里出现，各地也纷纷出现鹿瑞龟祥，这是上天在酬谢天下。我不敢怠慢皇天，所以要赶紧答谢。"可见世宗对祥瑞的喜爱已经到了无可救药的程度。

此后各地吉祥的事物层出不穷。明世宗对祥瑞的喜爱至死不悟，酿成了许多闹剧。满朝文武大臣明哲保身，缄默不言，只是在暗中讪笑不已。户部主事海瑞为民请命，在《治安疏》中指出："现在已经到了民穷财尽的时刻，而皇上却不惜劳民伤财，浪费了无数人力物力去寻找祥瑞。这种做法对皇帝、对国家都没有什么好处。那些祥瑞只不过是皇上身边的奸邪小臣为了讨取皇上欢心的把戏而已，根本不是什么祥瑞，还请皇上三思而行，尽快罢除祥瑞，整治朝纲。"世宗勃然大怒，下旨将海瑞关入狱中，不久又转到刑部大牢。

明世宗如此痴狂地喜欢祥瑞，目的就是为了粉饰太平。阿谀奉承之徒以此作为晋身之阶，使得朝政更加腐败。

首辅专权及内阁纷争

明世宗即位之初，求治之心甚切，"力除一切弊政，天下翕然称治"。嘉靖二年（1523 年）以后，世宗就开始"厌薄言官，废黜相继，纳谏之风微矣"。为了维护自己的专制统治，他广布耳目，对大臣的互相攻讦也大为鼓励，时人普遍觉得他"恩威不测"。嘉靖一朝，宦官的权力不是很大，政归内阁，但世宗的专制暴虐使得正直的大臣无处容身，大臣之间倾轧之事层出不穷，政治混乱不堪。

杨廷和、蒋冕、毛纪先后任职首辅，但都因反对明世宗尊崇生父而被罢黜。费宏"颇揣知帝旨"，因此得到世宗的青睐，接任首辅之位。费宏对弊政也多有指斥，多次上疏要求改革，但世宗并没有理会。实际上真正受世宗重用的是席书、张璁、桂萼等"议礼派"大臣。张璁、桂萼为了争权夺利，多次在世宗面前攻击费宏。嘉靖六年（1527 年）二月，费宏被迫辞官归里。费宏致仕后，"政府日以权势相倾"，敢言直谏的大学士已不可多得。

明世宗命杨一清接替首辅之位。杨一清在正德年间（1506 年—1521 年）做过大学士，因得罪权臣江彬而去官。在张璁、桂萼的引荐下，杨一清再次入阁，得到世宗的欢心。杨一清对张璁、桂萼心怀感激，"倾心下二人"。此时张璁任内阁大学士，对自己居于杨一清之下而心怀不满，"以压于一清，不获尽如意，遂相龃龉"。锦衣聂能迁弹劾张璁，张璁欲置他于死地，杨一清不答应，对聂能迁的处罚很轻。张璁大怒，骂杨一清是奸人鄙夫，多次上疏弹劾杨一清。杨一清上疏请求退休，并向世宗陈说张璁的不是。嘉靖八年（1529 年）八月，工科给事中陆粲再次弹劾张璁擅作威福、以个人恩怨打击报复同僚，世宗于是罢免了张璁。不久张璁的同党霍韬大力攻击杨一清，并替张璁辩白，世宗又下令召还张璁。最后在张璁等人的排挤下，杨一清于九月辞官，张璁成为首辅。

张璁成为内阁首辅，明世宗虽然宠信张璁，但并不允许任何臣子的权力过大。早在杨一清任首辅之时，世宗对张璁恃宠妄为的行为就心怀不满。嘉

玉圭

圭是古代重要的礼器。此两件玉圭皆青色，上尖下平。左边圭上阴刻四组山形纹，取安定四方之意，右边圭上凸起两道平行的弦纹。据文献记载，饰四山者，当为天子祭天地宗庙、服冕服时所用。饰弦纹者，当为天子朔望视朝、降诏、各方朝贡、进表等时用。

靖十年（1531 年），夏言受到世宗的赏识，任少詹事，兼翰林学士。夏言是江西贵溪人，因善于迎合圣意，"大蒙圣眷"。行人司正薛侃上疏请求"泽亲藩贤者居京师"，以作为储君。世宗因没有子嗣，正在请道士"祈嗣"，对这类事情非常忌讳。世宗见到奏章后大怒，将薛侃下狱，并"究交通主使者"。张璁想通过这起事件兴起大狱，陷害夏言。事情泄露后，世宗大怒。御史谭缵、端廷赦、唐愈贤等也先后弹劾张璁，于是世宗再次罢免了张璁。张璁第二次被免职，丢掉了首辅之位。不久他再次被世宗召还，于嘉靖十一年（1532 年）三月回到京城。八月天上出现彗星，世宗认为这是大臣擅政的征兆，遂命张璁自请退休。嘉靖十二年（1533 年）正月，皇帝又开始想念张璁，再次将他召回。嘉靖十三年（1534 年），升张璁为少师兼太子太师、华盖殿大学士。嘉靖十四年（1535 年）春，张璁生病，请求还乡养老。世宗同意了他的请求，并派御医护送他回去。

张璁倒台后，夏言又遇到了另一个劲敌严嵩。严嵩，字惟中，号勉庵、介溪、分宜等，江西分宜人。他自幼聪慧好学，善于作对子，二十五岁时就考中进士，被选为庶吉士，授翰林院编修。嘉靖四年（1525 年），严嵩升国子监祭酒。他工于心计，善于揣摩皇帝的心思。明世宗入继大统后，崇奉道教。古代道士斋醮，必念上奉天神的表章，这种表章是用朱笔写在一种青藤纸上，因此又称为"青词"。严嵩为了邀宠，刻意求工，以青词赢得了天子的宠幸，加为太子太保。嘉靖二十一年（1542 年），严嵩升任武英殿大学士，入值文渊阁，仍兼礼部尚书，开始参与机要，后累进吏部尚书、谨身殿大学士、少傅兼太子太师、少师、华盖殿大学士。严嵩表面上对夏言十分恭敬，而暗地里贿赂世宗喜欢的方士陶仲文，以谋取首辅之位。

嘉靖二十三年（1544 年）七月，夏言被削职，严嵩开始独揽国政。严嵩虽然年过花甲，却整天在西苑处理朝政，由此取得了明世宗的信任。八月严嵩代为首辅。次年世宗将夏言召回京城，出任首辅。夏言复出后，大力惩治营私违法的官吏，得罪了许多权贵和内侍宦官。嘉靖二十五年（1546 年），陕西三边总督曾铣上书请求收复河套地区，夏言极力支持。世宗本来也表示赞同。此时严嵩突然改变了立场，提出此次师出无名，兵力粮草都不充足，不能保证成功。世宗的态度也随之发生了变化，认为收复河套的提议不适当。严嵩不失时机地攻击夏言的专擅，说他"骄横自恣，凡事专制，一切机务忌臣干预，每于夜分票本，间以一二送臣看而已"。二十七年（1548 年），世宗命夏言致仕。严嵩又联合锦衣卫都督陆炳、总兵官仇鸾二人攻击夏言，要置夏言于死地。世宗一怒之下，在十月把夏言斩首示众。

这样严嵩再次当上了首辅，内阁诸臣都不敢与他争长短。严嵩的儿子严世藩升任工部左侍郎，父子二人排斥异己，购置了大量的土地。嘉靖中期以来，明世宗经常不视朝。严嵩利用世宗刚愎自用的性格，大力培植自己的势力，独揽大权。严嵩大量侵吞军饷，导致前线武器装备陈旧，将士常年戍边而得不到军饷，战备松弛。东南倭寇和北方蒙古骑兵更加猖狂地侵扰明朝，边疆出现严重的危机，而身为首辅的严嵩却束手无策。由于政治黑暗，上下官员竞相贪污搜刮，导致赋役日增，民不聊生，阶级矛盾日益激化，明朝的统治面临着严峻的危机。

嘉靖三十七年（1558 年），世宗对严嵩的擅权有所察觉，转而信任大学士徐阶。方士蓝道行和严嵩素有矛盾，乘机借仙人之口指出严嵩父子是奸臣，使世宗产生了罢免严嵩的念头。嘉靖四十一年（1562 年）五月，御史邹应龙在徐阶的授意下，上疏弹劾严嵩父子收受贿赂，卖官鬻爵，广置田宅，霸占民田，奏请斩杀严世蕃，罢免严嵩。其他对严嵩不满的大臣也乘机而起，上疏列举严嵩的罪行。世宗于是以严嵩放纵严世蕃有负皇恩为由，将他罢免，籍没家产，并将严世蕃下狱。嘉靖四十四年（1565 年）三月，严世蕃论罪依法被斩。严嵩也被罢黜为民，寄食墓舍。

徐阶则取代严嵩成为首辅。徐阶执政以后，力革弊政，宽政轻刑，还不顾明世宗的反对起用了因大礼议之争被贬斥边疆的官员，做了很多好事，后世的史书把他列入贤相之列。

嘉靖年间，首辅权势显赫，但这种权势必须在皇帝允许的范围内。明世宗反复无常，内阁大臣为了固位保身而一意媚上。一些大臣对时弊有着深刻的认识，但在权力倾轧之下也无法施展他们的抱负。

海瑞冒死上疏

海瑞，字汝贤，自号刚峰，广东琼山（今属海南）人，是明代嘉靖时期著名的清官。海瑞敢于直言进谏，一心为民谋利，有"明朝第一清官"的美誉，被老百姓尊称为"海青天""南包公"。

海瑞的先世是军籍，祖父是举人，曾当过知县，伯父做过监察御史。父亲海瀚是正德年间（1506 年—1521 年）的廪生，读书能明大义，安贫乐道。母亲谢氏粗识史书，持家有方。在海瑞四岁的时候，父亲因病去世，从此家道中落。谢氏为人刚直，教海瑞自幼诵读《大学》《中庸》等书，还为他请来了严厉通达的先生，督导他的功课。海瑞自幼就有了报国爱民的思想。

嘉靖二十八年（1549 年），海瑞中了举人，任福建南平县儒学教谕。当时县学的儒学教谕地位并不高，海瑞主张为人师应该有老师的尊严，不应向上官磕头。一位提学御史来学校视察，县学的人都跪下迎接，只有海瑞不肯向上级磕头，被传为美谈，并赢得了"笔架博士"的称号。嘉靖二十九年（1550 年），海瑞进京参加会试，结果榜上无名。嘉靖三十二年（1553 年）二

海瑞断案

海瑞一生居官清廉，刚直不阿。民间一直流传着有关他的各种传说故事，如公案小说《海公大红袍全传》《海公小红袍全传》等。此图选自明代刊本《海刚峰先生居官公案》。

月，海瑞再次进京参加会试，依然名落孙山。之后海瑞升任浙江淳安知县，此时他已四十五岁了。

淳安山多地少，百姓生活十分穷苦。海瑞抱着知县"知一县之事。一民不安其生，一事不得其理，皆知县之责"的决心，对淳安进行了大规模治理，严惩不法之徒，深得百姓的敬重。

淳安位于新安江的下游，是连接江苏、浙江、安徽三省的水陆枢纽。朝廷使臣、过往的官员都需要地方妥善接待。当时接待一个普通的官员就要花费二三十两银子，接待一个巡抚，少则需要三四百两，此外还要为他们提供所需的食物、马匹以及船夫、轿役等，这无疑给地方财政增加了很大的负担。

此时浙江总督胡宗宪是权臣严嵩的心腹，兼管江浙一带防御倭寇事宜，位高权重。他的儿子途经淳安，仗着父亲的权势，作威作福，对驿站的招待百般挑剔，甚至还吊打驿吏。海瑞得到消息后，立即来到驿站，发现几十个贴着总督衙门封条的箱子，便令人打开箱子，发现里面装满银子。海瑞心生一计，对众人说："这些恶徒假冒总督的家人，败坏总督的清誉。总督经常三令五申，要求地方勤俭节约，这些不法之徒竟然携带着巨额的财物，怎么可能是总督的儿子呢？他们肯定是假冒的，一定要严惩这些胆大妄为之徒。"海瑞将这些财物充入国库，并派人将这位公子押送到总督衙门交给胡宗宪。胡宗宪有苦说不出，只好作罢。

之后严嵩的党羽鄢懋卿以左副都御史的身份，总理两浙（浙东、浙西）、两淮（淮南、淮北）、长芦、河东盐政。左副都御史是朝廷最高级的监察人员之一，位高权重，对地方官吏有着进退升降的建议权，因此地方官员对这些人都唯恐招待不周。按照当时的惯例，长官到地方视察时都会发出告示，说明来意和注意事项。鄢懋卿一路上到处敲诈勒索，闹得地方官吏苦不堪言，却还要装出一副清廉的样子，在告示中说接待时不准铺张浪费，以沽名钓誉。

海瑞接到了鄢懋卿的告示后，于是提笔写了一份《禀鄢都院揭帖》，上面写着："严州府淳安知县海瑞谨禀：我仔细地看了您的通令，知道您生性简朴，不喜逢迎，要求臣下饮食供应俱应简朴，不得过分奢华。但我又听说地方官员为您大摆宴席，每席费银多达三四百两，山珍海味各样齐备，席间还奉上金花金锻。这与您所颁发的告示大相径庭，可能是地方官员误解了您的用心。我担心自己不能领悟到您的真正用意，所以事先请问您该如何是好。"鄢懋卿接到禀帖后，气得七窍生烟，批了个"照布告办"，就改变主意不去淳安了。

海瑞不惧权贵的声名逐渐传开了，又因治理淳安政绩出众，得到任命要升为嘉兴通判。但鄢懋卿对海瑞怀恨在心，就指使手下编造罪名，弹劾海瑞。海瑞因此被调任为江西兴国知县。海瑞的生活极为简朴，与当时的官员格格不入。明朝的俸禄在历代各朝中算是比较低的，官员们因为俸禄远远不够支付日常用度，就想方设法地从百姓身上捞取钱财。海瑞安于贫寒，从来不接受别人的礼物，也从未添置过一亩土地。他每天粗茶淡饭，甚至连家里吃的蔬菜都是自家仆人种的。海瑞在兴国任知县一年多后，因功被荐，应召入京。

嘉靖四十一年（1562 年），首辅严嵩被罢官，其亲信胡宗宪和鄢懋卿也先后倒台。海瑞因为曾与胡宗宪和鄢懋卿作对而名声大振。嘉靖四十三年（1564 年），海瑞升任户部云南司主事，为正六品。次年海瑞冒着生命危险，向明世宗上了一份《治安疏》，直言指斥世宗宠信方士，大肆斋醮，妄求长生不死之药，怠于政事，以致国事日非，民不聊生。《治安疏》以激越的言论震惊朝野，"公是疏出，一日而直声震天下。上自九重，下及薄海内外，无不知有所谓海主事也者"，后人称为"直言天下第一疏"。海瑞的奏疏，处处击中世宗的痛处，世宗大怒，下旨将海瑞捕入狱中，不久又转到刑部大牢。实际上海瑞在上这份奏疏之前就有了必死的决心。他事先为自己买好了棺材，告别家人，遣散了府里的下人，并托人帮他料理后事。

海瑞敢于直谏皇帝，在朝野上下享有极高的声望。明世宗驾崩后，明穆宗即位，大赦天下，将海瑞官复原职。隆庆三年（1569 年）六月，海瑞被任命为南直隶巡抚。他到任后，对土地兼并采取了极为严厉的处置手段，勒令地方豪

釉里红凸雕蟠螭纹蒜头瓶

此瓶为嘉靖年间制作，因瓶口呈蒜头形而得名。釉里红创烧于元代，是一种很难控制的高温铜红釉下彩，明朝中期后曾一度失传，因而此件嘉靖年间的釉里红就显得弥足珍贵。

九边图（局部）

明朝为了巩固北部边防，将北部边境分为辽东、蓟州、宣府、大同、偏关、榆林、宁夏、固原、甘肃九个防御区进行管理。图中主要描绘了各镇的城堡、卫所、关塞、边墙等防御工事。此图就是其中的一部分。

强将侵夺的民田全部归还农民，如果是抵押的就让农民以极低的代价赎回，严厉打击了应天府境内的豪绅富户。都给事中舒化认为海瑞为官清廉，不失为耿直之臣，但不识大体，纠缠于一些细枝末节，对往来官员的供应都定了许多规定加以限制，这种与时俗相违背的做法恐非人情。都给事中戴凤翔弹劾海瑞"庇奸民，鱼肉缙绅"，纵民为虎。此后要求罢免海瑞的奏疏不断。一年之前，海瑞还被视为最正直的忠臣，无人敢于非议，如今他却成为众矢之的，被彻底地孤立起来。在这种情况下，海瑞辞职回乡。万历十三年（1585 年），海瑞被重新起用。他建议恢复洪武时期重典治国的政策，严厉打击贪污受贿，引起朝中许多大臣的怨恨。最后朝廷只好让他担任一些没有实权的虚职。

海瑞一生提出过许多治国施政的意见，但都未被采纳。他被视为道德的典范，以示朝政清明。万历十五年（1587 年），海瑞抱憾而死。海瑞一生为官清廉，两袖清风，去世后全部家财只是当月应得的一点薪俸。当装着海瑞灵柩的船只在江上行驶时，两岸的百姓都自发地身穿孝服为他送行，哭声震天。事实上海瑞的许多施政主张往往都是不现实的。正如黄仁宇先生所说："他虽然被人仰慕，但没有人按照他的榜样办事。他的一生体现了一个有教养的读书人服务于公众而牺牲自我的精神，但这种精神的实际作用却至为微薄。"

北疆风云

长期以来，明朝的北部边防一直受到蒙古各部落的侵扰。瓦剌部势力衰落后，鞑靼部开始强盛起来，于明宪宗成化年间（1465 年—1487 年）进入河套地区。河套地区三面临河，土地肥沃，地理位置十分重要。出河套，

正史史料

　　（嘉靖二十九年）夏六月丁巳，俺答犯大同，总兵官张达、副总兵林椿战死。是夏，免陕西、河南、江北被灾夏税。秋八月丙寅，封方士陶仲文为恭诚伯。丁丑，俺答大举入寇，攻古北口，蓟镇兵溃。戊寅，掠通州，驻白河，分掠畿甸州县，京师戒严。

——《明史·世宗本纪二》

即可攻击明朝重镇宣府、大同、三原，震动畿辅；入河套，则可攻击延绥、宁夏、固原等地，侵扰关中。蒙古鞑靼各部以河套为基地侵扰明朝，而"套寇"也成为明朝中期的主要边患。

庚戌之变

　　土木堡之变以后，明朝在北部边疆一直处于防御状态。明代宗景泰四年（1453年）瓦剌部也先自立为可汗，明朝朝廷称其为"瓦剌可汗"。景泰六年（1455年），也先被阿剌知院所杀，导致内部分裂，此后瓦剌部落逐渐衰落，鞑靼部落乘机兴起。孛来拥立脱脱不花之子麻儿可儿为可汗，号"小王子"。其后麻儿可儿与孛来互相仇杀。麻儿可儿去世后，马古可儿吉思继位，亦称"小王子"。

　　明英宗天顺年间（1457年—1464年）和明宪宗成化年间（1465年—1487年），鞑靼各部在河套地区互相争斗，夺取水草牧地，时而侵犯明朝边境。朝廷多次派兵进行打击，但河套地区的蒙古各部"去辄复来，迄成化末年无宁岁"。明孝宗弘治时期（1488年—1505年），达延汗崛起，统一了蒙古各部，"渐往来套中，出没为寇"，势力十分强大。此后蒙古军队大肆进入内地，抢掠百姓，"三辅震动，戕杀惨酷"。嘉靖二十二年（1543年），达延汗病死，他的子孙们为了抢占地盘进行内战，蒙古重新进入分裂状态。之后他的三儿子阿勒坦汗势力日渐强盛，成为蒙古各部中最有影响的人物，被称为俺答汗。俺答汗是土默特部的首领，盘踞在河套一带，拥众数十万。

　　俺答汗声势日盛，要求与明朝互通贸易，以换取百姓所需的农业、手工业用具和粮食、丝绸等物。早在嘉靖二十年（1541年），俺答汗就派遣使者肯切、石天爵来到大同，向明朝政府表达了通市的愿望。如果明朝答应通市，就令边民在塞中垦田，在塞外牧马，永不相犯。否则就将派大军南下抢掠。

观曲词严嵩动怒

严嵩死后,民众对他仍是余恨未消,并通过各种文学作品来鞭挞他。此图为清代作品《升仙传》的插图,反映的是严嵩嫉妒贤才,抄袭他人作品,却将他人原作焚烧的故事。

大同巡抚史道上奏朝廷,兵部拟准入贡通市。明世宗刚愎自用,认为求贡之事并不可信,群臣附和。世宗因此将肯切扣留下来,还下旨悬赏捉拿俺答汗。次年五月,俺答汗再次派石天爵来到大同,请求入贡,陈说蒙古急需纱缎,贡市之事对双方都是有利可图的,如果再不同意,就要纵兵南下。大同巡抚龙大有将石天爵押送到京城,世宗的态度十分强硬,竟将石天爵和肯切一起问斩。俺答汗大怒,纵兵南下已是不可避免了。嘉靖二十一年(1542年)六月,俺答汗军从大同进入明境,大肆抢掠。而明军武备松弛,无力抵御。俺答汗自大同进逼太原,南至平阳,东进潞州,如入无人之境,之后从雁门返回。嘉靖二十五年(1546年),俺答汗再次遣使投书议和,请求互通贡市,被大同官兵所杀。

鉴于河套地区的重要性,总督三边军务的兵部侍郎曾铣力主收复河套。他上书明世宗,提出"套贼不除,中国之祸未可量也",得到当时首辅夏言的支持。嘉靖二十六年(1547年),曾铣奉命率兵出击鞑靼,取得了胜利。随后他再次上疏提出恢复河套地区的方略。严嵩一直不甘心居于夏言之下,于是借河套问题向世宗进谗言,说夏言与曾铣相互勾结,轻开边战,败坏国政。昏聩的世宗听信了严嵩的谗言,不分是非曲直,将夏言罢官,将曾铣下狱。严嵩又唆使咸宁侯仇鸾诬陷曾铣犯有掩盖败绩之罪,世宗也不加以核实,就将曾铣问斩。此时恰逢俺答汗率众入侵,严嵩乘机对世宗说:"俺答进扰,都是夏言、曾铣挑起边警所致。"于是世宗就把夏言问斩。夏言之死震动了朝野,此后再也无人敢提收复河套地区了。

　　明世宗犹豫不决，一直未能批准俺答汗通贡。嘉靖二十九年（1550年），俺答汗率领蒙古骑兵十几万人，从河套出发，进逼山西大同。驻守大同的总兵仇鸾昏庸无能，面对俺答汗的进攻，束手无策。在他手下的策划下，用重金收买俺答汗，请求俺答汗不要进攻自己的防区。俺答汗于是引兵东去，攻占古北口，挥师长驱直入来到通州，进逼京师，"大掠村落居民，焚烧庐舍，火日夜不绝"。

　　京师闻讯大乱，明世宗宣布京师戒严，下令集合军队准备作战。兵部尚书丁汝夔急忙部署军队，发现城中仅有四五万名军士，其中大部分都是老弱之兵。在这紧要关头，看管武器仓库的太监仍要按例索取贿赂，武器也无法顺利取出。世宗只好令文武大臣分守京城九门，同时派人到民间招募义勇，传檄各镇兵马入京勤王。

　　各镇接到勤王的诏令，陆续到达北京。仇鸾为了乘机邀功，也主动要求入援。于是明世宗任命他为平虏大将军，节制各路勤王军队。各路援兵虽会聚北京，但因仓促出发，粮草不足。世宗只得下令犒赏三军，可钱粮及诸项费用却无从所出，户部公文转来转去，转了两三天，士兵才只能领到几张薄饼。因此士兵疲惫不堪，士气低迷。

　　兵部尚书丁汝夔带领这些老弱残兵，没有取胜的信心，便向首辅严嵩问计。严嵩说："在京畿地区作战与边境地区不同，如果战败了，则很难向皇帝隐藏真相。俺答汗抢掠够了自然就会退兵，我认为眼下最好坚守城池。"丁汝夔听从了严嵩的建议，命令守城诸将不可轻易出战。俺答汗前锋士兵仅有七百多人，在京郊大肆烧杀抢掠，没有遇到任何抵抗。百姓们纷纷逃向京城，京城却九门紧闭，百姓号哭之声震天。

　　仇鸾带大军进援京城，在昌平附近与俺答汗士兵相遇，被打得大败，死伤惨重。俺答汗大军大摇大摆地由古北口出塞，仇鸾斩杀了几十个百姓，向明世宗报捷。世宗竟对仇鸾大加称赞，加封他为太保。

　　俺答汗退军后，明世宗斥责丁汝夔看着俺答汗逞凶却按兵不动，一怒之下将他逮捕入狱。丁汝夔慌忙向严嵩求救，严嵩拍着胸脯保证说："有我在，一定不会让你死的。"事实上面对世宗的怒火，严嵩在旁一言不发。直到临刑前，丁汝夔才知道自己被严嵩出卖了。

　　因为嘉靖二十九年（1550年）是庚戌年，故俺答汗入侵事件被称为"庚戌之变"。蒙古部落自也先去世后，多遣使臣与明朝通贡市，明廷对入贡的时间、地点及贡使人数大多加以限制。明世宗即位后，实行闭关绝贡的政策。俺答汗强盛后，占据西起河套东至兀良哈三卫的广阔地区。这一地区生产的发展和蒙汉人民的日常生活，都迫切需要与明廷开展互市贸易。世宗多次拒绝俺答汗的请求，蒙古得不到需要的物资，便开启战事。世宗缺乏战略眼光，

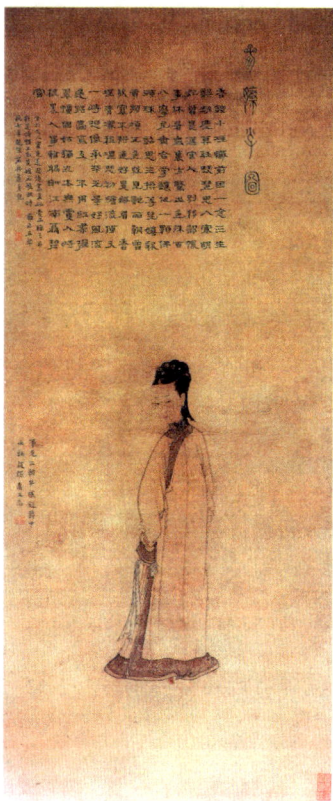

三娘子

三娘子是蒙古瓦剌部之奇喇古特（土尔扈特）部的杰出女首领。她掌权后约束蒙古各部，保持与明朝的和平通贡互市关系。为了表彰三娘子的功绩，明朝于万历十五年（1587年），册封三娘子为一品"忠顺夫人"。

在通贡一事上处置不当，双方的矛盾日益激化，致使边警不断。

俺答封贡

庚戌之变后，蒙古各部依然时常进犯明朝边境，双方陷入连年征战之中。明朝一直处于被动之中。直到隆庆（1567年—1572年）初年，形势才逐渐发生变化。明朝统治者为了稳固统治，实行了一系列改革措施，边防日益加强，有力地遏制了蒙古的入侵势力。

隆庆元年（1567年），俺答汗率领蒙古铁骑数万人攻掠大同、石州、交城一带，骑兵前锋一直深入滦河。明军畏其锋芒，不敢抵抗，任其掳掠而去。明穆宗深切地感受到了蒙古对大明统治的威胁，命群臣商议边守之策。工科给事中吴时来上书，建议调任抗倭名将戚继光等人督师蓟辽。戚继光到任之后，带来了参加过抗倭战争的三千精锐部队，又在边墙修建空心敌台一千二百座。这些措施加强了北部防御，初步改变了北部边防空虚的状况。穆宗又下旨，命总督陕右副都御史兼总兵侍郎王崇古总督大同军务。王崇古上任后，大力加强边地的防务，不失时机地同俺答汗修好，大大缓和了紧张的局势，明朝的北部边防基本稳定。

隆庆四年（1570年），俺答汗的部落里发生了一桩变故。俺答汗有个孙子，叫把汉那吉，是俺答汗第三子铁背台吉的独生子，自幼丧父，由俺答汗妻抚养成人，同姑姑的女儿，也就是俺答汗的外孙女三娘子订有婚约。三娘子容貌清丽，天性聪颖。俺答汗见三娘子貌美如花，就夺为己妻。把汉那吉咽不下这口气，又听说大同的明朝总督王崇古招降蒙古人，便在一怒之下带着部属十余人直奔大同，投降大明。大同总兵方逢时不敢妄作决定，急忙派人把这件事情禀告给总督王崇古。王崇古一方面尽量安抚把汉那吉，对他以礼相待，派了一个五百人的仪仗队在城门迎接；另一方面迅速把这件事情上报朝廷，请求朝廷定夺。

王崇古在给朝廷的奏章中说："若俺答临边索取，则因与为市，责令缚送板升诸逆，还被掠人口，然后以礼遣归，策之上也。若遂桀骜称兵，不可理喻，则明示欲杀，以挠其志。彼望生还，必惧我制其死命，志夺气沮，不敢大逞，然后徐行吾计，策之中也。若遂弃而不求，则当厚加资养，结以恩信……他日俺答死，子辛爱必有其众。因加把汉名号，令收集余众，自

历史细读

　　三娘子是明代蒙古瓦剌部之奇喇古特（土尔扈特）部落首领哲恒阿哈之女。嘉靖三十七年（1558 年），俺答汗迎娶了三娘子。俺答汗晚年多病，事无巨细多凭三娘子裁决。俺答汗去世后，她嫁给俺答汗的长子黄台吉，并时常劝解他要与明朝和解，不要与明朝为敌。黄台吉病逝后，三娘子又嫁给黄台吉的长子扯力克为妻。三娘子主政的时期，是蒙古和明朝关系最为融洽的时期，明朝册封"三娘子"为"忠顺夫人"。

为一部。辛爱必忿争。彼两族相持，则两利俱存，若互相仇杀，则按兵称助。彼无暇侵陵，我遂得休息，又一策也。"这个奏疏在朝中引起了很大的争论。朝臣们众说纷纭，有人主张杀掉把汉那吉，以雪旧恨。有人主张将把汉那吉放回去，以免给俺答汗再次发兵入侵的借口。内阁大学士高拱、张居正大力支持王崇古的建议，明穆宗便下诏封把汉那吉为指挥使，赐绯衣一袭。

　　此时俺答汗正准备率军进攻青藏高原一带，听说孙子逃归明朝，急忙退兵回家。把汉那吉投降明朝后，抚养他长大的祖母害怕明朝政府杀掉自己的孙子把汉那吉，日夜啼哭，见到俺答汗后不停地责备他。俺答汗一筹莫展，十分后悔。俺答汗亲自率领十五万大军，兵分三路向明朝袭来。到了明朝边境后，俺答汗送来战书要求明朝归还把汉那吉。王崇古针锋相对，派使节到俺答汗驻地，告诉其朝廷优待把汉那吉的情况。同时表示，朝廷愿意送还把汉那吉，但希望俺答汗将赵全等叛徒献给明朝以表诚意。俺答汗暗地派人到明朝探听情况，看到把汉那吉蟒衣貂帽，驰马从容，受到明朝的优待。俺答汗大喜过望，回书对王崇古说："我本不想发动战事，都是你们的叛将赵全等人怂恿的。天子若能封我为王，让我统辖北方诸部，谁还敢再兴兵作乱呢？我死之后，我的孙子必将袭封。他曾深受明朝的大恩，怎么能背叛明朝呢？我愿意和明朝结盟通好。"随即俺答汗派遣使者到明朝议和。

　　隆庆四年（1570 年）十二月，俺答汗答应将叛臣赵全等人交由明朝处置，明廷则命王崇古派人护送把汉那吉返回蒙古。把汉那吉临行前恋恋不舍，并派人向明朝致谢，表示愿为明朝的外臣。俺答汗还向明朝提出通贡的要求，此事又在朝廷中引起了一场大的争论。朝中大臣们大多持反对意见，纷纷上书明穆宗，阐述通贡的危害，并说："先帝已经杀了仇鸾，定下制度说再提出开

抗倭图卷（局部）

明朝嘉靖年间倭寇入侵我国东南沿海。他们烧杀掠抢，无恶不作，给沿海的人民带来了无尽的灾难。明朝政府积极组织军民打击倭寇。此图即描绘了明军与倭寇激战的情景。

市者斩首。守卫边疆的官兵谁敢违背旨意，重蹈覆辙？"内阁大学士张居正、高拱等人一致认为应该允许通页。王崇古上书朝廷说："朝廷若能答应俺答封贡，边疆就会有数年安定的日子，我朝可乘此时机加强战备。如果敌人背弃盟约，我朝以数年蓄养之财力来从事战守，远胜于终岁疲于奔命、自救不暇。"最后穆宗采纳了张居正、高拱、王崇古等人的建议。

隆庆五年（1571 年）三月，明穆宗下诏封俺答汗为顺义王，赐俺答汗绯蟒衣一件，彩币八件，派遣特使出边代封。俺答汗在边地搭设棚厂，陈列彩旗，大张旗鼓迎诏，受封仪式十分隆重。其他蒙古诸首领也被封为都督同知、指挥同知、指挥佥事、正千户、副千户、百户等职。特使宣读完诏书后，俺答汗率众叩头谢恩，宣读与明朝议和的十三条誓约，以表示蒙汉世代友好相处，永不相犯。穆宗下旨在山西、甘肃、宁夏等地开放十一个边境城镇作为互市，允许汉蒙百姓自由贸易。俺答汗为了表示自己的忠诚，派人将赵全等明朝叛臣押送进京。明穆宗在午门楼举行了盛大的受俘仪式，并亲自受俘，宣读祭天文书，诏告太庙，以磔刑在法场把赵全等人全部处死，传首九边。这件事在历史上被称为"俺答封贡"。

从此明朝与蒙古恢复了正常的贸易往来。在东起永平府，西到嘉峪关七镇数千里的边境上，"军民乐业，不用兵革"，"沿边旷土皆得耕牧"。俺答汗的牧民也得以安心耕牧，边境城镇又呈现出安定繁荣的景象。

东南倭乱

　　自古以来，中国将日本称为"倭国"。元末明初，日本进入封建割据的南北朝时期。南朝是指后醍醐天皇在吉野所建立的朝廷，北朝是指征夷大将军足利尊氏在京都建立的幕府。除此之外，各地还有许多割据称雄的地方势力。在战乱中，一些封建主组织武士、商人和浪人到中国沿海地区进行武装走私和劫掠烧杀的海盗活动，史称"倭寇"。洪武时期（1368 年—1398 年），朝廷加强海防，所以倭寇未酿成大祸。嘉靖时期（1522 年—1566 年），倭寇又开始猖獗起来。由于倭患的日益严重，嘉靖一朝对倭寇的战争，也从未间断。

倭寇猖獗

　　古代中国与日本的交往可谓历史悠久，六朝以后中日之间开通了南路航线。海上航路的便利不仅为两国间的民间交往和海上贸易的发展提供了现实的可能性，还给中国的海防建设带来了新的考验。

　　元朝末年，江苏泰州人张士诚、浙江台州人方国珍先后在当地发动起义，并分别建立起自己的割据政权。之后朱元璋崛起，消灭了张士诚和方国珍的势力。他们的残部大多逃亡在海上，以海上诸岛为根据地，成为出没无常的海盗。更为严重的是，中国的海盗与日本的倭寇互相勾结，在明朝的沿海地带进行抢掠活动，严重威胁了中央王朝的统治。这时"海患"的性质较为单纯，主要有两种势力，一是中国方面反抗政府的海上江湖人士，称为"岛寇"；二是日本诸岛的武装走私者。

明太祖朱元璋采取了多种措施，以解决这种带有海盗性质的"倭患"问题，在以重兵武力镇压的同时，还积极地与日本国王进行交涉，敦促其采取措施遏制这种侵扰行径。当时日本国王并没有给予积极的响应。为了断绝海盗的耳目，太祖于洪武四年（1371年）下旨严令沿海居民私自出海，并大量招纳原张士诚、方国珍部下将士及沿海一带的渔民为兵。此后明太祖多次重申禁令，并采用釜底抽薪的方法严禁民间贩卖、使用外国产品。洪武十三年（1380年），左丞相胡惟庸案发，有人指责他勾结日本官府，意图谋反。太祖勃然大怒，断绝了与日本官方的关系，并在沿海地区建设了大规模的防务工事。朱元璋一方面厉行海禁，一方面实行朝贡贸易，由皇家垄断海外贸易，并以此作为一个外交筹码。

经过几年的经营，明朝拥有了强大的海防力量，有效地遏制了洪武一朝的"倭寇"问题。禁止百姓自由出海贸易的政策被当作明朝的一项基本国策继承下来。明成祖不遗余力地推行海禁，并凭借着强大的国力，多次令太监郑和率大型船队下西洋。郑和携带着大量的中国珍奇物产，对沿岸国家遍行赏赐，以显示"天朝大国"的慷慨大度。许多国家对中国的珍宝财物甚为艳羡，"归附"中国，并提出"入贡"的要求。日本也不例外，向明朝提出了"入贡"的要求。成祖朱棣一方面允许日本政府和商人到中国进行贸易，另一方面同时加强沿海防御。

明朝政府在各口岸设置市舶司来管理朝贡贸易，市舶司除负责接待贡使外，还要对前来贸易的外国商船进行贸易管理。永乐二年（1404年），明朝对日本开始实行勘合制。凡是日本开往中国的贸易船舶，必须携带明朝送发的勘合（类似于贸易许可证）一道，鉴定不伪后方才允许开展外交或贸易活动。永乐十七年（1419年），明朝政府在辽东望海埚取得了对倭寇作战的一次大规模的胜利，此后倭寇就再也不敢对明朝进行大规模的侵扰了。此时明王朝成为整个亚洲贸易圈的核心，中国与日本、东南亚等国通过朝贡的方式进行贸易。

明朝政府对朝贡国进贡的时间、人数、船只的数量规模、进贡路线都加以明确的规定。贡品一般由进贡方物、国王附进物和使者附进物三部分组成。明朝政府以高出原物数倍价值的物品进行赏赐，即"贡"少而"赏"多。朝贡贸易虽然受到几年一贡的限制，但却是中国与外国贸易往来的主要通道。一旦这种通道被堵塞，就导致走私的风行。

到了嘉靖时期（1522年—1566年），倭寇对中国沿海的侵扰再次开始猖獗起来。此时日本进入了历史上的"战国时代"，"日本虽统于一君，近来君弱臣强，不过徒存名号而已。其国尚有六十六国，互相雄长"，政局处于分裂割据的局面。嘉靖二年（1523年）五月，日本封建主大内氏派来的使者宗设来宁波通贡，另一封建主细川氏也派使者瑞佐、宋素卿到宁波通贡。宁波市舶司规定，货物的验发以贡使所带的勘合号数为序，否则就以船只进入港口的时间先后为准。宗设所持的是明武宗正德朝的勘合，而瑞佐、宋素卿所持的是明孝宗弘治朝的勘合，两者勘合不同，本应以入港的时间先后为准。瑞佐、宋素卿的船本来后到，却通过贿赂市舶司提举太监得到优先的验发。宴会上瑞佐、宋素卿又位列上宾，宗设心中愤愤不平，当场要求和瑞佐决斗。之后宗设因无处申诉，就焚烧了瑞佐的船，捣毁了宁波市舶司的嘉宾堂，并抢劫了当地的仓库，最后逃遁回了海上，整个浙中地区都为此事震荡。这就是所谓的"争贡之役"。

明朝政府立即对这件事情进行调查，结果处死了宋素卿，将瑞佐送回了日本。明世宗君臣认为"倭患起于市舶司"，将这件事归因于市舶司的官吏腐败，于是废除了市舶司。在一个国际贸易逐渐发达的年代，这种消极的措施阻碍了中日之间正常的贸易活动，使走私活动更加猖獗。争贡之役本是日本诸道争贡引发的事件，但同时也暴露了嘉靖时期海防的废弛和军队的懦弱。日本商人转而与中国的海盗、奸商勾结，从事武装走私活动，在沿海一带侵扰杀掠。正如清代学者谷应泰所说："市舶罢，而利权在下，奸豪外交内诇，海上无宁日矣！"

由于倭患的日益严重，嘉靖一朝对倭寇的战争也从未间断。嘉靖二十五年（1546 年），浙江巡抚朱纨提督浙闽海防事务。浙闽地区是当时走私贸易最猖獗的地方，朱纨到任后，大力整顿海防，实行严厉的海禁政策。他派兵攻入了倭寇巢穴双屿港，斩杀了通倭的海盗头目李光头和许栋，搜捕处斩了一些通倭的商民，重申通倭禁令。朱纨深刻地认识到，抗倭斗争的关键就是杜绝境内的走私商人下海活动，在奏疏中指出："去外国盗易，去中国盗难；去中国群盗易，去中国衣冠盗难。"所谓"衣冠盗"，就是指参与走私贸易的浙江、福建的世家豪族。朱纨的这些抗倭措施取得了显著的成效，同时也引起了闽浙地方官吏的强烈反对。这些官吏与通倭的世家豪族之间有着千丝万缕的联系，并通过世家豪族的走私活动而获取巨额利润。他们联系京城官员，联合攻击朱纨的举措有失平和，杀人太多。明世宗立即削去了朱纨的官职，朱纨自知自己得罪的人太多，愤然自杀。临死前，他叹息道："纵天子不死我，大臣且死我；即大臣不死我，闽浙人必死我。"此后倭寇之祸越演越烈。

抗倭名将戚继光

明世宗嘉靖时期（1522 年—1566 年），倭寇日益猖獗。倭寇与中国的海盗汪直、徐海等人结合成巨大的武装集团，一次出动可纠集上百艘战船，分

阵演鸳鸯

明朝嘉靖年间，倭寇极为猖獗，戚继光招募农民和矿工，并针对南方多湖泽的地形和倭寇作战的特点，创造了攻防兼宜的"鸳鸯阵"战术，极大地遏制了倭寇的嚣张气焰。他的军队纪律严明，作战勇敢，被誉为"戚家军"。

几路入侵。他们攻城掠寨，杀人放火，奸淫掳掠，连年的大举入侵给东南沿海一带人民的生命财产带来了难以估量的损失。朱纨死后，海禁大弛，走私贸易更加猖獗。在平倭战争长期失利的情况下，明朝军队中出了一个抗倭将领戚继光。

戚继光，字元敬，号南塘，晚号孟诸，山东蓬莱人（祖籍安徽定远）。他出身将门，自小立志驰骋疆场，保国卫民，曾挥笔写下"封侯非我意，但愿海波平"的名句。嘉靖二十三年（1544年），戚继光在父亲去世后袭官登州卫指挥佥事，这一年他才十七岁。嘉靖三十二年（1553年），他升任署都指挥佥事，管理三营二十五所，负责防御山东沿海一带的倭寇。

嘉靖三十四年（1555年），戚继光调任浙江都司佥书。次年他被推荐为参将，镇守宁波、绍兴、台州三府，不久又改守台州、金华、严州三郡。当时海防松弛，卫所的军卒多为老弱残兵，战斗力极差，从外地调来的士兵也缺乏训练。加之军队纪律败坏，自相残杀，甚至靠着杀害百姓来冒领军功。戚继光上书要求准许在当地的百姓中招募新军，得到朝廷的批准。嘉靖三十八年（1559年），处州山区的矿夫来到义乌县从事开矿。当地大族陈、宋两家人多势大，不允许外地人到义乌开矿，双方发生冲突。这场民间械斗事件波及数百里，自夏而冬发生了三次，死伤了数千人。戚继光从这起事件中，发现义乌人勇敢且具有血气，便想到义乌招募士兵，抵御倭寇。

戚继光来到义乌后，对因民事纠纷引起械斗的双方晓以大义，说服他们以国事为重，共同抵御外敌。他的爱国热情感动了械斗的双方及当地百姓，许多矿徒、农民踊跃参军。就这样戚继光建立起一支新军，并立即着手对这支新军进行严格的军事训练。他针对江南的地形和倭寇活动的特点，创造了一种鸳鸯阵法，能够有效地杀伤倭寇。这支队伍虽然人数不多，但军纪严明，作战勇敢，当地人亲切地称呼他们为"戚家军"。

嘉靖四十年（1561年），倭寇大举侵犯台州。戚继光率领这支新军投入了战斗。在这些战斗中，戚家军显示出很强的战斗力，在一个多月的时间里，消灭了五千多名倭寇，使这些倭寇遭到了沉重的打击。同时戚家军还救出被掳百姓六千多人，取得了很大的胜利。台州大捷后，戚继光被升为都指挥使。戚继光再次到义乌招募民兵，此后他带领着这支部队驰骋在抗倭战争的第一线，百战百胜，威震四方。次年夏天，倭寇再次流窜到温州、台州。戚家军和其他抗倭部队配合，全力歼敌，浙东的倭患遂告平息。

倭寇由于在浙江受到了严厉的打击，纷纷转向福建。嘉靖四十一年（1562年），福建成为倭患的中心。沿海千里，几乎处处有倭，形势十分危急。七月戚继光奉命到福建剿除倭寇。福建宁德县城东北海中有一个名叫横屿的小岛，岛上盘踞着两千多名倭寇，并筑有工事。这些倭寇倚仗着此处险要的地势，与宁德、福清等地的倭寇互通声气，侵扰沿海州县。三年来，明朝官兵多次出兵讨伐失利，对他们束手无策。戚继光来到福建后，决心铲除倭寇的这一据点。戚继光先命张谏、张岳在横屿西、北陆上布阵，以防止倭寇上岸。又命张汉水师在横屿东部海面上游弋，以防止倭寇从海上逃窜，然后命戚家军主力从南面进攻。横屿与大陆之间隔着十里浅滩，涨潮时是一片汪洋，退潮后则尽是淤泥，难于行走。戚继光便命士卒每人背着一捆草，把草铺在淤泥上匍匐前进。上岸后戚家军如猛虎下山，扑向敌人。经过一场激烈的厮杀，戚家军消灭了岛上的全部倭寇，救出被掳百姓八百多人，取得了入闽抗倭斗争的第一次胜利。戚家军乘胜向福建倭寇最大的巢穴牛田（今福建福清南）进军。倭寇大败，大部被歼，余寇落荒而逃。不久戚家军以迅雷不及掩耳之势奇袭倭寇的另一个大巢穴林墩，彻底消灭了兴化（今福建莆田）一带的倭寇，受到了当地人民的热烈欢迎。戚家军进入福建以来，在不到两个月的时间里，攻克了大小倭巢十多个，威震八闽，倭寇望风而逃。在此期间，明朝将领刘显也屡败倭寇。至此福建倭患基本平定。十月戚家军班师回到浙江，从事休整。戚继光因抗倭有功，升任副总兵官，分守台州、温州、福州等地。

楼船击倭

俞大猷，字志辅，号虚江，明朝嘉靖时期著名的爱国将领、抗倭英雄，与戚继光齐名。他创造了一套用楼船歼灭倭寇的战术，屡战屡胜，多次立功。

不久倭寇卷土重来，攻陷了兴化府城。倭寇在城中烧杀抢掠，无恶不作，盘踞了两个多月才弃城而逃。此后倭寇占据莆田县东的平海卫，并以此为据点，四出侵扰。次年四月，戚家军奉命再次入闽剿倭。明朝大军在兴化府平海卫与倭寇展开战斗，戚家军从正面进攻，福建总兵官俞大猷、广东总兵刘显为两翼，配合作战，取得了很大的胜利。明军歼敌二千二百多人，救出被掠人口三千人。戚继光在平海卫一战中立了首功，迁升为总兵官，镇守福建全省及浙江金华、温州两地。

嘉靖四十三年（1564年），倭寇又纠集万余人，进攻兴化府附近的仙游。戚家军大败倭寇，斩首两千余级。在俞大猷的配合下，戚继光扫清了福建境内的倭寇。倭寇在江南无立足之地，纷纷逃至广东，俞大猷任广东总兵，奉

爨文刻铭

爨文即彝文，又称"韪书""夷文"，是处于表意向表音发展中的一种音节文字。其造字采用象形、会意、转位、同音假借、借用汉字等方法，有一万多字。此刻铭是现存最早的爨文文献。

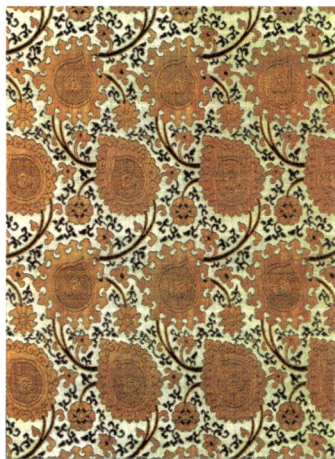

白地加金胡桃纹双层锦

纺织品是明朝向少数民族提供的重要商品。此锦采用了特殊的纺织方法，以白色为地，黑色短小枝叶与胡桃纹纵向相连，并加以金线，织造精细，轻薄柔软，是明代纺织品中罕见的精品。

命到广东剿倭。次年春天，戚继光奉命南下，与俞大猷协同作战，进剿福、广交界处的倭寇，连战皆捷。嘉靖四十五年（1566年），经过沿海军民的浴血奋战、戚继光等抗倭将领的共同努力，沿海倭寇基本被平定了。

倭寇的侵扰给东南沿海一带的人民生活和社会经济造成了极大的危害。在平定倭乱的战争中，一些有远见的官员认识到海禁政策不得人心。倭乱基本平息以后，许多官员纷纷请求朝廷解除海禁的命令，以杜绝沿海商民与倭寇互相勾结、谋求暴利的行为。明穆宗隆庆元年（1567年），福建巡抚御史涂泽民向穆宗建议"开放海禁，准贩东西二洋"，得到穆宗的批准。所谓"东洋"，是指吕宋、苏禄诸国，也就是今天的菲律宾。所谓"西洋"就是指安南、占城、暹罗诸国，即今东南亚越南、柬埔寨、泰国诸国。海禁的开放，使亚洲贸易圈的正常国际贸易重新运转起来，打破了约二百年"濒海居民不得私自出海"的祖制，使私人海上贸易进入了一个新的阶段。明朝政府最终放弃了海禁政策，困扰明朝近两百年的倭寇问题才得以彻底解决。从这一点上来说，隆庆元年的开放海禁，是具有历史意义的革新举措。

经营西南

自古以来，在云南、贵州、两广以及四川、西藏等地聚居着我国苗、瑶、彝、壮、傣、藏等各少数民族。明代时期，根据居住地区的不同，西南少数民族的社会状况也呈现出显著的差别，有的进入封建社会，有的还处在原始社会时期。明太祖洪武十四年（1381 年），傅友德平定了云南全境，将整个西南地区完全划入中国版图。此后明朝政府通过一系列措施在西南地区进行了卓有成效的管理。

西藏与内地的茶马贸易

藏族人民以肉食为主，茶叶可弥补他们膳食结构的不足，正所谓"以其腥肉之食，非茶不消；青稞之热，非茶不解"。在明朝时期，藏区虽不产茶，但与其毗邻的四川、云南等地却是盛产茶叶之乡，因此西藏与内地长期保持着紧密的经济交流互补关系。藏族用马匹来交换内地的茶叶，史称"茶马互市"，或"茶马贸易"。伴随这一贸易而开通的商道，也就被称作"茶马古道"。

早在元代，西藏便正式纳入了中国版图。随着明朝政府在西藏地方统治的建立和巩固，西藏与内地的经济交流也越来越频繁，河州（今甘肃临夏）、秦州（今甘肃天水）、洮州（今甘肃临潭）和雅州等地都是汉藏两族进行贸易的主要地点。

明武宗朱厚照宠信佛教，喜欢学习藏语。宦官刘允曾奉命出使西藏往迎"活佛"，"所携茶盐以数十万计"，漕运为之阻滞，由此可见当时销往西藏的茶盐的数量之巨。朝廷还免除了天全百姓的其他徭役，"专令蒸造乌茶，运至岩州，置仓收贮，以易番马"。事实上随着西藏与内地贸易的发展，"茶马互市"的内容早已不限于茶和马，内地向西藏提供布匹、锦缎、食盐等，西藏向内地提供画佛、铜佛、铜塔、犀角、氆氇、羊毛、药材、矿产等。

西藏向明朝政府进行朝贡，西藏的僧俗官员定期到京城朝见皇帝。每次朝贡，他们都随身带着马匹、刀剑、珊瑚、犀角等物，贡献给皇帝，明朝政府则赐给他们绸缎、布帛、茶叶等物。明朝皇帝为了炫耀自己，回赐物品的价值往往远远超过进贡物品的价值。此外朝廷还允许他们在内地采购限额外的茶叶。这样一来，明朝政府对贡期和贡使都有一定的限制。明太祖洪武时期（1368 年—1398 年），朝廷要求乌斯藏地方僧俗官员三年一贡，邻近汉区的朵甘藏族僧俗首领可以二年一贡，对入贡使团的人数则未作详细限制。有的直接奏称"今来进贡，专讨食茶"，返回时总是"茶驮成群，络绎于道"。到了明宪宗成化年间（1465 年—1487 年），朝贡的人数也越来越多，往来于道，络绎不绝。成化十八年（1482年）"近赞善王连贡者再，已遣四百十三人。今请封请袭，又遣千五百五十人"。到了明孝宗弘治十二年（1499年），辅教王等四王朝贡，使者最多达二千八百多人。明世宗嘉靖十五年（1536年），大乘法王协同辅教王、阐教王等诸王前来朝贡，使者多达四千多人。由此可见，当时西藏与明朝政府往来的密切和贸易的繁荣。随着内地与乌斯藏地区联系日益密切，受封入贡者比年递增，入贡期限并没有得到严格的执行，而且入贡人数越来越多，几乎到了无法接待的程度。为此朝廷只好让一部分人员进入京城，而让大部分随员暂时留在西宁、河州、成都等地。所有入贡人员的日常生活费用都由朝廷支付。朝贡使团往返大多需要一年左右甚至更长的时间，时间一长，有些人反而不愿回去，情愿留住当地。

成化六年（1470年），朝廷规定乌斯藏、朵甘思各部朝贡必须取道四川。四川成为边茶的主要生产地以及"茶马互市"最主要的贸易区。然而这种官府主持的朝贡贸易并不足以满足汉藏两族人民的生活需要，因此汉藏两族人民常常不顾朝廷的禁令而进行民间贸易，明成祖永乐年间（1403年—1424年）以后，"茶禁亦稍弛，多私出境"。明朝政府也曾取消禁令，允许民间贸易。一些藏人"专务贸贩碉门乌茶、蜀之细布，博易羌货，以赡其生"，汉族商人也深入到藏区进行贸易。就连明朝官员到西藏去巡视也会私带茶叶、丝绸去进行贸易，有时多达数万斤。

有明一代，西藏一直服从中央朝廷的管辖，茶马贸易始终不断。客观地说，茶马贸易是一条政治、经济纽带，不仅满足了藏族人民的生活所需，推动了西藏社会经济的发展，而且与内地形成了一种互惠互利的经济关系，由此进一步推动了西藏与祖国的统一及民族的团结。

土司制度和"改土归流"

明朝建国后，对这些地区的统治也带有与内地不同的特点。明朝政府总结了历代羁縻统治的经验及元代的土官制度，设立土司进行管理。到了明朝中期，在整个西部和南部少数民族地区普遍设置了土司。

在这些地区，上层统治机构仍和内地一样设都、布、按三司，在民族聚居区的基层管理则主要依靠土官（少数民族聚居地区之本地官）。土官有宣慰使、宣抚使、土知府、土知州、土知县及土判官等职。这些土官大多是由各族的大小首领世袭的，如播州宣慰使杨氏从唐代时世袭下来，其他如水西安氏、水东宋氏也莫不如此。明朝建国后，这些土官就依附明朝政府，"领原职世袭"。到了明代中叶，出现了"土司"这一名称。朝廷在府、县流官管辖下的少数民族地区设置宣慰司、宣抚司和长官司等地方行政机构，委派当地民

人物花卉纹戗金莲瓣形黑漆盒
此二盒乃明朝墓中出土之物。盒表面涂以黑漆，戗刻人物花卉，造型秀美，刀法流畅，实乃明代漆器中的精品。

族头人担任这些机构的长官，谓之"土司"。土司就是土官，土司制度也就是土官制度。

明朝的土司制度与元朝时期的土官制度有一些区别。元朝虽任命各族头人为土官，但并未形成完整的制度，再者各土官在地方权力依然很大，地方官吏很难使其"奔走唯命"。然而明朝建立了完整的土司制度，从形式上把少数民族中的地方政权直接纳入王朝政权组织系统，在保证封建中央集权统治的前提下，允许土司在自己辖区内处理各种事务。

据万历《明会典》记载："土官承袭，原俱属验封司掌行。洪武末年，以宣慰、宣抚、安抚长官等官皆领士兵，改隶兵部，其余守土者，仍隶验封司。"所谓验封司是吏部下设的机构，负责封爵、议恤、褒赠、土官世职及任用吏员等事务。由此可知，土官原来皆归吏部管辖，直到洪武末年才划归兵部管辖。实际上朝廷的这一规定并没有得到彻底地贯彻，直到明朝中期以后，宣慰、宣抚、安抚司等还有隶属于户部管辖的。

土司绝大多数是世袭的，不受朝廷的迁调，但必须经过朝廷的认可，承认自己是朝廷委派的官吏，负责守卫疆界，缴纳赋税，进贡土产，修护驿道。土司拥有自己的武装，当朝廷有战事时，还要出兵供朝廷的调遣。土司如果不守法度，则与流官一样会被朝廷革职。明代统治者为了缓解财政的紧张，鼓励西南地区土司向朝廷进献大木。虽然西南土司进献大木与接受中央朝廷的赏赐仅是象征性的，但它却是土司表示效忠大明王朝的一种形式，也是明代封建统治者显示中央王权的一种手段。土司制度大大加强了中央朝廷对西南地区的统治，还进一步促进了西南地区与内地的联系，促进了这些地区社会经济的发展。

由于这些土司都是世袭的，具有很强的割据性，经常因争夺地盘、财产而互相争斗，有时还起兵叛乱，对抗明朝政府。明太祖洪武二十一年（1388年），云南陇川土司起兵叛乱，西平侯沐英率军讨伐，大败陇川土司叛军，平定了叛乱。为了加强对云南的统治，明廷世封沐家镇守云南，此后沐氏子孙世代承袭镇守云南。明熹宗天启元年（1621年），四川苗族土司及贵州水西土司奢崇明、安邦彦联合乌蒙、东川、沾益等地土司起兵叛乱，图谋扩大割据势力。明中央政府四方筹集兵饷，调四川、贵州、广东等五省兵力联合围剿，用了十多年的时间，直到明毅宗崇祯十年（1637年）才平定了这场叛乱。

在平定战乱后，明廷在条件成熟时就逐渐裁撤土司，代之以可调迁的"流官"，这种办法叫作"改土归流"。所谓流官是相对于土官而言的，是明朝统治者在四川、云南、广西等少数民族聚居的地区所设的地方官，有一定任期，期满调任，不能世袭。明成祖永乐十一年（1413年），思南宣慰使田宗鼎与思州宣慰使田琛互相仇杀火拼，成祖朱棣命镇远侯顾成率五万大军前往镇压。平定战乱后"乃分其地为八府四州，设贵州布政使司"。此后贵州便成为省一级的行政单位。明神宗万历时期（1573年—1620年），播州（今贵州遵义）土司杨应龙起兵叛乱，明朝政府平叛后在其地设遵义、平越（今贵州黄平）二府，改用流官统治。事实上明朝"改土归流"政策的推行并不彻底，在府以下的官员仍任用土官。与此同时，朝廷在推行"改土归流"政策时遭到各少数民族上层分子的反对，从而不断出现反复。明孝宗弘治八年（1495年），朝廷改马湖府（今四川雷波马湖乡）为流官知府。之后在此地少数民族上层分子的坚决反对下，重又任用土司。明世宗嘉靖三年（1524年），马湖府再次"改土归流"，但结果当地少数民族发动叛乱，明朝政府被迫任土官陇姓为知府，恢复了土官制度，才平息了事态。

"改土归流"政策的推行，有利于消除土司的割据状态，改善了少数民族地区落后闭塞的面貌，对西南地区经济、文化的发展起到了积极的作用。

张居正改革

在封建时代，政以人举，也以人亡，这是专制主义政体下政治变迁和社会改革的普遍现象。作为改革家的个人命运与新政连为一体，往往以喜剧开场却以悲剧告终，张居正也未能例外。

出任首辅

明世宗嘉靖末年，首辅更替频繁，内阁之中爱恶交攻，吐唾辱骂，甚至大打出手。官员无视朝廷法令，政多纷更，事无统纪，政治局面非常混乱。

玉爵杯
此杯出土于北京明十三陵万历皇帝的定陵中，由金盘和玉爵两部分组成。盘内及托座上镶嵌有红、蓝宝石多颗，交相辉映，极尽奢华。

皇亲国戚争先恐后地吞并土地，并利用特权逃避赋税。国家的财政收入日益减少，而开支却有增无减。官员的贪污、浪费和浩大的军费更大大加重了财政的拮据，国穷财尽已到了触目惊心的地步。面对着这种危机四伏的局面，统治集团内部出现了一些倡导改革的人物，企图以此挽救大明王朝的颓势，张居正就是其中的佼佼者。

　　张居正，字叔大，号太岳，湖广江陵（今属湖北）人，世称张江陵。他自幼天资过人，十岁就通晓四书五经，有"神童"之称。在十三岁时，他作了一首《咏竹》诗，表达了非凡的志向。诗云："绿遍潇湘外，疏林玉露寒。凤毛丛劲节，只上尽头竿。"他少年得志，在十六岁时考中举人，一举成名，深得湖广巡抚顾璘的赏识。明世宗嘉靖二十六年（1547 年），张居正考中进士，被选为翰林院庶吉士。庶吉士是一种见习官员，按例要在翰林院学习三年，期满后可赐编修。张居正得到内阁重臣徐阶的赏识，在徐阶的引导下，他努力钻研朝章国故，为日后走上政治舞台打下了坚实的基础。两年后张居正升任翰林院编修，上《论时政疏》，抨击时弊，并系统地阐述了改革政治的主张，但并未得到朝廷应有的重视。后因受严嵩的排挤，张居正托病在家里闲居三年之久。在这三年中，他仍不忘国事，亲身接触农民，深刻地体会到农民的疾苦，在《荆州府题名记》中写道："田赋不均，贫民失业，民苦于兼并。"嘉靖三十六年（1557 年），张居正被召回朝，仍然供职翰林院。

　　当时明世宗崇信道教，三十年不理朝政。嘉靖四十一年（1562 年），徐阶接替严嵩继任首辅，和张居正共同起草世宗遗诏，纠正了世宗时期修斋建醮、大兴土木的弊政，为一些因冤案获罪的朝臣平反，受到了朝野上下的普遍欢迎。嘉靖四十三年（1564 年），深谋远虑的徐阶举荐张居正为世宗第三

正史史料

张居正，字叔大，江陵人。少颖敏绝伦。十五为诸生。巡抚顾璘奇其文，曰："国器也。"未几，居正举于乡，璘解犀带以赠，且曰："君异日当腰玉，犀不足溷子。"

——《明史·张居正传》

子裕王朱载坖的侍讲侍读。张居正由此得到裕王朱载坖的赏识，"王甚货之，邸中中宫亦无不善居正者"。嘉靖四十五年（1566 年），明世宗朱厚熜去世，因长子和次子早夭，由第三子裕王朱载坖即位，次年改年号为隆庆，是为明穆宗。

明穆宗在位期间，朝中基本没有大的变故。穆宗对政事也没有多大的兴趣，便将朝政完全交给大臣们去处置。皇帝的宽松放任使得朝中一时间人才济济，如徐阶、张居正、高拱、杨博，谭纶、戚继光、李成梁等人，都是明朝不可多得的贤臣。前朝荒废的朝政为之一新，经济上也出现了较大的改观。但穆宗皇帝沉湎于女色，整日在深宫里同妃嫔们荒淫享乐，即使偶尔召见大臣，也很少发表意见。皇帝长期不理朝政，使朝政大权落在内阁大臣的手中。此时内阁内部的政治斗争进入白热化。在政治的风浪中，张居正"内抱不群，外欲浑迹"，相机而动。

隆庆元年（1567 年）二月，张居正以裕王旧臣的身份任礼部右侍郎兼翰林院学士，后改任吏部左侍郎兼东阁大学士，进入内阁，参与朝政。四月张居正迁任礼部尚书，兼武英殿大学士。隆庆二年（1568 年）七月，徐阶终因年迈多病致仕。次年徐阶的政敌高拱重回内阁兼掌吏部事，控制了内阁大权。张居正曾是高拱的知己，后来二人发生嫌隙，关系日益疏远，此时高拱又和权宦冯保发生矛盾。冯保在嘉靖年间任司礼监秉笔太监，隆庆元年提督东厂，兼掌御马监事。张居正结交冯保，得到穆宗陈皇后及神宗生母李贵妃的支持。

隆庆六年（1572 年）五月，明穆宗驾崩，遗诏任命高拱、张居正、高仪三名内阁大臣与司礼监掌印太监冯保同为顾命大臣。年仅十岁的太子朱翊钧即位，次年改年号为万历，是为明神宗。高拱自视甚高，为人骄横，与冯保早有嫌隙。神宗即位后，冯保身为司礼监掌印太监，兼督东厂，势力很大。高拱对冯保的权力扩张十分不满，企图让冯保将权力归还内阁。张居正权衡利弊，表面上附和高拱，私下里却与冯保结盟，共同驱逐高拱。高拱曾说

二进宫

明代宫廷斗争激烈，京剧《二进宫》对此有所反映。剧中，万历皇帝年幼，李艳妃垂帘听政，其父李良欲篡位。定国公徐延昭、兵部侍郎杨波严词谏阻，李妃不听。待李良封锁昭阳院后，李妃始悟李良之奸，徐延昭、杨波二次进宫劝谏，李妃感悟，后杨波率兵诛李良。

"十岁天子如何治天下"，冯保就以此为口实，在皇太后和神宗面前挑拨离间。最后高拱以"专政擅权"之罪被免职。高拱回乡，高仪病死，张居正自然地就成为内阁首辅。神宗对张居正奉若神明，言听计从，张居正从此独掌国家大权达十年之久，成为明朝最有权势的首辅。但是张居正从出任首辅之日便留下了一个为人诟病的口实，这就是阴结太监。

<h2 style="text-align:center">政绩炳然</h2>

作为一个雄才大略的政治家，张居正对明王朝所面临的问题有着深刻的认识。他"勇于任事，以天下为己任"，从出任内阁首辅以来，雷厉风行地展开了一系列的改革，使日渐衰颓的明王朝一度呈现出繁荣强盛的景象。他认为"天下之事，极则必变"，有着鲜明的变革思想。同时他讲求实效，主张"凡事务实，勿事虚文"。以下是张居正实行改革的主要内容。

一、整顿吏治

嘉靖年间（1522年—1566年）以来，吏治十分腐败，贪官污吏上蠹国库，下剥贫民，趋炎附势，上下姑息。张居正对当时官场中因循敷衍的风气深恶痛绝，十分重视对吏治的整顿。

在多年的从政生涯中，张居正深刻地认识到令行禁止对改革朝政的重要性，要求严格贯彻对官员的考察制度。万历元年（1573年），张居正实行"考成法"，对官员进行随事考成，考核各级官吏的政绩优劣，以改变以往那种"上之督之者虽谆谆，而下之听之者恒藐藐"的不良习气。张居正认为："盖天下之事，不难于立法，而难于法之必行；不难于听言，而难于言之必效。"

他首先加强内阁的行政责任和督察责任，提高六科的督察职能。所谓六科，是指吏、户、礼、兵、刑、工六科，这些机构是与吏、户、礼、兵、刑、工六部相应而设的，掌"侍从、规谏、补阙、拾遗、稽查六部百司之事"，实际上就是六部的监察机关。六部的最高长官为二品官，六科的最高长官为七品官，可六科的长官却对二品长官具有封驳纠劾的权力。嘉靖、隆庆年间（1567 年—1572 年），吏治腐败，六科的职能名存实亡。张居正恢复、健全了六科职能，以六科督察六部，以六部督察诸司与地方按抚，最后以内阁直接控制六科，这样内阁就直接掌握了各级官吏的监察大权。这样一个严密而又完整的官吏考成行政系统就形成了。此后又建立起对各有司部门事事责实的稽查制度。这样各级官吏对于朝廷发布的政令不敢随意敷衍塞责，有效地提高了行政效率，"虽万里外，朝下而夕奉行"。

其次，将征收赋税的情况作为考核官吏政绩的标准。张居正毅然提出对官员"以钱谷为考成"，规定凡是追缴欠税不足的官员，都要受到批评、调离或撤职的处分。这样官吏自身的前途就与催征赋税的情况联系在一起。万历四年（1576 年）规定，地方官征赋试行不足九成者，一律处罚。同年十二月，地方官因征收赋税不足而受到降级处分的，山东有十七名，河南有两名；受到革职处分的，山东有两名，河南有九名。各级官员不敢懈怠，努力完成当年税粮的缴纳，改变了拖欠税粮的状况，使国库日益充裕。万历五年（1577 年），据户部统计，全国的钱粮数目岁入达 435 万余两，扭转了长期财政空虚的状况。由此可见，实行考成法对整顿田赋、增加国家财政收入起到了积极作用。

为了更有效地推行考成法，张居正着手裁汰大批的冗员，大力培植改革的中坚力量。在任用官吏时，张居正坚持唯才是举的用人方针，只要有真才实学，就破格录用。他认为立贤无方，即使身份卑贱，只要才能出众一样可以位列九卿，成为国家的栋梁。同时张居正严格选择学官和生员，成功地扭转了学校"冒滥居多"的弊病，以提高候补官吏的素质。他还特许府、州、县的考生越级报考京师的国子监，将各地人才收罗到中央，形成了改革的中坚力量。

二、整饬边防

隆庆年间，张居正主持北方边务。他大胆地启用了一些独当一面的将领，巩固了边防。在他的大力举荐下，在"抗倭"斗争中功勋卓著的谭纶出任蓟辽总督，抗倭名将戚继光总理蓟州、昌平、保定三镇练兵事务。在谭纶、戚继光的努力下，蓟镇军防有了很大的改善。在大力加强战备力量的同时，张居正积极改善汉蒙关系。隆庆四年（1570 年），俺答汗之孙把汉那吉与俺答汗发生矛盾，归附了明朝。张居正支持宣府总督王崇古的正确意见，采取安抚政策，优待把汉那吉，并以此为契机使明朝与蒙古各部的关系有了良性的

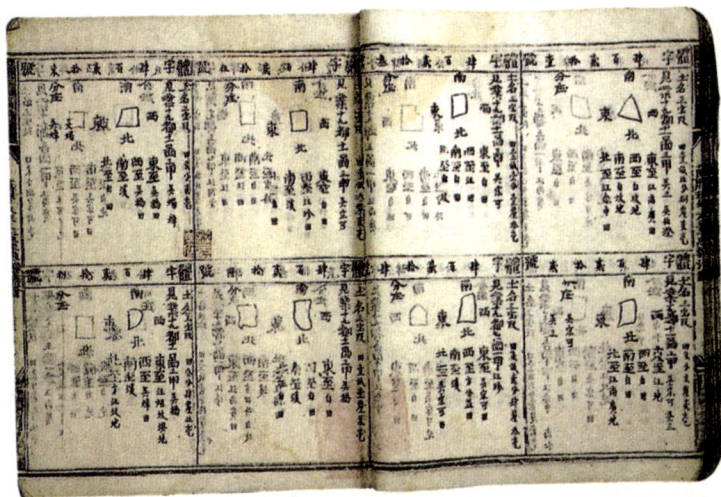

清丈鱼鳞清册

鱼鳞清册，又称鱼鳞图册、鱼鳞册，是明朝官府为征派赋役而编造的全国土地登记簿册。因册中所绘田地图形状如鱼鳞而得名。当时张居正为了增加政府收入，下令对全国进行土地清查。此图就是当时绘制的鱼鳞清册的一个局部。

发展。次年俺答汗与明朝议和，此后"边境休息，东起延、永，西抵嘉峪七镇，数千里军民乐业，不用兵革，岁省费什七"。

万历初年，张居正成为内阁首辅。他对边防十分重视，认为"当今之事，其可虑者莫重于边防"，大力贯彻"外示羁縻，内修战备"的方针，整顿边疆的防务。他在边防军事方面的改革，与在吏治上的改革是一脉相承的。一方面，张居正以"积钱谷、修险隘、练兵马、整器械、开屯田、理盐法、收塞马、散叛党"八事督察边臣，令边防军事落在实处。另一方面，张居正知人善任，提拔了一些有才能的将领全权处理边防事务。谭纶、王崇古、方逢时、张学颜、郑洛等将领都在北边防务上发挥了积极的作用。这些改革措施取得了很好的成效，在张居正执政时期及其后的二三十年里明朝没有发生大的战争，有力地促进了国家经济的发展，稳固了国家的统治。

三、丈量土地

明朝的赋税制度是向土地所有者征收田税，按人头派差役，所以土地和户口是国家财政的主要来源。财税征收的混乱局面是明朝中期以来财政危机产生的根本原因。贵族、官僚和地主大量兼并土地，还利用自己手中的特权贿赂官府，隐占户口，瞒田偷税，逃避差役，致使"小民税存而产去，大户有田而无粮"。大量农民失去土地，依然要承受沉重的税赋，被迫走上流亡的道路，国家的税源衰竭，严重影响了明王朝的统治。为了解决这一问题，首先就必须清丈全国土地。

万历五年（1577年），张居正提出清丈全国土地。次年张居正以福建为试点地区，清丈田地，结果"闽人以为便"。万历八年（1580年），张居正在全国陆续展开清丈土地的工作，并在此基础上重绘鱼鳞图册。全国大部分地区根据户部颁布的《清丈条例》对田地进行了认真的清丈，但也存在一些问题，如一些地方官吏改用小弓丈量土地，以求田多，地方豪强地主千方百计地隐瞒土地等。到了万历九年（1581年），全国田地丈量完竣，总共为7013976顷，比弘治时期增加了3000000顷。

张居正通过清丈土地，严厉打击了违法的权贵地主，迫使他们依法纳税，扭转了财政亏损。后人评价这一举措说："既不减额，亦不增赋，贫民之困以纾，而豪民之兼并不得逞。"

四、一条鞭法

万历年间，豪强地主兼并田地的情况十分严重，他们有地而不纳税，重新丈量田地的举措，极大地打击了豪强地主的利益。接着张居正又在全国范围内推行一条鞭法，简化了征收项目和手续，计亩征银。役银由旧制按照户、丁征收改为以丁、田分担，在一定程度上抑制了豪强漏税的现象，减轻了无田或少田农民的负担，增加了国家的收入。一条鞭法是中国古代赋役制度的一个重大的改革。

张居正深知仅靠清丈田亩还远远不能解决问题，必须进一步改革赋税制度，以保证国家财政收入的稳定增长。早在嘉靖十年（1531年），南赣都御史陶谐在江西率先实行一条鞭法，取得了很好的成绩。之后王宗沐在江西、潘季驯在广东、庞尚鹏在浙江、海瑞在应天、王圻在山东曹县也都实行过一条鞭法，使"田不荒芜，人不逃窜，钱粮不拖欠"，取得了很好的成效。在清丈土地的同时，张居正积极推广从嘉靖以来在这些地区试行并取得成效的一条鞭法。万历四年（1576年），张居正将一条鞭法推广到湖广地区。在积累了相当多的经验后，张居正于万历九年（1581年）下令在全国范围内实行一条鞭法。

明初的田赋分夏税和秋粮，夏税以麦为主，秋粮以米为主，皆以银钞钱绢代纳。凡以米麦交纳者，称为"本色"，而以其他实物折纳者，称为"折色"。显然一条鞭法与明朝前期的赋役征收制度已有很大的不同，具有以下特

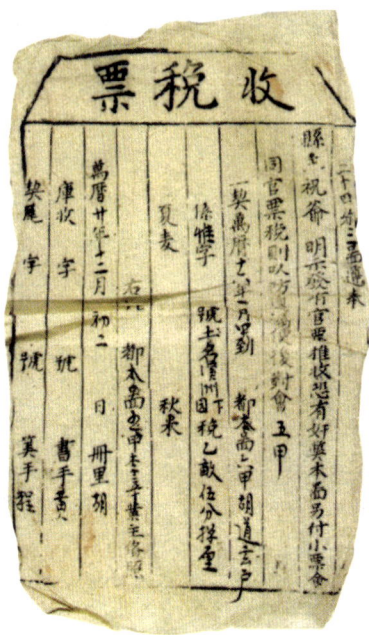

收税票

图为明朝万历年间的收税票，它是政府收税的书面凭证。此票为研究明末经济提供了重要的资料。

正史史料

一条鞭法者，总括一州县之赋役，量地计丁，丁粮毕输于官。一岁之役，官为佥募。力差，则计其工食之费，量为增减；银差，则计其交纳之费，加以增耗。凡额办、派办、京库岁需与存留、供亿诸费，以及土贡方物，悉并为一条，皆计亩征银，折办于官，故谓之一条鞭。立法颇为简便。嘉靖间，数行数止，至万历九年乃尽行之。

——《明史·食货志二》

点：其一，将赋役中的各项名目，如均徭、力差、银差等各种税收合并为一种，一律按田亩计征，简化了税目和征收手续；其二，取消力役，改折银两，统一由官府雇人应役，这样就扩大了货币流通的范围，削弱了人身依附关系，对商品经济的发展起了促进的作用；其三，除了苏、松、杭、嘉、湖等供应皇室官僚食用的漕粮外，其余一概改收折色银，大大扩大了赋役征收中的货币比重；其四，计算赋役数额时，以州县为单位，各州县原有的赋役额不得减少；其五，赋役由地方官吏直接征收，即所谓"丁粮毕输于官"，改变了以往民征民解的办法。

一条鞭法是中国赋税制度继两税法之后又一次重大的改革。它将明初的赋役制度化繁为简，由实物税改为货币税，结束了我国历史上实行了两千多年的三征（粟米之征、布帛之征、力役之征）税制体系。可以说一条鞭法的实行，在一定程度上遏制了豪强漏税和官吏贪污的现象，减轻了农民的赋税负担，客观上促进了农业和工商业的发展。但是它也触动了官僚地主阶级的切身利益，在各地推行时，遭到种种阻挠和破坏，无法彻底实行。

张居正的改革是明朝封建统治者为了挽救积弱积贫的统治危机而进行的一场政治改良活动。《明通鉴》对张居正的改革给予了很高的评价："起衰振隳，纲纪修明，海内殷阜，居正之力也。"张居正在王朝颓败之际临危制变，以非凡的勇气和智慧彪炳史册，就连对张居正颇有偏见的李贽也感叹张居正是"宰相之杰"。

身后之悲

作为一名改革家，张居正有着杰出的才干。《明神宗实录》对张居正的政绩给予客观的评价："海内肃清，四夷詟服，太仓粟可支数年，冏寺积金至四百余万。成君德，抑近倖，严考成，综名实，清邮传，核地亩，沟经济之才也。"然而张居正在尸骨未寒之际却成为朝野攻讦的对象，十年新政，毁于一旦。

一种观点认为，张居正在推行改革的过程中独断专行，树敌过多，导致了悲剧的发生。

张居正将改革的侧重点放在谋求封建政权统治的稳定，因此带有明显的弱点，特别在经济改革方面，这些弱点就更为明显。张居正以"强公室、杜私门"为经济改革的立足点，强制大地主按田纳赋，触动了富豪权贵的利益，遭到了许多人的反对。万历五年（1577 年）九月，张居正的父亲张文明去世，张居正夺情留职，引来一片反对之声。

明朝是一个非常重视孝道的王朝，按照当时礼制规定，在职官员从得知父母丧日起，要辞官守孝二十七个月，不计闰月，期满后再重新启用。明英宗时还规定，如果官员隐匿丧情不向朝廷奏报，则一律削职为民，并且在服丧期间，不允许上奏夺情。所谓"夺情"，就是指经过皇帝的特批可以继续留任。此时改革正处于方兴未艾之际，张居正知道自己一旦离任，改革就将前功尽弃。他一面屡次上疏请求守制，一面在私底下通过冯保让神宗出面挽留自己。他在《乞恩守制疏》中提出要辞官守制，但又强调"受非常之恩，宜有非常之报"，并说"父制当守，君父尤重"。于是，在大太监冯保和皇太后等人的支持下，明神宗出面以政务繁忙为由，卜诏挽留张居正"夺情视事"。张居正不领俸禄，穿素服在阁中处理朝政。

此事在朝中引起一场轩然大波。翰林院编修吴中行、检讨赵用贤等人纷纷上奏，攻击张居正不奔丧、不守制，置伦理纲常于不顾。刑部员外郎艾穆、主事沈思孝联名上疏，弹劾张居正"忘亲贪位"。张居正对此不屑一顾，坦然地说："今言者已诋臣为不孝矣，斥臣为贪位矣，詈臣为禽兽矣，此天下之大辱也，然臣不以为耻也。"十月二十二日，吴中行、赵用贤分别被处以廷杖六十，并被逐出京城。艾穆和沈思孝被处以廷杖八十，流放充军。新科进士邹元标打抱不平，上疏求情，也被处以廷杖八十，发配充军。这样在明神宗的支持下，事情才渐渐平息下来。

张居正的权势如日中天，得以继续推行改革。大臣们对张居正排斥异己十分不满，但迫于形势，隐而不发。此后反对派散布各种流言蜚语，对改革进行败坏和中伤。按照旧例，每年冬天皇帝都要赐给朝臣貂皮帽以御风寒，这一项支出动辄花费数万缗。为了节省国库开支，张居正带头不带貂帽，革除了这项赏赐。一些人就说张居正吃春药过多，导致"毒发于首，冬月遂不御貂帽"。在张居正执政时期，不利于他的流言广为流传，令人不胜其眩。张居正以坚强的意志对这一切处之泰然，认为"浮言私议，人情必不可免"。他

龙袍袍料
此袍料是为万历皇帝制作衮服的布料，上面用片金线织出十二条团龙。此图为其中的一部分。

以破釜沉舟的决心宣称："不但一时之毁誉，不关于虑，即万世之是非，亦所不计也。"

万历十年（1582 年），张居正因病去世，时年五十七岁。在临死前的一个月，他还上疏请求免去万历七年（1579 年）以前老百姓积欠的赋税，并获准施行。明神宗赠其上柱国，谥曰"文忠"，下诏罢朝数日，以示悲痛。

张居正从统治阶级的长远利益出发，开罪了一些权贵。他自己在政策及用人上也存在一些失误，给反对派留下了口实。张居正死后，一些大臣就开始了肆意的报复和攻击。

一种观点认为，张居正身死受辱的真正原因是威权震主。张居正四面树敌固然对他造成了不利的影响，但并不足虑，明神宗对他态度的转变才是张居正悲剧结局的关键所在。

明神宗朱翊钧即位时年仅十岁，李太后就把教育培养朱翊钧的重任交给了张居正。张居正成为首辅后，一方面治理国事，一方面对神宗严加训导。张居正亲自指导神宗读书，为他安排课程，选拔有素养的大臣指导神宗的课业，与神宗建立起了深厚的师生之情。神宗视张居正为"擎天一柱"，对他极为敬畏，一向言听计从。因此张居正得以独擅权柄，成为有明一朝最有权势的内阁首辅。

随着年龄的增长，明神宗对张居正强硬的作风逐渐感到不满。一次神宗和身边的两个太监一起深夜里喝醉酒，在宫中嬉戏胡闹。次日神宗便受到皇

玉花耳杯

明朝后期奢侈之风颇盛。这件作为明万历皇帝陪葬品的玉花耳杯上嵌红宝石，杯底托鎏金银盘，盘内嵌各式宝石和玛瑙等，极尽奢华。当时首辅张居正的生活也十分奢华，查抄其家产时，曾查出黄金万余两，这也是其被时人批评的重要原因。

太后的严厉斥责，张居正还出面将陪他玩耍的太监全部调走了。张居正还命神宗向全国百姓发布了一篇"罪己诏"，措辞十分严厉。此后神宗对张居正的感情慢慢就从敬畏转变为怨恨。

张居正当国十年，威柄震主，引起了明神宗的不满。张居正的当权便是神宗的失位，在权力上，张居正和神宗成为对立面。张居正去世后，神宗为了树立起自己的权威，就着手清算张居正。张居正逝世后的第四天，御史雷士帧等言官弹劾潘晟，神宗便命潘晟致仕。潘晟是张居正生前所举荐的大臣，他的下台就是张居正失宠的信号。之后神宗经过多方权衡，决定拿与张居正一向交好的太监冯保开刀。张居正与大宦官冯保关系密切，冯保贪婪成性。张居正为了得到首辅之位，曾先后送给冯保名琴七张，夜明珠九颗，珍珠帘五副，金三万两，银二十万两。在冯保的鼎力相助下，张居正当上了内阁首辅，得以施展自己的政治才能。尽管张居正本人比较清廉，曾经拒绝过数以万计的贿赂，但是他与冯保之间的关系，给反对派留下了口实。

明神宗为了成为大权独揽的君主，首先就要摆脱张居正的影响。朝中的文武百官根据对张居正的态度而分为两派，一派拥护张居正，一派反对张居正。在反张派的眼里，张居正是伪君子和独裁者。在反对派的调唆下，同年十二月，神宗以欺君之罪，免去冯保东厂提督之职，抄没其家产。随后张居正重用的官员都被罢免，而从前反对张居正的大臣则重新得到任用。张居正呕心沥血所推行的改革，至此宣告彻底失败。

最为悲惨的是在张居正死后不到两年，明神宗又指责他"罔上负恩，谋国不忠"，下旨削去他的官职和谥号，剥夺生前所赐玺书、四代诰命，并查抄他的家产，甚至要"斫棺戮尸"。一代能相之家竟落得如此可悲的下场。

司礼监太监张诚和刑部右侍郎邱橓奉旨前往江陵查抄张府。在他们还未到达江陵之时，荆州府、江陵县的地方官员就亲自到张府封门，张家的子女仆人躲在空房间里不敢出来，饿死了十多人。查抄张居正家产时更是

宫蚕图（局部）

明朝时期，我国的养蚕业已经发展到了相当成熟的阶段。此《宫蚕图》就生动地描绘了明朝时人们在室内养蚕的状况，颇具生活情趣。

锱铢必较，共计查出黄金万余两，白银十多万两，与当初预计的有很大出入。邱橓便用重刑拷问，硬要张家交出寄存在外的二百万两白银，还逼迫其家人招供寄存在曾省吾家白银十五万两、王篆家十万两、傅作舟家五万两。张居正的次子张懋修屈打成招，侥幸活了下来。长子张敬修不堪折磨自缢身亡，死前留下一封血书，记录了张府遭受不白之冤的惨状。

张居正死后，明朝的各种社会矛盾日益激化，一发而不可收拾，大明王朝日益衰颓。国衰思良臣，明熹宗朱由校于天启二年（1622 年）为张居正平反，恢复生前官职，并追封为吏部尚书、建极殿大学士，重新给以葬祭，张府房产没有变卖的一并发还。崇祯二年（1629 年），明毅宗还赐予张居正后人官荫与诰命。

社会经济的高度发展

从嘉靖中期开始，由于社会生产力的提高，直接促进了工农业生产的发展，对全国各地商业的繁荣、商人资本的积累都起到了积极的作用，使这一时期成为中国封建社会后期社会经济特别繁荣的时期。

新作物传入

明太祖洪武末年，明朝的人口大致在 6500 万。而到了明神宗万历二十八年（1600 年），明朝的人口已达到 1.5 亿，这是中国历史上从未有过的数字。人口的增长自然对农业的发展提出了更高的要求，而农业的增长也为人口的增长提供了必备的条件。万历时期人口之所以能达到前所未有的规模，正是这一时期农业发展的结果。

我国传统的粮食作物有稻、菽、麦、稷、黍五大类。据宋应星《天工开物》载："今天下育民人者，稻居什七，而来（小麦）、牟（大麦）、黍、稷居什三。"自古以来，稻子是我国人民最重要的粮食作物。在明代以前，大体上已经形成南稻北麦的生产格局。在明世宗嘉靖时期（1522 年—1566 年），随着长江流域的开发，麦类作物在南方水道产区的种植面积有所增长，稻麦轮作一年两熟的耕作方式已得到极为普遍的应用。与此同时，稻子在北方的种植也不断扩张，在直隶地区开垦了为数相当可观的水稻田。

除了传统的粮食作物，玉米、番薯等粮食新品种的引进和推广，为农业的发展开辟了新的途径。玉米又称番麦、西天麦、回回大麦，原产于美洲。在明武宗正德年间（1506 年—1521 年）以前，玉米就已由中亚传入我国，虽然很快在东南重要的粮食产区出现，但没有受到重视。到了嘉靖后期，玉米已经成为长江中上游流域山地，尤其是汉水流域山区重要的粮食作物。据田艺衡《留青日札》载："御麦出于西番，旧名番麦，以其曾经进御，故曰'御麦'。干叶类稷，花类稻穗，其苞如拳而长，其须如红绒，其粒如芡实大而莹白。花开于顶，实结于节，真异谷也。吾乡传得此种，多有种之者。"嘉靖、万历时期（1573 年—1620 年），玉米的种植地区有贵州、四川、广西、甘肃、山东、陕西、河北等地。番薯又称白薯、红薯、金薯、红山药等，原产于美洲，于万历前期传入我国。甘薯具有抗旱、产量高、口味好等优点，适宜于较为贫瘠的旱地和山地。到了万历时期，已成为福建、广东、浙江、江苏四省重要的粮食作物。玉米、甘薯的产量较一般粮食作物要高，不与五谷争地，在旱地、山地等处皆可种植，因此得到广泛的传播。此外它们的传入与推广对提高粮食亩产量，从而增加粮食总产量起到了革命性的作用，在一定程度上缓解了人口增长对土地造成的压力。

在经济作物种植方面，也取得了显著的进步。烟草、花生等新的经济作物在这一时期传入中国，进一步丰富了农产品的结构。花生作为重要的油料作物，它的传入具有很大的意义。而且花生适于在沙地生长，对于利用沿海、沿河以及其他沙滩地带，也有积极的意义。当时花生主要种植于江苏、福建、浙江等地。万历初年，棉花的种植已遍布河北、山东、河南、两淮等地区，尤其是长江三角洲已成为著名的产棉区。在松江地区，"官民军灶垦田凡二百万亩，大半植棉，当不止百万亩"。棉花种植广泛，品种也日益增多，常见的有江花、北花、浙花、黄蒂、青核、黑核、宽大衣等。这一时期，浙江杭州、嘉兴、湖州三府的植桑业得到进一步的发展，其中湖州是植桑业的中心。与此同时，在江南等农业较为发达的地区，传统的农业单一经营方式已被突破，出现了多种经营的方式，经济作物棉、麻、桑、蓝靛、茶树、甘蔗、蔬菜、果木、花卉等品种的种植日益广泛。很多农民在种植经济作物的同时还经常进行一些初级加工，或兼营其他副业，以获取更多的收入。在松江、苏州二府，棉作物的种植已经超过水稻的种植，"邑之民业，首藉棉布"。而在嘉兴、湖州二府，则是蚕桑的种植超过水稻的种植，"蚕或不登时，举家辄哭"。以经济作物种植为主的地区需要邻近地区提供粮食，湖广、江西等地成为新的粮食生产中心，承担了向江南、福建、广东等地提供粮食的重任。唐宋以来，江南一直是最大的粮食产区，后谚云"湖广熟，天下足"。

嘉靖、万历时期，农业技术有了进一步的提高。在长江下游三角洲等农业发达地区，人们更注意通过水利灌溉、扩大牛耕的面积、加大肥料的投入和培育高产品种等农业技术来提高粮食产量。在福建、浙江等地，双季稻已开始采取间作技术，形成早、晚稻二熟制。而早晚稻连作制，也在一些南方地区出现。南方稻田亩产一般为二三石，甚至有的地区可达到五六石。这一时期，轮作复种技术的广泛应用，对提高粮食的亩产量起到积极的促进作用。

缂丝花鸟图轴

此幅图轴上段为两只绶带鸟栖息于盛开的石榴花旁，中段为竞相怒放的荷花与栀子花，下段一对鸳鸯立于水边的土坡上。全幅图织纹清晰、色彩厚重，为明朝丝织品中的典型代表。

手工业的进步

明代中期以来，官匠制度发生变化，工匠可以用银代役，在很大程度上提高了生产率，同时使自由手工业者的数量得以扩大。随着农业的增长和商品流通的活跃，民间手工业生产也随之发展起来，到了嘉靖时期（1522年—1566年），民间手工业已居于主要地位，而且无论是生产技术还是经营方式都有显著的进步。

纺织业是明代最重要的手工业，分布十分广泛，"凡棉布存土皆有"。江南是棉纺织业的中心地区。以湖州来说，"正（德）嘉（靖）以前，南溪仅有纱帕。隆（庆）、万（历）以来，机杼之家相沿比业，巧变百出。"松江府地区是棉纺织业最为发达的地区，"俗务纺织，他技不多，而精线绫、三梭布、漆纱、剪绒毯，皆为天下第一。……百工众技与苏杭等。要之，松郡所出皆切于实用，如绫、布二物，衣被天下，虽苏杭不及也"。松江府所出的一种"上阔尖细"的称作"标布"的棉布，盛行全国。与此同时，纺织业的生产技术也取得了重大的突破。在轧棉方面，明初尚需要"二人掉轴，一人喂上棉花"，万历时期（1573年—1620年）则改为四足脚踏缆车，大大提高了生产效率。在纺线方面，从手摇纺车改为足踏纺车，有的地方甚至可以一手纺织四根以至五根线。

丝织业也在这一时期发展到新的高度。丝织业要经过缫丝、络丝、牵丝、治纬和开织等诸多工序。到了这一时期，这些工序在工具与操作技术方面都有不同程度的进步。如万历年间沈氏机户所改造的"纱绸机"所生产的纱绸"质细而滑，且柔绝海内外"，受到人们的普遍欢迎。当时的织机有两种：一种是织平面纹的腰机，另一种是织花纹的花机。其中花机机长达一丈六尺，其构造十分复杂，工作时要有两人协作，可织出画师所绘出的任何花纹和图案。再如福州的织缎机原为五层，弘治时期（1488年—1505年）改为四层，谓之"改机"，大大提高了产品质量。从明朝中期以来，丝绸种类日益增多，有缎、锦、纱、罗、绸、绢、绫等数十种。江南地区是丝织业的中心，如苏州以花缎闻名，南京以素缎、云锦闻名，杭州以宁绸、线绉闻名，镇江以江绸、元青线缎闻名，湖州以花绉、素绉、绸等闻名。到了万历时期，苏州"家杼轴而户纂组"，集中了数量很大的丝织业工人。山西潞州府生产的潞绸名闻全国，有"西北之机，潞最工"之称。

冶铁业也得到极为显著的发展，有了大规模的生产和比较细密的分工。据嘉靖《徽州府志》载："凡取矿，先认地脉，租赁他人之山，穿山入穴。……既得矿，先必烹炼，然后入炉。煽者、看者、上矿者、取钩沙者、炼生者，而各有其任。昼夜番换，约四五十人。若取矿之夫，造炭之夫，又不止是。故一炉之起，厥费亦重。"这一时期，冶铁炉具宏大，使用人力十分庞大，生产规模也很大。全国各地兴起了许多以制铁著称的城镇，如广东南海县佛山镇、檀丘市等。在钢铁生产技术方面有了很大的进步，广泛利用煤为燃料，并使用装有活塞、活门的木风箱。尤为重要的是，炼铁炉与炒铁塘

繁华的都市

有明一代，在经济发展的基础上，城市的各项娱乐活动也蓬勃发展起来。该图选自《南都繁会图卷》，生动地反映了当时市集中戏曲表演的盛况。图中艺人在搭建的草棚中演出，观众在临时搭建的看台中，或站或坐，欣赏得津津有味。

串联使用，减少了炒炼熟铁时再熔化的过程，节约了时间、降低了成本，是现代冶金技术的一个重要的起点。

这一时期手工业进步的一个突出现象是，民营手工业渐居于主要的地位。就纺织业而言，民间纺织手工业已远远超过了官纺织业，尤其是江南乡村纺织业主和手工业者皆因此而致富，一般百姓也依赖纺织而度日。可以说，私营纺织业已成为江南社会经济的一个重要的组成部分。陶瓷业也出现了类似的情况。明代陶瓷业以浙江龙泉、福建建窑、江西景德镇最为有名。明初在许多地方开设官窑，而到了嘉靖、万历时期，民窑的数量不断增加，超越了官窑。如在江西景德镇的瓷器生产中，出现了"官搭民烧"制度，部分瓷窑已开始为满足市场而进行生产，而景德镇已发展为瓷业的专业城市。其他如制盐、矿冶、采珠等官府控制较严的行业，也在不同程度上出现了民营化的倾向。

国内外贸易的繁荣

随着农业和手工业的发展，嘉靖时期（1522年—1566年）、万历时期（1573年—1620年）商品经济呈现出空前繁荣的局面，已经超过了以前任何时期。

明代水陆畅达，为大规模的商品流通提供了极为有利的交通条件。诚如明人宋应星所说，其时"滇南车马纵贯辽阳，岭徼宦商横游蓟北，为方万里中，何事何物不可见见闻闻"。到明中后期，全国各地的水陆交通较前有了很大的发展。伴随着道路交通的畅达，商品流通日益兴盛繁荣。嘉靖、万历时期，全国各地的商品往来十分频繁。据张瀚《松窗梦语》载："列肆贸易者，匪仅田亩之获，布帛之需。其器具充栋与珍玩盈箱，贵极崑玉、琼珠、滇金、越翠。凡山海宝藏，非中国所有，而远方异域之人，不避间关险阻，而鳞次辐辏，以故畜聚为天下饶。"嘉靖《河间府志》更对北直隶（今河北）河间府的货贩行商的状况作了详细的记载："河间行货之商，皆贩缯、贩粟、贩盐、铁、木植之人。贩缯者，至南京、苏州、临清。贩粟者，至自卫辉、磁州并天津沿河一带，间以岁之丰歉，或籴之使来，粜之使去，皆辇致之。贩铁者，农器居多，至自临清、沟头，皆驾小车而来。贩盐者，至自沧州、天津。贩木植者，至自真定。其诸贩瓷器、漆器之类，至自饶州、徽州。"由此可见，到河间贩卖货物的商人来自于山东、河南、江苏、安徽、江西等地。许多重要商品的贸易，已不再局限于地方局部范围内的狭小市场，而是被长途贩运到很远的地方销售，乃至行销全国。如此等等，充分反映出当时全国各地商品流通的盛况。

随着各地商业往来的加强，在物产丰富、交通便利的地方便形成了大大小小的商业中心区。易地货贩的经营与商风习俗，一时大兴，并涌现出一批专门货贩的行商与坐地营销的坐贾商人。江南地区和福建是商业最为发达的地方，全国各地的货物都汇聚在此，十分繁华。明人王世懋《闽部疏》载："凡福之绸丝，漳之纱绢，泉之蓝，福延之铁，福漳之桔，福兴之荔枝，泉漳之糖，顺昌之纸，无日不走分水岭及浦城之小关，下吴越如流水。其航大海而去者，尤不可计，皆衣被天下。所仰给他省，独湖丝耳。"这些地区的产品向外输出的也很多，据张瀚《松窗梦语》载："桑麻遍野，茧丝棉之所出，四方咸取给焉。虽秦晋燕周大贾，不远数千里求罗绮缯布者，必走浙之东也。"其他地方也涌现出相当多的商业中心区，如河间、保定、武安、开封等不一而足。岭南、滇中等边远地区的商业也有了一定的发展，如广东"高、廉、处、琼、滨海诸夷往来其间，志在贸易"。

嘉靖、万历时期的国内贸易在一定程度上已经具有了地域分工的特点。在东南沿海地区和运河沿岸地区，形成了具有地方特色的手工业产品和经济作物的生产据点，出现了不同地区之间专业性的商品流通。如江南地区的松江一带是棉布的生产中心，而其原料棉花则有相当一部分来自北方。安徽芜湖以浆染业闻名天下，有"织造尚松江，浆染尚芜湖"之称，其浆染业的原料则多来自福建。苏州作为丝织业的中心，其原料蚕丝则来自浙江的湖州。

与此同时，内地与边疆各少数民族之间的商业往来也有较大的发展。政府放宽了某些限制，使内地与边疆各民族的贸易出现了较为繁荣的景象，由单纯的官市贸易发展到多渠道的贸易，且民间的贸易日益超过了官市贸易。

在国内贸易发展的基础上，东南沿海地区的对外贸易也突破了官方朝贡

南都繁会图卷（局部）

自朱棣迁都北京之后，南京成了明朝的陪都和第二大城市。到了明朝中后期，南京城已经是店铺林立、车水马龙。此图可见当时南方经济的繁荣以及市民的生活状况。

贸易的限制，民间的私人海上贸易得到了迅速的发展。明朝初期，政府实行闭关锁国政策，限制私人的海外贸易活动。但这种朝贡贸易无法满足国内外经济发展的需要，许多朝贡国的商人经常违禁与沿海商民进行贸易。到了16世纪初叶，西方葡萄牙人、西班牙人先后东航，势力扩张到中国的沿海地区，刺激了东南沿海一带的海上贸易活动。于是民间私人海上贸易活动冲破了种种阻碍，迅速兴起，并取代了朝贡贸易。到了嘉靖时期，这种私人海上贸易活动得以迅猛发展，政府对此已经无力禁止。于是隆庆时期（1567年—1572年），政府开放海禁，承认了私人海上贸易活动。随着海禁的开放，沿海各地的海外贸易活动进入了一个新的发展阶段。明人周起元《东西洋考》记载："我穆庙时除贩夷之律，于是五方之贾，熙熙水国，刳艅艎，分市东西路。其捆载珍奇，故异物不足述。而所贸金钱，岁无虑数十万。公私并赖，其殆天子之南库也。"很显然，开放海禁以后民间前往南洋各国的贸易活动是极为活跃的，对国家和民生都十分有利。大批中国商品以东南亚为跳板流入欧洲和美洲，在一定程度上刺激和影响了欧洲工业技术的革新，为西方资本主义的兴起做出了不可磨灭的贡献。

随着商品经济的发展，从明代中期以来，白银代替了铜钱、钞币（纸币），成为通行的主要货币。嘉靖时期，朝野上下普遍用银。民间不仅大的交易用银，小的交易也都使用碎银。朝廷在田赋、徭役、工商业税、海关税乃

货郎图

此图是以货郎为题材的风俗画，分春夏秋冬四幅。四幅作品均以庭院为场景，表现了货郎以各种小玩意逗诱孩童的轻松愉快情景。

至官吏俸禄、国库开支等方面也大都是以银折价，以银计算。此时无论商品大小，都用银两表示价格，一改以往用铜钱表示物价的制度。这一时期，海外白银的大量输入，大大增加了国内白银的储藏量，扩大了白银的流通范围，对正在演变的明朝货币制度起到了催化作用。白银作为货币，具有不变质、易分割、价值高等优点，其货币化本是商品经济发展的产物，反过来又进一步推动了商品经济的发展。

城市与商人集团

在农业和手工业发展的基础上，明代中后期城镇经济得到了空前的发展，在全国各地有很多商业发达的城市，还兴起了很多市镇。

南北两京，由于居民的增加和消费能力的提高，商业极为繁荣，人口皆在百万以上。嘉靖时期，北京的商业十分繁荣，"四方之货，不产于燕而毕聚于燕"，中外的商品源源不绝地运往北京。北京的商业已不再局限于九门之内的东、西二市，前三门以南一带成为了重要的商业区。除此之外，正阳门外有猪市、煤市，崇文门外有花市、米市、柴市，宣武门外有菜市、骡马市等，这些地方都已成为当时十分重要的行市和集市。北京作为明朝的政治中心，是达官贵人的聚集地，消费水平十分高，除日常消费品外，较高档的消费品如绸缎、皮裘以及珠宝等奢侈品也在城市中成行成市。为了给全国各地进京参加会试的举子提供食宿，在北京城南商业区内纷纷设立以籍贯为特征的会馆。这些地方还成为各地在京官员和商人的社交场所，大大促进了京城商业的繁荣。在各地省、府、县所在地，会馆也纷纷设立，推动了当地商业的发展。而南京作为明太祖朱元璋的龙兴之地，"北跨中原，瓜连数省，五方辐辏，万国灌输。三服之官，内给尚方，衣履天下，南北商贾争赴"。

在两京之外，还有许多繁华的大城市，散布在长江两岸、运河岸边、东南沿海等地，如苏州、杭州、德州、济宁、徐州、淮安、扬州、嘉兴、湖州、宁波、福州、泉州、漳州、广州、饶州、九江、芜湖、徽州、武昌、开封、潞安、太原、西安、成都等。这些城市的繁荣或者是因为有其发达的手工业为基础，或者是因为其地处水陆交通要冲，或者是因为其具有某一地区政治、经济和文化的中心地位，或者是因为其地处沿海地区，有通商海外的便利条件。如苏州、杭州等城市，因为漕运而带来了许多商机，更为重要的是这一地区的丝织业、棉纺织业以及其他家庭手工业都居全国之首，是明朝经济最发达的地区，从而使这些地区商货辐辏，商业的发展尤为迅速，是明代城市发展中最具代表性的地方。很明显，此时城市经济的发展南北是不平衡的，北方的工商业城市比较少，而南方则占了绝大多数。

尤为引人注意的是，在江浙地区出现了一大批新兴的市镇。在明代正德年间（1506年—1521年）以后，江南市镇发展最快。在长江三角洲地区，涌现了一大批较为著名的市镇，如福山镇、梅李镇、黎里镇、平望镇、同里镇、盛泽镇、南浔镇等。这些市镇大多是在草市或村落的基础上发展起来的，人烟繁庶，到了嘉靖时期，有的市镇甚至已达到上万户的规模。广东佛山镇、江西景德镇、湖北汉口镇、河南朱仙镇成为闻名全国的四大专业性市镇，合称"天下四大镇"，俨然已成为新兴的商业城市。由城市到市镇，再到星罗棋布的乡村集市，构成了一个个较大的地区贸易网络。

随着商品经济的发展，自明代中期以后，弃农经商现象日益增多。到了嘉靖时期，出现了弃农经商的浪潮，不仅商人的人数较以往有了成倍的增长，而且还在此基础上逐步形成了具有地方特色的商人集团。其中尤以徽商和晋商最为著名，财富称雄于天下。徽商源自安徽南部的徽州府（今安徽歙县），地属山区，人多地狭，百姓遂多出外经商。当地物产丰富，木器、漆器、茶、文具等特产都闻名全国，为商业资本的积累提供了绝好的物质条件。再者徽州与全国经济最为发达地区苏、浙一带毗邻，地理位置十分优越，交通非常便利。在诸多因素的综合作用下，徽商实力勃兴，在长江中下游地区甚至有"无徽不成镇"之称，一些徽商还把生意发展到海外。徽州经商之风盛行，"其俗男子受室后，尊者即督令行贾，无赢折皆不得速归。久者数十年，近亦逾纪"。徽商以贩盐为主，兼营粮、棉、丝、茶等多种贸易，很多人通过与官府的合作成为豪富。晋商指山西人，他们通过经营边防军需物资起家，迅速积累了资本，势力经久不衰。此外还有江右商、洞庭商、闽商、粤商、吴越商、关陕商等。万历时期，"富室之称雄者，江南则推新安，江北则推山右。新安大贾，鱼盐为业，藏镪有致百万者，其他二三十万则中贾耳。山右或盐，或转贩，或窖粟，其富甚于新安"。这些商团以巨大的商业资本，经营着大宗商品贸易和远途贩运，并进入生产领域，控制着手工业者的生产活动，还经营典当等金融行业，有力地促进了各地商品流通，繁荣了商品经济。这些商人集团，在以后的数个世纪中，一直操控着中国的商业和市场。

败亡：无法阻挡的命运

张居正改革失败后，朝政遂一蹶不振。大地主集团贪得无厌，生活糜烂，疯狂地进行残酷的掠夺和剥削。致使贫富极端分化，土地高度集中。广大的百姓因不堪忍受暴政，不断地进行反抗斗争。在明王朝国事衰颓之际，我国东北境内的女真族（后称满洲）崛起，并随着其军事力量的强大，严重威胁到明王朝的统治。大明帝国摇摇欲坠地走向灭亡的深渊。

平番得胜图（局部）

明神宗万历三年（1575 年），甘肃西南部少数民族攻打洮州（今甘肃临潭西），明政府派固原（今宁夏固原）总兵官领河州（今甘肃临夏）兵马前去镇压。该图即反映了明军从固原发兵的场景。

万历三大征

　　张居正去世后，明神宗就开始亲政。他采取非常手段，摆脱了冯保、张居正的影响和控制，建立起自己的权威。万历皇帝在十二年的时间里，在东北、西北、西南取得了三次重大的军事胜利，史称"万历三大征"。这三次战役虽然取得了胜利，但也使明朝元气大伤。据史料记载："二十年，宁夏用兵，费帑金二百余万。其冬，朝鲜用兵，首尾八年，费帑金七百余万。二十七年，播州用兵，又费帑金二三百万。三大征踵接，国用大匮。"更为糟糕的是，万历皇帝志得意满，越发开始怠于政事。

宁夏之乱

　　哱拜原是蒙古鞑靼部人。嘉靖中期，他得罪了酋长，以致其父兄皆被酋长所杀，"（哱）拜伏水草中得免"，投奔明朝守备郑印。他作战勇敢，多次立功，被提升为参将，独自统率一军。万历十七年（1589 年），朝廷提升哱拜为副总兵，后致仕，职位由他的儿子哱承恩承袭。哱拜虽然致仕，但"平居恒多蓄苍头军"。

　　万历十九年（1591 年），蒙古火落赤、真相等部入侵洮州（今甘肃临潭西），副总兵李联芳阵亡，边关告急。蒙古骑兵先后侵占临洮、河州、渭源地区，大败总兵官刘承嗣。河套地区的卜失兔也率部"欲驱青海"，与火落赤等相呼应。朝廷得知后，派郑洛为七镇经略。万历十九年（1591年）二月，经略郑洛从宁夏调兵，支援甘肃。宁夏巡抚党馨派土文秀率兵支援。哱拜恐怕土文秀不能独当一面，向经略郑洛请求，率所部三千人与儿子哱承恩从征，得到郑洛的同意。宁夏巡抚党馨对哱拜自荐领军出征一事极为反感，百般刁难。哱拜部众所骑的军马羸弱不堪，党馨也不许调换，宁夏镇有多余的军马也不肯拨给哱拜，因此哱拜心怀不满。

彩绘描金山水人物纹漆盒
描金，又称泥金画漆，是指在漆地上用金银描绘花纹的方法。这种工艺在明朝趋于成熟。该盒上绘有山水人物，非常精致。

　　洮河战事平定后，哱拜父子回到宁夏。哱拜见沿途明军都不如自己的军队，此后越发骄横。宁夏巡抚党馨经常压制哱拜。哱拜回到宁夏后，不仅没有叙功，还被追究冒领军饷的罪责。哱承恩强娶民女为妾，受到党馨的责罚。土文秀和哱拜的义子哱云等也因升官之事未能如意，而对党馨怀恨在心。

　　当时戍守宁夏镇的兵将长期领不到军饷，对朝廷心怀不满。万历二十年（1592年）二月，哱拜纠合儿子哱承恩、义子哱云及土文秀等人，唆使军锋刘东旸发动叛乱。叛军杀死了巡抚党馨及副使石继芳，放火焚烧了衙门，并释放了所有关押的囚徒。叛军威胁总兵官张惟忠以党馨"扣饷激变"上奏朝廷，并索取敕印，张惟忠被迫上吊自杀。叛军控制了宁夏城（今宁夏银川），叛军首领刘东旸自称总兵，哱拜为叛军主谋，任哱承恩、许朝为左右副总兵，土文秀、哱云为左右参将。总督魏学曾得知此事，派手下张云、郜宠劝哱拜等人投降。刘东旸对张云说："如果朝廷能封我做宁夏总兵，并世代承袭，我就愿归顺。否则我就将联合河套地区的鞑靼部落进军潼关。"

　　叛军以许花马池一带听其住牧为诱饵，得到套部蒙古首领著力兔等人的相助，实力大大增强，整个陕西都为之震动。叛军大肆出击，叛乱全面爆发。哱承恩进攻玉泉营（今宁夏吴忠以西），俘获了守将游击傅垣。此后，叛军陆续占领了中卫（今宁夏中卫）、广武（今宁夏青铜峡附近），守军参将熊国臣等弃城而逃，大大助长了叛军的气焰。叛军势如破竹，很快就横扫了黄河以西的大片地区。

　　叛军将领土文秀在平虏遭到明军将领萧如薰的坚决抵抗，接连几个月也未能取胜。萧如薰的夫人杨氏是尚书杨兆之女，非常贤淑。为了帮助丈夫守城。她变卖了自己的首饰，购买食物来犒劳将士。哱云联合河套鞑靼首领著力兔一起猛攻平虏城。萧如薰在平虏城下设下伏兵，引诱叛军进入包围圈，之后又突然率大军杀了个回马枪。萧如薰身先士卒，亲手射死了哱云。叛军

正史史料

　　万历（二十年）三月戊辰，宁夏致仕副总兵哱拜杀巡抚都御史党馨、副使石继芳，据城反。辛未，王家屏致仕。壬申，总督军务兵部尚书魏学曾讨宁夏贼。戊寅，赐翁正春等进士及第、出身有差。夏四月甲辰，总兵官李如松提督陕西讨贼军务。甲寅，甘肃巡抚都御史叶梦熊帅师会魏学曾讨贼。播力克擒贼，叩关献俘，复还二年市赏。……九月壬申，宁夏贼平。……十一月戊辰，御午门，受宁夏俘。十二月甲午，以宁夏贼平，告天下。

——《明史·神宗本纪一》

群龙无首，四散而逃。萧如薰乘胜出击，攻破著力兔大营，俘获了大批敌军和牲畜。之后著力兔再次组织大队人马攻打平虏城。萧如薰在朝廷派来的援军的配合下，再次大败著力兔，使平虏城得以保全。

三月初四，副总兵李昫奉总督魏学曾之命，率大军前往驰援。叛军渡过黄河，向东欲攻取灵州（今宁夏灵武）。灵州守将吴世显与叛军勾结，幸亏参将来保誓死守城，灵州才未落入叛军手中。李昫亲率大军驰援灵州，派游击赵武率军前往攻打鸣沙州（今宁夏中宁东北），并派兵扼守黄河，防止叛军向南逃窜。这次战斗俘获了叛军八人，船十八艘，大大打击了叛军的气焰。三月底，明军六路进攻，包围了宁夏。

四月，总督魏学曾派大军围攻宁夏城。战斗十分激烈，双方各有伤亡。朝廷从各地征调大军，防止宁夏叛军与套部蒙古势力合兵。朝廷命李如松为宁夏总兵，以浙江道御史梅国桢监军，任朱正色为宁夏巡抚，由甘肃都御史叶梦熊协助剿敌。明军先后收复了中卫、玉泉营等四十七处营堡。套部蒙古引兵马支援叛军，叛军在蒙古的支持下进逼玉泉营。在李昫的大力支持下，玉泉营才得以保全。

六月，魏学曾用兵两月，也未能攻下宁夏城。明神宗下诏赐总督魏学曾尚方宝剑，授予生杀大权，全力平叛。都御史叶梦熊特调神炮火器四百车赶到宁夏，并征调苗兵御敌。浙江巡抚常居敬也率领浙江兵马开赴宁夏。明军兵分五路，向宁夏城开始了总攻。之后御史梅国桢、总兵李如松率领辽东、宣府、大同等地部队到达宁夏。梅国桢在城南树立了受降旗。

七月，朝廷将魏学曾撤职，任叶梦熊为宁夏总督。各路援军在总督叶梦熊的带领下，将宁夏城团团围住。明军击退了套部蒙古势力，将他们逐出塞

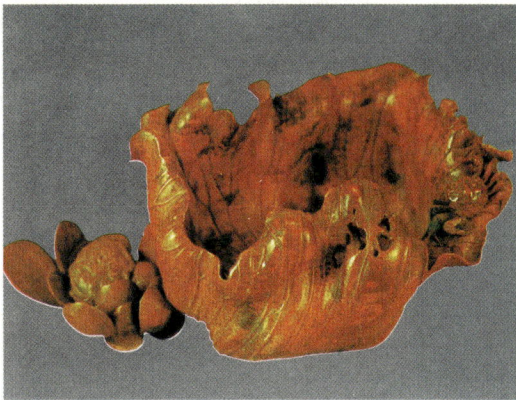

竹雕残荷洗
此物虽名为"洗",但并不能贮水,只供案头文玩。其以深秋荷叶为主体,荷叶边缘已经卷起,将近枯萎,叶子上还有不少虫蚀之处。旁侧有一小蟹,颇添动感。

外,叛军失去外援。七月底,明军决定水攻宁夏城。明军在宁夏城周围修建了一道与城墙平行的堤堰,之后掘开黄河大堤,把中间的空地灌满水。堤堰完工时长度有 5.63 千米,水深达 2.74 米,不久后部分城墙开始崩塌。八月,叛军势单力孤,城中缺粮,士兵开始杀马而食,百姓开始吃树皮,不少人被活活饿死,人心惶惶不安。九月初,城墙崩毁。九月初八,明朝大军对宁夏城发起总攻。官军水淹北关,又调集舟筏假装进攻北关,吸引了叛军的主力部队。同时萧如薰与李如松率领各部人马突然进攻宁夏城南关,一举攻破了南关。叛军内部发生火并,刘东旸杀死土文秀,哱承恩、周国柱又杀死许朝、刘东旸。李如松率领明朝大军乘机攻入宁夏内城。九月十七日,哱承恩到南门请降,明军将叛军总头目哱拜的府邸团团围住。哱拜走投无路,合家自焚而死。他的儿子哱承宠、养子哱洪大等均被明军所俘。至此长达七个月的哱拜之乱终于平息。

神宗收到捷报,喜出望外,登午门受贺。十一月,神宗下旨,将哱承恩、哱承宠、哱洪大等人凌迟处死,同时大赏叶梦熊、梅国祯等有功之臣。

播州之乱

播州(今贵州遵义)山川险要,广袤千里。唐乾符三年(876 年),南诏国入侵,攻陷播州。唐朝廷募人收复播州,太原人杨端应募率军大败南诏兵,收复了播州,在当地享有崇高的声望。朝廷将杨端封为武略将军。此时天下大乱,朝廷无暇顾及边疆,杨端的后代子孙得以世代掌管播州。宋代时期,杨氏后代仍然占据播州,向宋朝廷称臣。到元朝时,杨氏后代杨邦宪被朝廷封为播州宣慰使。

明朝初年朝廷封杨氏后代杨铿为播州宣慰司使。播州宣慰司辖有草塘、黄平两个安抚司，以及真州、播州、余庆、白泥、容山、重安六个长官司等，地域广阔，有田、张、袁、卢、谭、罗、吴七姓，世袭各级土官。这七姓大多与杨氏有姻亲关系。嘉靖年间（1522年—1566年），杨烈承袭父职。此后杨烈与朝廷发生矛盾，斩杀朝廷官员，发动叛乱。明军派兵前往镇压，经过十余年的用兵，才平息了叛乱。隆庆五年（1571年），杨烈去世，他的儿子杨应龙袭职。杨应龙任职后多次随明军出征，因军功受到朝廷的褒奖。

万历十三年（1585年），杨应龙向朝廷进献六十根珍贵的木材。明神宗十分高兴，赏赐杨应龙大红飞鱼服，加都指挥使衔。杨应龙见明朝驻守四川的官军兵力薄弱，就萌发了野心，想占据整个四川，独霸一方。他在自己的府邸雕龙饰凤，又擅用阉宦，俨然是一个土皇帝。杨应龙宠爱小妾田雌凤，怀疑妻子张氏不忠，将妻子赶出家门。不久，杨应龙乘醉酒之时杀死了妻子张氏和她的母亲，并屠其全家。杨应龙生性猜忌，阴狠嗜杀，酷爱杀人立威，在播州施行残暴的统治。他还勾结苗族人为羽翼，到处抢掠。

杨应龙的跋扈行为，引起贵州巡抚叶梦熊的警惕。万历十八年（1590年），贵州巡抚叶梦熊向朝廷上奏杨应龙的种种劣迹。巡抚陈效也上奏朝廷，说杨应龙犯下大罪二十四条。此后杨应龙之妻的族叔张时照以及其部下何恩、宋世臣又向朝廷上奏杨应龙谋反。叶梦熊主张出兵围剿，但四川当地官员大多认为杨应龙兵强马壮，且屡立战功，取胜并非易事，主张予以安抚。

此后杨应龙就时叛时降，喜怒无常。朝廷也举棋不定，没有对杨应龙采取有力的对策。万历二十年（1592年），杨应龙被俘。依照明朝法律，杨应龙应被处以死刑，但杨应龙请求用两万两银子赎罪，御史张鹤鸣等人坚决反对。当时正逢倭寇入侵朝鲜，朝廷在各地征兵进行抗倭战争，杨应龙自请带兵征讨倭寇。于是明神宗释放了杨应龙，让他戴罪立功。杨应龙重获自由后，又出尔反尔。万历二十一年（1593年），巡抚王继光奉命进剿杨应龙的叛军。杨应龙一面假装向明朝投降，说愿意出钱赎罪，一面又偷偷地带领苗族兵攻入四川、贵州、湖广的数十个屯堡与城镇，一路上奸淫掳掠，搜刮百姓。王继光被叛军所败，明军死伤惨重，军资、器械大多被叛军所得。朝廷将王继光革职查办，任谭希思为四川巡抚，与总兵刘承嗣联合贵州部队，相机围剿。御史薛继茂上疏主张安抚杨应龙，而杨应龙也上奏自辩，并派心腹到北京贿赂大臣。

万历二十二年（1594年），兵部侍郎邢玠奉命来到四川，调查杨应龙的罪行，得知永宁、酉阳等地都为杨应龙所控制。邢玠向杨应龙发出檄文，晓谕他如能归顺，则免他一命；如负隅顽抗，则悬赏万金，购买他的项上人头。此时杨应龙所网罗的地方势力都因杨应龙的叛变而得利，坚决反对投降，以致这些文书都被人中途拦截，没有被杨应龙看到。

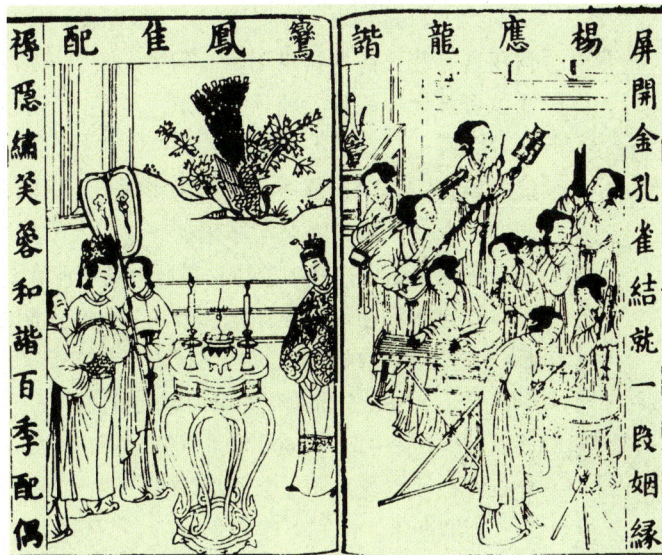

杨应龙谐鸾凤佳配

明朝万历年间，播州宣慰使杨应龙与张真人之女完婚。杨应龙大摆筵席，
女乐笙歌，龙凤呈祥。

万历二十三年（1595年），贵州总督邢玠命王士琦招降杨应龙。杨应龙派弟弟杨兆龙到安稳，向朝廷表示自己愿意投降，只是怕安稳的百姓会对自己不利，请求到松坝受降。王士琦同意了杨应龙的请求，派人来到松坝。杨应龙果然自穿囚服，跪地郊迎，并将部下黄元、阿苗等十二人缚献请罪。朝廷判杨应龙处斩，但仍允许他"输四万金助采木"赎罪。朝廷免除杨应龙的死罪，将他革职，而将黄元等人问斩。此时倭寇尚未平定，大部分朝臣主张安抚杨应龙，以专心抵御倭寇。明神宗也念杨应龙曾有功于朝廷，对他从宽发落。而杨应龙却并无悔意，以次子杨可栋之死为借口，不肯缴纳全部的赎金。之后他派士兵到各处抢掠，勾结苗人据险而战。

万历二十四年（1596年），杨应龙在苗人的相助下，在兴隆、都匀等地肆虐行凶。他还派其弟杨兆龙占据黄平，气焰十分嚣张。次年杨应龙的叛军抢掠江津县及四川南部地区。年底杨应龙带兵围攻合江，杀死了仇人袁子升。

万历二十六年（1598年），重庆知府王士琦升任兵备使，奉命征讨倭寇，离开四川。杨应龙乘机率领苗兵在贵州高坪、洪头等地杀掠。之后还侵入湖南，大肆抢掠，荼毒地方，以致民怨沸腾。四川巡抚谭希思在綦江、合江（今四川泸州东）设置防备守军，布置围剿事宜。

万历二十七年（1599年）初，贵州巡抚江东之命都司杨国柱、指挥李廷

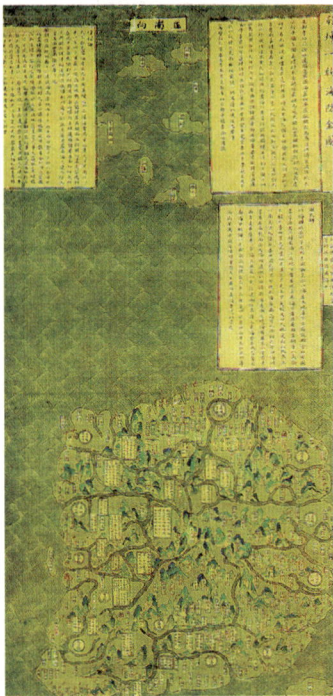

乾坤一统海防全图

明人为配合军事上的需要，编绘了不少边防和海防图。万历三十三年（1605 年），吏部考功司徐必达为了抗击日本侵略者，遂把《筹海图编》中的《万里海防图》重绘为《乾坤一统海防全图》。该图详细地展示了我国沿海地区的地理特征、政区建置等情况。

栋率兵围剿杨应龙。杨应龙令其子杨朝栋、其弟杨兆龙、何汉良等在飞练堡抗击明军。明军大败，杨国柱及经略潘汝资被叛军杀害。朝廷将江东之革职，派前都御史李化龙兼兵部侍郎，节制四川、湖广、贵州三省兵事，并征调麻贵、陈璘、董一元等抗倭将领南征，回军讨伐杨应龙。六月，杨应龙乘明军未调齐之机，举兵攻下綦江县。杨应龙纵兵在城中抢掠，将城中老弱百姓全部杀害，尸体被投入江中，以至江水都变成了红色。明神宗得知綦江县被叛军攻破，将四川巡抚谭希思革职，下旨征讨杨应龙。十月，总督李化龙奉命进驻重庆，布置军务。

万历二十八年（1600 年），杨应龙调集数万大军，兵分五路，攻打龙泉司（今贵州凤冈）。守备杨惟忠自知不敌，弃城而走。杨应龙攻下龙泉司，后因明兵全力反击，撤兵而走。这时朝廷从延宁四镇、河南、山东、天津、云南、浙江及广西所调的军队先后来到，明军士气大盛。总督李化龙将明军分为八路，讨伐杨应龙。二月十二日，八路明军大举进发。苗族兵看到明军的阵势，大为震惊。总督李化龙在重庆督战，命各路将领不可滥杀，也不可轻信诈降。

二月十五日，明将刘綎进兵綦江，连破楠木山、羊简台、三峒天险。杨应龙之子杨朝栋率数万苗族军抵抗，双方展开了一场激战。刘綎大败杨朝栋，杨朝栋率领残兵败将逃走。三月十二日，明军又攻克了乌江关，次日又收复了河渡关。此后战况日益激烈，明朝将领杨显、陈云龙、阮士奇等先后阵亡，明军死伤惨重。朝廷得知后，将总兵童元镇逮捕治罪。三月底，刘綎攻占娄山关。娄山关的位置十分险要，是叛军的门户。四月，杨应龙率军想夺回娄山关，都未能成功。刘綎进占娄山关后，连破龙爪、海云，兵压天险海龙囤（今贵州遵义西北）。其他几路明军也先后攻下了青蛇囤、大水田等地。杨应龙见败局已定，向各路明军发出投降文书。总督李化龙通告各路明军斩杀杨应龙的来使，将降书烧毁。四月底，八路明军在海龙囤会合。六月初五，刘綎身先士卒，大破海龙囤土城。杨应龙知大势已去，与他的两个姬妾一起上吊自杀，他的儿子杨朝栋等人也被明军所俘。明军攻入城内，播州之乱平息了。十二月，明军到北京献俘。神宗下令将杨应龙的尸体肢解，将杨兆龙、杨朝栋凌迟处死。朝廷将播州"改土归流"，直接派"流官"管理，并将播州分为遵义、平越二府，分别属四川省、贵州省，从而结束了杨氏在

釜山城战斗图

1592年，日本丰臣秀吉派出大军，进攻朝鲜，并很快占领釜山等城。明朝派大军支援朝鲜，并最终取得了抗倭战争的胜利。

正史史料

（二十年）五月，倭犯朝鲜，陷王京，朝鲜王李昖奔义州求救。六月丁未，诸军进次宁夏，贼诱河套部入犯，官军击却之。秋七月癸酉，免陕西逋赋。甲戌，副总兵祖承训帅师援朝鲜，与倭战于平壤，败绩。甲申，罢三边总督魏学曾，以叶梦熊代之，寻逮学曾下狱。八月乙巳，兵部右侍郎宋应昌经略备倭军务。己酉，诏天下督抚举将材。……冬十月壬寅，李如松提督蓟、辽、保定、山东军务，充防海御倭总兵官，救朝鲜。

——《明史·神宗本纪一》

播州长达七百多年的世袭统治。

朝鲜之役

16 世纪中期，日本经过近百年的战争，基本实现了地域性的统一。各地霸主进一步争取全国的统治权。控制尾张国的织田信长大败群雄，于 1568 年率大军进入京都。1582 年，织田信长的家臣明智光秀发动叛乱，智田信长自焚而死。织田信长的部将羽柴秀吉（丰臣秀吉）得知织田信长自焚后，率四万大军攻打明智光秀。织智光秀大败后，切腹自杀。羽柴秀吉便继承了织田信长的事业，于 1584 年与冈崎领主德川元康结盟，统一了日本。1585 年，朝廷任命羽柴秀吉为"关白"（摄政），兼太政大臣，赐姓丰臣。

丰臣秀吉掌握了朝政大权。此时日本经济发展很快，封建主和商人都要求向外扩张。为了满足封建主和商人的贪欲，丰臣秀吉积极向外扩张，把矛头首先指向朝鲜，妄图先灭亡朝鲜，再进攻中国。明朝政府获悉这一情报后，转告了朝鲜，但时任朝鲜国王李昖怠于政事，不作防备。

万历十八年（1590 年）冬，丰臣秀吉致书朝鲜国王李昖，宣称要"长驱直入大明国，易吾朝之风俗于四百余州，施帝都政化于亿万斯年"，强迫朝鲜臣服，并充当入侵中国的先锋部队。中朝两国一向通过朝贡保持着友好的关系，朝鲜拒绝了丰臣秀吉的要求。万历十九年（1591 年）底，丰臣秀吉决定入侵朝鲜。

万历二十年（1592 年）正月，丰臣秀吉正式发布出征朝鲜的命令。十八万日军兵分九路，"舟师数百艘"，向朝鲜进发。小西行长率领一路日军于四月十二日在朝鲜釜山登陆。紧接着加藤清正、黑田长政率大军先后在釜山登陆。朝鲜国王李昖长期沉湎于酒色，不理政事，国家军备松弛，与日军交火总是望风溃败。日军占领釜山后，分兵进犯，以势如破竹之势连克诸州县。在登陆后不久，日军就占领了王京（今首尔），朝鲜国王李昖被迫逃往义州。之后平壤陷落。日军经过长期内战，积累了丰富的作战经验，加之武器先进，在短短三个月的时间里，几乎侵占了朝鲜全境。日军"毁坟墓，劫王子、陪臣，剽府库，荡然一空，八道几尽没，旦暮且渡鸭绿"。李昖急忙遣使向明王朝告急，要求出兵援助。大部分大臣认为"朝鲜属国，为我藩篱，必争之地"，主张派兵支援朝鲜。朝廷于是决定出兵援朝抗倭。

万历二十年七月，明朝派副总兵祖承训、游击史儒率五千人支援朝鲜。明军因为对地形不熟，又遇上大雨，道路泥泞难行，最后被日军所败。结果史儒力战而死，祖承训只身逃回，明军几乎全军覆没。消息传到北京，朝廷震动。明神宗决定增加兵力，任命兵部侍郎宋应昌为经略，李如松为总兵官，前往支援。当时李如松尚在宁夏平定叛乱，便由宋应昌去山海关集合抗倭部队。兵部尚书石星对战争缺乏取胜的信心，派沈惟敬到平壤和日军将领小西行长议和。小西行长为了麻痹明军，诡称："天朝幸按兵不动，我亦不久当还。当以大同江为界，平壤以西尽归朝鲜耳。"

十二月，李如松从宁夏来到东征军中，为援朝东征提督，部署军事。沈惟敬将日军将领小西行长的和谈条件转告给李如松，主张退军。李如松怒斥沈惟敬奸邪，将他关在军营，拒绝了日本的和谈条件。宋应昌制定了军令三十条，严明军纪，其中规定，凡损坏民间一草一木者，一律处以死刑。当时大军尚未集齐，李如松于十二月二十五日先带领四万多人东渡鸭绿江，浩浩荡荡赶赴朝鲜，于次年正月抵达平壤城下。平壤地形险要，易守难攻。日军在城墙上设有炮台，并用鸟铳等新型火器进行防守。正月初八，李如松下令攻城，日军据城死守，双方展开了一场激烈的战斗。日军炮石如雨，李如松见明军前锋稍有退却，就立刻斩杀了一名先退的士兵，之后明军继续奋勇攻城。李如松当机立断，组织敢死队登梯攻城。李如松部将杨元突入小西门，李如松则率军攻入大西门。在战斗中，明将吴惟忠胸中铅弹，仍大呼杀敌。李如松的坐骑被炮石击毙，立刻换马再战，又坠入沟壑，仍镇定自如，指挥杀敌。明军士气高昂，奋勇拼杀，日军终于抵挡不住，乘夜逃跑。明军乘胜追击，杀敌数千，取得了平壤会战的胜利。

随后李如松与朝鲜军队并肩作战，相继收复了开城、平安、黄海、京畿、江源等地。日军退守王京。平壤大捷后，李如松产生了轻敌思想，误信朝鲜人"贼弃王京遁"的谎报，率领轻骑直奔王京，结果在离王京三十里处的碧蹄馆，遭到日军的伏击。明军伤亡惨重，幸好杨元所率的一支明军闻讯赶到，日军才仓皇撤离。经此一战，明军精锐大减。

平壤大捷使朝鲜由被动走向主动，双方力量对比发生了根本性的变化。日军连失平壤、开城后，军粮不足，不敢恋战，只好放弃王京，退守釜山。

丰臣秀吉为了诱使明朝撤兵，假意与中国议和。日军一面与明朝议和，一面进军咸安、晋州，直逼全罗道。李如松命令诸将不得松懈，全力打击日军。正当抗倭战争即将取得彻底胜利的关键时刻，明廷内以兵部尚书石星为首的主和派这时占了上风，再次派沈惟敬与日本议和。双方议定日军退出朝鲜后，明军也撤主力回国。这样明朝政府不顾朝鲜方面及朝中有识之士的反对，留下刘綎率领四川兵帮助朝鲜世子防守，其他部队全部撤回国内。

事实上丰臣秀吉提出议和只是权宜之计。直到万历二十五年（1597年），日军仍未完全从釜山撤军。明朝廷决策上的错误，贻误了有利的战机，使日军有了喘息之机。丰臣秀吉重新整顿军备，决定再次入侵朝鲜。万历二十五年正月，丰臣秀吉征调水陆大军共十四万，第二次进军朝鲜。明神宗任命兵部尚书邢玠为总督，金都御史杨镐为经略，麻贵为备倭总兵官，率大军东征。

明军抵达朝鲜后，赶赴王京。这时朝鲜政府内部党派相争，被日军反间计所乘，罢免了著名水军将领李舜臣的职务，改派懦弱无能的元均迎敌。李舜臣苦心经营的闲山岛要塞被日军攻破，元均被日军所杀。此后全罗道的重镇南原、忠州等地相继失守，王京岌岌可危。

十二月，邢玠会集各军正式发起进攻，但因指挥无方，明军没有能取得应有的战果。次年正月，主帅杨镐指挥不力，明军在位于釜山东北的蔚山再遭败绩，折损两万余人，余部撤回王京。面对这种形势，明廷只得再次易帅，罢免了杨镐，任天津巡抚万世德为经略，增派部队赴朝驰援。

总督邢玠总结水军力量不足的教训，专门招募江南水兵，以增强军事力量。万历二十六年（1598年）二月，邢玠兵分四路，中路李如梅（后以董一元代），东路麻贵，西路刘綎，水路陈璘，"各守汛地，相机行剿"。此时日军盘踞朝鲜已达七年之久，战线长达一千多里，士兵疲敝，粮草供应不足。丰臣秀吉为了支撑这场旷日持久的战争，在国内征兵数十万，赋税沉重，引起民怨沸腾。士兵们普遍厌战，投降明军的人越来越多。

同年七月，丰臣秀吉病死。日军士气更为低落，阵脚大乱。加藤清正率兵先逃，明军乘机追击。明将陈璘、邓子龙会同朝鲜名将李舜臣与日军展开激烈的海战。在釜山南海，中朝军队大破日军。在激战中，七十多岁的老将邓子龙身先士卒，冲锋在前，最后与李舜臣一同战死疆场。日军落荒而逃，五百艘日船仅逃回五十艘。十二月，日军全部被赶出朝鲜。

这场援朝战争前后历时七年，约有数十万人客死异乡，朝廷也"糜饷数百万"，付出了巨大的代价，但对于确保明代的海防与东北边疆有着重大的意义。

园林仕女图嵌螺钿黑漆屏风

屏风通常用于分隔较大的空间，阻隔视线，有一定的装饰功能。该屏风上绘仕女多人，她们或下棋、或踢球、或骑马、或泛舟。此屏风具有很高的艺术价值。

国本之争与三大案

　　万历时期，明神宗与群臣之间为"国本之争"展开了十多年的对立。"国本之争"平息后，围绕着皇帝宝座的争夺，在皇宫内又接连发生了三件疑案，这就是"梃击案""红丸案""移宫案"。这几件大事彼此牵连，环环相扣，对明朝后期的政局产生了深远的影响。

争国本

　　早在万历十四年（1586 年），朝臣就开始"争国本"，即群臣要求明神宗早日确定皇长子太子地位的谏诤。立太子本是皇帝家事，外人不能也无权干涉，但万历时期的"国本之争"却持续了十几年，对当时的政局产生了很大的影响。

　　明神宗朱翊钧的皇后姓王，万历六年（1578 年）被册立为皇后。王皇后为人贤淑，却不为神宗所宠爱，在皇后之位四十多年里也没有生下一男半女。神宗的长子朱常洛出生于万历十年（1582 年），母亲王恭妃原是慈宁宫的宫女。一次神宗来到慈宁宫索水洗手，王氏侍候神宗洗手。神宗一时兴起，便私下里宠幸了王氏，后来王氏便怀孕了。李太后见王氏体形发生变化，追问下得知此事。按照明朝的制度，皇帝对宫女"有私欢，必有赐赏"，随侍的

正史史料

（万历二十年）冬十月己卯，立皇长子常洛为皇太子，封诸子常洵福王，常浩瑞王，常润惠王，常瀛桂王。诏赦天下。

——《明史·神宗本纪二》

文书房宦官在内起居注上记录下来，以备以后查核。神宗嫌弃王氏身份低微，再加上自己并不是真心喜欢，便矢口否认此事。李太后便命人拿出内起居注，让神宗自己看。神宗看见白纸黑字，无法抵赖，便只能低头承认。李太后在旁边劝慰道："我已经老了，想早点抱孙子。如果王氏能生个皇子，这也是祖宗有灵，何必要隐瞒呢？"神宗这才勉强封王氏为恭妃。同年八月十一日，恭妃生下一个儿子，这便是神宗的皇长子朱常洛。

明神宗幼年丧父，其生母慈圣李太后集慈母严父之职于一身。所以神宗对李太后非常敬重，唯命是从。然而神宗对王恭妃没有什么感情，册立其为恭妃也只是迫于母亲的压力。恭妃生下儿子后，神宗长期不给其进封位号。恭妃带着皇长子僻居别宫，很长时间也见不到神宗一面。皇长子朱常洛在神宗心目中也没有什么地位，"一应恩礼俱从薄"。

按照明朝礼法，继承皇位的顺序是"有嫡立嫡，无嫡立长"，最看重嫡子和长子。当时明神宗已有王皇后和刘昭妃，但二人都不曾生养，因而朱常洛出生后便有了皇长子的名分。由于皇太子是储君，是国家的根本，太子一立，就可以杜绝旁人对于皇位的觊觎，因此朱常洛一出生，皇太后与廷臣们便都想到了立储问题。李太后和满朝文武大臣都把朱常洛当作皇位继承人，但明神宗借口皇后还年轻，说不定能生出一个嫡皇子来，不愿意立朱常洛为太子。

万历十四年（1586 年）正月，明神宗的宠妃郑妃生下了"皇三子"朱常洵，使朱常洛"准皇位继承人"的地位受到了严重的威胁。郑妃是大兴人，在万历初年进宫。她容貌过人，且聪明机警，深受神宗的宠爱，于万历十四年三月被封为贵妃。朱常洵排行老三，但因为神宗的第二子早夭，实际上是皇二子。郑氏母凭子贵，被封为皇贵妃。神宗对朱常洵十分宠爱，以致"皇三子"的地位要远远高于"皇长子"。

户科给事中姜应麟上疏指出，恭妃先生下皇长子，现在反而位居郑妃之下，这于情于理都不合适，请求明神宗收回进封郑氏为皇贵妃的成命，进封

顾绣八仙庆寿挂屏

顾绣因源于明代松江府顾名世家而得名，其工艺特色在于以名画为蓝本"画绣"，其对后来的刺绣技术有很大的影响。此幅挂屏是画后再绣，并用颜料勾染，绣画结合，达到了很好的效果。

王恭妃为皇贵妃。神宗看到奏疏后怒火中烧，立即下旨把姜应麟下放到边疆地区任杂职。

李太后得知此事十分不快。一次明神宗去慈宁宫向母后问安，李太后故意问他："大臣们都主张尽早立朱常洛为太子，你打算怎么办呢？"神宗说："他是宫女的儿子。"太后怒道："母以子贵，分什么等级？你不也是普通宫女的儿子吗？"神宗惶愧伏地，无以自容。

明神宗不敢拂逆母后，便借口皇子们年龄还小，等到皇子们长到十五岁再谈册立之事，以此来延迟册立皇太子的时间。据《先拨志始》载，当时北上西门（紫禁城西北门）之西，有大高元殿，殿中供奉真武大帝，"颇著灵异"。神宗和郑贵妃曾到大高元殿谒神盟誓。神宗在殿中写下将来立朱常洵为太子的"密誓"，并"御书一纸，封缄玉盒中"，交给郑贵妃保管，这就是所谓的"玉盒密约"。因为神宗一直想立三子朱常洵为太子，所以对长子朱常洛非常冷淡。按照常规，皇子七八岁时便应出阁读书学习，而朱常洛直到十三岁时才在群臣的力争下正式出阁接受教育。

明神宗的这种做法，不符合封建王朝的长子继承制，不利于封建统治秩序的稳定，遭到了朝中恪守礼法的官员们的一致反对。内阁首辅申时行上疏，请求将皇长子朱常洛立为太子，其他大臣也纷纷上书附和。神宗十分生气，许多官员因此而获罪。

群臣一次又一次地上疏，"请立东宫"的奏疏像雪片般地传递上来。明神宗虽然采取各种手段来压制这种舆论，但却没有什么成效。神宗又提出三王并封，意欲将众皇子都封为王，以降低长子的地位。此事在朝中引起激烈的反对。他们首先把反对的矛头对准当时的内阁首辅王锡爵，说他破坏祖宗礼法。王锡爵被迫致仕还乡。王锡爵辞职之后，反对"三王并封"的奏疏像雪片一样飞来，神宗只好打消了"三王并封"的念头。神宗觉得这些臣子是故意与自己作对，从万历十八年（1590年）以后便开始消极怠政，不上早朝，也不出席经筵。

朝中大臣由于立太子的问题，分为两派：一批拥立"皇长子"为太子；一派拥立"皇三子"，此派与郑贵妃互通声气。因此使得朝廷之中，党争不绝。直到万历二十年（1592年），在慈圣皇太后的直接干预下，明神宗才极不情愿地册立皇长子朱常洛为皇太子。太子的几个弟弟也同时受封，皇三子朱常洵被封为福王。这时朱常洛已经二十岁了。次年皇太子朱常洛纳郭氏为皇太子妃。

明神宗和朝臣因为册立太子之事对立了二十多年，极大地影响了日常政务的处理。神宗疏于政事，就连长期的职官空缺问题也置之不理，使整个政府行政体系几乎瘫痪。严重的缺官问题，导致豪强恶霸四处横行，人民苦不堪言。神宗对朱常洛一直十分冷淡，册立他为太子也并非出自真心。再者郑贵妃一直处心积虑地想让自己的儿子成为太子。朱常洛的太子地位并不稳固，政坛因此动荡不安，为日后的党争埋下了祸根。

梃击案

万历四十三年（1615年）五月初四傍晚，一个手持枣木棍的陌生男子闯入大内东华门，一直来到太子朱常洛所居的慈庆宫前，打伤了守门太监李鉴，直到前殿檐下才被太监韩本用等抓获，交付东华门守卫收监。这就是震惊一时的"梃击案"。

皇长子朱常洛虽然被立为太子，但生母王氏一直未能得到加封，始终居住在景阳宫。万历三十三年（1605年）十一月，朱常洛的选侍王氏生下皇长孙朱由校。明神宗因喜得长孙，方才进封朱常洛的生母王恭妃为贵妃。万历三十九年（1611年），太子朱常洛的母亲王氏病重，双目失明，太子再三请求探视，神宗都不允许。直到母亲病危时，朱常洛才得以入宫探视。王贵妃听到儿子朱常洛的声音，用手抚摸着儿子，不禁凄然泪下，说："儿长大如此，我死何憾！"朱常洛及左右皆泪如雨下。由此可见神宗对太子朱常洛的冷漠。

而明神宗对郑贵妃及朱常洵一直百般照顾。万历三十四年（1606年），神宗命人在洛阳为福王朱常洵建造府邸，费银"至二十八万，十倍常制"。按照明朝制度，亲王受封后，就应立刻到封地居住，且就藩后不得随意入京。但因郑贵妃不希望福王离开京城，就不同意福王按制度就藩，神宗也就竭力

正史史料

（万历）四十八年七月，神宗崩。丁酉，太子遵遗诏发帑金百万犒边。尽罢天下矿税，起建言得罪诸臣。己亥，再发帑金百万充边赏。八月丙午朔，即皇帝位。大赦天下，以明年为泰昌元年。

——《明史·神宗本纪二》

迁就她。万历四十一年（1613年）六月，锦衣卫百户王曰乾告发说，奸人孔学与皇贵妃郑氏宫中内侍姜严山等人互相勾结，请妖人王子诏（一作王三诏）诅咒皇太子，"刊木像圣母（神宗的生母李太后）、皇上、钉其目"。神宗看到这份奏疏后怒不可遏，想将此事交给刑部查办。大学士叶向高立刻上密谒，请求神宗以静处之，以免闹得满城风雨，当务之急是请福王回到他的封地，以稳定政局。神宗深以为然，就把告密人投到刑部大狱，秘密处死。

事态的发展，对郑贵妃一派极为不利。郑贵妃处心积虑地想把福王留在京城。在她的活动下，明神宗于十月提出，明年就是李太后的七十大寿，福王宜留在京城，待李太后寿辰过后再择吉日就藩。大学士叶向高和李太后都坚决地反对此事，神宗被迫在十二月下旨，命福王在次年三月二十四日就藩，以避免局势的动荡。

朱常洛虽然当上了太子，但实际上并不受重视，生活环境比几个弟弟都要差很多。朱常洛知道自己的太子之位并不稳固，所以一直如履薄冰，谨言慎行，以防被人抓住什么把柄。福王就藩洛阳，在客观上进一步巩固了朱常洛的太子之位。福王取代朱常洛成为太子的希望已经基本不存在了。正是在这种情况下，拥护福王为太子的势力导演了这出"梃击案"。

五月初五，巡城御史刘廷元奉命审理此案，奏称："闯宫的男子名叫张差，是蓟州井儿峪的百姓，话里头常提到'吃斋讨封'的字眼，说话颠三倒四，有些狡猾，看来需要由刑部进行认真审问。"

五月初十日，刑部郎中胡士相、岳骏声对张差进行了重审。张差供称："因被人烧了供差柴草，气愤不已，就来到京城申冤。遇到两个男子，给我一根枣木棍，说这根木棍可以当作冤状，一时受气癫狂就闯入宫门，误伤了守门太监。"此时福王已经离开京城，但明神宗对朱常洛的态度依然十分冷淡。当时向高已经托病请辞。阁臣方从哲、吴道南胆小怕事，不敢妄下结论，便和刑部商议，决定大事化小，小事化了，不追究幕后主使人。

　　朝廷上下沸沸扬扬，群臣纷纷猜测此事是郑贵妃在背后主使。五月十三日，当时的刑部提牢王之寀为牢中囚犯发放饭菜，见张差身强力壮，并不像疯癫之人。王之寀骗他说："说实话就给你饭吃，否则就饿死你。"张差低头说："我不敢说。"王之寀便只留下两名狱卒在旁，亲自对张差进行审问。张差供称："小人小名叫张五儿，父亲张义病故。马三舅、李外父叫我跟个不知道名字的太监做事，并说事成后给我几亩地。这个太监就把我带到京城，来到一个大宅子。一个太监给我饭吃，让我冲进去看见人就打，打完后他会来救我。之后他就把我带到宫门，守门的人阻拦我，我就把他打倒在地。太监多了，我就被抓住了。小爷（宫中太监称太子为小爷）福大，没打着。"王之寀将情况禀告给明神宗，并说张差"不癫不狂，有心有胆"，要求举行会审。王之寀的奏疏在朝中掀起轩然大波。一些正直的官员就开始影射背后指使之人必有"奸畹"，暗示郑贵妃和其弟郑国泰主使张差加害太子，为福王朱常洵夺取太子之位。

　　此案越闹越大，参与调查此案的人越来越多。御史过庭训移文给蓟州知州戚延龄，让他调查张差此人的一贯表现。知州戚延龄回报说："郑贵妃派宫中太监来到蓟州修建佛寺，制陶烧砖，许多人通过卖薪得利。张差把自己的田地卖了，买了柴火，不料遭人嫉恨，柴火被人烧光了。张差向宫监告状，反被宫监斥责，不胜愤懑，神志不清，便想到京城告御状。"大臣们看到奏报后，都认为张差确属疯癫之人，欲以"疯癫"二字了结此案。

　　五月二十一日，刑部郎中胡士相等官员再次提审张差。张差供称："马三舅名三道，李外父名守才，同住在蓟州井儿峪。之前我说的不知姓名的太监其实就是修铁瓦殿的庞保，之前所说的大宅子就是住朝外刘成的房子。因为马三舅、李外父经常往庞保处送炭，受庞保、刘成两人指使，三舅、外父逼着我打入宫中。还告诉我撞一个打一个，如果能打到小爷就会有吃有穿。"

　　太监庞保、刘成二人都是郑贵妃翊坤宫的有权太监，明眼人一看都明白此事的究竟。至此案情已经十分清楚了，一时议论汹汹。大臣们纷纷上奏，主张彻查此案，并暗示此案与外戚有关。大臣们还没有直接把矛头指向郑国泰，郑国泰就沉不住气了，在五月二十一日写了一个揭帖，来表明自己的清白。郑国泰这一愚蠢的行为不仅落人口实，还将郑贵妃也卷入此事。

　　眼看事情败露，郑贵妃日夜向明神宗哭泣。神宗命郑贵妃去求太子朱常洛，郑贵妃见到太子后，极力为自己开脱，并向太子下拜。五月二十八日，神宗在慈宁宫召见群臣，亲自处理此事。太子朱常洛说："像张差这样的疯癫之人，处决了就行了，不必株连。"神宗下令立即将张差以"疯癫奸徒"之罪斩首。紧接着刑部、都察院、大理寺三法司会审庞保、刘成。皇太子朱常洛再下谕旨，为庞保、刘成二人开脱。六月初一，神宗密令太监将庞保、刘成

紫砂瓜形壶
紫砂壶是明代陶瓷业的重要成就。此壶造型为南瓜，瓜形为壶体，瓜柄为壶盖，瓜藤为壶把，瓜叶为壶嘴，构思巧妙，是紫砂壶中的精品之作。

玉碗
在中国历史上，向来以镶金玉器为重器。此器由玉碗、金碗盖、金托盘三部分组成，名贵异常。

处死，草草了结了梃击一案。

此后郑贵妃收敛了许多，一味地讨好朱常洛。太子朱常洛在这件事情中的表现令明神宗十分感动，太子之位也总算保住了。万历四十八年（1620年）七月，明神宗朱翊钧去世，历尽艰辛的太子朱常洛终于登上皇帝的宝座，是为光宗。原来决定第二年改年号为泰昌，然而仅仅 29 天，他就去世了，所以他的年号泰昌还没有来得及用。其子朱由检继位，就改元天启了。所以说万历四十八年和泰昌元年是同一年。

红丸案

红丸案发生在泰昌元年（1620 年）八月。明光宗朱常洛从出生后就备受冷落，直到梃击一案发生后，太子的地位才总算稳定下来。郑贵妃感到废立之事已成为泡影，害怕朱常洛为以前的事情怨恨自己，便开始对他百般讨好。朱常洛继位后第二天，郑贵妃便将八名绝色美女连同大量的金银珠宝进献宫中。

明光宗朱常洛原本是想有一番作为的。他在继位后，便一改明神宗怠政的局面，每天临朝处理政事。为了扭转神宗万历朝后期的弊政，他采取了一系列的改革措施。首先，他下旨停止征收矿税，罢除派往各地的矿监，停止了一切的捐奉。矿税早为人们所深恶痛绝，诏令一颁，朝野欢腾；其次，他从内库调拨了二百万两银子作为军饷，令辽东经略熊廷弼用来安抚九边的将士。虽然这笔钱可以说是杯水车薪，但是这种做法却令朝中大臣和边关将士十分感动。内阁首辅方从哲劝说光宗收回成命，上奏道："在先皇丧礼期间，动用内库之银恐怕不合适吧。"光宗则认为，以帝王私有的银子来犒劳为国家效力的将士，并不算违反孝道礼制，因此坚持原议；再者，光宗还扭转了"官曹空虚"的局面。他起用了大量前朝因进谏而得罪了神宗的言官，将他们官复原职，并提拔了一大批有才干的中下级官员，补齐了缺员的官缺，使国家的行政机器得以正常运转。经过光宗一个多月的整治，朝政有了很大的改观。

明光宗朱常洛历尽波折才坐上皇帝的宝座，精神长期处于压抑之中。此时他便开始贪淫纵欲，整天在后宫与美女们厮混在一起。他的身体本来就十分虚弱，一时放纵起来，身体很快就垮了。八月初十，也就是光宗即位后的第十天，他便一病不起。

明光宗本是纵欲伤身，身体虚弱以致卧床不起。御医崔文升却诊断为肾虚火旺，给光宗开了一副药性很强的泻药。光宗服后，一日之间便泻了三四十次，精神委顿不支，随时都有大行升天的危险，更遑论处理朝政了。

大臣们议论纷纷，猜测此事是郑贵妃的阴谋。崔文升原本是郑贵妃的亲信太监，朱常洛登基后，才升任司礼监秉笔太监，兼任御药房太监。郑贵妃用美色来迷惑明光宗在先，光宗病后命自己的心腹进药在后，这不能不让人怀疑。此时李选侍深受光宗的宠爱。郑贵妃还住在乾清宫，与李选侍一起照顾朱常洛的长子朱由校。大臣们怕光宗一旦驾崩，郑贵妃和李选侍通过控制皇长子朱由校来把持朝政，纷纷上奏要求郑贵妃离开乾清宫。郑贵妃迫于压力，不得不离开乾清宫，搬回到她自己的住所慈宁宫。郑贵妃昼夜派人前来问讯，却不提光宗的病情，只是一味催逼光宗封她为太后。大臣们见光宗突然病重，都认为崔文升庸医误人，或另有隐情，一致主张严惩崔文升。

八月二十三日，鸿胪寺丞李可灼来到内阁，请求向明光宗进献仙丹。内阁首辅方从哲认为向皇帝进药应十分慎重，便令李可灼先行离去。八月二十九日，李可灼进宫向太监进药。太监不敢自作主张，便将此事禀告内阁，遭到内阁大臣的阻止。

这一天明光宗召见群臣安排后事，并要皇长子朱由校出来面见群臣。皇长子出来后，随即启奏："选侍娘娘乞封皇后，恳父皇传旨。"光宗深知李选侍的野心，不愿意立她为皇后，但在这种情形下也不好拒绝。大臣孙如游察言观色，便对光宗说："陛下要封选侍为贵妃，臣等遵命，立刻就起草仪注（册封仪式的日程表）。"光宗便默许了。沉默片刻后，光宗突然问道："我听说有鸿胪寺丞进药，现在此人在何处？"方从哲答道："李可灼自称有仙丹，臣等不敢相信，因此没有进献。"光宗对李可灼的仙丹抱有一丝希望，下旨命太监速召李可灼进宫。

李可灼进宫为明光宗诊治病情，谈了病因和治法。光宗听后大喜过望，命他立即进药。中午时李可灼便将调制好的一颗红丸进献给光宗。服药之后，

宫中图（局部）

在画家笔下，通过对若干场景的描绘，将宫人或自我沉醉、或心事重重、或强颜欢笑、或安详闲适、或愉悦欢欣的心境表现得淋漓尽致。该幅图描绘了宫人闲适时弹唱的情景。

光宗感觉精神好多了，便一个劲地夸李可灼是"忠良"。他传谕："朕用药后感觉身心舒畅，也想吃饭了，卿等尽可放心。"朝臣这才放心离去，只留下李可灼与几个御医。

入夜后明光宗担心药力不足，又命李可灼进献了一颗红丸。外官派人前来探问光宗的病情，李可灼说皇上服药后病情已经稳定。不料光宗在第二天凌晨就去世了。光宗只当了二十九天的皇帝，成为明朝历史上在位时间最短的皇帝。光宗的死因也是扑朔迷离，在他死后引发了一场轩然大波。

有人认为明光宗身体虽然一直虚弱，但并没有什么大病，郑贵妃进奉美女导致皇帝的身体每况愈下，接着崔文升进奉大黄，使圣体脱水致虚，而后李可灼进献红丸，使光宗毙命。所谓"红丸"，实际上是红铅金丹，由红铅、秋石、人乳等炮制而成，是宫中特制的一种春药。这种药服用后短期内会令人感到精力倍增，但却对人的身体十分有害。大黄性寒，红铅性热，两者同时用于纵欲过度的身体，自然只能加速死亡。稍懂药理的人决不会采用这种方法为光宗治病，因此此事显然别有内情。

内外官员都把明光宗之死归咎于李可灼。而首辅方从哲却用光宗遗诏的名义，拟赏李可灼白银五十两。引起群情大哗，纷纷上疏弹劾李可灼和方从

金凤钗

此凤钗出土于江西明益王墓，通常插于凤冠之上。它的制作复杂、工艺精巧，代表了当时我国金银手工艺的最高水平，具有极高的艺术价值。

哲。给事中高攀龙等先后上疏，指出内医崔文升是郑贵妃的心腹，故意使用泻药，使光宗的元气大伤。李可灼进献红丸使光宗死亡，罪不容诛。首辅方从哲有十大罪、三可杀。方从哲迫于压力，被迫辞官。一些大臣主张严查此事，一定要追查出幕后真凶。而拥护郑贵妃的一派大臣们则坚持光宗是病重而死。

天启二年（1622 年），礼部尚书孙慎行主张追究李可灼和方从哲，指斥方从哲为"弑逆"。由于拥护郑贵妃的大臣们的阻挠，此案没有再追究下去。为了平息事态，直到天启四年（1624 年），朝廷才判李可灼误用药剂，流戍边疆，崔文升被发配到南京。"红丸"一案便草草了结。事实上此案至今仍然疑点重重。虽然并不能肯定地说明光宗是被"红丸"毒死的，但很显然光宗的死与郑贵妃等人脱不了干系。天启年间，魏忠贤等人又重提此案，利用此事来打击朝中异己，牵连甚广。

明光宗朱常洛一生坎坷，好不容易才登上皇帝的位子，没想到才一个月就暴病身亡，史称"一月天子"。他在位的时间虽然很短，但还是做了不少令人称道的事情。明神宗驾崩后不到一个月光宗便去世了，一时间建造两位皇帝的陵寝十分困难。无奈之下，只好将代宗皇帝朱祁钰生前为自己修建的寿陵修葺一番，作为这位短命皇帝的新陵。天启元年（1621 年）三月，开始修葺陵墓工程，当年八月就修建完工，九月光宗入葬，并改寿陵为庆陵。

移宫案

按照明朝制度，乾清宫地位显重，只有皇帝和皇后才能居住，其他妃嫔都不可以长久居住，以示尊卑。明光宗病故后，其宠妃李选侍便占据了乾清宫，一直不肯搬出，生出许多事端，便有了"移宫案"。

万历四十一年（1613 年），朱常洛的皇太子妃郭氏病故。之后朱常洛一直没有立妃子，身边只有才人、选侍（选侍系宫中没有封号的宫嫔）、淑女。其中有两名选侍，一位居于东面，一位居于西面，分别称作"东李""西李"。"东李"地位较高，但"西李"比较受宠于朱常洛。万历四十八年（1620 年），明神宗病重。此时王皇后已经去世了，郑贵妃便以侍疾为名住在乾清宫。神宗去世后，郑贵妃依然不愿搬出。大臣们纷纷上疏，郑贵妃迫于压力才搬回了慈宁宫。

历史细读

乾清宫是故宫内廷正殿，内廷后三宫之一，始建于明代永乐十八年（1420年）。明清两代多次被焚毁而重建，现存的建筑为清代嘉庆三年（1798年）所建。乾清宫建筑规模为内廷之首，不仅是明代皇帝的寝宫，还与政务有着相当密切的关系。皇帝在这里读书学习、批阅奏章、召见官员、接见外国使节以及举行内廷典礼和家宴。

明光宗朱常洛的宠妃李选侍恃宠骄横，早在万历年间就曾对朱由校的生母王才人百般欺凌，致使王才人在万历四十七年（1619年）三月含愤而死。李选侍自己无子，在王才人死后便一直抚养年幼的朱由校。她热衷于权力地位，为了得到皇后之位而不择手段。光宗即位后，李选侍以照顾朱由校为借口，也住在乾清宫。郑贵妃与李选侍勾结在一起，郑贵妃支持李选侍请封皇后，而李选侍支持郑贵妃请封皇太后。泰昌元年（1620年）八月，光宗在病危之际召见阁部大臣，口谕"册封李选侍为皇贵妃"。躲在门幔后的李选侍十分不满，与太子朱由校"手挽"而入。朱由校进去后，对光宗说："要封皇后！"众大臣瞠目结舌，光宗也为之"色变"。光宗虽然宠爱李选侍，但深知李选侍心计深沉，不甘久居人下，便没有答应她的要求。

明光宗朱常洛暴毙后，郑贵妃、李选侍二人失去了保护伞。李选侍不仅没有得到皇后的封号，连皇贵妃的册封也没有进行。当时朝中群臣，尤其是东林党人对她们并没有好感，两人感到自己的地位很不稳固，于是李选侍想出了"挟皇长子以自重"的计策，扣留朱由校。

明神宗、光宗先后去世，新皇帝的继位决定着国家的命运，成为朝野上下关注的焦点。在光宗驾崩的当日，杨涟等大臣就直入乾清宫，请求拜见皇长子朱由校，商议即位之事，不料遭到守门太监的阻拦。杨涟大声怒斥道："现在吾皇刚刚驾崩，嗣主幼少，你们竟敢阻止大臣们前来哭临，究竟是想干什么？"太监们无言以对，只好让开，大臣们这才得以进入宫中。大臣们首先在光宗的灵位前大声痛哭了一番，然后就请求拜见皇长子朱由校，商谈即位之事，但受到李选侍的阻拦。李选侍把朱由校藏在东暖阁，不让他出来。在东宫伴读王安的帮助下，朱由校才得以与群臣相见。众人见到朱由校后连忙叩头，齐呼万岁。群臣奏请进诣文华殿，王安拥皇长子而行，阁臣大学士刘一燝掖左，勋臣张惟贤掖右，离开了乾清宫。朱由校在文华殿接受朝臣的

墨葡萄图

徐渭的《墨葡萄图》是明代写意花卉的杰作。图上一串串葡萄倒挂枝头，形象生动。茂盛的叶子以大块水墨点成，风格疏放。

礼拜，将于当月初六举行登基大典。为了朱由校的安全起见，大臣们将朱由校安排在慈宁宫，由太监王安负责保护。吏部尚书周嘉谟上奏："今日殿下之身，是社稷神人托重之身，不可轻易。即诣乾清宫哭临，须臣等到乃发。"不久李选侍又提出凡是朝臣的奏章要先交给她过目，再交给朱由校，这当然不合祖制，遭到大臣们的坚决反对。

李选侍见自己控制皇长子的计策没有成功，就赖在乾清宫不走，想以此来要挟群臣，从而得到皇太后的封号。李选侍之所以能住在乾清宫，全凭明光宗的宠爱。现在光宗驾崩，按理李选侍必须从乾清宫搬出来。

为了使李选侍彻底失去干政的可能，周嘉谟等人先后上疏，主张令李选侍搬出乾清宫，迁往别宫。御史左光斗的言辞最为激烈。他在奏疏中指出："李选侍既不是嫡母，也不是生母，没有名分住在乾清宫。殿下已经十六岁了，内有忠直老成的内官，外有朝中重臣，何须李选侍贴身相随。如果李选侍借抚养之名而行专制之实，那么武则天之祸就为时不远了。"

新皇登基在即，大臣们纷纷敦促李选侍移出乾清宫。李选侍虽然不敢公然反对，却一直赖着不走。几天后李选侍还住在乾清宫，根本没有移宫之意。初五日给事中杨涟直言上奏："陛下应以国家社稷为重，宫闱恩宠为轻。登基之日在即，没有天子居于偏宫之理，移宫一事刻不容缓。"而方从哲认为移宫之事不必着急，晚两天也没什么关系。杨涟反驳道："太子明天就要登基，难道登基后还要回到东宫的住处吗？李选侍今天不愿意离开乾清宫，难道以后就会主动离开了吗？"由于杨涟等大臣理直气壮，态度坚决，朱由校下旨"即日移宫"。李选侍无计可施，只得在当天搬出乾清宫，移往仁寿殿。当李选侍从乾清宫搬出时，太监刘逊、刘朝、田诏等乘机偷盗大内库藏，在经过乾清门时，"金宝坠地"。朱由校大怒，令有关部门彻查。

朱由校在东林党人的支持下，于初六日正式即帝位，改次年为天启元年，是为明熹宗。这起"移宫案"以李选侍的失败落下了帷幕，熹宗朱由校进驻乾清宫，成功登上了皇位。

东林党与阉党之争

万历中期以来，因明神宗怠于政事，吏治更加腐败。嘉靖以来逐渐形成的朋党风气，更加膨胀。大臣们一味秉承皇帝的心意，结朋树党，相互攻击。阉党魏忠贤排除异己，专擅国政，外结朝臣，内控皇帝，窃取了朝政大权。而江南东林党人为了挽救王朝的颓势，与阉党等反动政治力量展开了一场生死较量。

东林党议兴起

万历中期以来，吏治更加腐败。朝中大臣一味媚上擅权，排斥异己，政局一片混乱。国家武备松弛，财政拮据，横征暴敛十分严重，社会矛盾日益激化。女真族在东北崛起，不但不服中央政府的管辖，还对中原虎视眈眈。一些正直的地主阶级知识分子团结在一起，积极参加政府决策，反对擅权无能的大官僚和专权乱政的宦官势力，力图挽救处于严重危机的明王朝，这就是晚明东林党议。

东林党议的领袖顾宪成，字叔时，号泾阳，无锡人。自幼就十分有主见，从来不肯委曲求全，一旦认准的事就会坚持到底。他天资聪颖，自幼刻苦读书，抱负远大。为了鼓励自己，他在房间的墙壁上题下两句话："读得孔书才是乐，纵居颜巷不为贫。"

万历四年（1576 年），二十七岁的顾宪成赴应天（今江苏南京）参加考试。他在试卷中指出，天下治理的关键在于用人得当，只有选拔、任用贤才，使之各司其职，才能令政治清明、民情安定。此外他还主张朝廷要广开言论，虚心纳谏，以法治国，注意总结前代的经验教训。顾宪成的文章立意远大，分析透彻，以第一名中举，天下闻名。

万历八年（1580 年），解元顾宪成赴京参加会试，又被录取在二甲第二名，被授以户部主事。顾宪成进入仕途后，不顾自己位微言轻，上书直谏，主张举用人才，评论时政得失，无所隐避。他先后在户部、吏部任职，因得罪权贵而仕途坎坷。万历十五年（1587 年），顾宪成外放到桂阳（今属湖南）。万历二十一年（1593 年），顾宪成作为文选司郎中，掌管官吏班秩迁升、改调等事务。他敢于直谏，因争立太子之事引起明神宗的反感。次年朝廷会推内阁大学士。顾宪成与吏部尚书陈有年不徇私情，拒绝请托，根据品望拟了七人名单上报，请神宗亲裁。不料顾宪成所举荐的大臣都是神宗所厌恶的。神宗不由分说，指责吏部"徇私"，在吏部的奏疏上批了"司官降杂职"五个字，就把顾宪成文选司郎中的职务给撤掉了。陈有年上疏引咎自责，恳请神宗恢复顾宪成的官职。其他止直的大臣也纷纷上疏申救顾宪成，神宗一意孤行，将上疏申救的官员外放的外放，降职的降职，削职的削职。顾宪成被革职为民。

顾宪成回到家乡无锡，在东林书院讲学，并在讲学中宣传自己的政治主张。东林书院原是宋代著名理学家杨时讲学之地。顾宪成德高学湛，在士大夫中享有极高的声誉，由此得到常州知府欧阳东风的资助，在万历三十二年（1604 年）重修了这所书院。顾宪成也捐出了自己所有的积蓄。书院竣工后，顾宪成亲自为书院讲会审订了宗旨及具体会约仪式。这年十月，顾宪成会同顾允成、高攀龙、安希范、刘元珍、钱一本、薛敷教、叶茂才（时称"东林八君子"）等人发起东林大会，制定了《东林会约》，规定每年举行一两次大会，每月举行一次小会。顾宪成任东林书院的主讲，其讲学活动成为他一生事业的顶峰。顾宪成还特意写了一副对联挂在书院的墙上，以示对学生的教诲和激励。这副"风声、雨声、读书声，声声入耳；家事、国事、天下事，事事关心"的对联成为天下有识之士的座右铭。

顾宪成引导书院的学生一面研习程朱理学，一面讨论救国济世之道。他们关心朝中政治，经常"讽议朝政，裁量人物"，对国家大事发表自己的看法，对当时的吏风、士风提出尖锐的批评。由于东林讲会开创了一种崭新的讲学风气，引起了朝野的普遍关注。一些学者从全国各地赶来赴会，学者云集，每年一次的大会有时则多达千人。东林书院实际上成为一个舆论中心，并逐渐由一个学术团体转变成一个政治派别，被他们的反对派称为"东林党"。顾宪成作为东林党的缔造者，在社会上声望很高，在东林党人中也很有威信，时人皆称为"泾阳先生"。

东林党人对朝政的讽议，引起了朝中保守官员们的反对。这些反对派主要是齐、楚、浙、昆、宣诸党。这些党派以浙党为中心，依附皇室、勋戚、权臣，交结有权力的宦官，不以国事为重，专门抨击东林党。

东林党人主要按照政治主张和取向组合，构成了一股主要代表社会中下层利益的全国性的政治力量。东林党议在明代后期的政治斗争中深入到各个层面，对明朝后期的政局具有很大的影响。

九千岁魏忠贤

明熹宗朱由校自幼丧母，由乳母客氏抚养长大，即位后封她为"奉圣夫人"。

太监魏忠贤与客氏狼狈为奸，在得到了明熹宗的宠信后，勾结外廷官僚，把持了朝政大权。与东林党人作对的各派官员纷纷投靠到魏忠贤的门下，形成了一股强大的反动势力，人们称其为"阉党"。阉党通过东厂和锦衣卫钳制百官，镇压异己，朝政日益黑暗。一些无耻的官员公开称呼魏忠贤为"九千岁"，可见当时宦官专权的严重程度。东林党人对阉党的擅权乱政十分愤慨，上疏弹劾魏忠贤的罪行。魏忠贤对东林党人怀恨在心，不仅将东林党人逐出朝廷，还对他们展开了一场大屠杀。

魏忠贤，原名魏进忠，河北肃宁人。他是个市井无赖，因赌博输了钱，被债主逼得走投无路，只好自施宫刑，改姓为李，于万历十七年（1589 年）混入宫中，当了太监。魏忠贤入宫后，极力巴结太监魏朝，和魏朝结拜为兄弟，因此宫中有"大魏、二魏"之称。魏朝原与客氏对食（宦官与宫女结成假夫妻）。魏忠贤处心积虑地向客氏大献殷勤，博得了客氏的欢心。客氏逐渐厌恶魏朝，与魏朝断了私情，魏忠贤得以专门侍奉客氏。

明熹宗朱由校对客氏十分尊重。客氏借机向皇帝推荐魏忠贤，使目不识丁的魏忠贤担任了司礼监秉笔太监。司礼监是明朝宦官机构中最为重要的部门，权势极大。魏忠贤乘机假借皇帝的名义干预朝政，许多大臣都投入到他的门下。熹宗日益宠信魏忠贤，魏忠贤得以把持了东厂和锦衣卫。此后魏忠贤权倾朝野，成为一人之下、万人之上的权宦。

大学士顾秉谦、阁臣魏广微等对魏忠贤十分忌惮，百般逢迎。一些大臣路遇魏忠贤，即在道旁拜伏，高呼"九千岁"。魏忠贤在内阁、六部和外地总督、巡抚中遍植死党，"内外大权，一归忠贤"。

魏忠贤的爪牙遍布天下，其中最为狠毒的有"五虎""五彪""十孩儿""四十孙"等，形成了为害极大的"阉党"集团。许多地方上的官员为了巴结他，竞相为他建造生祠。不愿意巴结他的官员轻则免官，重则丧命。东林党人对阉党的胡作非为十分愤慨，上疏明熹宗不要受魏忠贤和客氏的蒙蔽。熹宗昏庸无能，不辨忠奸，使魏忠贤得以大肆打击那些不肯依附的大臣。天启二年（1622 年），刑部尚书王纪、礼部尚书孙慎行、左都御史邹元标、副教御史冯从吾等人被迫辞职。

天启四年（1624 年），御史黄尊素（东林党）在奏疏中暗指魏忠贤与客氏狼狈为奸，将会引起亡国之忧。魏忠贤大怒，想将黄尊素处以廷杖，后经

魏进忠开赌场

魏忠贤原名魏进忠，他因在赌场上输尽钱财被迫当了太监。但正是这个不学无术之徒却成了当时的"九千岁"，一手把持朝政。明代朝政的混乱腐败可见一斑。

杨涟

杨涟，字文孺，号大洪，明朝时的著名谏官。天启五年（1625 年）因弹劾魏忠贤的二十四宗大罪，遭到诬陷，惨死狱中。

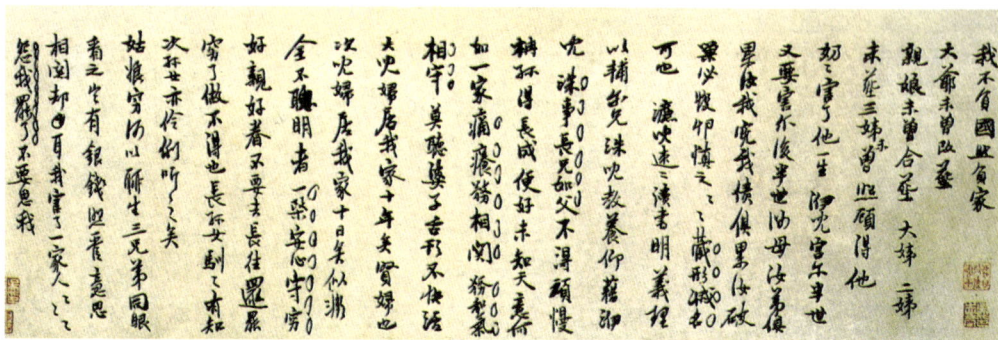

魏大中《临危遗书》

天启五年（1625年）七月，魏大中与杨涟、左光斗等人同死于狱中。临死前，他留了一份《临危遗书》给家人，叮嘱家人要安贫、勤读、积德，患难相守。

他人相救，才改为夺俸一年。阉党的势力日益强大，朝政更加黑暗。

面对这种形势，杨涟于同年六月上疏明熹宗，列举了魏忠贤的二十四条罪状，这就是有名的《二十四罪疏》。杨涟以大量事实为根据，揭露了魏忠贤迫害先帝旧臣、干预朝政、逼死后宫贤妃、操纵东厂滥施淫威等罪行，还指出魏忠贤专权，造成了忠直之士遭罢斥、奸佞之臣当道的局面。杨涟坚决要求熹宗严惩魏忠贤，"以正国法"，将客氏逐出内宫，"用消隐忧"。之后魏大中、陈良训、黄尊素、袁化中、李应升等数十人先后上疏，弹劾魏忠贤。魏忠贤大惊，到熹宗面前哭诉自己冤枉，客氏又为魏忠贤开脱。熹宗好坏不分，依然宠信魏忠贤。

此后魏忠贤更加不可一世，向那些反对他的大臣展开了疯狂的报复行动。首辅叶向高为官正直，引起魏忠贤的不满。天启四年七月，在阉党的排斥下，叶向高被迫辞职。十月魏忠贤矫旨将吏部尚书赵南星和左都御史高攀龙削职为民。十一月魏忠贤发动同党上书弹劾杨涟，并利用手中的御批之权，矫旨斥责杨涟目无尊长，欺君罔上，欲置杨涟于死地。由于杨涟的名声过大，皇帝还很相信他，魏忠贤不敢过于露骨，就将杨涟革职为民。此时东林党人在朝中还有一定的势力，魏忠贤尚不敢大开杀戒。督师山海关的大学士孙承宗要求入京觐见明熹宗，被阉党阻止。天启五年（1625年），孙承宗在阉党的打击下，被迫辞职。至此东林党人基本上都被魏忠贤逐出朝廷，失去了参与朝政的权力，魏忠贤权倾天下。

阉党为了恣意打击那些正直的官员，首先制造舆论，炮制了大量东林党人士的黑材料。他们编造了《同志录》《天鉴录》《东林点将录》《雷平录》《蝇蚋录》《蝗蝻录》等，将不愿依附魏忠贤的大臣列名在内，统称为东林党人，献于魏忠贤。一些原与东林党人有过节的官员，这时也纷纷进献名册，以泄旧恨。魏忠贤得意无比，罗织罪名，大肆搜捕东林人士，杨涟、左光斗、魏大中、袁化中、周朝瑞、顾大章六人先后被捕。除顾大章自杀外，其余五人都被严刑拷打，惨死狱中，史称"前六君子"。

同年十二月，魏忠贤将三百零九人榜示全国，凡榜上有名者，生者削职为民，死者追夺官爵。为了钳制舆论，压服民心，魏忠贤便下令拆毁天下书院，禁止人们评议时政，东林党人讲学的权利也被剥夺。

天启六年（1626年）正月，魏忠贤命令修《三朝要典》，诬陷东林党人借"梃击案""红丸案""移宫案"邀宠。二月魏忠贤再兴大狱，逮捕佥都御史周起元、左都御史高攀龙、吏部主事周顺昌、左谕德缪昌期、御史周宗建、御史黄遵素、御史李应升等七人。高攀龙在无锡家中投水自尽，缪昌期等六人在狱中备受拷问，慷慨赴死。这次大狱中受难的东林党人，被称为"后七君子"。就连早已病故的李三才也未能幸免，阉党削除了他的官职，夺去封诰，由此可见阉党对东林党人的疯狂迫害。六月《三朝要典》编成并向全国颁布，成为魏忠贤打击东林党人的重要武器。阉党肆意打击政敌，凡是与自己有嫌隙的，便安上个东林党的头衔，轻则充军，重则砍头。于是东林党成为一个十恶不赦的罪名。许多奸邪之徒吠声吠影，以讨好魏忠贤。魏忠贤残酷地镇压了东林党和其他反对力量后，更加肆无忌惮，为所欲为。

天启七年（1627年）八月，明熹宗病故。熹宗没有儿子，他的弟弟信王朱由检入继帝位，次年改元崇祯，是为毅宗，也称思宗。魏忠贤失去了熹宗这个大靠山，许多大臣纷纷上疏弹劾。贡生钱嘉徵慷慨激昂，在奏章中列举了魏忠贤的十大罪状，即并帝、蔑后、弄兵、无二祖列宗、克削藩封、无圣、滥爵、邀边功、伤民财、亵名器。十一月明毅宗将魏忠贤发配到凤阳守皇陵。之后崇祯皇帝（明毅宗）又派锦衣卫将魏忠贤逮捕治罪。魏忠贤闻讯后，在去凤阳的途中畏罪自杀。客氏、魏良卿、侯国兴等人也先后被处死。

崇祯二年（1629年），明毅宗将依附魏忠贤的阉党定为"逆案"。除首逆魏忠贤、客氏二人外，其他党羽二百六十人分别处以斩首、充军、徒刑、革职等刑罚。毅宗还下旨焚毁了《三朝要典》，为遭受阉党迫害的东林党人平反。

明毅宗朱由检谈笑间便铲除了以魏忠贤为首的阉党集团，令朝野刮目相看。面对危机四伏的政局，他殷殷求治，起用了天启年间被罢黜的大臣，禁止朋党，力戒廷臣结交宦官，大力整饬边防，使朝政一时大为改观。但是毅宗生性多疑，重用宦官以监视百官。在崇祯一朝，东林党和阉党仍然保持着对立，并时有纷争。

后金的兴起

万历后期，明神宗"怠于临朝，勇于敛财，不郊不庙不朝者三十年，与外廷隔绝"，致使朝政日益败坏，边务废弛。建州女真首领努尔哈赤乘机崛起，统一了女真各部，建立了后金政权。他的儿子皇太极继承了努尔哈赤的事业，不断对明朝挑起战事，严重威胁了明王朝的统治。

努尔哈赤崛起

明代女真分为建州女真、海西女真和东海女真（野人女真）三大部。明初，建州女真先后设置了建州卫、建州左卫和建州右卫，合称为"建州三卫"。海西女真因受到"野人女真"和蒙古骑兵的侵扰而不断南迁，形成叶赫、辉发、哈达、乌拉四部，称为海西四部，又称为扈伦四部。东海女真活动在黑龙江以北、乌苏里江以东地区，因开化程度较低，被明朝称为"野人女真"。

建州女真和海西女真南迁后，更加接近汉族地区，不断吸收汉族先进的技术和文化，经济发展很快，军事实力也不断壮大，这对于明朝的统治成为一种威胁。明朝不断加强东北地区的军事力量，同时还对女真各部实行"羁縻"的政策。这种政策有两方面：在政治上，明朝通过女真各部酋长进行间接管辖，授给酋长官职（如都督、都指挥、指挥、千户、百户等）、官印和敕书，并且按期朝贡。在经济上，明朝在辽东开原、抚顺、清河、宽甸等地开设"马市"，以笼络女真各部。

除此之外，明朝还通过实行"分而治之"的手段来控制女真各部。如果女真出现一部坐大之势，明王朝就采用军事手段加以牵制和平衡。明宪宗成化时期（1465年—1487年），明朝就曾对日渐强大的建州三卫给予沉重的打击。到了明世宗嘉靖时期（1522年—1566年），朝政腐败，边防废弛，女真各部特别是建州女真趁机扩大势力，重新强大起来。

明穆宗隆庆年间（1567年—1572年），建州右卫首领王杲因不满明朝绝贡而屡次犯边，对辽东造成严重的威胁。隆庆四年（1570年），李成梁镇守辽东，整饬武备，于明神宗万历三年（1575年）诱杀了王杲，并利用建州各

《九边图》中的辽东镇

辽东镇管辖地东起鸭绿江边，西至山海关，被称为"燕京左臂"。该地共修有城堡二百多个。辽东一带一直是明朝边防的重点，后金势力就崛起于东北地区。图中反映了辽东地区的地理及军事布局。

历史细读

所谓"马市"就是汉人与女真、蒙古族人民的集市贸易。女真用马匹、皮革、人参等土特产来换取汉人的布、绢、盐、米、耕牛、铁器等物品。马市贸易使双方互通有无，加强了经济文化交流，对女真族的经济发展起到了积极的作用。

部的矛盾极大地削弱了女真各部的实力。明朝对女真采取"分其枝，离其势"的民族政策，造成"各部蜂起，皆称王争长，互相残杀，甚至骨肉相残，强凌弱，众暴寡"的局面，给女真各部和东北地区的各族人民带来了深重的苦难。正因如此，女真族的广大百姓都希望有一个统一安定的局面。而明朝自万历十年（1582 年）张居正病故后，一度出现的中兴局面迅速消失，明王朝从此一蹶不振。万历十九年（1591 年），李成梁被明朝免职，辽东军备废弛。就在这样的情况下，建州部的努尔哈赤崛起，完成了统一女真各部的大业。

努尔哈赤于明朝嘉靖三十八年（1559 年）出生在一个女真族奴隶主家庭，是建州左卫都督猛哥帖木儿的六世孙。祖父觉昌安和父亲塔克世世袭担任建州左卫指挥使。努尔哈赤的家庭原是女真族中的显赫世家，但到了他父亲塔克世这一代时家道中落。努尔哈赤自幼丧母，与继母的关系一直不太融洽，在十九岁时便离开了家。为了维持生计，他上山采松子、挖人参，然后拿到抚顺的"马市"去卖。他又投到明辽东总兵官李成梁的麾下，因作战勇敢而颇受器重。

明朝扶植建州左卫图伦城主尼堪外兰，企图通过他来加强对女真各部的控制。明神宗万历十一年（1583 年），尼堪外兰引导明军攻打建州右卫古勒寨阿台。努尔哈赤的祖父觉昌安和父亲塔克世在战斗中被明军误杀。明朝为了安抚努尔哈赤，任命他为建州左卫都指挥使。同年五月，努尔哈赤整理出父亲塔克世的"遗甲十三副"，率领近百名士兵攻打尼堪外兰的驻地图伦城。尼堪外兰胆小如鼠，得知努尔哈赤率军前来，就弃城而走，逃到甲板（嘉班）。图伦城不攻而下，努尔哈赤首战告捷，声势大震。

努尔哈赤家族原居住在苏克苏浒河（苏子河）下游一带，因此他便从这里开始了对女真族各部的统一战争。努尔哈赤并不一味地依靠武力，而采取"恩威并行，顺者以德报，逆者以兵临"的策略。经过三年的努力，努尔哈赤

努尔哈赤御用剑
努尔哈赤起兵阶段，女真人还没有像明军那样的火器装备。此剑为努尔哈赤的佩剑之一。其剑身为精钢所制，剑柄及鞘外饰有日月、鲤鱼、天官、松鹤等吉祥图案。相传此剑为努尔哈赤未起兵时明廷所赐。

就统一了苏克苏浒河部、栋鄂部和哲陈部。

努尔哈赤在发展自己的势力时，遇到最严重的问题便是如何处理同明朝中央政府的关系。努尔哈赤有勇有谋，在冷静地分析形势的基础上，制定了正确的策略。他表面上对明朝十分恭顺，多次亲自到北京朝贡，因此其扩张并没有受到明朝的阻碍。与此同时，他大力整顿内部，不断发展自己的实力。

明神宗万历十四年（1586 年），努尔哈赤得知仇人尼堪外兰住在浑河部的鄂勒珲城，便亲自率兵攻打鄂勒珲城，斩杀了尼堪外兰。此后努尔哈赤兵势日盛，不少建州女真的部落纷纷主动前来依附。到万历十六年（1588 年），除长白山诸部外，建州女真各部都被努尔哈赤所统一。此时，明朝仍对努尔哈赤没有保持应有的警惕，认为他"忠顺学好，看边效力"。万历十七年（1589 年），努尔哈赤升任都督佥事。万历十九年（1591 年），努尔哈赤升任左都督。

努尔哈赤势力的扩张引起紧邻的海西四部的恐慌。万历二十一年（1593 年），海西的叶赫、哈达、辉发、乌拉四部先发制人，联合蒙古的科尔沁、锡伯、卦勒察三部以及长白山的珠舍里、纳殷二部，以九部之师，合兵三万，攻打努尔哈赤。面对九部联军浩大的声势，建州内部人心浮动。努尔哈赤足智多谋，面对大军压境，依然胸有成竹，率领部众列阵于古勒山的险要之处。他诱敌深入，在古勒山大败九部联军，斩杀了叶赫部首领布斋，"乘胜逐北，斩级四千，获马三千，铠胄千"。古勒山一役是女真各部统一战争史上的转折点，改变了建州女真和海西女真的力量对比。此后努尔哈赤"军威大震，远

清太宗皇太极

皇太极是努尔哈赤的第八子。他于天启六年（1626年）在沈阳继后金汗位。即位后，他多次带兵攻打明朝，并将西部边界扩张至锦州、宁远一线。崇祯九年（1636年）皇太极在沈阳称帝，建国号大清，改元崇德。从此，皇太极走上了他统治全中国的道路。

迩慑服"，称雄于辽东。他积极与蒙古联盟，尽力避免过早地与明朝发生正面冲突，这就为统一女真的事业清除了潜在的危险。

努尔哈赤在恭顺的外表下，大力发展自己的势力，辟抚顺、清河、宽甸、瑷阳为马市以通商贾，"满洲民殷国富"，为自己的统一大业打下了坚实的经济基础。与此同时，努尔哈赤采取正确的用兵策略，远交近攻，逐步扩大自己的实力。他感到不可能一举平定海西四部，便采取各个击破的方法。万历二十三年（1595年），明朝廷晋封努尔哈赤为龙虎将军。

万历二十六年（1598年），努尔哈赤攻陷哈达城，俘虏了哈达贝勒孟格布禄。之后努尔哈赤杀死了孟格布禄，并囚禁了他的儿子武尔古代。这时明廷感到建州的力量过于强大，不易驾驭，便于万历二十九年（1601年）派使臣责备努尔哈赤。努尔哈赤感到自身的实力还不足以与中央朝廷对抗，就将武尔古代放回哈达，立为哈达贝勒，并暗中加强对哈达部的控制。同年哈达部发生饥荒，努尔哈赤乘机灭掉了哈达部，紧接着就把进攻的矛头对准辉发部。万历三十五年（1607年），努尔哈赤亲自率兵灭掉了辉发部。至此海西四部已经收复了两部，努尔哈赤将注意力转向了乌拉和叶赫二部。

努尔哈赤通过征战和联姻，逐渐控制了辽东地区。到万历四十一年（1613年），乌拉部也被努尔哈赤所灭。明朝此时才发现努尔哈赤已势大难控，于是全力支持海西女真中仅存的叶赫部。在明朝的支持下，叶赫部多次击败努尔哈赤的进攻。万历四十七年（1619年）八月，努尔哈赤在萨尔浒击败明军之后，便乘胜灭掉了叶赫部。至此努尔哈赤经过二十七年的努力，统一了海西诸部。

努尔哈赤在对海西女真用兵的同时，积极统一东海诸部。东海女真主要包括瓦尔喀部、窝集部、萨哈连部等，社会发展程度较低，被明朝称为"野人女真"。万历二十四年（1596年），努尔哈赤征讨临近的瓦尔喀部，开始了统一东海女真的战争。此后努尔哈赤多次派兵攻打东海诸部，经过三十年的努力，以"征抚并用，以抚为主"的策略，统一了东海女真的主要部落，成为辽东地区的一代霸主。

后金的建立

努尔哈赤一生戎马倥偬，以十三副遗甲起兵，统一了女真各部，结束了女真族的分裂状态。他顺应历史潮流，在征伐过程中不断建立、完善统治体系。

第一，建立八旗制度。努尔哈赤在进行征伐的过程中，逐步建立并完善了八旗制度。努尔哈赤在起兵第二年，也就是明神宗万历十二年（1584年），就打破了旧有的氏族组织，建立起以三百人为一牛录的新型军事组织。随着军事力量的不断扩展，努尔哈赤在牛录组织的基础上又增加了"旗"的建制。据《清会典则例》记载："太祖高皇帝辛丑年（万历二十九年即1601年），满洲生齿繁，诸国归服人众，设四旗以统之，以纯色为辨，曰黄旗、曰白旗、曰红旗、曰蓝旗。"到了万历四十三年（1615年），努尔哈赤不仅统一了建州女真，还平定了海西女真的哈达、辉发和乌拉三部。为了便于管理，努尔哈赤在原来的黄、白、红、蓝四旗以外，增设了镶黄、镶白、镶红、镶蓝四旗，共为八旗。至此八旗制度正式确立。八旗组织分为三级：每三百人为一牛录，统于牛录额真；每五牛录为一甲喇，统于甲喇额真；每五甲喇为一旗，统于固山额真。在固山额真的身边，又设两名梅勒额真。这种组织方式适应了女真族全民为兵的特点，加强了军队的战斗力。努尔哈赤为八旗的共主（最高统帅），并亲自统领两黄旗，次子代善领两红旗，第五子莽古尔泰领正蓝旗，第八子皇太极领镶白旗，长孙杜度领正白旗，侄子阿敏领镶蓝旗。八旗制度是兵民合一的社会组织形式，出则备战，入则务农。牛录额真、甲喇额真、固山额真不仅是各级军事首领，还是各级行政长官。努尔哈赤通过八旗制度，将分散的女真各部严密地组织起来，不仅保证了统一战争的顺利进行，还加快了女真各部的民族融合。

第二，设置理政大臣。由于统一战争的顺利进行，努尔哈赤的辖地不断扩大，部众日益增多，各种军政事务日益庞杂。这样由旗主裁定军政事务的方式已不能满足新形势的要求。努尔哈赤采取推荐和选拔的方式，录用官员。

八旗盔甲

八旗兵丁在作战时所穿盔甲的颜色，与其所在旗的颜色相对应。图中的盔甲乃是清朝乾隆年间的八旗兵在冬季时所穿的棉盔甲，御寒性较好。早期的盔甲形制与之相似，只是较为朴素而已。

万历四十三年（1615年），努尔哈赤设置理政大臣五人和断事官十人，以佐理国事。努尔哈赤的用人标准是"公正处理国事""不贪酒""不索金银"和"公平地审断事之是非"。理政大臣和八旗贝勒每五天视朝一次，参决机务，成为后金政权的最高决策机构。努尔哈赤还十分重视法制的建设，命人翻译《刑部会典》和《明会典》，从中选取适用于女真的各种法律条令，命断事官专门负责审理诉讼案件。

　　第三，创制满文。努尔哈赤在进行统一战争的过程中，创制了满文，对满族的发展做出了卓越的贡献。努尔哈赤起兵后，女真人口头上讲的是女真语，书面上却要使用蒙古文字。这种文字与语言完全脱节的现象，对女真社会的发展十分不利。万历二十七年（1599年），努尔哈赤命额尔德尼和噶盖创制满文，以使口头语言与书面文字统一起来。额尔德尼和噶盖利用蒙文字母拼写女真语言，创制了满文。这种满文没有圈点，被称为"老满文"或

"无圈点满文"。老满文在女真地区通行了三十多年，对满洲社会的发展起到积极的推进作用。

第四，建立根据地。万历十一年（1583 年），努尔哈赤率近百名部众起兵。他采取打拉结合的策略，在最初的三年中努力统一了苏克苏浒河部、栋鄂部和哲陈部，成为女真族中不可小觑的势力。万历十四年（1586 年），努尔哈赤从明军手中索斩了前往躲避的尼堪外兰，一时声势大震。万历十五年（1587 年），努尔哈赤在呼兰哈达山下（今辽宁新宾境内）"筑城三层，启建楼台"，修建费阿拉城，以便进一步扩张自己的势力。费阿拉城不仅是努尔哈赤居住之所，还是他行使政权的地方。为了适应形势的发展，努尔哈赤于万历三十一年（1603 年）"自虎栏哈达南冈，移于祖居苏克苏浒河、加哈河之间赫图阿喇地"，并建立城池，这就是赫图阿拉城，俗称"老城"。赫图阿拉城规模十分庞大，"周四里，南一门，东二门，北一门"，后改名为"兴京"，也就是今天的辽宁新宾老城。

万历三十三年（1605 年），努尔哈赤又下令加筑外城。重修后的赫图阿拉城有高达七丈的城墙，城墙上还有射箭用的女墙，布局十分严格。努尔哈赤和亲戚贵胄住在内城，部队驻扎在外城，各种从事军事手工业的工匠则居住在城外。这样赫图阿拉城便成为努尔哈赤辖地的统治中心，努尔哈赤自称"建州等处地方国王"。

努尔哈赤在进行征战的过程中，在政治、经济、文化等方面采取了一系列发展措施，并取得了很大的成效。努尔哈赤在迁至赫图阿拉城后，便有了与明朝争夺天下的雄心。万历四十四年（1616 年）正月，努尔哈赤在赫图阿拉举行开国登基大典，自称"承奉天命覆育列国英明汗"（简称"英明汗"），定国号为后金，建元天命。一个强大的后金国出现在中国的东北地区，开始与明王朝分庭抗礼。

皇太极建立清朝

在对外作战的节节胜利中，努尔哈赤所控制的户口和土地迅速增加，引发了后金统治者内部的斗争。各种矛盾错综复杂，努尔哈赤两次选定继承人的计划都失败了。

明熹宗天启二年（1622 年）三月，努尔哈赤建立八和硕贝勒共理国政的体制。也就是说，八和硕贝勒组成的贵族会议成为后金最高的权力机构。努尔哈赤在后金建立起八旗制度，八旗中的任何一旗都是一个相对独立的政治、经济、军事集团，而旗主贝勒则成为本旗最大的财富拥有者和最高的军事首领，被称为八固山贝勒，亦称八和硕贝勒。当时除了八旗的共主努尔哈赤可以统辖八旗外，其他八旗的旗主贝勒都缺乏统率八旗的力量和权威。在这种

盛京六部衙门

六部，包括吏部、户部、礼部、工部、刑部、兵部。后金皇太极天聪五年（1631 年），皇太极仿照明制设立六部。同时皇太极还命人将各部职能张榜公布于衙门外，以方便办事。

局势下，努尔哈赤便采用共议国政的折中办法。为了维护其家族对后金的长久统治，努尔哈赤规定：八和硕贝勒有决定军国大事的最高决策权，八和硕贝勒共同推举新汗，严禁新汗和八大和硕贝勒之间私下密议朝政。八和硕贝勒是后金势力最大的女真贵族，但他们之间的权位是不同的，又分为四大贝勒与四小贝勒。此时四大贝勒掌握了后金的军政大权。努尔哈赤此举，也主要是为了平衡四大贝勒之间的权力。

天启六年（1626 年）八月十一日，努尔哈赤病故。他的尸骨未寒，争夺汗位的斗争就展开了。此时四大贝勒是大贝勒代善、二贝勒阿敏、三贝勒莽古尔泰和四贝勒皇太极，四小贝勒是阿济格、多尔衮、多铎和济尔哈朗。代善、皇太极和多尔衮成为汗位有力的争夺者。但代善由于和努尔哈赤的大福晋关系暧昧而声誉受损，此时已无法与皇太极匹敌。多尔衮为大福晋纳喇氏所生。纳喇氏是努尔哈赤的宠妃，有阿济格、多尔衮和多铎三个儿子。多尔衮和多铎深受努尔哈赤的宠爱，领有正白、镶白两旗，势力很强。努尔哈赤死后，诸王就以"遗言"为借口，强迫多尔衮的生母纳喇氏殉葬。年仅十五岁的多尔衮失去了母亲的支持，无法与正值盛年的皇太极抗争。皇太极此时三十五岁，久经战争的锻炼，智勇双全，且领有镶黄、正黄两旗，势力十分强大。在代善的大力支持下，皇太极被八和硕贝勒推举为后金汗，次年改年号为天聪。

皇太极继位后，推行了一系列措施以独掌后金政权。在即位之初，皇太极遵照努尔哈赤"共议国政"的规定，与代善、阿敏、莽古尔泰三大贝勒共同当政，"按月分值，国中一切机务，俱令值月贝勒掌理"，造成四大贝勒轮流执政的局面。俘获的人口和财物也遵照努尔哈赤的遗训"八家均分"。后金内部权力分散，事事掣肘，皇太极徒有"一汗之虚名"。

皇太极自然不能容忍这种情况，便逐步削弱八旗贝勒的权力来提高汗权。天启六年十月，皇太极便在每旗中下设一名总管旗务大臣。总管旗务大臣有权参加贝勒议政会议，"凡议国政，与诸贝勒偕坐共议之。出猎行师，各领本旗兵行，一切事务皆听稽察"。之后皇太极又在每旗下设两名佐管大臣，"佐理本旗事务，审断狱讼"。每旗还设两名调遣大臣，执行出兵的命令。皇太极通过这些措施，大大削弱、分割了各旗主贝勒的权力，扩大自己的统治基础。

明毅宗崇祯二年（1629 年），皇太极以三大贝勒过于劳累为由，免去了他们按月分值的大权。次年，皇太极以阿敏丢失滦州、永平（今河北卢龙）、迁安、遵化四城为借口，将其幽禁。不久阿敏就因病而死。此后形成皇太极、代善与莽古尔泰"三尊佛"并列的局面。崇祯四年（1631 年），在围攻大凌河时，大贝勒莽古尔泰同皇太极发生口角，竟拔刀相向。事后皇太极遂以"御前露刃"之罪，革去莽古尔泰大贝勒衔，并将其降为一般贝勒，并罚银一万两。莽古尔泰愤恨难平，不久便死了。此时三大贝勒只剩下代善一人。崇祯五年（1632 年），皇太极终于废除了"上与三大贝勒，俱南面坐"的旧制，改成大汗南面独坐，形成后金汗独尊的地位。崇祯八年（1635 年），皇太极又以擅自行猎等罪名严厉地谴责代善，并罚马甲胄等物及银万两。代善从此对皇太极唯命是从，不敢再有违抗。之后皇太极追莽古尔泰篡逆之罪，将正蓝旗据为己有。这样皇太极手中就握有正黄、镶黄和正蓝三旗，其他旗主都没有能力与之抗衡，使汗权得以加强和巩固。

在加强汗权的同时，皇太极仿照明朝的封建制度，逐步建立和完善国家的统治机构，把权力集中到自己的手中。崇祯二年四月，皇太极建立了由满汉知识分子组成的"文馆"，负责翻译汉文书籍并记注本朝政事。这些措施使皇太极借鉴中原王朝特别是明朝的执政经验，并不断总结后金政权的统治经验，为推进改革提供依据。

崇祯四年八月，皇太极仿照明制，设立吏、户、礼、兵、刑、工六部，分掌国家行政事务。不久他又下令将贝勒排斥在国家行政机构之外，巩固了中央集权。崇祯九年（1636 年）三月，皇太极改文馆为内三院，即内国史院、内秘书院和内弘文院，统称"内三院"，负责撰拟诏令、编纂史书、掌管和起草对外文书与敕谕、讲经注史、颁布制度等事务。同年六月，皇太极又建立了都察院，负责弹劾、纠察包括贝勒在内的贵族官员。崇祯十一年（1638 年），改蒙古衙门为理藩院，负责管理内外蒙古事务。内三院、六部、都察院以及理藩院等，合称为三院八衙门。皇太极在汉族官员的建议和协助下，仿照明制建立起这套较为完整的官制，使国家权力转向三院、八衙门。

在经济上，皇太极也采取了一系列的改革措施。努尔哈赤晚年在辽东实

盛京城阙图
此幅图标示出盛京城的整体布局：八座城门、四座角楼、十余座王府以及皇宫、街道。六部衙署、都察院、理藩院等机构也设于其中。

行"抗拒者被戮，俘取者为奴"的政策，汉人纷纷逃亡和暴动，社会矛盾日益尖锐。皇太极即位后，便提出"治国之要，莫先安民"的方针，对后金辖区的土地进行丈量，把"各处余地"分给百姓耕种，"其余汉人，分屯别居，编为民户"，用汉官管理。这样大量汉族奴隶取得了"民户"的地位，成为后金政权下的个体农民。崇祯四年，皇太极颁布《离主条例》。所谓"离主"，就是指奴仆可以讦告主人，经过审核后，讦告的奴仆可以离开原主人。《离主条例》规定："凡奴隶主犯有私行拓猎、擅杀人命、隐匿战利品、奸污属下妇女、冒功滥荐、压制申诉等罪，许奴仆告发，准其离主。"这一条例限制了满洲贵族的特权，有利于提高奴仆的身份和地位。皇太极继承努尔哈赤开创的事业，顺应历史发展趋势，加强和扩大封建生产关系，使满族社会完成了由奴隶制向封建制的转化。

皇太极在国内大力实行改革的同时，继续执行对外扩张的政策。他认为要战胜明朝，首先必须对付蒙古和朝鲜，这样不仅可以解除后顾之忧，还可以利用他们的军事力量。明熹宗天启七年（1627年），皇太极不宣而战，命阿敏、济尔哈朗、阿济格等人率大军进攻朝鲜，迫使朝鲜签订了《江都和约》。此后皇太极多次对蒙古用兵。经过几次征战，林丹汗势力大衰。崇祯八年九月，林丹汗在青海大草滩病死。多尔衮奉命率精骑一万人渡黄河西进，抵达托里图，带回了林丹汗之子额哲保存的元朝"传国玉玺"，彻底平定了

正史史料

袁崇焕，字元素，东莞人。万历四十七年进士。授邵武知县。为人慷慨负胆略，好谈兵。遇老校退卒，辄与论塞上事，晓其扼塞情形，以边才自许。

——《明史·袁崇焕传》

漠南蒙古。为了笼络蒙古贵族，皇太极软硬兼施，采取联姻、赏赐、封王封爵等手段赢得了蒙古诸部的支持和效忠。皇太极深知要想击败大明政权，必须取得汉族地主阶级的支持。他即位后，就十分重视汉族地主知识分子和明朝降官降将的作用，网罗汉族知识分子，优待明朝的降将。孔有德、耿仲明、尚可喜、沈志祥等明朝将领纷纷主动归附后金，皇太极对他们封王封侯，宠荣备至。

到了明毅宗崇祯九年（1636年），朝鲜"称弟纳贡"，漠南蒙古彻底臣服，明朝已无还手之力，后金拥有了夺取中原的实力。同年四月初五，皇太极在盛京（今辽宁沈阳）称帝，建国号为大清，改元崇德，是为清太宗。从此皇太极走上了取代明朝、统治全中国的道路。

冤杀袁崇焕

作为明朝镇守辽东的守边大吏，督师袁崇焕成为了明朝抵御后金的中流砥柱。他在宁远大败努尔哈赤，取得了明朝自有辽事以来的第一个大胜仗，展现出自己杰出的军事才华。之后袁崇焕在辽东的战事中多次为朝廷立下大功，令皇太极铩羽而归。然而这位能征善战的大将，最后却落得万人争啖其肉的悲剧下场。这不仅是袁崇焕个人的悲剧，也是大明王朝的悲剧。

五年平辽的豪言

袁崇焕，字元素，号自如，祖籍广东东莞，落籍于广西藤县。他自幼胸怀大志，在十四岁时就考取了秀才。明神宗万历三十四年（1606年），袁崇焕考取举人，年仅二十三岁。万历四十七年（1619年），时年三十六岁的袁崇焕考取进士。次年袁崇焕被任为福建邵武知县，开始步入仕途。

邵武位于福建西北部，地理位置十分重要，为"八闽屏障"。袁崇焕在就任邵武知县的三年里，一心为民，政绩颇为突出。他从不摆官架子，亲民爱民，深受当地百姓的爱戴。到任后，他秉公办事，为民申冤，显示出"明决有胆略"的特质。其时明军在萨尔浒一战中惨败，先后丢失开原、铁岭、沈阳、辽阳等地。袁崇焕心系辽东，在公务之余十分关注辽东战事。

三年任期届满后，也就是明熹宗天启二年（1622年），袁崇焕按照惯例从福建来到北京朝觐。御史侯恂慧眼识英才，提请熹宗破格重用袁崇焕。熹宗采纳了侯恂的建议，授袁崇焕为兵部职方司主事。通过此次朝觐，袁崇焕不仅由外官调为京官，还由正七品升为正六品。此时明军在与后金的作战中屡遭败绩。正月明军在广宁兵败，京城为之大震，辽东局势更为险恶。当时京城的文武百官，皆畏于后金的声势，普遍存在悲观的情绪，不愿出关担任辽职。熊廷弼被免官后，朝廷需要物色一个新的辽东经略。兵部尚书张鹤鸣自请兼任辽东经略，但迟迟不愿就职，不久后就又找借口推脱。熹宗改派解经邦为辽东经略，解经邦对辽东的局势没有把握，也借故推脱。熹宗一怒之下，将解经邦免职。之后王在晋勉为其难，硬着头皮出任辽东经略。与此相反，袁崇焕胆略过人，主动请缨赴辽东就职。在兵部任职后不久，他就一个人骑马到山海关外了解局势。回来后他向明熹宗详细介绍了山海关的形势，胸有成竹地说："予我军民钱谷，我一人足守此！"熹宗破格提拔袁崇焕为山东按察司佥事（正五品）、山海监军。袁崇焕任职后不久就上《擢佥事监军奏方略疏》，力请练兵选将，整饬武备，固守山海关，以图恢复大业。在去辽东就职前，他还拜见了听勘在京的熊廷弼，两人在恢复辽东的方略上达成一致。后因受魏忠贤排挤，袁崇焕辞官回乡。

明毅宗即位后铲除了魏忠贤的势力，重新启用了袁崇焕。崇祯元年（1628年），毅宗任袁崇焕为兵部尚书兼右副都御史，督师蓟辽，兼督登、莱、天津军务，对抗后金军。此时毅宗对袁崇焕寄予厚望，赐给他尚方宝剑，以便他全力应付辽东战局。同年七月，毅宗在平台召见袁崇焕，询问治辽方略。袁崇焕回答道："臣深受圣恩，希望能让我自行处理辽东之事，预计五年就可以收复整个辽东。"此语一出，当然令毅宗万分欣喜。事实上在当时的形势下明军能抵抗住后金的进攻就已非易事，而袁崇焕竟然说"五年平辽"，这无异于痴人说梦。这种不切实际的豪言壮语为袁崇焕日后的悲剧埋下了伏笔。

袁崇焕

袁崇焕，字元素，万历四十七年（1619年）进士。他一向关注辽东局势，并自动请缨出关守辽。1630年，袁崇焕被生性多疑的崇祯帝以"通虏谋叛""擅主和议"等罪名处死，从而成为我国历史上的一个悲剧性人物。

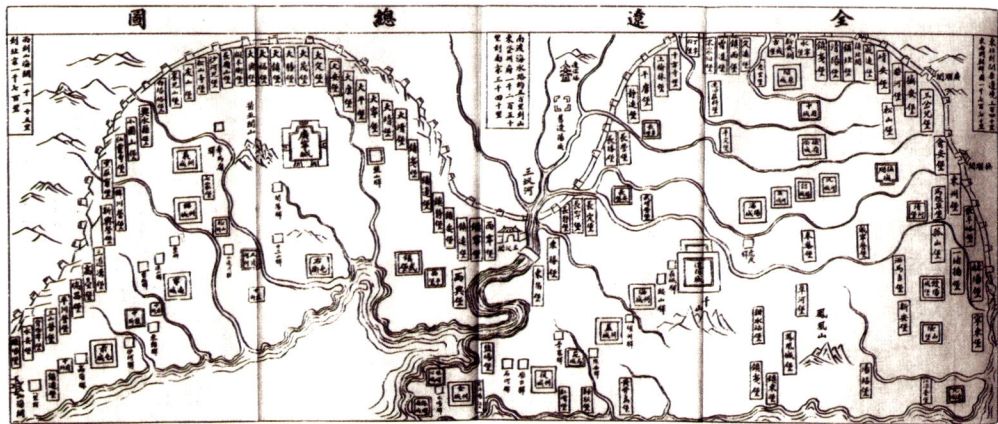

明代辽东总图

明朝末年，辽东一带既有蒙古部落的侵扰，又有女真部落的威胁。因此明廷在辽东一带大修堡垒，建立了严密的防御体系。图中所绘即为当时的辽东防御形势图。

当明毅宗退回休息时，给事中许誉卿向袁崇焕询问恢复辽东的具体打算，袁崇焕方说五年之期只是为了宽慰毅宗。许誉卿说："陛下英明，你怎敢随意应对呢？他日按期责问成效，你将如何自处呢？"袁崇焕此时方知失言。毅宗再次回到平台后，袁崇焕急忙上奏说："辽东之事本来就不容易成功。陛下既然把这个重任交给我，我怎敢推辞。但五年之内，户部负责转解军饷，工部负责发给器械，吏部负责人事任用，兵部负责调兵选将，朝廷事事大力支持，辽东之事方能收到成效。"毅宗此时刚刚即位，迫切希望改变明朝当时的颓败局面，将希望寄托在袁崇焕身上，对他有求必应。

袁崇焕知道明毅宗生性多疑，怕自己远离京师后有小人无端生事。他上奏说："以卑臣的能力，可以收复辽东，但却不能排除众人的议论。臣一出京师，便远离万里，难免有人嫉贤妒能。这些人即使不用权力来牵制我，也足以干扰我的计划。"毅宗道："你不用担心，我自有安排。"于是毅宗把辽东满桂、王之臣的尚方宝剑都予以收回，而将尚方宝剑赐给袁崇焕，准他相机行事。

袁崇焕在离京赴辽东前给明毅宗上书明志。他在奏章中指出："恢复辽东的策略，不外乎臣当年用'以辽人守辽土、以辽土养辽人'的手段。臣以防守为主要策略，作战时要出奇制胜，不排除为了争取时机而与敌暂时议和。辽东之事十分艰巨，成功的关键在于渐进而不在于急躁，在于务实而不在于空谈。这是臣和各边将领所能做到的。至于用人之事，都由陛下掌管。用人的关键在于用人不疑，疑人不用。军队里可惊可疑的事很多，希望陛下不

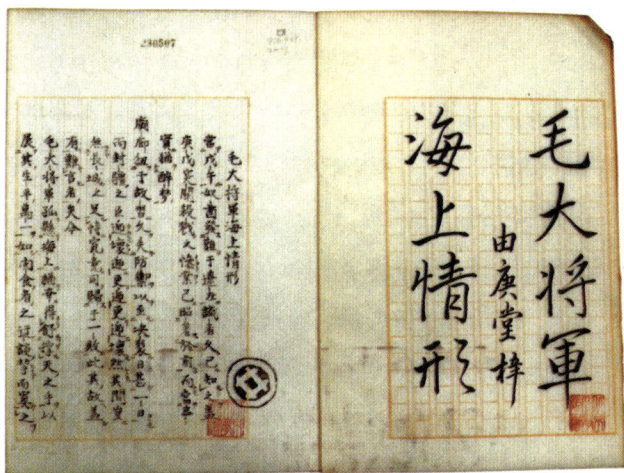

《毛大将军海上情形》
毛文龙乘辽东战乱之际，占据皮岛，从而成为明朝牵制女真人的重要力量。该书中即记述了当时毛文龙在海岛上拥兵的情形。

计较一言一行之微瑕，而以成败定大局。臣担负重任，必然会遭到很多怨恨。各种对保卫疆土有利的举措，也会遭到很多人的反对。况且臣与敌人作战，敌人也会乘机离间我们，因此臣的处境十分艰难。陛下对臣宠信有加，臣不敢过于怀疑，但这其中的危险，臣不敢不禀告陛下。"

在这道奏书中，袁崇焕不仅向明毅宗表明了恢复辽东的基本策略，委婉地表达出对辽事不可操之过急的建议，而且他还恳切地请求毅宗要用人不疑。毅宗对袁崇焕进行了一番抚慰，"旨嘉其忠劳久著，战守机宜，悉听便宜从事。浮言朕自有鉴别，切勿瞻顾"。另外毅宗还赐给袁崇焕蟒袍玉带和银币，袁崇焕上疏推辞了蟒袍玉带。不幸的是，袁崇焕在奏折中所言却如谶书一般在事后一一得到了应验。

擅杀毛文龙

明毅宗崇祯元年（1628 年），袁崇焕任兵部尚书，督师蓟辽。他在皇帝面前许下五年复辽的诺言，手持尚方宝剑统揽辽东军事大权。崇祯二年（1629 年）闰四月，毅宗下旨加袁崇焕太子太保，赐蟒衣、银币，荫锦衣千户。袁崇焕意气风发，将原本的小心谨慎抛之脑后，诛杀了毛文龙，令朝野大为震惊。毅宗对此十分不满，却碍于局势隐忍不发。

毛文龙，祖籍山西太平，浙江杭州人。他天生不爱读书，也不事生产，原是个市井无赖之徒。后来他投奔伯父毛得春，世袭其职，便开始了军旅生涯。明熹宗天启元年（1621 年），他已是巡抚王化贞手下的练兵游击。同年毛文龙说服后金镇江（九连城）守将陈良策反清，侥幸成功。这次胜利被广宁巡抚王化贞称之为"镇江大捷"。王化贞想乘胜追击，一举收复辽东，结果无功而还。而毛文龙则因这次"镇江大捷"，被提升为副总兵，累加左都督。不久镇江城被后金收复。毛文龙则率部撤往鸭绿江口近海的皮岛，随后晋升为总兵。皮岛又称东江，在登州、莱州的海面上，绵延八十里，地理位置十分险要。岛上居民多是从辽东逃出来的汉人，毛文龙便拉拢这些人当兵，安排哨船，连接登州，形成掎角之势。天启二年（1622年），辽东全线崩溃，毛文龙据守的皮岛显得更为重要。同年六月，朝廷在皮岛设东江镇，毛文龙升任平辽总兵官，挂将军印，赐尚方剑。

毛文龙为了巩固自己的地位，以重金贿赂魏忠贤，"拜魏忠贤为父"，成为魏忠贤的党羽。东江在位置上十分险要，但毛文龙并没有什么谋略，每次出兵都打败仗，浪费军饷无数。他常常上书朝廷，说些中听的大话，来讨魏忠贤的欢心。天启三年（1623年），他上书朝廷："得饷百万，明年可以灭奴。"事实上他根本无法承担收复辽东的重任。毛文龙不断向朝廷要官要饷，并在军饷中吃些空额，中饱私囊。更为严重的是，他利用皮岛的地理优势和军队的特权，大力招揽客商，贩卖违禁物品。他还代朝廷征收过往商人的商税，但从不将这些税款上缴朝廷。

毛文龙自恃战功，"渐骄恣，所上事多浮夸，索饷又过多，岁百二十万，兵二十万，朝论多疑而厌之"。袁崇焕主张撤销东江镇，朝廷没有采纳。天启七年（1627年），皇太极出兵攻打皮岛，袁崇焕救援迟缓，令毛文龙吃了大亏，丢掉了铁山大营。袁崇焕也因此事遭到阉党的猛烈攻击，最后不得不致仕归里。可以说袁崇焕和毛文龙之间早有嫌隙。后金多次派人诱降毛文龙，"时朝议忧皮岛文龙难驭"。袁崇焕此次重掌辽东帅印，毛文龙的问题当然是无法逃避的。袁崇焕在赴辽之前，大学士钱龙锡就曾与他商讨赴辽后的具体方略。袁崇焕明确表示："当自东江始。文龙可用则用之，不可用则去之，易易耳。"这表明袁崇焕早在赴辽之前，就有除掉毛文龙的打算。

袁崇焕到辽东任事后，毛文龙依然很傲慢，不愿接受袁崇焕的节制。袁崇焕上疏请求朝廷改变运往东江粮饷的粮道，并请求兵部派官员前来管理皮岛的粮饷，以控制毛文龙。毛文龙立即上疏抗辩，言辞颇为激烈。崇祯二年（1629年）五月二十九日，袁崇焕抵达距旅顺口陆路十八里、水路四十里的双岛。次日毛文龙从皮岛赶来拜见。袁崇焕与毛文龙白日欢宴，夜间促膝长谈，毛文龙未能发觉任何异常。袁崇焕以阅兵为名，来到皮岛。六月初四晚，袁崇焕有心试探毛文龙，提出改变军队的编制并设置监司，毛文龙很不高兴。袁崇焕便暗示让毛文龙告老回乡，而毛文龙不愿放弃手中的兵权，说只有自己最清楚辽东之事，别人恐怕无法替代。于是袁崇焕便准备痛下杀手。

六月初五，袁崇焕邀请毛文龙观看将士射箭。他预先在一座山上设置下

素三彩龙凤牡丹纹碗
该碗烧制于明朝崇祯年间。其以黄釉为地，内绘牡丹四凤纹，外绘二龙戏珠纹，并书"玄山苍水"四字。明崇祯年间的素三彩较为少见，因此该碗显得弥足珍贵。

大帐，并在帐中埋伏了亲兵。接着他邀毛文龙一起上山，却把毛的随从挡在山下，只许一些将领随行。一进大帐，袁崇焕便突然责问毛文龙违反朝命之事，毛文龙极力争辩。袁崇焕命人剥去毛文龙的冠戴，并把他捆绑了起来。袁崇焕当众宣布了毛文龙的十二条可斩之罪："大将在外，必命文臣监。尔专制一方，军马钱粮不受核，一当斩。人臣之罪，莫大欺君。尔奏报尽欺罔，杀降人难民冒功，二当斩。人臣无将，将则必诛。尔奏有牧马登州取南京如反掌语，大逆不道，三当斩。每岁饷银数十万，不以给兵，月止散米三斗有半，侵盗军粮，四当斩。擅开马市于皮岛，私通外番，五当斩。部将数千人悉冒己姓，副将以下滥给札付千，走卒、舆夫尽金绯，六当斩。自宁远还，剽掠商船，自为盗贼，七当斩。强取民间女子，不知纪极，部下效尤，人不安室，八当斩。驱难民远窃人参，不从则饿死，岛上白骨如莽，九当斩。辇金京师，拜魏忠贤为父，塑冕旒像于岛中，十当斩。铁山之败，丧军无算，掩败为功，十一当斩。开镇八年，不能寸土，观望养敌，十二当斩。"毛文龙至此方明白事态的严重性，便叩头乞求免除一死。

袁崇焕召集毛文龙的部将，在帐前用尚方宝剑斩杀了毛文龙，并命人用棺木收敛了毛文龙。毛文龙的部将害怕袁崇焕的威势，无人敢于反抗。次日袁崇焕备下酒肉祭奠毛文龙说："昨天我斩你，是出于朝廷的法度；而今天我来祭拜你，是出于朋友的私情。"说完他还流下眼泪。之后袁崇焕着手对毛文龙的部队进行了改编，分为西协，任命毛文龙的儿子毛承祚、副将陈继盛、参将徐敷奏、游击刘兴祚为首领。袁崇焕还采取了一系列安抚措施，总算是稳住了毛文龙的旧部。

事实上毛文龙的"十二斩罪"中有些十分牵强。如给魏忠贤行贿、在皮岛上为魏忠贤建生祠这一条，就算不上可斩之罪。当魏忠贤把持朝政之时，全国各地都为魏忠贤建祠塑像，并蔚然成风。袁崇焕自己也曾上书朝廷，请求在宁远给魏忠贤建造生祠，不过由于种种原因没有造成而已。再者毛文龙镇守辽东期间虽未复寸土，但这在当时的局势下也算不上弥天大罪。从当时的敌我局势而言，袁崇焕诛杀毛文龙之举也是失策。崇祯初年，朝鲜投降后金，毛文龙所驻守的东江镇成为唯一能在敌人后方起牵制作用的重镇。毛文龙一死，东江镇便群龙无首，不久便土崩瓦解。毛文龙的许多部下纷纷投降女真，其中尚可喜、耿精忠、孔有德等人还成为清兵入关的急先锋。

袁崇焕诛杀毛文龙，虽不是出于降金的目的，但此举确实有些过分。无论如何，毛文龙也是一位由皇帝钦命的守边大将。袁崇焕虽有尚方宝剑，但也不能先斩后奏，随意斩杀。袁崇焕在诛杀毛文龙之后，立即上疏请罪。明毅宗得知此事后，非常震惊，但因为当时正倚重袁崇焕，便没有追究，甚至还"优旨褒答"。为了安抚袁崇焕，毅宗还传谕公开毛文龙的大罪。毛文龙死后，辽东的战局便急转而下，战火蔓延到了京畿。

皇太极行反间计

袁崇焕复镇辽东后，自知"兵力不敌，思以捭阖纵横之计"，便不顾明毅宗和一些大臣的反对，积极与后金进行谈判，企图通过和议使后金退出辽东地区。

皇太极一面与袁崇焕商谈议和，一面积极备战。当时明朝在山海关以西的长城防线十分薄弱，对此袁崇焕有着清醒的意识。他一再上书朝廷，请求在这一带增加军队，尤其要用重兵把守蓟州镇（今河北迁西）、遵化（今河北遵化）、蓟州（今天津蓟州）等要地。但明毅宗对此未能给予充分的重视。此时蒙古和朝鲜已经先后归附后金，后金没有后顾之忧。皇太极感到宁锦防线不易突破，便决定绕道蒙古，进攻大明。

明毅宗崇祯二年（1629年）十月，皇太极突然率兵由蒙古境内开拔，兵分三路，向喜峰口以西的长城边隘大安口、龙进关、马兰峪等关口进发。当时明朝只在宁远、锦州一带布有重兵，山海关以西则军备松弛。后金兵长驱直入，势如破竹，于十一月初二直抵遵化城下，距京师不到三百里。山海关总兵赵率教率兵驰援，在遵化城下力战而死，遵化沦陷。遵化城破后，三屯营军心动摇，三屯营副总兵等守将临阵脱逃。总兵官朱国彦极为愤慨，在城中张榜公布逃跑将领的名单，并散尽家财，与妻子张氏双双上吊自杀。巡抚王元雅也自杀身亡。袁崇焕立即调兵遣将，对后金军进行堵截，并亲率祖大寿、何可钢驰援京城，于十一月初十到达蓟州。毅宗对袁崇焕"温旨褒勉"，犒赏三军将士，令袁崇焕统领各路兵马。

当后金军队突破长城防线的战报传到京师后，朝廷上下大为震惊，京师戒严，人心惶惶。皇太极攻陷遵化后，并没有如袁崇焕所料强攻蓟州城，而是越过蓟州迅速向西挺进，连克玉田、三河、香河、顺义等地，直逼京师，

聚奎塔匾额
此匾额乃袁崇焕在福建邵武担任知县时所题。此"聚奎塔"三字乃是袁崇焕流传至今的
为数不多的书迹之一。

形势已是十分严峻。袁崇焕本应把后金军阻挡在蓟州至通州一线，以确保京城安全，但由于护驾心切，率兵火速向京师靠拢，于十五日抵达通州附近。这无异于纵敌深入，把战火引到京城外围。当时京城的百姓骤遭兵祸，怨恨"崇焕纵敌拥兵"，京城上下关于袁崇焕勾结后金的谣言沸沸扬扬。

袁崇焕并没有与清军展开大规模的交战，只是派小股部队与后金鏖战。实际上他所带兵力并不多，本想等各地勤王大军到来后，再以优势兵力对后金军进行反扑。皇太极猜测到袁崇焕迟迟不肯出战的用意，为了逼迫袁军与后金军展开决战，便派人在北京郊外大举烧杀。朝中勋戚的产业都在城外，如今被敌人焚毁殆尽。他们迁怒于袁崇焕，纷纷跑到明毅宗面前告状，说袁崇焕以入援为名，却听任敌骑大肆劫掠，不肯出战，一定是别有用心。京城百姓长期生活在歌舞升平之中，突然遭遇变故，心态不免失常，流言蜚语顿起。

明毅宗对袁崇焕猜忌日深，命袁崇焕的驻地不得越过蓟州，而袁崇焕勤王心切，越界到达通州附近。此时一些部将建议袁崇焕把部队驻扎在通州附近的河西务，不要再向京师靠近，以免引起朝廷的怀疑。袁崇焕自认为有功无罪，不但没有听取这个建议，反而于十六日抵达左安门。毅宗命兵部尚书李邦华、右侍郎刘之纶主持京师的守卫，命督师袁崇焕统辖各路兵马。

十九日皇太极率兵抵达京师外围。二十日皇太极率军攻打德胜门。此时在德胜门驻守的将领是大同总兵满桂和宣府总兵侯世禄。袁崇焕得知后，立即赶来救援。皇太极令大贝勒莽古尔泰率军阻击袁崇焕。侯世禄得知后金军来攻，避其锋芒，不战而逃。大同总兵满桂则独自率领部众迎战。在德胜门城楼上督战的兵部尚书李邦华，命人开炮助威，不料误伤了满桂。后金兵马

皇太极腰刀

此腰刀为清太宗皇太极御用之物，刀身为钢制，刃部锋利。刀鞘系有羊皮质签条，上书"太宗文皇帝御用腰刀一把"等字样。

对京城发起猛攻，袁崇焕亲自上阵督战，战斗十分激烈。在袁崇焕的领导下，明军击退了后金军的进攻。与此同时，明毅宗下诏各地军队入京勤王，一时间天下震动。各地援军纷纷向京师集结，后金军队开始后退。

十一月二十三日，明毅宗在平台召见袁崇焕、祖大寿、满桂等将领，尽管不露声色，但对袁崇焕已经起了疑心。袁崇焕因为兵马困乏，请求入城休整部队，毅宗一口回绝。两天后袁崇焕再次请求把自己的部队开进外城进行休整，毅宗仍然拒绝。此时大同总兵满桂的部队却可以驻扎在外城进行休整。当时京城盛传袁崇焕暗中勾结后金，袁崇焕之所以斩杀毛文龙就是为了帮后金除掉心腹之患。还有人说后金从蒙古犯边，正是袁崇焕的主意。俗语云："众口铄金，积毁销骨。"何况毅宗还生性多疑。这时袁崇焕的处境已非常危险了。二十七日，袁崇焕击退了皇太极的进攻，京师外围局势趋于平静。

皇太极不失时机地导演了一出反间计。后金兵在京畿牧马厂抓获了两个明朝太监，将他们关在军营中。这两位太监一个叫杨春，一个叫王成德。皇太极派副将高鸿中、参将鲍承先在夜间窃窃私语说，袁崇焕与皇太极已有密约，大事即日可成。第二天，后金故意放走了太监杨春。杨春一回到宫中，就立即将此事告知了明毅宗。毅宗对袁崇焕的信任便荡然无存。

明毅宗对袁崇焕起了杀心后，便把京城与皇城的警卫置于自己的直接控制之下。安排妥当之后，毅宗便于十二月初一以议饷为名，再次在平台召见袁崇焕、满桂、祖大寿。毅宗责问袁崇焕道："以前你擅自斩杀毛文龙，如今又使敌人兵临城下，还射伤满桂，你到底有何用意？"接着他不由分说，立刻令锦衣卫拿下袁崇焕，朝中大臣无不感到惊诧。内阁大臣极力劝谏，在大敌当前之际不应轻易易将，此为兵家大忌。而毅宗只道势已至此，不得已而为之。随后他命满桂统领各路兵马，命马世龙、祖大寿分理辽东兵马。

祖大寿是袁崇焕手下的得力大将，袁崇焕对他还有救命之恩。袁崇焕入狱，令祖大寿心灰意冷，率军不辞而别，离开京城。明毅宗猝不及防，一面指责袁崇焕的罪状，一面褒扬祖大寿等人的功劳。他命孙承宗为之设法，孙承宗命游击石柱国飞驰追赶祖大寿，但未能见到祖大寿本人。阁臣成基命建议毅宗请狱中的袁崇焕给祖大寿写信，来阻止祖大寿谋反。孙承宗深知袁崇焕是国家栋梁之才，写密信给祖大寿，让他为朝廷立功，以帮袁崇焕赎罪，并许诺为祖大寿开脱罪责。祖大寿接到袁崇焕的亲笔书信，泣不成声。他以国事为重挥师入关，收复了永平、遵化一带，并切断了清军的后路。毅宗下诏安抚祖大寿，命他继续镇守宁远。后来为了安定辽东，毅宗还命孙承宗、马世龙移镇山海关。孙承宗、马世龙在辽东素有威信，由他们出面，辽东才没有生出事端。

可悲的结局

袁崇焕被下狱后，各路勤王的兵马便失去了统帅。明毅宗命尚书梁廷栋、满桂充任文武经略，分驻西直门和安定门，以协调各军。皇太极得知袁崇焕下狱后，欣喜若狂。

满桂自知兵力薄弱，不敢与清军交锋，便想依托城墙工事固守。毅宗严令满桂出城迎敌。满桂被迫率军出城作战，终因寡不敌众而节节败退，最后力战而死。经此一役，副将孙祖寿及参将周旗等三十余名将领阵亡，总兵官黑云龙、麻登云等被清军俘虏，最后投降了清朝。后金诸将纷纷要求攻打北京，皇太极却说："城中痴儿，取之若反掌耳。但其疆圉尚强，非旦夕可溃者，得之易，守之难。不若简兵练旅，以待天命可也。"

皇太极自知后金的实力尚不足以与明朝抗衡，于是再次致书明毅宗，重申议和之事。毅宗自视甚高，根本不把皇太极放在眼里，拒绝了和谈。他下旨命各路兵马围剿皇太极。实际上明朝的军队根本无法抵挡后金军的锋芒，更不用说组织反攻了。皇太极从京城撤军后，先挥师攻克良乡，大败山西巡抚耿如杞的援兵，再攻打房山，然后挥师向东，攻下通州以南的张家湾。之后后金军东渡运河，连克香河、三河、玉田、永平、滦州等地，驻扎在三屯营。明朝官员将领几十人战死，各路援兵因畏于后金军的锋芒都不敢迎敌。当时朝廷的主力有两支，一支由孙承宗、祖大寿率领，一支由马世龙率领。两支军队之间根本无法联络，无法协同作战。孙承宗得知京师危急的消息后，急募士兵直趋京师，到了京师后才得知京城并没有战事。崇祯二年（1629年）十二月末，皇太极开始撤军。在撤军之前，他遗书明朝廷，再次表达了

玉双螭耳杯

螭是古代传说中一种没有角的龙，它的
形状多用来作装饰。此杯玉料呈青色，
杯体为椭圆形，两侧各镂雕一形态相同
的螭为耳，异常精致。

议和的意向。他留下二贝勒阿敏驻守遵化、永平、迁安、滦州四城。

在这场战役中，皇太极表现出了杰出的军事才华，明毅宗则相形见绌。
当各路兵马败报频传之时，毅宗又急又恨，竟赌气开始不理朝政。顺天府尹
刘宗周上疏劝道："国势强弱，视人心安危。乞陛下出御皇极门，延见百僚，
明言宗庙山陵在此，固守外无他计。"刘宗周在宫门外长跪不起，毅宗这才答
应召见群臣。随着战局每况愈下，毅宗一度又有了起用袁崇焕的念头，甚至
认为只有袁崇焕才能担负起镇守辽东的重任。但是一些大臣却乘机生事，借
袁崇焕之事来攻击阁臣钱龙锡，使毅宗打消了这个念头。

当初袁崇焕在入朝之时，曾经向钱龙锡请教迎敌方略。明毅宗即位后，
命钱龙锡处置魏忠贤一党，因此魏忠贤的余党对钱龙锡恨之入骨。他们编造
谣言，说袁崇焕斩杀毛文龙、与后金议和诸事都是由钱龙锡主使，要求毅宗
将钱龙锡治罪。双方吵得不可开交，钱龙锡被迫称病辞职。

钱龙锡辞职后不久，温体仁被任命为礼部尚书兼东阁大学士，参与机务。
温体仁是毛文龙的同乡，对袁崇焕擅自斩杀毛文龙怀恨在心，早想借机报复。
于是他便诬陷钱龙锡，以打击袁崇焕。兵部尚书梁廷栋曾经与袁崇焕一同经
略辽东事务，因意见不合发生过一些摩擦，这时也乘机落井下石，向明毅宗
上疏请求诛杀袁崇焕。

一些大臣上疏，弹劾袁崇焕曾用重金贿赂钱龙锡，钱龙锡在离京之前，
将这笔巨款转寄给姻家巧为斡旋，等等。温体仁还企图借袁崇焕之事，大兴
冤狱，以将异己势力一网打尽。只因兵部尚书梁廷栋为人胆小，不敢出头而作
罢。崇祯三年（1630 年）八月初六，山东道御史又上奏诬陷钱龙锡与袁崇焕共
谋，"斩帅致兵，倡为款议，以信五年成功之说。卖国欺君，秦桧莫过"。明毅
宗在盛怒之下，不加核实便草率下旨："崇焕擅杀逞私，谋款致敌，欺藐君父，
失误封疆，限刑部五日内具奏。龙锡职任辅弼，私结边臣，互谋不举，下廷
臣会议其罪。"

《袁公祠记》拓片

崇祯三年（1630年），袁崇焕被冤杀。到了乾隆年间，《清太宗文皇帝实录》中补叙了皇太极计杀袁崇焕的内幕，千古奇冤才得以大白于天下。袁公祠堂即建于袁崇焕被害真相被公布之后。

八月十六日，明毅宗在平台召见文武大臣。毅宗当众列举袁崇焕的种种罪状："谋叛欺君，结奸蠹国。斩帅以践虏约，市米以资盗粮。既用束酋，阳导入犯，复散援师，明拟长驱。及戎马在效，屯兵观望，暗藏夷使，坚请入城，意欲何为？致庙社震惊，生灵涂炭，神人共忿。"随后毅宗便下旨将袁崇焕凌迟处死，妻妾兄弟流放到福建，家财籍没。文武大臣顿首唯命，无人敢替袁崇焕喊冤。

刑部侍郎涂国鼎被任命为监决官，在西市设刑场对袁崇焕处以磔刑。所谓磔刑，俗称"杀千刀""活剐"，就是一刀刀把活人身上的皮肉削下来，受刑之人要承受长时间的痛苦和煎熬，才能慢慢死去。当时的京师百姓不明真相，误以为袁崇焕叛国，对他恨之入骨。在袁崇焕行刑之时，城中百姓蜂拥而至。据张岱《石匮书后集》记载："遂于镇抚司绑发西市，寸寸脔割之。割肉一块，京师百姓从刽子手争取生啖之。刽子乱扑，百姓以钱争买其肉，顷刻立尽。开膛出其肠胃，百姓群起抢之，得其一节者，和烧酒生啮。血流颊间，犹唾骂不已。拾得其骨者，以刀斧碎磔之。骨肉俱尽，只剩一首，传首九边。"

至此明毅宗失去了辽东前线最为能干的两位统帅熊廷弼和袁崇焕。熊廷弼为官清廉，却以纳贿贪污的恶名被枭首，其家属在他死后还因要为他退赔莫须有的赃款而吃尽了苦头。袁崇焕则更为不幸，皮被剥，肉被啖，血被饮，一代功臣就这样惨遭杀戮。

袁崇焕死后，明毅宗本想将钱龙锡斩立决，但思前想后仍未能发现钱龙锡有逆谋的迹象，最后便手下留情，没有立即处斩。大臣黄道周觉得钱龙锡

名家评史

明思宗（毅宗）之为人，严而不明，果于诛杀。先是袁崇焕因皮岛守将毛文龙跋扈，将其诛戮。思宗疑之而未发。及是，遂信清人反间之计，把崇焕下狱杀掉，于是长城自坏。

——吕思勉

实在冤枉，便上疏申救。毅宗以忤旨之罪把黄道周降级外调，免除了钱龙锡的死罪，戍定海卫。

明毅宗"性多疑而任察，好刚而尚气"，以致误杀了袁崇焕，这无异于自毁长城。此后朝中再也没有足以克敌制胜的帅才，辽东之事越发难以收拾。清乾隆四十九年（1784年），乾隆皇帝下旨为袁崇焕昭雪。据《清高宗实录》载："袁崇焕督师蓟辽，虽与我朝为难，但尚能忠于所事。彼时主暗政昏，不能磬其忱悃，以致身罹重辟，深可悯恻。"

辽东危机

明朝廷在女真统一过程中采取分化策略，最后出兵帮助叶赫部抗击努尔哈赤，且对建州女真进行经济封锁，自然引起努尔哈赤的仇恨。万历四十六年（1618年），努尔哈赤利用民族仇恨，以"七大恨"告天誓师，公然对明朝宣战，走上了与明王朝争夺天下的道路。

萨尔浒之战

在辽宁省抚顺市东大伙房水库附近，有一座形势险峻的山名叫萨尔浒山。历史上著名的萨尔浒之战就发生在这里。"萨尔浒"是满语，汉译为"木橱"，意思是此山物产丰富，用之不竭。萨尔浒之战以明军的惨败、后金的胜利而告终，此后明朝在对后金的战争中一直处于防御地位。

明神宗万历初年，张居正实行改革，国家财政状况有所好转。"万历三大征"后，国家财政因连年征战而陷入困境，太仓、节慎库、太仆寺库、光禄寺库的白银储备和京师、通州的米粟储备锐减。朝政腐败，党争纷起，军备废弛，出现了九边长期匮饷的严重局面。军队中虚报战功成为通例，军官恣意盘剥士兵，克扣军饷，使将士离心，战斗力严重下降。

随着后金势力的不断强大，努尔哈赤雄心勃勃，于万历四十六年（1618年）四月十三日以"七大恨"告天誓师，发军讨明。所谓"七大恨"包括：明朝无故斩杀了努尔哈赤的祖父觉昌安和父亲塔克世；明朝出兵保护叶赫部，欺压建州女真；明朝违背誓言，逼迫努尔哈赤抵偿所杀越境人命；叶赫部由于得明朝的支持，背弃盟誓，将已与努尔哈赤订下婚约的"叶赫老女"转嫁蒙古；明廷强令努尔哈赤退出柴河、三岔、抚安三地，不允许收获庄稼；明朝偏信叶赫部之言，遣人侮辱建州女真；明朝责令建州女真退还哈达部之地，恢复其国。努尔哈赤以"七大恨"作为讨伐明朝的檄文，利用民族仇恨来实现掠夺明朝财富和土地的目的。

努尔哈赤告天誓师后，兵分两路出击，一路直奔抚顺，一路向东州、马根丹进发。四月十五日，努尔哈赤计取抚顺城，杀死了中军千总王命印、把总王学道等，俘获守将李永芳等。同日后金军连下东州、马根丹两地。两路后金大军先后占领了五百多处城堡，"所得人畜三十万，散给众军，其降民编为一千户"。明朝辽东巡抚李维翰得知消息后，急忙派总兵张承胤率一万大军前往支援，结果全军覆灭。七月后金军攻破清河堡（今辽宁本溪境内）城，纵兵大掠而还。辽东接连失利，明廷"举朝震骇"。

九月二十五日，后金军占领会安堡，努尔哈赤将当地的一个汉民割去双耳，令其送信给明朝的官员。信中说："若以我为非理，可约定战期出边，或十日或半月，攻城决战。若以我为合理，可纳金帛以图息事。"明神宗怒不可遏，下旨征讨努尔哈赤，以兵部侍郎杨镐为辽东经略，以周永春为辽东巡抚，大举进攻后金。明朝征调福建、浙江、山东、四川、陕西、甘肃等地的军队增援辽东，又加派辽饷，以资军用。经过半年多的准备，万历四十七年（1619年）二月，各路援军到达集结地点。明神宗不顾粮饷不足等不利情况，一再催促杨镐对后金发起进攻。此时各地抵达辽东的援军共八万余人，加上前来支援的朝鲜军队一万余人，总共十万余人。辽东经略杨镐与诸将议定，分四路进攻：东路以总兵刘𬘡为主将，南路以辽东总兵官李如柏为主将，西路以山海关总兵杜松为主将，北路以总兵马林为主将。杨镐为四路大军的总指挥，坐镇沈阳。在明军尚未出动

努尔哈赤盔甲
此套盔甲是乾隆朝依照努尔哈赤的甲胄遗物重新制作的。此盔甲既可御寒，又有一定的防护作用。

杜松
杜松是明军的一员猛将，作战时常常身先士卒，但为人粗蛮卤莽。在萨尔浒之战中，他急于立功，冒进遇袭，身死兵败。

之前，努尔哈赤就探知了明军的战略部署。他抓住明军兵力分散的弱点，决定采取集中兵力、逐路击破的作战方针。

杜松贪功冒进，率领西路大军星夜兼程，于三月初一到达萨尔浒（今辽宁抚顺东）。此时后金征调一万五千役夫正在界凡建城，城中仅有四百名守军。界凡位于"形势险要，扼锁阳之咽喉"的铁背山上，北临浑河东岸的吉林崖，西隔苏子河与萨尔浒山相望，两地相距仅十余里。杜松虽然久经沙场，但鲁莽轻敌，想迅速攻占界凡城。他亲自率领一万精锐士兵进抵吉林崖，攻打界凡城，留下两万士兵驻扎萨尔浒。

努尔哈赤派代善、皇太极率两旗的兵力增援界凡城，自己则亲率四万五千大军抄明军的后路，出其不意地攻打萨尔浒。后金军从天而降，萨尔浒的明军仓皇迎敌。这一天雾气弥漫，咫尺难辨，明军燃起火炬，匆匆列阵，看不见后金兵的位置，铳炮都打在了树上。后金军躲在暗处，向明军射击，箭矢如雨，发无不中，明军伤亡惨重。顷刻间后金军就突破了明军的防线，占领了萨尔浒。之后努尔哈赤马不停蹄，从背后包抄攻打界凡的杜松军。攻打界凡城的明军听说萨尔浒失陷的消息后，军心动摇。后金大军前后夹击，对明军发起猛攻。杜松等将领力战而死，西路大军就这样全军覆没。

西路军杜松失利后，南北两路明军形孤势单，处境相当不利。是夜马林率北路军进至尚间崖（在萨尔浒东北），听到杜松军惨败的消息后不敢前进，就地扎营。次日努尔哈赤率八旗主力北上，迎击北路明军。努尔哈赤派一路骑兵迂回抵达马林军的后面，前后夹攻，明军大败，马林只身脱逃。

刘綖所率的东路明军因为山路崎岖，行动困难，未能按期到达赫图阿拉。刘綖不知道西路、北路明军已经失利，仍按原计划向北挺进。努尔哈赤大败马林军后，立即移兵南下，迎击刘綖。努尔哈赤令明朝降兵假持杜松的令箭，到刘綖营中谎报军情，诈称杜松军已得胜，诱使刘綖速进。同时努尔哈赤在阿布达里岗（赫图阿拉南）设下重兵。刘綖信以为真，立即下令轻装急进。三月五日，刘綖抵达阿布达里岗，中了后金军的埋伏。刘綖阵亡，东路明军也被歼灭。

经略杨镐得悉三路军马尽败后，慌忙命李如柏撤兵。李如柏军行动迟缓，此时方抵达虎拦岗（在清河堡东），因此这一路明军得以保全。这一仗主要在萨尔浒地区进行，所以历史上称之为"萨尔浒之战"。萨尔浒之战历时五天，明军损失士兵四万六千人、将领三百多人，后金与明王朝的力量对比发生了重大变化。经此一役，明军完全陷入被动，辽东局势日益危急。后金军乘胜攻占开原、铁岭，征服了叶赫部。

明军失败的主要原因是用将不当。经略杨镐对后金军的作战能力估计不

宁远城东门
该门建于明朝宣德年间，门外设瓮城。明熹宗天启三年（1623 年），袁崇焕率兵对其进行了加固。

足，在不了解敌情的情况下分兵出击，各路部队缺乏配合，为后金军从容转移兵力、各个歼灭提供了可乘之机。此外经略杨镐远离前线，不能及时了解战况，既无法进行策应，也无法掩护部队撤离。

宁远之战

　　袁崇焕于明熹宗天启二年（1622 年）第一次赴辽。来到辽东后不久，他就与辽东经略王在晋在守辽方略上发生了严重的分歧。

　　王在晋主张在山海关外八里处的八里铺再筑一座重城，以护卫山海关。明熹宗谕准，并发帑金二十万两。袁崇焕则主张在山海关外二百里的宁远（今辽东兴城）筑城固守，积蓄力量，以图大举。事实上此时袁崇焕官位很低，只是一名正五品的佥事，根本无权干预辽东的大政方针。王在晋的守辽方略不仅得到熹宗的批准，而且已经开始施行。袁崇焕出于对国家社稷的忧虑，先后两次越级奏告首辅叶向高。叶向高无法决断，求教于大学士孙承宗。孙承宗自请巡边，来到山海关召集各级将领讨论防守山海关的策略。为了切实了解情况，孙承宗还带着袁崇焕等人策骑出关，察看形势。巡视之后，孙承宗决定支持袁崇焕筑守宁远的建议。王在晋冥顽不灵，固执己见。孙承宗

正史史料

丁卯，大清兵围宁远，总兵官满桂、宁前道参政袁崇焕固守。己巳，围解。二月乙亥，袁崇焕为佥都御史，专理军务，仍驻宁远。

——《明史·熹宗本纪》

回京后得到熹宗的支持，王在晋被免职，孙承宗担任督师，主持山海关、蓟、辽等地的军务。

同年九月，孙承宗到山海关正式"视事"。他采纳了袁崇焕的建议，修筑宁远城，在辽西建立起关（山海关）宁（宁远）防线，阻遏后金军渡河西进。

在孙承宗的大力支持下，袁崇焕带兵守卫宁远新城。他在刚上任的头一年里，集中了全部人力物力，修建了一座坚固的宁远城，使之成为山海关外的第一个军事重镇。此外他大力整顿军队，提高了军队的战斗力。经过几年的整顿和部署，宁远城呈现出一派新气象。通过几次战斗，袁崇焕还先后收复了宁远外围的锦州、松山、右屯等地。

天启五年（1625年），由于明廷内部的倾轧，原来主持山海关内外军务的大学士孙承宗被罢职。同年十月，魏忠贤的党羽兵部尚书高第代为辽东经略。此后辽东局势发生逆转。高第对军务一窍不通，胆怯无能，只是由于依附阉党而得受封疆重任。他到任后，就以柳河兵败为借口，下令撤回关外所有的驻防力量，放弃了孙承宗经营多年的军事防线，将已经恢复的关外四百里土地让给后金。袁崇焕据理力争，率领一万多名将士誓死保卫宁远城。此时宁远城已成为一座孤城。

努尔哈赤得知高第撤走了关外守军后，便乘机西进。天启六年（1626年）正月，努尔哈赤率大军西渡辽河，势如破竹，于二十三日抵达宁远城。袁崇焕向驻守在山海关的高第请援，高第却毫不理睬。袁崇焕只好固守城防，在城外实行坚壁清野政策。他还写下血书，率满桂、左辅、朱梅、祖大寿、何可纲等将士誓死守城。袁崇焕严词拒绝了后金的招降，用西洋大炮轰击后金兵营，"遂一炮，歼虏数百"。宁远城防坚固，军民众志成城，多次击退了后金军的进攻。努尔哈赤原本以为宁远城势单力孤，不日可下，不料打了三天也没有攻下，反而伤亡惨重。努尔哈赤无计可施，焚毁了明军在宁远东南海中觉华岛（今菊花岛）上的军粮，退回辽河以东。努尔哈赤一向刚毅自恃，屡战屡胜，难以忍受宁远兵折之耻，忧愤成疾，回到沈阳后就去世了。

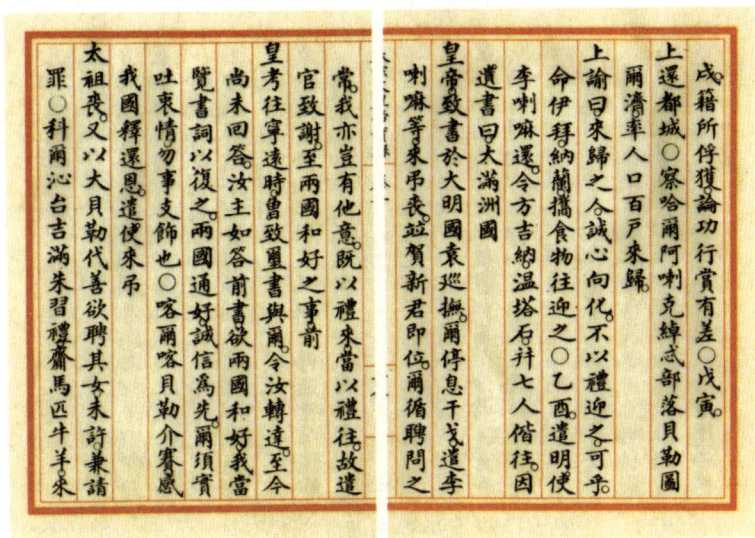

《清太宗文皇帝实录·明金议和》

宁远之战后不久，努尔哈赤逝世。后金认识到明朝仍有相当的军事实力，而明朝内部又面临着农民起义军的威胁，双方为了暂时稳定局势，就开始了一系列的秘密议和活动。图为后金向袁崇焕递交的皇太极有关议和的"国书"。

袁崇焕为了争取军队的休整时间，私下派出使节去吊唁努尔哈赤，商议和谈之事。这本是袁崇焕的缓兵之计，但是他没有事先向朝廷报告，为口后的悲剧埋下了祸根。宁远之战以明朝的胜利和后金的失败而告终，是明朝对后金作战以来的第一个重大的胜利，对明朝有着特殊的意义。

宁锦之战

明熹宗天启七年（1627年）五月，在明与后金的战争中，明辽东巡抚袁崇焕等率军击退了后金大汗皇太极围攻锦州、宁远（今辽宁兴城）的作战，史称"宁锦大捷"。

宁远之战后，袁崇焕升任辽东巡抚，继续坚持避敌之长、击敌之短、凭城固守、渐次进取的原则，修建锦州、中左所（今辽宁葫芦岛塔山乡）和大凌河堡（今辽宁凌海）三城，构筑以宁远、锦州为重点的关外防线。袁崇焕以努尔哈赤去世为名派人前去吊丧，主动与后金和谈，窥探后金虚实，同时加紧构筑大凌河防线。皇太极率军自沈阳出发，三路并进，迅速攻占了大、小凌河、右屯卫等城堡，会师于锦州城下，四面合围。时锦州城防已修筑完毕，总兵赵率教率兵三万驻守锦州，袁崇焕及副将祖大寿统帅各部将领坚守

正史史料

八月乙巳，援兵战于松山，阳和总兵官杨国柱败没。辛亥，赐薛国观死。辛酉，重建太学成，释奠于先师孔子。甲子，总兵官吴三桂、王朴自松山遁，诸军夜溃。

——《明史·庄烈帝本纪二》

宁远。袁崇焕认为，应以宁远和锦州为两个主要支撑点，拒敌于坚城之下，消耗后金的有生力量，再伺机出击。这个战略成功的关键在于宁远和锦州这两个支撑点要能守住。

后金军从西、北两面发起了对锦州城的总攻，马步军对城垣轮番进行攻击。后金兵们拖着盾车、云梯冒着炮火直向城下冲去。赵率教、左辅、朱梅和监军太监纪用均身披甲胄，冒着后金军雨点一般的箭矢亲临督战，指挥将士拼死抵御。一时间城上"炮火矢石交下如雨"。后金军集中主力攻击城西一隅。赵率教认清了皇太极先破城西的企图，急调其他三面的守城明军堵御西城之敌，以炮火、矢石还击。后金兵损失惨重，后退五里扎营设防。第二天后金以骑兵围城，环城而行，但是却不敢靠近城垣。

经过十四天的激战，锦州城岿然不动。皇太极认为攻城不利于继续前进，于是改变战法，欲引诱驻守锦州的明军出城决战。但赵率教等闭城固守不出，使皇太极欲战不能，只好移兵转攻宁远。在宁远城，双方发生了一场短促而激烈的战斗。在各自伤亡百余人之后，两军都没有恋战，后金军退回塔山，明军则按照袁崇焕的安排退回了宁远城下。皇太极率代善、阿敏、莽古尔泰等军队进抵宁远城后，袁崇焕与中官刘应坤、副使毕自肃督将士登壁守战，列营于营壕内，满桂等出城二里排开阵势。皇太极不顾诸将反对，亲率诸贝勒攻城。袁崇焕督军用红衣大炮拒敌，炮轰后金军。不论后金军怎样冲击，明军始终死战不退。明总兵满桂，后金贝勒济尔哈朗、萨哈廉、瓦克达都身受重伤，但仍苦战不退。

不久皇太极回师再度进攻锦州。明军用红衣大炮、神机火炮、火弹和矢石组成了火网，后金军士卒死伤无数。六月初五，忧愤交加的皇太极在损兵折将元气大伤的情况下被迫从锦州撤兵，回师沈阳。

宁锦一战，明军凭坚固守，以逸待劳，大败后金军于宁远、锦州城下，挫败了后金军的几乎全部战略意图，史称"宁锦大捷"。尽管如此，它也没能挡住后金入主中原的脚步。

吴三桂斗鹌图
此图反映了吴三桂斗鹌鹑的情
景，颇具生活情趣。

松锦决战

　　清太宗皇太极即位后，先后多次率军大规模深入关内，消耗了明朝大量
的军事力量和经济力量。明朝已经无法组织起有效的防御，清军入关的障碍
只剩下辽西从北到南的锦州、松山、杏山、塔山、宁远、山海关一线据点。
皇太极吸取过往遭受失败的教训，改变策略，采取长期围困的办法，以突破
宁锦防线。

　　明毅宗崇祯十三年（1640年）三月，皇太极派和硕郑亲王济尔哈朗、多罗
贝勒多铎为左右翼元帅，率大军修筑义州城（今辽宁义县），"驻扎屯田，令明山
海关外宁锦地方不得耕种"。此后清军又推进到锦州城外，将锦州孤立了起来。
次年三月，清军遍挖深壕，包围了锦州城。

　　负责防守锦州外城的蒙古军面对大军压境，失去了信心，投降了清朝。
而锦州守将祖大寿曾于崇祯四年（1631年）诈降后金。他诡称回到锦州接回
妻小，并作内应，便被后金放了回来。祖大寿回到锦州后，仍效忠于明朝。
锦州外城已破，祖大寿死守内城，战斗打得颇为吃力，并向朝廷告急。

　　明朝深知锦州的战略意义，不断派兵支援。崇祯十四年（1641年）七
月，明廷命宣府总兵杨国柱、大同总兵王朴、密云总兵唐通、蓟州总兵白广
恩、玉田总兵曹变蛟、山海关总兵马科、前屯卫总兵王廷臣、宁远总兵吴三
桂所部八镇大军十三万，在蓟辽总督洪承畴的统率下驰援锦州。

　　洪承畴深谙军事，主张采取稳扎稳打、且战且守的策略，以援救锦州。

兵部尚书陈新甲不顾敌我态势，主张速战速决，催洪承畴进军。明毅宗也下密旨，令洪承畴进军以解锦州之围。洪承畴无奈之下，将粮草留在杏山与松山之间的笔架山，率六万大军先行，急进松山。八月初洪承畴在乳峰山大败清军，清军死伤惨重。皇太极得知战报后，"忧愤呕血"，急忙率三千精骑赶赴松山。八月十九日，皇太极来到靠近松山的戚家堡（今辽宁凌海齐家堡）。他到达松山前线后，派兵袭取了明军屯于笔架山的粮草，又切断了松山和后方杏山的通道。

明军失去粮草，军心不稳。洪承畴欲与清军在松山展开决战，但大同总兵王朴、密云总兵唐通、山海关总兵马科、宁远总兵吴三桂、蓟州总兵白广恩先后奔逃。清军从后面追击，又在沿途设伏截杀，共歼灭明军五万多人，获得战马七千多匹，甲胄九千多副。吴三桂、王朴率残部退守宁远。

洪承畴与玉田总兵曹变蛟、前屯卫总兵王廷臣、巡抚丘民率领残部一万多人退入松山孤城。皇太极依然采取围而不攻的战略，击退了洪承畴的五次突围。崇祯十五年（1642年）二月，松山城内粮尽，副将夏成德遣人密约降清，以为内应。十八日夏成德引清兵入城，王廷臣、曹变蛟被杀，洪承畴被俘，松山城陷。祖大寿无计可施，率部献城归降，清军占领了锦州。四月九日，清军攻克塔山，城内明军全军覆没。二十一日杏山明军不战而降。至此松山、锦州、杏山三城尽没，明朝在关外只留下宁远一座孤城。松锦大战以明朝的失败而告终，祖大寿、洪承畴先后降清，京城为之大哗。

松锦大战标志着明朝在辽东防御体系的全面崩溃，明朝在辽东的最后防线仅剩下山海关的吴三桂部。经此一役，明军主力丧失殆尽，从此再也无力与清军相抗衡。

明末农民大起义

从明神宗万历初年到明毅宗崇祯元年（1628年）的五十多年间，全国各地几乎连年遭灾，灾区人口大量死亡，"人吃人"的惨剧屡见不鲜，成千上万的百姓面临着死亡的威胁。陕西地区受灾情况最为严重，无年不灾。当地官府不仅不设法赈济灾民，反而不顾百姓的死活，变本加厉地催逼粮饷。明熹宗天启七年（1627年），陕西白水农民王二率众起义，揭开了明末农民大起义的序幕。

八大王张献忠

张献忠，字秉忠，号敬轩，陕西延安卫柳树涧（今陕西定边东）人。他

正史史料

崇祯三年，陕西贼大起，王嘉胤据府谷，陷河曲。献忠以米脂十八寨应之，自称八大王。明年，嘉胤死，其党王自用复聚众三十六营，献忠及高迎祥、罗汝才、马守应等皆为之渠。

——《明史·流贼列传》

出生于明神宗万历三十四年（1606年），出身贫苦，曾在明朝军队里当过兵，因违犯军法当斩，被打了一百军棍除名，从此便流落民间。轰轰烈烈的农民起义爆发后，他在明毅宗崇祯三年（1630年）四月率领米脂县十八寨之众起义，自号"西营八大王"（简称八大王）。

当时农民军中最大的首领是王嘉胤，他以陕西、山西交界的府谷、河曲为根据地，活动在陕西、山西一带，部众有数万人。这些农民军分散为若干部，缺乏集中的领导和严密的组织，基本上各自为战。此时陕西三边总督杨鹤主张对农民起义军采取"招抚"政策。所谓招抚，实际上就是以"抚"为主，以"剿"为辅。在这种形势下，有几十个重要的农民起义军将领投降了朝廷。崇祯四年（1631年），明军攻克山西北部的河曲，王嘉胤率军退入山西南部阳城，为部下王国忠所杀。王自用在众人的推举下，成为起义军的首领，自号"紫金梁"。王自用联合高迎祥、张献忠、马守应、罗汝才、李自成等三十六营，聚众二十多万，占据了山西。张献忠为人多智谋，成为三十六营义军中的一营首领。

同年九月，洪承畴取代杨鹤成为陕西三边总督，改变策略，实行急剿政策。陕西农民军屡屡失利，其主力部队进入山西，与山西农民军会合。崇祯六年（1633年），王自用病故，闯王高迎祥成为农民起义军的首领。在明军的攻势下，山西农民军向山西南部发展，趁冬季黄河结冰时，渡过黄河，进入河南西部。由于这次渡河事件是在渑池县境内登陆，史称"渑池渡"。渑池渡是农民军发展中的一个重大的事件，此后农民军的活动区域大大扩大，转战于河南、湖广（今湖南、湖北）、南直隶（今安徽、江苏）、四川等省，形成全国性的大起义。

张献忠转战于各地，与明军周旋厮杀，队伍发展很快。崇祯七年（1634年），张献忠忠入川，攻陷夔州（今重庆奉节），进围太平，明廷大为震惊。同年七月，张献忠进入陕西，与李自成农民军联合作战。

大西军军营铜印

这是张献忠所建立的大西政权在成都铸造颁发的铜印，上刻"骁右营总兵边防"字样。当时张献忠的军队每营都设有总兵官统领，并颁给印信，作为行使权力的凭证。

崇祯七年（1634年）年底，各路农民军聚集在河南，共有十三家七十二营，声势大振。总督洪承畴调大兵前来围剿。为了粉碎明军的进攻，崇祯八年（1635年）正月，十三家七十二营的首领在河南荥阳举行了军事会议，史称"荥阳大会"。会议由张献忠、高迎祥主持，决定采取李自成所提出的"分兵定所向"的策略，不仅分路抵御明军的围剿，且以主力部队进攻明军防守空虚的江淮一带。荥阳大会标志着明末农民大起义进入了一个新阶段，农民军由分散作战转向协同作战。

荥阳大会后，高迎祥、张献忠、李自成率东路军挺进，于正月十五日攻克明朝的中都凤阳，焚毁了明朝皇陵，明廷大为震动。张献忠与李自成因意见不合，分军作战。高迎祥率李自成西赴归德（今河南商丘），由河南进入陕西。张献忠则挥师南下，转战千里，连克庐州（今安徽合肥）、安庆、和州、滁州等地，辗转回到陕西，由商雒打回关中。洪承畴企图在中原围歼义军的战略计划全盘破产。

崇祯八年九月，明廷命洪承畴总督关中，卢象升总理关外，实行分地剿防的战略。这时起义军已发展到几十万人，而张献忠的部队已达十万人之众。次年，闯王高迎祥不幸牺牲，李自成由闯将成为闯王，率领余部转战于川、陕界上，消沉数年之久。在这一时期，农民军中以张献忠势力最强，罗汝才次之。张献忠所部转战于鄂、豫、皖时，多次打败官军。崇祯十一年（1638年）春，由于各路义军各自为战，缺乏配合，皆连遭挫折。在官军的强大攻势下，张献忠在谷城伪降兵部尚书熊文灿，以保存实力。不久罗汝才也诈降朝廷。这样崇祯十一年、崇祯十二年（1639年）暂时出现了农民军的沉寂时期。

张献忠拒绝接受朝廷的改编和调遣，占据谷城来发展自己的势力，以图东山再起。罗汝才在郧县一带不断扩充自己的势力，与张献忠遥相呼应。崇祯十二年五月，张献忠在谷城重举义旗，史称"谷城变"。与此同时，罗汝才、马守应部也群起响应，藏身于商雒山中的李自成也重整旗鼓，农民起义的烽火又一次在中原大地上熊熊燃烧起来。

张献忠攻克房县，七月在房县西罗猴山大败明军，斩杀明将罗岱。明毅宗大怒，将兵部尚书熊文灿弃市，以大学士杨嗣昌督师襄阳，围剿农民起义军。崇祯十三年（1640年）闰正月，张献忠率大军突破明军的包围，进入四川，不仅打破了杨嗣昌的围剿计划，而且在军事上也从防御转入了进攻。张献忠避免与官军打阵地战，采取"以走制敌"的策略，取得了战场上的主动。次年二月，张献忠率部攻克军事重镇襄阳，以所获饷银分十五万两赈济饥民，处死襄王朱翊铭和贵阳王朱常法等，受到百姓的热烈拥护。杨嗣昌自知死罪难逃，忧惧自杀。从此明朝无力对农民军组织大规模的围剿，农民起义进入极盛时期。

张献忠攻破襄阳后，转战于河南、湖北、安徽一带。崇祯十六年（1643年）三月，张献忠率部攻占黄州（今湖北黄冈），改称西王。五月张献忠连克汉阳、武昌，并在武昌自立为"大西王"，建立了大西农民政权。张献忠以武昌为京城，改武昌为天授府，设六部五府，开科取士。这时李自成也在襄阳建号称王，大有进军汉阳之势。明将左良玉也率兵西上，准备进攻武昌。同年七月，张献忠弃武昌而南下，所得之地被明军占据。张献忠撤出武昌后，进军湖南、江西，连克长沙、常德、吉安、袁州（今江西宜春）等重镇，军容较前更盛。数月间，张献忠就控制了湖南、江西中部、福建西部、广东、广西北部的广大地区。

张献忠认为四川易守难攻，于崇祯十七年（1644年）正月率部向四川进发。起义军连克夔州、梁山、忠州、涪州、重庆、成都等地，控制了四川大部地区。十一月十六日，张献忠在成都正式建国，国号大西，年号大顺，称大西王，以成都为西京，建立了大西政权。称帝后张献忠设置左右丞相，六部尚书等文武官员，以加强政权建设。大西政权设五军都督府，以王尚礼、王定国、冯双礼、马元利、张化龙为都督。军队编为一百二十营，有数十万之众。李定国为安西将军，统领十六营；刘文秀为抚南将军，统领十五营；艾能奇为定北将军，统领二十营。

明朝残余势力顽固地反对大西政权，张献忠在四川大肆杀戮报复，双方的矛盾日益激化。在斗争中，张献忠没有很好地讲究策略，打击面过宽，杀害了许多四川百姓，使大西政权脱离了人民群众，为日后的失败埋下了祸根。

清世祖福临顺治二年（1645年）十一月，清廷企图以高官厚禄招抚张献忠，遭到张献忠的严词拒绝。次年肃亲王豪格、吴三桂率军进入四川，攻打大西军。同年七月，张献忠撤出成都，率兵北上，投入抗清斗争。由于叛徒的出卖，张献忠在西充凤凰山遭到清军的突袭，中箭身亡。大西军不久便在清军的攻击下瓦解了。

大顺通宝
张献忠在四川成都建立大西政权后，铸造了"大顺通宝"钱。其版式为小平钱，背铸"工""户"等字样。

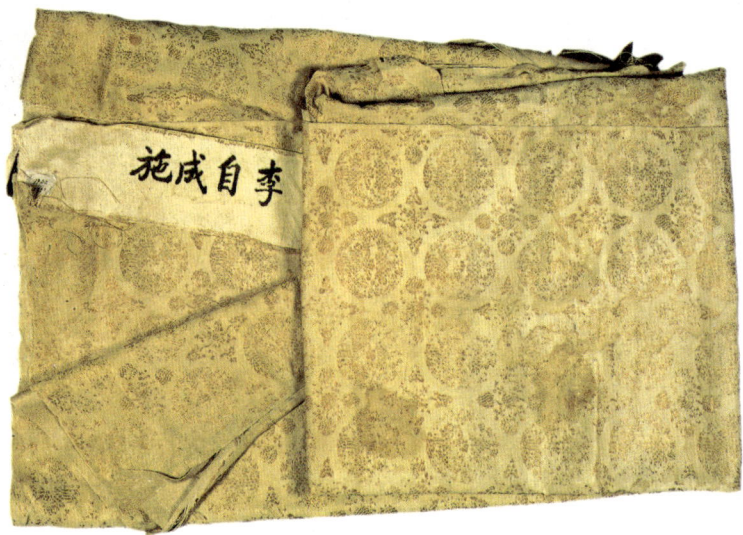

李自成施织金黄缎袍
这是披在佛像上的袍料片，已有残损，而非成衣。其缎地为浅黄色，用片金织成，图案为团鱼，并缀以水草。另外其上还写有墨书"李自成施"四字。

李自成功败垂成

李自成，陕西米脂县李继迁寨人，家境贫寒，原在甘肃当兵。明毅宗崇祯元年（1628 年），府谷王嘉允、宜川王左挂、安塞高迎祥、汉南王大梁等纷纷率众起义，李自成便在此时加入了起义队伍。

崇祯三年（1630 年），农民起义军开始从陕西进入山西，起义军声威大震。崇祯四年（1631 年），李自成已崭露头角，成为高迎祥手下的重要将领。崇祯七年（1634 年），明廷命陈奇瑜任陕西、山西、河南、四川、湖广五省总督，专办"围剿"起义军事宜。此时农民军多驻扎在河南西部，陈奇瑜采取包围的战术。高迎祥、李自成在转移途中，误入车箱峡（今陕西岚皋东），被明军包围。李自成献计诈降，起义军方突出重围。高迎祥率部离开峡谷后，立即与官军展开战斗，继而纵横于陕西、甘肃、河南三省，彻底粉碎了陈奇瑜的围攻。明毅宗大怒，将陈奇瑜削职戍边，其他有关联的五十多名将领都被下狱。

明廷又派洪承畴任五省总督，再次对农民军展开进攻。这时大部分的起义军转战于河南，洪承畴调七万大兵前往河南，企图将起义军扼杀于中原。为了制定统一的作战计划，高迎祥、张献忠、老回回、罗汝才、革里眼、左金王、改世王、射塌天、横天王、混十万、过天星、九条龙、顺天王等十三家七十二营的起义军于崇祯八年（1635 年）正月在河南荥阳召开大会，商讨

李自成称王

李自成称王之初提出"均田免赋"等口号,得到了广大民众的拥护。但后来他很快变得骄奢腐化起来,以致失去了民心。图中这首"未救万民身遭难,往投闯王李自成。认作紫微定霸业,谁想他是天狗星"诗可能影射的就是李岩投李自成之事。

作战方略。李自成在会议上胸有成竹地提出"分兵定向,四路攻战"的方略,得到众人的认可,显示出卓越的军事才能。荥阳大会按照李自成的战略方针确定了具体的作战计划,分成五路大军,分头出击。高迎祥、李自成、张献忠率领其中一路大军,向凤阳挺进。凤阳不仅是明朝的中都,而且是南北大运河的重镇。这路农民军攻克凤阳,焚毁了明朝皇帝的祖坟,沉重打击了明朝统治者。之后张献忠与李自成发生矛盾,分军而去。高迎祥偕李自成突破明军的防线,由河南进军陕西。

崇祯九年(1636年)七月,高迎祥在周至被明军生擒,在北京遭到杀害。李自成被推为闯王,采取声东击西、避实击虚的方法,屡败明军,进入四川,连克广元、昭化、剑州、梓潼等地。李自成此次入蜀,对于明廷是一次沉重的打击,但自身也付出了惨重的代价,其人数由数十万锐减为数万人。崇祯十一年(1638年)春,李自成率部分道返陕,遭到洪承畴、孙传庭的攻击,在河州、洮州接连失利,死伤惨重。起义军连连受挫,许多人感到前途无望,或降或散。经过浴血奋战,李自成率刘宗敏等十八人突出重围,隐藏在陕西商洛山中。

崇祯十二年(1639年),张献忠在谷城重新起兵,李自成也在商洛山中打起闯王旗帜，再次活跃在陕西、湖广、四川边境。崇祯十三年（1640 年），全国又发生一场严重的灾荒，饥民纷纷加入起义军，李自成的队伍得以壮大。此时，明军的主力部队被张献忠拖在四川，李自成趁机挥师攻入河南，受到当地百姓的欢迎，一些失意的知识分子也加入了起义军。这些人的归附对李自成的兴亡有着重大的影响。李岩就是其中的佼佼者，其最大的贡献就是帮助李自成建立了斗争纲领。他针对明末土地高度集中和赋税繁重的社会现实，提出了"均田免粮"的口号。李岩还把这一纲领编成通俗的歌谣，让起义军四处传唱。歌谣唱到：

吃他娘，穿他娘，

吃着不尽有闯王，

不当差，不纳粮。

杀牛羊，备酒菜，

开了城门迎闯王，

闯王来时不纳粮。

起义军还提出了"割富济贫""平买平卖"等革命口号，并加强了纪律整顿。起义军每到一处，秋毫无犯，老百姓"执香迎导，远近若狂"。

崇祯十四年（1641 年）正月，李自成移师洛阳，得到了守军的策应破城，斩杀了福王朱常洵，声威大震。李自成继而挥师围攻开封，数攻不克，南走邓州，与脱离张献忠部的罗汝才合兵，号称百万，声势在张献忠之上。洛阳之战后，李自成起义军由弱变强，由战略防御转为战略进攻，进入极盛时期。紧接着起义军在河南的战场上取得了一系列的胜利，消灭了几十万的明朝部队，占领了河南全省。

次年年底，李自成攻克湖北重镇襄阳。崇祯十六年（1643 年）三月，李自成在襄阳建立政权，改襄阳为襄京，自称"新顺王"。五月李自成召开军事会议，商谈下一步的作战计划。左辅牛金星主张先取河北，直逼京城。礼政府侍郎杨永裕主张先克金陵（今江苏南京），断京师粮道，再出军北伐。兵政府从事顾君恩主张先平定关中，再取山西，最后再直捣京城。当时国内存在着明军、清军和农民军这三支军事力量，杨永裕的建议实为上策，可惜的是李自成采取了顾君恩的主张。之后农民军尽管势如破竹，取得了很多胜利，但潜在的战略失误给将来的失败埋下了祸根。

崇祯十七年（1644 年）正月，李自成在西安正式建国，国号大顺，年号永昌，改西安为西京，调整并完善了政权机构。这时李自成拥有步兵四十万，骑兵六十万。同年二月，李自成挥师进入山西，对明王朝进行最后的冲击。李自成战无不胜，于三月十七日进围北京。三月十八日，太监曹化淳打开彰义门（广安门）投降，起义军进入外城。三月十九日，明毅

陈圆圆

陈圆圆，本姓邢，名沅，字畹芬，苏州名妓，善歌舞。初为田畹歌妓，后被吴三桂纳为妾。据说吴三桂投降清军就是因为她。

宗自缢身亡。是日李自成进入北京，宣告了大明王朝统治的崩溃。

大顺军进入京城后，大肆拷掠明朝官员，四处抄家，规定助饷额为"中堂十万，部院京堂锦衣七万或五万三万，道科吏部五万三万，翰林三万二万一万，部属而下则各以千计"，使京城人心惶惶，以致在政治上树敌过多，对大顺政权的稳定产生了不利的影响。巨大的胜利冲昏了李自成的头脑，滋生了轻敌麻痹的思想，对关外的清军缺乏警惕性，将天下大势置之不理。上自将军，下至士卒，都沉醉于眼前的胜利，斗志大不如前。刘宗敏沉迷于女色，抓走了吴三桂的宠妾陈圆圆，激反了明朝降将吴三桂。

四月二十二日，李自成在山海关一片石遭到吴三桂和清军的夹击，伤亡惨重。二十六日李自成率领残部逃回京城。二十九日李自成在北京称帝，在盛怒之下斩杀吴三桂家中大小共三十四口。次日李自成撤出北京，向陕西转移。由于南明弘光帝朝廷的建立和大顺军的节节败退，很多投降大顺政权的原明朝将领复投向南明或清朝。李自成疑心日盛，不辨忠奸，错杀了李岩等人，致使人心离散。

李自成率领农民军且战且退，占据了西安。清世祖福临顺治二年（1645年）正月，清军攻破潼关和延安。李自成被迫放弃西安，经襄阳入湖北，试图与武昌的明朝总兵左良玉联合抗清。四月起义军撤退到通山县的九宫山地区。李自成带领二十多名战士上山察看地形，遭到当地地主武装的突然袭击，不幸牺牲。这一年，李自成年仅三十九岁。

崇祯帝手迹"九思"

崇祯皇帝书写"九思"本来是为了表明自己行事有节而不被迷惑的心迹。但其在执政后期却一直处在对朝臣的猜忌之中，更加速了明朝的灭亡。

崇祯帝自掘坟墓

明熹宗朱由校病故后，其弟信王朱由检继位，次年改元崇祯，是为明毅宗，也称明思宗，一般人们都称其为崇祯皇帝。当时大明王朝已是弊端丛生，积重难返。崇祯帝继位后，大力清除阉党，勤于政事，一度使大明江山的中兴有了一线希望，然而随后的一系列错误使国家走向灭亡的深渊。

视大臣如奴仆

崇祯帝崇尚节俭，不贪女色，这在明朝后期的皇帝中显得尤为可贵。为了挽救行将倾覆的大明王朝，崇祯帝自律甚严，殷殷求治。即位初年，他就经常召见大臣，探求治国方略。每逢经筵，他总是悉心恭听阐释经典，毫无倦意。每当遇到军机急务，他还常常废寝忘食。在努力勤政的同时，他还采取了一系列措施，以稳定混乱的政局。他下旨为杨涟、左光斗等一大批遭受阉党迫害的忠臣平反，同时起用了天启年间许多被罢黜的官员。这些做法使崇祯朝朝政与前两朝相比有了明显改观，但当时的大明帝国已是积弊深重，政局无法在短期内根本好转。崇祯皇帝不顾实际情况，苛责臣下，使朝廷中充满紧张和猜疑的气氛。

崇祯帝性格急躁，在处理棘手的政务时，常急功近利，结果问题不但得不到解决，反而日益严重。崇祯皇帝不能反思自己的错误，反而迁怒于文武百官，用严刑峻法来惩处大臣。孟子曰："帝者与师处，王者与友处，霸者与臣处，亡国与役处。"崇祯帝自视甚高，将满朝文武百官视为奴仆，造成"重典绳下"的局面，加深了政治的混乱。正如崇祯二年（1629 年）九月顺天府尹刘宗周所上奏章中所说："求治之心操之过急，不免酿为功利；功利之不已，转为刑名；刑名之不已，流为猜忌；猜忌之不已，积为壅蔽。"御史陕嗣宗在奏疏中指出崇祯帝性格中的"五不自知"，如"日涉于猜疑而不自知""日习于尊倨而不自知""日趋于纷苛而不自知"等。客观地说，这个评论是非常中肯的。

崇祯在用人上的猜忌和刻薄，在其执政后期表现得更为明显，往往使朝臣们处于一种两难的境地。如果大臣们表现得平庸无能，则自然无法得到皇帝的欢心；而大臣们如果表现得精明能干，却又容易遭到皇帝的猜忌。当真是伸头是一刀，缩头也是一刀，结果导致"诏狱累累，犯者不绝"，史家常感叹崇祯一朝"有君而无臣"。事实上在一个过分苛求的皇帝之下，大臣们怎敢承担政事呢？皇帝过分地苛责大臣，大臣动则得咎，又能有什么作为呢？崇祯帝找不到"有用之才"，便频繁地更换大臣。

明朝阁臣"贵极人臣"，甚受尊礼，因罪被杀者极少。而崇祯皇帝则连杀二人。内阁大学士薛国观被赐自尽后，"准取殓"的圣旨迟迟不予发出，尸体被吊达两昼夜，史家称之为"真从来未有之惨"。崇祯十六年（1643 年），大学士周延儒也被赐自尽。在崇祯一朝，被遣戍的大学士有两人，即钱龙锡和刘鸿训。作为皇帝最亲信的大臣，内阁大学士轻易落到这样的下场，实在令大臣们寒心。由于罪废相踵，朝中大臣更换十分频繁。在崇祯一朝十七年里，内阁大学士多不得久任，所用多至五十人，其中有十多人曾先后担任首辅。

在六部尚书中，刑部尚书换了十六人，其中薛贞被处死，韩继思、郑三俊、刘之凤、李觉斯、徐石麒等人先后下狱，狱中病死两人，大部分人都不得善终。兵部尚书所用至十七人，其中王洽、陈新甲被处死。总督及督师被诛者多达七人，即郑崇俭、袁崇焕、刘策、杨一鹤、熊文灿、范志完、赵光忭。巡抚被戮者十一人，即蓟镇王应豸、山西耿如杞、宣府李养冲、登莱孙元化、大同张翼明、顺天陈祖苞、保定张其平、山东颜继祖、四川邵捷春、永平马成名、顺天潘永图，另外还有河南巡抚李仙凤被捕自杀。除此之外，侍郎以下官员被杀者难以计数。

崇祯帝在执政后期，一直处在对朝臣的猜忌和对自己的自责之中，喜怒无常。大臣们战战兢兢，如丈二和尚摸不着头脑。对于群臣们来说，朝堂早已不是什么荣耀的场所，入阁也成为一件可怕的事情。惊魂不定的群臣在心里早已经完成了对大明王朝的背叛，对崇祯帝的背叛，所差的只不过是一条李自成兵临城下的导火索而已。

崇祯帝的花押玉印

花押印，又称"押字"，是一种刻有花押样式姓名的特殊印章。这种印章可以作为取信的凭记，其主要特点是他人难以摹仿，有防伪的作用。图中印章由崇祯帝名讳"由检"二字花押而成。

爱财的天性

崇祯皇帝在生活上自我要求很严，在衣食日用方面相当节俭。据《崇祯遗录》记载："上恭勤节俭，励精图治。自神宗以来，膳羞日费万余金，上命尽减，但存百分之一。旧制，冠袍靴履日一易，上命月一易。"事实上他的这种节俭是由他爱财的天性所决定的，而这种天性却使大明王朝陷入奄奄一息的窘境。

崇祯初年，崇祯皇帝自作聪明地裁撤驿站以节省国库开支。崇祯皇帝认为驿站的存在是导致官僚机构臃肿、官员腐败的一大祸根，因而不遗余力地加以压缩。这次改革直接导致大批驿卒无法生存，从而加入了农民起义的阵营，其中一个默默无闻的驿卒还成为闻名天下的闯王李自成。事实上崇祯皇帝此举所节约的开支仅仅为三十万两银子，而这笔银子仅够皇宫一个月的支出。

文武百官欲壑难填，精于敛财，敲剥民髓。战事的频繁使每年的军费开支成为一个十分惊人的数字，国家财政陷入崩溃的边缘。为了弥补亏空，崇祯皇帝便向百姓加派各种饷银，而这无疑是饮鸩止渴的做法。天启七年（1627 年），百姓无法生存，相率为盗，终于在陕西爆发了如火如荼的农民起义。其实当时最简单有效的办法就是妥善地赈济饥民，安置复业。崇祯皇帝虽然深知这是对付起义的上策，但是安抚措施需要大量的财力支持。经过再三考虑，崇祯皇帝这才拿出十万两银子来救助灾民。但这些钱对陕西的大批灾民来说，犹如杯水车薪，无数百姓在死亡线上挣扎。当时就有大臣在奏章中算了一笔账，如果按一人一两银子分配，十万两银子仅能救活十万人；而按照当时粮食的价格，也仅供五十天而已。许多大臣上疏，请求继续赈济，而爱财如命的崇祯皇帝则断然拒绝了安抚的建议，力主镇压。

为了节省军费开支，崇祯皇帝还大力压缩军费，导致戍边的将士们经常为衣食所苦。崇祯皇帝还振振有词地让将士们捉麻雀、捉老鼠来填饱肚子。袁崇焕率先请发内帑，崇祯皇帝迫于形势不得不应允，但由此便开始对袁崇焕心存不满。

当李自成的百万大军进逼北京之时，无计可施的崇祯皇帝特地召见群臣商量对策。大臣们提出请调吴三桂的军队驰援北京，以解燃眉之急。吴三桂的父亲吴襄还提出，如果让吴三桂救援北京，大约需要一百万两银子的军费。这笔银子在崇祯皇帝眼里，实在是个令人心痛的数字，最后便放弃了这一计划。崇祯皇帝多次严令户部设法筹钱以解决军需之急，但此时国库已是囊空如洗，存储仅有区区四十万两银子。与此同时，崇祯皇帝的个人财产却丰厚无比。大臣们多次上疏恳请崇祯皇帝拿出个人的财产以充军饷，都遭到拒绝。左都御史李邦华痛心疾首地说："社稷已危，皇上还吝惜那些身外之物吗？皮之不存，毛将焉附？"事已至此，崇祯皇帝却还是一毛不拔。崇祯皇帝自己不愿掏钱，却催逼勋戚、太监、各级文武百官"捐赀助饷"。许多大臣依靠贪污受贿而大饱私囊，此时却不约而同地开始装穷。

崇祯皇帝无奈，暗地里求助周皇后之父嘉定伯周奎，密谕其率先纳银十二万两，以便为群臣做个榜样。周奎却一个劲地向崇祯皇帝哭穷，声称只能捐出一万两。崇祯皇帝认为一万两太少了，周奎就向女儿周皇后求助，周皇后私下送来了五千两，周奎反而扣下三千两，仅上交了两千两。其他的勋戚、大臣争先仿效，只有一位太康伯张国纪拿出两万两银子。为了逼出银子，崇祯皇帝甚至把许多大臣投入大狱，但应者依旧寥寥，最后只筹得二十多万两银子。许多大臣装模作样地把家里的摆设拿到大街上卖，甚至在自家的大门上贴出"此房急售"的字样，来表明他们家已穷得只能卖房子了。

在大明王朝大厦将倾之际，朝堂之上却上演一出集体哭穷的闹剧，而这出闹剧的后果自然由崇祯皇帝一人承担。当李自成攻破北京后，发现崇祯皇帝的个人财库中"有镇库银，积年不用者三千七百万锭，金一千万锭，皆五百两为一锭"。而国丈周奎也不敢和起义军讨价还价，拿出了军饷五十三万两。最后起义军用重刑追讨军饷，结果追出七千多万两银子。两相比较，真令人慨叹不已。

崇祯皇帝坐拥如此巨大的财富，却不舍得赈济灾民，不舍得用作军饷，以致无法挽救明朝防线的全面崩溃。历史在这里化作无尽的悲怆。

推诿己过

当大势已去时，崇祯皇帝曾无奈地叹息道："朕非亡国之君，事事乃亡国之象。"这句话虽然有朱由检掩饰自己过失的成分，但也说明了一个无法逃避的现实，即在崇祯初年，大明江山就已陷入难以自拔的困境之中。崇祯皇帝的内心深处有一种无可救药的自恋心理，不敢承担责任成为他不可逾越的心理障碍。这使大明王朝失去了振兴的机会，最后走向灭亡。

崇祯皇帝过分珍惜自己的颜面，不能容忍自己身上出现一丁点的错误。正是由于这种病态的心理，导致他对舆论的评价极为敏感，行事之时迫切需要得到群臣和百姓的肯定。在执政过程中出现失误或者舆论反对力量过于强大时，他便不自觉地选择将失误和责任转嫁给他人。

执政前期，崇祯皇帝成功地剿灭了客魏集团，朝野无不称颂。因此他

玉寿字壶

该壶盖顶有一坐态的寿星，颈部两面各雕刻一"寿"字，腹部两面浅浮雕人物，间点缀松、竹、梅和灵芝等纹饰。长寿的主题非常突出。

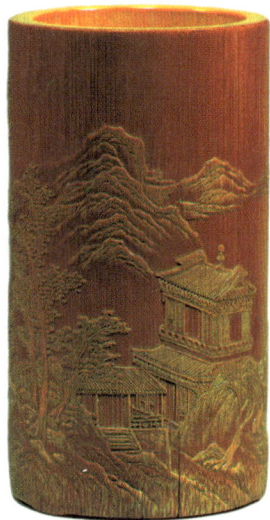

张希黄山水楼阁笔筒

此笔筒为明末著名竹刻家张希黄的竹雕作品。刻者采用留青法，使笔划分明，工细如画。

对于自己的政治才能产生了过高的估计，不能虚心听取别人的意见，遇事刚愎自用。他虚荣心很强，只对合乎自己想法的意见感兴趣，不能听取逆耳之言。大学士钱士升鉴于崇祯皇帝为政急躁严刻，在崇祯九年（1636年）三月"因撰《四箴》以献，大指谓宽以御众，简以临下，虚以宅心，平以出政"。"其言深中时病"，令崇祯帝十分不快。一个月后，崇祯帝就在钱士升所上的另一道奏疏上写下极为难堪的评语："即欲沽名，前疏已足致之，毋庸汲汲。"这里所说的"前疏"就是指《四箴》疏而言。钱士升看到皇帝的批语惶恐不安，急忙"引罪乞休"，崇祯皇帝当即就批准了。

崇祯皇帝不能听取逆耳的忠言，这便给那些善于逢迎之徒大开了方便之门。而温体仁就是这一时期靠逢迎窃取高位的最典型的代表。温体仁，字长卿，浙江乌程（今浙江湖州）人。万历二十六年（1598年）考中进士，选为庶吉士，授翰林院编修，官至礼部侍郎。崇祯初年，升为礼部尚书。魏忠贤被除后，温体仁跃跃欲试，想实现窃取权柄的野心。他"为人曲谨而中猛鸷，机深刺骨"，善于揣摩圣意，先事逢迎，是不折不扣的奸佞之徒。崇祯皇帝为人多疑，"久疑廷臣植党"。温体仁便上呈所谓的"神奸结党"疏，恶语攻击钱谦益，专拣崇祯帝深恶痛绝的罪名扣在钱谦益的头上。崇祯帝勃然大怒，在次日的朝会上命钱谦益与温体仁当庭对质。温体仁言辞咄咄，气势逼人，令钱谦益措手不及，十分被动。结果钱谦益被罢官，他的学生给事中瞿式耜、御史房可壮等也受到降职的处分。此后崇祯帝对温体仁信任有加，"闻体仁言，辄称善"。

袁崇焕被逮捕入狱后，就在崇祯帝将信将疑之际，温体仁乘机落井下石，两次密奏，力主杀掉袁崇焕。此举一箭双雕，温体仁不仅进一步取得了崇祯帝的信任，而且还铲除了异己势力。崇祯三年（1630年）六月，温体仁以礼部尚书兼内阁大学士，并于崇祯六年（1633年）升任首辅。温体仁为了争一己私利，置国家安危于不顾，诬陷袁崇焕，为敌人的奸计推波助澜，成为误国误民的罪人，遗憾的是直到崇祯十年（1637年）他才被罢

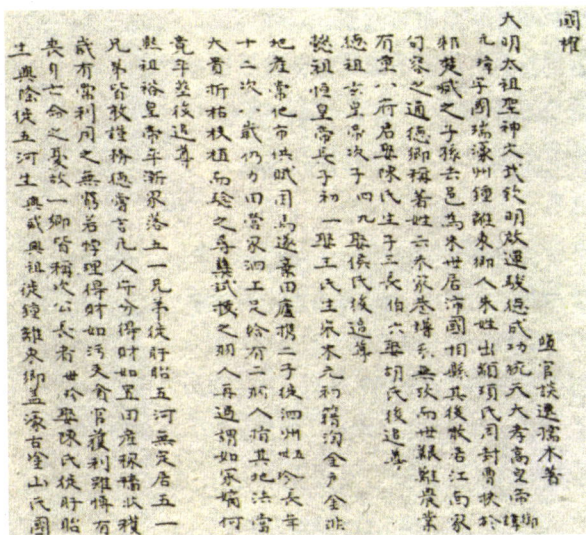

《国榷》书影

《国榷》是由明末清初人谈迁编撰的一部记载明代重要史实的编年体史书。全书共 108 卷，约五百万字，是研究明代历史的重要资料。

免。这是崇祯帝用人方面的重大失误。

当时的阁臣如走马灯一样，皆不能久居其位，而温体仁则居高位达八年之久，实为逢迎之功。崇祯帝主张"重典绳下"，温体仁便"专务刻核，迎合圣意"，以致"上下嚣然"。温体仁等奸佞之徒窃取官位，使明朝政治走向黑暗的深渊。官吏贪污是封建官僚体制下的一个痼疾。万历时期（1573 年—1620 年）至天启时期（1621 年—1627 年），贪污现象已十分严重，崇祯年间（1628 年—1644 年）则愈演愈烈，官吏的升迁全凭贿赂。军官的贪污是一个无底洞，政府千方百计筹集到的军饷，都被这个无底洞所吞噬。这导致军队无饷可用，战斗力无法得到提高，政府只能再次筹措，而军官则进一步中饱私囊。这样便形成了一个恶性循环，而百姓的负担就随之一天天加重。

崇祯年间天灾频繁，崇祯皇帝不能听取正确的意见，对百姓的疾苦漠不关心，导致农民起义之火越烧越旺。崇祯年间，全国多次发生旱灾，庄稼颗粒无收。崇祯末年，在华北、西北、山东、长江中下游地区又发生了大规模的蝗灾，仅在北方就形成一条长达上千公里、宽达数百公里的蝗灾分布带，飞蝗所经之处草叶不存。旱灾和蝗灾，对全国的农业生产造成了惨重的破坏。成千上万的农民流离失所，生活在死亡线上。崇祯皇帝迟迟未能采取有效的赈灾措施，相反灾区的一些贪官污吏仍旧对农民进行穷凶极恶的盘剥。天启七年（1627 年）爆发的陕西农民大起义原本并没有形成多大的气候，难民们是些只会抢粮不会打仗的乌合之众。到了崇祯二年（1629 年），崇祯帝冤杀了袁崇焕，陕西、山西的勤王兵掉头折返成为流寇。这时这些乌合之众便成为能征善战的生力军。崇祯八年（1635年），农民军已发展到几十万人，分"十三家七十二营"，形成了高迎祥、李自成和张献忠两大势力集团。

为了推卸责任，为了所谓的面子问题，崇祯皇帝一再上演自毁臂膀的蠢剧。他不肯承认与清议和是自己的主张，并不惜枉杀了兵部尚书陈新甲。

在崇祯后期，兵部尚书陈新甲清醒地看到与清议和是明朝最好的出路，并积极地和崇祯皇帝着手议和之事，可称得上是明朝末期为数不多的敢于承担重任的重臣。自松锦之战大败以后，朝廷面对两线作战的困境，崇祯皇帝对议和之事非常迫切。但面对满朝文武反对议和的强大压力，他却选择了"暗箱操作"，秘密地进行议和之事。陈新甲的议和之举很快就得到了皇太极的积极回应。此时朝中大臣听到了风声，便纷纷上奏反对议和。崇祯皇帝矢口否认，并亲笔写手诏给陈新甲，警诫他千万不可泄漏议和之事。崇祯十五年（1642年），崇祯帝又催陈新甲尽快促成议和之事。此时陈新甲正巧出外办事，送信的人便将皇帝的密诏留在他的书房。陈新甲的家童误以为这是普通的《塘报》（各省派员在京所抄录的一般性上谕与奏章），便拿了出去，交给各省驻京办事处传抄。这样一来，皇帝暗中在进行议和之事便公之于众，顿时舆论哗然。在众口之下，崇祯皇帝推卸自己的责任，义正词严地斥责陈新甲。此时的陈新甲终于看透崇祯皇帝极度虚荣、善于诿过的真面目。陈新甲深知，无论议和是否成功，自己都难逃一死。横竖一个死，陈新甲决心放手一搏。他在声辩书中引述了不少皇帝手诏中的句子，声称议和之事完全出自圣意。崇祯皇帝恼羞成怒，下旨将陈新甲"杀无赦""斩立决"。理由竟是几个月前"流寇攻陷中都凤阳，害死皇帝的亲藩之咎，兵部尚书应负全责"。

若要人不知，除非己莫为，本来两国议和对明朝是极为有利的。对于泄密事件，崇祯皇帝本来完全应该顺水推舟，将议和之事告谕群臣，成功地实现议和。这不仅可以挽救明朝的危亡，保护为自己办大事的官员，还可以在群臣面前树立起敢于承担责任的威信，进而大大激发大臣们的热情，一举两得，何乐而不为呢？而崇祯皇帝却为了所谓的面子问题，杀了陈新甲。陈新甲之死，不仅完全堵死了明清议和之路，也在崇祯皇帝和大臣们之间挖出了一道深深的沟壑。此后群臣对朝政多是"相顾不发一言"，即使发言也是讲些套话，无人肯献一策，无人肯定一筹。

更加令人扼腕的是，崇祯皇帝不肯承担责任，在最后关头失去了挽救大明王朝覆亡的最后一个良机。崇祯十七年（1644年），李自成率领数十万大军围困北京，北京外城的守军已经纷纷投降。此时李自成派投降太监杜勋向崇祯皇帝提出了和谈的条件："明朝封李自成为王，赐银一百万两，并承认陕西和山西是其封国。李自成负责平定国内其他起义军，为朝廷抗击清政权，

彩绘描金楼阁人物长方形漆盒
此漆盒采用细丝密编起花工艺，画面富丽堂皇，色彩对比强烈，构图繁而不乱，堪称明代晚期彩绘描金漆器中的佳品。

保卫辽东。"可以说这些条件对于濒临绝境的崇祯帝是非常宽大的，任何一个成熟的政治家都不应该放弃这个最后的机会。崇祯帝此时已经没有任何同李自成讨价还价的实力，其身家性命都还在李自成的手中。李自成既没有逼崇祯退位，也没有架空皇室，一百万两银子的要求也没有超过崇祯帝的支付能力。很明显崇祯帝如果接受这些条件，局势将会迅速地向着对明朝有利的方向发展。如能达成和解，李自成愿全力支持崇祯帝的抗清事业，这将会使清人入主中原之举困难重重，前景暗淡。可悲的是，值此危亡关头，崇祯帝虚荣透顶的恶劣品质也体现到了极点。他将问题推给了当时的首辅大学士魏藻德，命魏藻德"决之"。在这样决定朱明王朝兴亡的历史决策上，崇祯帝居然要一个臣下出面。而魏藻德鉴于前人的种种遭遇，始终跪在地上不发一言。

崇祯皇帝无法面对自身的错误，无法承担自己的责任，被舆论牵着鼻子走，使大明王朝失去了最后的一条生路。

崇祯帝自缢煤山

崇祯皇帝统治晚期失措之处甚多。他不顾天灾频仍，催科捐税，加派三饷日甚一日，使百姓们生活在水深火热之中；为了加强边防和镇压各地农民起义，他不顾实际情况，对战事失利者非抓即杀，使朝中名将越来越少；他猜忌大臣，偏信宦官，时常令宦官镇抚、监督各重要将领，使边地将领手脚被缚，难有作为。

崇祯十七年（1644年）正月，李自成的起义军逼近京师。而崇祯帝仍不知悔改，"遣内臣高起潜、杜勋等十人监视诸边及近畿要害"。特别值得一提的是，在京城面临危机之时，左都御史李邦华、右庶子李明睿"请南迁，及太子抚军江南"。崇祯皇帝当断不断，畏首畏尾，使局势越来越恶化。当李自成的大军来到居庸关时，大臣李建泰再次力主南迁都城，崇祯帝依然没有接受这个正确的意见。他在没有必胜把握的条件下，不思灵活变通之计，只知死守京城，自己束手无策，又不能放权于皇太子，亲手粉碎了一个个希望。当李自成向崇祯皇帝提出议和时，心性甚高的崇祯皇帝又拒绝了这个建议。

崇祯十七年（1644 年）三月十七日，李自成率领大军攻入北京。次日李自成派人告诉崇祯帝，如果他宣布退位尚可以保全身家性命。这对于骄傲的崇祯帝来说，简直是不可思议的。他一方面痛骂诸臣误国，一方面轻描淡写地进行自我批评。崇祯帝痴人说梦似的宣布，赦免除李自成以外的所有参与起义的人员，如果有人能将李自成生擒或杀死，则封万户侯。

崇祯皇帝一筹莫展，与周皇后相对而泣。崇祯和周皇后将太子朱慈烺（时年十六岁）、永王朱慈炯（时年十三岁）、定王朱慈炤（时年十二岁，一说五岁）叫到面前，为他们换上粗布旧衣，让太监将他们送出皇宫逃生。打发走儿子之后，周皇后自缢身死。崇祯帝听说后，呆了一会儿，连说："好！好！死得好！"他接着又命后宫妃嫔统统自裁。之后崇祯皇帝又狠心地砍死了六岁的女儿昭仁公主，砍伤了十五岁（一说十六岁）的长平公主。长平公主聪慧可爱，一直备受父皇的宠爱。崇祯皇帝在砍伤女儿时，流泪叹道："汝何生我家？"

崇祯皇帝"安顿"好妻妾子女后，独坐宫中。次日凌晨，他登上钟楼鸣钟召集百官，但无一人前来。这时他才明白自己最后的时刻已经来临了。于是众叛亲离的崇祯帝率领司礼太监王承恩等数十名太监离开了皇宫。他们想乘夜突出重围，离开京城。他们行至齐化门（今朝阳门），"守城内监疑有变，以矢石相向"，之后又"走安定门，又不得启"。此时天已经亮了，失去夜幕的掩护，崇祯帝更加无法冲出重围，只好回到皇宫。他潦草地写下遗言："朕非庸暗之主，乃诸臣误国，致失江山。朕无面目见祖宗于地下，不敢终于正寝。贼来，宁毁朕尸，勿伤百姓。"然后他便和宦官王承恩一起自缢于万岁山（俗称煤山，位于今北京景山公园）。

崇祯皇帝宠信的太监曹化淳投降了李自成，并说："（魏）忠贤若在，时事必不至此。"可见在太监曹化淳的眼里，这个自视甚高的亡国之君还不如臭名昭著的魏忠贤。崇祯皇帝在自缢之前，在衣襟上御书："朕凉德藐躬，上干天咎。然皆诸臣误朕，朕死无面目见祖宗。"他在临死之前，还将一切罪过都推到群臣身上，其刚愎自用可想而知。事实上崇祯帝并不能算是一个荒淫的暴君。在其执政前期，他诛灭权阉，宵衣旰食，使朝政大有中兴之象，"天下翕然称是"。但到了后期，他刚愎自用，妄图在短时间内一举解决所有问题，实现明朝中兴，结果大大消耗了明朝的统治资源，急剧地掏空了明朝的生存

正史史料

　　己亥，李自成至宣府，监视太监杜勋降，巡抚都御史朱之冯等死之。癸卯，唐通、杜之秩降于自成，贼遂入关。甲辰，陷昌平。乙巳，贼犯京师，京营兵溃。丙午，日晡，外城陷。是夕，皇后周氏崩。丁未，昧爽，内城陷。

——《明史·庄烈帝本纪二》

资本，不仅加剧了原有的危机，而且衍生出新的危机，最后落得个国破身死的悲剧下场。

长平公主被父亲砍伤后，昏死过去，被抬到周皇后的父亲周奎家里。多尔衮率清军入关后，长平公主成为清廷特殊的"客人"。为了笼络人心，多尔衮下令，五月初六至初八为崇祯帝哭灵三日，上谥号"怀宗端皇帝"。与此同时，多尔衮还将崇祯皇帝和周皇后的棺木起出，重新以皇帝之礼下葬，葬在昌平明皇陵区田贵妃的陵寝内，这就是明十三陵中的思陵。

清顺治二年（1645年），长平公主向顺治帝上书："九死臣妾，蹐踏高天，愿髡缁空王，稍申罔极。"她希望出家为尼，断绝尘世间的哀伤悲痛。然而长平公主作为前朝长公主，对清廷笼络人心有诸多好处。在长平公主上书后不久，顺治帝便下诏命她与崇祯为她选定的驸马周显完婚，并大加赏赐。几个月后，长平公主便病逝了，这一年她年仅十八岁。

真假太子之谜

崇祯帝太子朱慈烺逃出皇宫后，行踪成谜，其下落一直备受当时各方势力的关注。事实上太子的下落至今仍还是一个未解之谜，关于这个问题主要有以下四种说法。

第一种是死于乱军说。据说太子朱慈烺兄弟三人并没有逃出京城，而是决定先到周皇后的父亲、外公周奎家里去躲一躲，等外面风平浪静后再设法逃到南方。不料周奎见时局不妙，生怕引火上身，根本就不肯开门让他们进去。后来他们被进城的李自成军队抓到了。李自成把他们作为政治筹码，不但没杀他们，还封皇太子为宋王，将太子的两个弟弟也封了爵，一并交给大将刘宗敏看管。吴三桂降清后，李自成亲自带兵前往讨伐，便把崇祯皇帝的三个儿子都带在身边，想让他们劝说吴三桂投降。不料李自成被吴三桂所击溃，崇祯皇帝的三个儿子便死于乱军之中。

铁冠图

此年画表现了明末年间，李自成起义军直逼北京时，崇祯帝持剑入后宫，砍杀妻儿的凄惨场面。

第二种是清廷斩草除根说。一些人认为太子顺利地逃出皇宫，为了三餐温饱而沦为仆役，每日搬砖乞食。多尔衮进入北京后，为了收买人心，殡葬了崇祯皇帝、皇后，并追谥崇祯帝为"怀宗端皇帝"，将陵寝定名为"思陵"，以示清的江山取自于"贼"，而非取自于"明"，声称清军入关是为了给朱明王朝"复仇"。清朝廷对待明朝宗室，表面上恩礼备至，实际上却非如此。清廷养起来的只是与明皇关系疏远的小宗，对于明皇的直系血亲则大加屠戮，只是这种屠戮都被冠以各种借口而已。太子朱慈烺被清廷苦心营造的假象所骗，误以为可以公开现身。在前明太监常进节的引荐下，来到前明国丈周奎的家里。周奎见到外孙，大吃一惊。初见之时，周奎与其侄周绎对待太子还算客气，待之以君臣之礼。到了晚上，太子才恋恋不舍地离开周府。几天后太子再次登门。这时老奸巨猾的周奎就不再现身了，由其侄周绎接待太子。周绎再三嘱咐太子，不可泄露自己的身份，以免生出事端。太子脾气执拗，坚决不肯。周绎盛怒之下，将太子赶出门外。太子在门外吵嚷，周绎还冲出门外对太子拳打脚踢。此时一队清兵经过此处，发现前明国丈门前有人生事，就把周绎和太子都抓起来，送往刑部。负责审理此事的汉官钱凤览问明情由后，大骂周绎"背主负恩"。多尔衮得知崇祯太子落案后，立即召集昔日太子的贴身锦衣卫官兵十人和明朝宗室晋王前来认人。这十名锦衣卫见到太子后，立即下跪，异口同声地说："此真太子。"晋王揣摩多尔衮的心思，支吾不语。

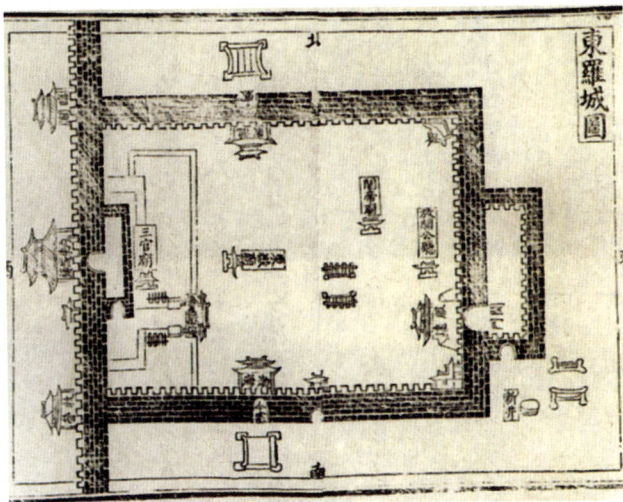

东罗城图

吴三桂降清后，李自成一方面派军截断吴三桂与关外的联络，另一方面率领大军与吴三桂展开激烈的战斗。东罗城就是当时其中的重要战场。

多尔衮此时已知道这个少年是真的太子，即将为太子作证的十名锦衣卫和前明太监常进节关入大狱。不久多尔衮再次进行审讯，安排晋王和前明大学士谢升当庭对质。两人都坚称此人并不是真太子。多尔衮即宣称此人为假太子，将其和有关的涉案人员一同处死。清廷此举是害怕崇祯太子成为明末遗民的精神支柱，不利于社稷的稳定，于是将他杀死，以求斩草除根。

第三种是死于南明说。在北京发生"太子案"的同时，在南京也发生了一起"南都太子案"。一些人认为这个投奔福王朱由崧的少年是真的崇祯太子。崇祯帝自杀后，太子朱慈烺成功地逃出了北京，历经千辛万苦来到南方，前去投奔福王朱由崧建立的南明小朝廷，不料朱由崧唯恐要归政于太子，于是坚决否认前来投奔的少年是真的太子。虽然朱慈烺对于大臣们的盘问对答如流，从京城逃过来的老太监也都指认他确实是崇祯太子，但朱由崧还是一口咬定这个少年是假扮的，不由分说将其下狱，又将其偷偷害死。这件事在南明小朝廷里引起了轩然大波，大臣们各执一词，加速了南明小朝廷的灭亡。一些学者对此提出反对意见，认为这个所谓的"太子"实际上是前明驸马都尉王昺的侄孙王之明。王之明假冒太子以求取富贵，不料死于非命。

第四种是出家为僧说。一些人认为太子一开始确实是被李自成所俘虏，但是在李自成军队败退的路上乘机逃了出来，跟随他的还有他的老师李士淳。李士淳是明朝翰林院编修，曾任太子讲官，明亡后被迫接受李自成的官职。李士淳原籍在广东嘉应州，他们一路逃回了李士淳的老家，在嘉应州阴那山出家当了和尚。他们在人迹罕至的深山里建了一座寺庙，取名为"圣寿寺"，

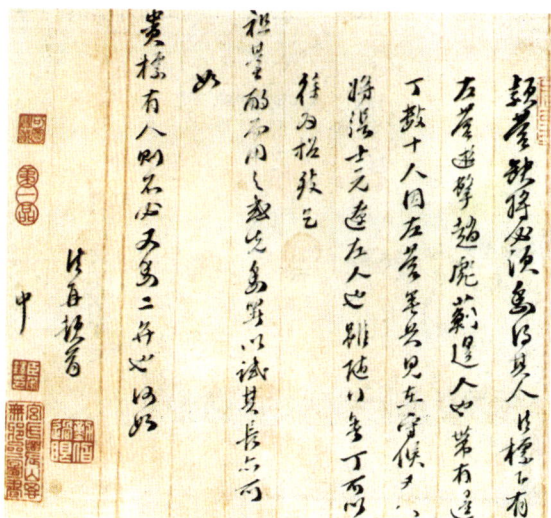

史可法手札

此图为史可法的书法作品。在清军大举南下之时，时任南明弘光政权兵部尚书的史可法坚守扬州，城破后不屈而死。

大殿称为"紫极殿"，处处都显示了寺中和尚的神秘出身。据说在太子死后，庙里就开始供奉一尊"太子菩萨"的神位。李士淳的后人也声称他们的先祖确实在乱军之中救了太子，并把太子带回自己的家乡，两人一同出家做了和尚，就此度过了余生。

关于崇祯太子的传说很多，甚至在清朝建国后的很长时间里，还有人不断冒充崇祯太子起兵造反。由于历史的原因，崇祯之子的下落究竟如何，史学界至今尚无定论。

昙花一现的南明小朝廷

明朝末年，天灾人祸不断，广大的农民生活在水深火热之中。天启（1621年—1627年）末年，陕西澄县农民率先举起反旗，点燃了起义的烽火，到了崇祯时期已成燎原之势。最后在斗争中成长起来的以李自成为首的大顺农民军，于崇祯十七年（1644年）攻入北京，崇祯帝自缢身亡，朱明王朝宣告灭亡。由此明朝在南方的官僚士绅及从北方逃亡而来的官吏们，各自怀着不同的政治目的，纷纷拥立朱明的后裔，建立起自称正统的小王朝，史称"南明"政权。

弘光小朝廷

李自成的大军压境，崇祯帝在北京自尽。此时淮河以南的广大疆土仍然是明朝的天下。众所周知，国不可一日无君，拥立新皇帝自然就成为当务之急。崇祯帝的三个儿子下落不明，在没有直系皇位继承人的情况下，留都南京及其附近地方的大臣、勋贵、太监、将帅们就为了帝位的候选人问题展开了一场勾心斗角的争斗。

在留都南京握有实权的是南京参赞机务兵部尚书史可法、南京守备太监韩赞周和提督南京军务勋臣刘孔昭。以血统远近而言，福王朱由崧最有资格当皇帝。因为他是明神宗朱翊钧之孙、明光宗朱常洛之侄、福忠王朱常洵庶长子、崇祯皇帝朱由检的堂兄，从血统上来说，明光宗朱常洛有天启帝朱由校和崇祯帝朱由检二子，天启帝朱由校无子，而崇祯帝朱由检也殉国了，崇祯帝的太子及永、定二王陷入清军之手，所以应从明神宗之子、明光宗诸弟中选择。明神宗长子为光宗朱常洛，次子早夭，福王朱常洵为第三子，朱由崧为朱常洵长子。而且他此时正在淮安，可立刻迎至南京。明神宗之子惠王和桂王此时都远在广西，且辈分比崇祯帝高，不如福王朱由崧"弟终兄及"名正言顺。由此福王朱由崧在伦序和地理位置上占有明显的优势，得到了许多人的支持。然而江南士绅中的一部分东林党人从党派私利出发，强烈反对福王继统。这是因为福王朱由崧的祖母是神宗的宠妃郑贵妃，而从万历到天启年间朝中围绕着储君问题所展开的"争国本""梃击案""移宫案"等都与郑贵妃有关。正是由于东林党人的反对，郑贵妃将自己的儿子福王朱常洵（朱由崧的父亲）立为太子的图谋才化为泡影，所以他们担心福王朱由崧即位后重翻旧案，打击东林党人。礼部侍郎钱谦益作为东林党的领袖，到处游说，主张迎立潞王朱常淓，并得到了南京兵部侍郎吕大器、南京户部尚书高弘图、右都御史张慎言、詹事府詹事姜曰广等人的支持。潞王虽素有贤名，但是明神宗之侄，与崇祯帝的血统稍远。

兵部尚书史可法是东林党人左光斗的弟子，倾向于东林党，内心对拥立福王存有顾忌，但又担心舍亲立疏会引发更大的政治风波，经过反复思量，最后与凤阳总督马士英密商，决定拥立桂王朱常瀛。次日史可法派人给南京高级官员送去亲笔信，表明要拥立桂王为帝。南京的官绅对这个方案还比较满意，决定派人到广西迎接桂王。不料风云突变，马士英突然得知守备凤阳太监卢九德勾结了总兵高杰、黄得功、刘良佐，准备拥立福王朱由崧。总兵高杰、黄得功、刘良佐手中握有重兵，为了各自的政治地位，积极地拥立福王。史可法之所以要与马士英密谈，正是因为凤阳总督马士英直接节制总兵高杰、黄得功、刘良佐，争取到马士英的支持，也就取得了军队的支持。马士英得知自己手下的大将自行投靠福王，恐怕武将乘机作乱，便背信弃义，抓住时机向福王表示效忠之意，以巩固自己的地位。此时史可法还被蒙在鼓里，接着写信给马士英，信中说福王朱由崧"贪、淫、酗酒、不孝、虐下、

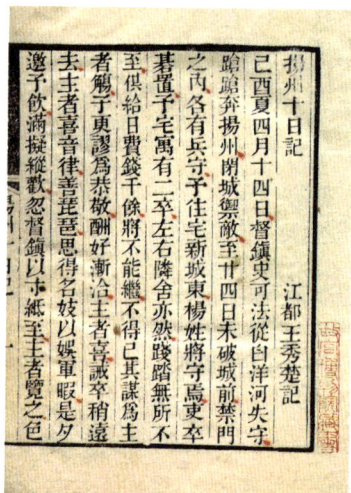

《扬州十日记》

在史可法的指挥下，清军在进攻扬州时伤亡惨重。清军统帅多铎心中恼恨，遂在攻入扬州后，进行了十天的屠城，史称"扬州十日"。《扬州十日记》即对此事进行了记载。

不读书、干预有司"。马士英以凤阳总督和三镇的名义向南京守备太监韩赞周正式致书，宣布拥立福王为帝。韩赞周将南京诸臣邀到自己的府中，将马士英等人的信件给大家看。诸臣见事已至此，纷纷表示拥立福王。这样史可法就处于一种十分尴尬的境地。

史可法在继统问题上优柔寡断，被马士英所制，导致失去了新君的信任。崇祯十七年（1644年）五月初三日，福王朱由崧在南京就任监国，颁谕天下。福王朱由崧封马士英为东阁大学士、兵部尚书、右副都御史衔，仍任凤阳总督。原南京兵部尚书史可法只得到东阁大学士兼礼部尚书的虚衔，大权旁落。史可法知道自己已被马士英所出卖，不可能得到新君的重用，只得自请督师江北。五月十二日，福王朱由崧正式批准史可法出任督师。

五月十五日，朱由崧正式在南京称帝，改明年为弘光元年（1654年），这是南明第一个政权。次日马士英入阁主持政务。史可法的加衔虽然高于马士英，但朱由崧监国后不久就被排挤，不得不自请外任，这足以说明他的失势。由此一来，马士英成为弘光朝廷的首辅。弘光帝既立，总兵高杰、黄得功和刘良佐以败军之将而坐收"拥立"之功，形成武将操纵朝廷的局面，这是弘光一朝致命的弱点。拥兵自重的武将把福王朱由崧视为傀儡，朝廷徒有其名，文武争权，无暇他顾。此时多尔衮已率清军在山海关大败李自成，占领北京，传檄远近，大有一统天下之势。在这危急存亡之际，弘光帝贪图享乐，成天躲在深宫里纵情声色，不理政事。阉党余孽马士英、阮大铖因拥立之功把持朝政大权，大搞党争，一些较有作为的大臣如刘宗周、姜曰广等相继离去，负有众望的史可法被排斥到扬州督师，朝中充满庸碌之辈。马士英、阮大铖以筹措军费为借口，大事搜括，滥征赋税，大大加重了人民的负担，且公开卖官鬻爵，美其名曰"助饷"，朝廷上下一片乌烟瘴气。

弘光政权虽然拥有全国最富庶的地区和数量可观的军队，却无意抗清，幻想偏安一隅。他们为了苟安江南，以银十万两、金千两、缎绢万匹作为和谈的礼物，并许以岁币十万，屈膝向清贵族求和，遭到清朝的拒绝。

弘光元年（1645年）二月，多铎在大败大顺军后，挥师东进，直奔南京。正当清军节节南下之际，弘光政权内部党争方酣。驻守在江北前线的高杰、刘良佐、刘泽清、黄得功四镇总兵，争权夺利，互相仇杀，置国家大事于不顾。史可法居中调停，仅能使四镇将领维持表面的和平，而不能协力作

多铎入南京图

清世祖福临顺治二年（1645 年），多铎率军入南京。此图即反映了该场景。图中多铎被众人簇拥，威风八面。降臣赵之龙、王铎、钱谦益等大批官员，跪在道路两旁向清军主帅多铎投降。

战。三月清军连克南阳、开封、归德，各州县望风而降。四月初清军长驱直入，逼近扬州。时大学士史可法督师扬州，他以扬州危急发出檄文，要各镇将领集中到扬州守卫。但马士英、阮大铖事事掣肘，四镇将帅坐视不管，史可法只有依靠扬州军民，孤军奋战。十八日清军到了扬州城下，多铎派人招降史可法，史可法誓死不降。

史可法把全城官员召集起来，勉励他们同心协力，抵抗清兵。他亲自带兵防守西门，将士们都很感动，誓死抵抗。二十五日，多铎久攻扬州不下，开始用大炮攻城，扬州城陷落，史可法不屈被害。清军屠城，"百万生灵，一朝横死"，史称"扬州十日"。

五月初清军乘胜渡过长江，进据镇江，弘光帝与马士英等闻讯出逃。五月十五日，清军进入南京，赵之龙、王铎、钱谦益等大批官员迎降。弘光帝朱由崧被清军俘获，于次年五月在北京遇害。弘光政权就这样覆灭了。

隆武帝与鲁监国两朝为政

弘光元年（1645 年）闰六月，唐王朱聿键在靖虏伯郑鸿逵等一批文臣武将的支持下，离开杭州，前往福州筹办监国之事。

唐王朱聿键虽贵为皇家血脉，但身世十分坎坷。他是明太祖朱元璋第二十三子的八代孙，在谱系上与崇祯皇帝甚远。他的祖父唐端王朱硕熿喜欢小妾生的儿子，嫌弃朱聿键之父嘴上长的瘤子，暗中把朱聿键父子囚禁起来。这样朱聿键父子在牢中度过了整整十六年。朱聿键虽身处牢笼，却埋头苦读，研读儒学典籍。后来朱聿键的父亲被弟弟毒死。唐端王准备立爱子为世子，取消了朱聿键世孙的地位。地方官员在吊唁朱聿键的父亲时，警告唐端王不可贸然改变世袭人选，以免日后朝廷降罪。唐端王害怕国法追究，急忙立朱聿键为"世孙"。崇祯五年（1632 年），朱聿键嗣立唐王。此后唐王朱聿键锋芒毕露，在许多问题上与崇祯朝臣多有冲突，得罪了很多大臣。清朝贝勒阿济格率大军攻打北直隶等地，唐王朱聿键一心报国，不顾"藩王不掌兵"的明朝规制，率军北上"勤王"。明成祖以藩王的身份得到天下，对藩王的防备极严，严禁藩王领兵离开封地。尽管唐王朱聿键一腔忠勇，但还是犯了崇祯帝的大忌，被关进凤阳监狱。唐王朱聿键又在牢中度过了七年的时光。

弘光帝朱由崧即位后，颁发特赦令，释放牢中犯罪的宗室，朱聿键才得以重获自由。此时朱聿键四十三岁，而在牢狱中就度过了二十四年之久。弘光帝并没有恢复朱聿键的王爵，命其到广西平乐府。朱聿键刚到杭州，弘光朝就灭亡了。身负厚望的潞王朱常淓在众人的拥戴下在杭州自立"监国"。三天后清朝大军压境。潞王及其属下未作任何抵抗，就向清军投降，被清军所俘。

消息传来，靖虏伯郑鸿逵、黄道周等明朝大臣劝朱聿键就任监国。以伦序而言，皇位本应与朱聿键无缘。事实上按照伦序，桂王朱常瀛最有资格做皇帝。只是桂王身在广西，与政治中心江南距离太远。适南都已亡，南安伯郑芝龙等于闰六月初六日，将朱聿键迎入福建。闰六月初七日，明福建巡抚张肯堂、礼部尚书黄道周及南安伯郑芝龙、靖虏伯郑鸿逵等，奉唐王朱聿键监国于福州。闰六月二十七日，朱聿键称帝，改福州为天兴府，以是年为隆武元年（1645年）。这就是南明史上第二个政权，史称"隆武政权"。

隆武帝朱聿键一心重振河山，但却一直处在腹背受敌的境地。朱聿键根基不稳，只得依靠福建的实权人物郑芝龙、郑鸿逵兄弟，即位后加封郑芝龙为平虏侯，郑鸿逵为定虏侯。隆武政权建立后，颁诏各地，得到了两广、赣南、湖南、四川、贵州、云南等残明政权的支持。

弘光元年（1645年）六月，潞王降清，清军占领杭州，浙东不少州县递上降表，投降清朝。闰六月清廷颁行剃发令，强迫百姓剃发，激起民众的反抗，浙东大地的抗清斗争风起云涌。驻扎在定海的浙江防倭总兵王之仁已归顺清朝，清廷命他担任原职。此时王之仁举起义旗，反抗清朝。前明戎政兵部尚书张国维和在任官员陈函辉、宋之普、柯夏卿等人商议，认为目前的局势必须迎立一位明朝宗室出任监国，而在这一地区，明朝诸王死的死，降的降，逃的逃，只剩下鲁王朱以海一人没有归顺清朝。这样，鲁王朱以海理所当然地成为浙江复明势力所扶植的唯一人选。七月十八日，在张国维等人的拥立下，鲁王朱以海在绍兴正式就任"监国"，改次年为监国元年（1646年）。

鲁王政权建立后，控制了浙东绍兴、宁波、温州、台州等地，身处抗清前线，却无法有效地利用当地的人力和财力。浙东的抗清事业原本是孙嘉绩、熊汝霖、钱肃乐等官绅士民激于剃头改制，不顾身家性命而搞起来的，其骨干力量多是些地位较低的生员和中下级官吏。大将方国安、王之仁来到浙东后，就接管了浙东原有的营兵和卫军，自称"正兵"。而孙嘉绩、熊汝霖、钱肃乐等人仅被授予督师的官衔，手下只有临时招募而来的百姓，被称为"义兵"。越国公方国安、兴国公王之仁主张"分地分饷"，正兵得到全部的军饷，而义兵只能通过劝输等办法得到银米。方国安、王之仁的要求遭到了许多大臣的反对，但方国安、王之仁凭借着手中的兵权掌握了朝廷的财政。最后浙

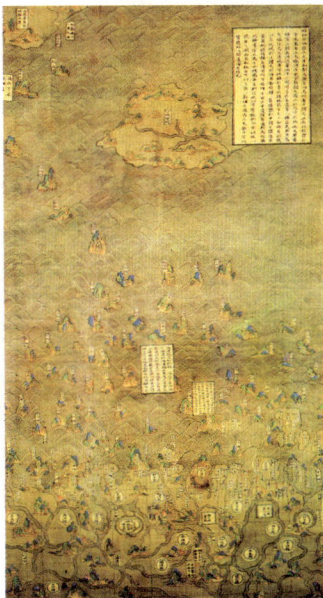

福州府图

该图为明朝万历年间绘制的《乾坤一统海防全图》的福州部分。1645年，朱聿键在福州被拥立为帝，但他没有抵挡住清军的攻势，于1646年被俘，绝食而死。

《隆武纪略》书影
隆武政权的建立与灭亡是明末清初的重要历史事件。清人所著的《隆武纪略》一书就对隆武政权的历史有着较为完备的记载。

东各府县每年六十余万的钱粮皆由方国安、王之仁的军队自行分配。这样义兵就陷入自生自灭的困境，不久就分崩离析。而方国安、王之仁的军队耗饷严重，靡费无度，治下的百姓苦不堪言。

南明政权中的大臣多是鼠目寸光之徒，给清廷各个击破提供了方便。南明政权对清军的虚实一无所知，在战斗中陷入被动，错过了最佳的战机，使清廷始终掌握着斗争的主动权。

隆武二年（1646年）三月，王之仁与清兵大战于钱塘江。六月清兵攻克绍兴，明军不战而溃。七月鲁王朱以海出逃。其手下大臣方国安、阮大铖等降清。大学士张国维、督师大学士朱大典、督师余煌、大臣陈函辉、大将王之仁等以身殉国。鲁王政权建立不到一年即告灭亡。

鲁王朱以海是朱元璋第十子鲁王朱檀的九世孙。他出任监国，是由这种特殊的历史条件所决定的。拥立他为监国的官绅，起初并不知道唐王朱聿键已在福州称帝。鲁王与唐王都是明宗室的疏宗，唐王即位在鲁王之前，且已得到除浙东以外各地残明政权的承认。因此鲁王的政权仅局促在浙东一带。鲁王朱以海缺乏治国之才，政权腐败不堪，热衷于与隆武朝争夺皇统，而无意于北上抗清。唐、鲁对峙的局面一直拖延不决。九月隆武帝命兵科给事中刘中藻出使绍兴，宣称两家无分彼此，鲁监国所任命的大臣可到隆武朝中任同等职位。此事在鲁监国的大臣中引起一场轩然大波。许多大臣赞成接受隆武政权的正统地位，以免浙东政权孤立无援。然而在大学士张国维、大将王之仁等坚决反对下，鲁王政权拒绝承认隆武政权的正统地位，双方争立从此愈演愈烈。

隆武政权建立之初，俨然有所作为。弘光朝廷以镇压农民起义为主，而隆武帝朱聿键素有大志，锐意进取，始终以恢复朱明王朝为念，坚持抗清斗争。他即位不及半月，就下诏亲征，影响颇大。江浙、安徽、江西各地义军纷起，反抗清朝的统治。这次亲征虽受到郑芝龙兄弟的阻挠未能实现，但朱聿键在基本政策上的转变备受称道。隆武帝针对万历以来党争给朝政带来的危害，提出消除党争，在用人方面舍弃门户之见，不咎过往。他施政的另一个重点就是整顿吏治，严惩贪污，深得百姓的欢迎。再者朱聿键酷爱读书，无声色犬马之好，"不饮酒，精吏事，洞达古今，想亦高、光而下之所未见也"，颇有中兴之主的气概。然而隆武帝手下的可用之人却不多，军政大权掌握在地方实力派郑芝龙手里，隆武帝本人也为其挟制，难以有所作为。隆武朝武将飞扬跋扈，各督抚大臣只知争权夺利，无视朝廷的旨意，各自为政，根本谈不上统一指挥。郑芝龙拥兵自重，挟制朝廷，双方矛盾日益尖锐。

隆武二年七月，清军攻下浙东后挥师南下。郑芝龙暗中与清军接触，投降清廷，撤兵返回安平镇，令福建门户大开。八月十三日，清军从衢州出发，向福建进军。八月二十一日，隆武帝从延平启程赶赴江西赣州。二十七日隆武帝一行抵达汀州（今福建长汀）。次日隆武帝被清军擒杀，隆武政权宣告灭亡。

永历帝流亡缅甸

隆武二年（1646 年）八月，隆武帝遇害。消息传来，在南明各地政权中引起极大的震动，皇室的继统之事成为急需解决的问题。

万历皇帝明神宗的亲孙子、崇祯皇帝朱由检的堂弟、承袭父亲朱常瀛桂王之位的朱由榔得到了大多数官绅的支持，这主要是出于伦序上的考虑。在明朝宗室中与崇祯皇帝朱由检关系较近的是他的祖父明神宗的子孙，也就是福王、瑞王、惠王和桂王。此时神宗的子孙就只剩下桂王了。清朝大军攻克浙江、福建之后，使南明残余力量被迫向西南转移。

原广西巡抚瞿式耜等人主张拥立桂王朱由榔称帝，而握有实权的两广总督丁魁楚却犹豫不决。丁魁楚收到隆武朝大学士何吾驺的亲笔信后，得知隆武帝确实已经遇害，才下定决心拥戴桂王朱由榔。太监王坤（又名王弘祖）投入桂王朱由榔的府中，得到桂王朱由榔的宠信。隆武二年（1646 年）十月初十日，朱由榔在肇庆就任监国。丁魁楚为了当上首席大学士，勾结王坤，最后如愿以偿地当上了首席大学士兼兵部尚书。太监王坤成为司礼监太监，得以把持朝廷用人大权，使永历政权一开始便陷入一片混乱。

桂王朱由榔虽然相貌堂堂，但生性十分懦弱寡断。瞿式耜说他："质地甚好，真是可以为尧、舜。而所苦自幼失学，全未读书。"实际上朱由榔昏庸无能，毫无主见，用人不当，根本无法应对目前复杂的时势，更谈不上承担起中兴的重任。十六日桂王朱由榔得知赣州失守。尽管肇庆离赣州还颇有一段距离，但满朝文武以及桂王朱由榔皆惊慌失措。司礼监太监王坤、首辅丁魁楚皆力主立刻逃难，大学士瞿式耜等主张暂缓。十月二十日，桂王朱由榔即逃往广西梧州。此事令广东官绅对桂王朱由榔大失所望，直接导致了隆武帝朱聿键之弟唐王朱聿𨮁在广州称帝。

唐王朱聿𨮁得以成为皇帝，与原隆武朝大学士苏观生大有关系。苏观生本想拥立桂王朱由榔，却遭到首辅丁魁楚的拒绝。十月二十九日，唐王朱聿𨮁来到广州，苏观生等人不失时机地拥立唐王朱聿𨮁。十一月初二日，苏观生联合广东布政使顾元镜、侍郎王应华等拥戴唐王为监国。初五日唐王正式在广州称帝，年号绍武。

肇庆府图

此图选自明代《古今图书编》中的《两广总镇图》。隆武帝死后，一些南明官员在肇庆拥立桂王朱由榔为帝，建立了永历政权，辖有广西、云南、贵州三省以及湖广、广东局部。

唐王朱聿𨮁称帝的消息传到梧州，桂王朱由榔、丁魁楚等人大吃一惊。为了挽回民心，朱由榔于十一月十二日返回肇庆，于十八日正式即位，改明年为永历元年（1647年），史称其为永历帝。这样，在广东一省之内，就有两个南明政权。历史再次重演，出现了朱明宗藩同室操戈的闹剧。

虽然朱聿𨮁所建立的小朝廷在十二月就被清军所灭，绍武的年号从未得到使用，历代学者还是将其称为绍武政权。绍武政权从未进行过抗清活动，却为了争夺帝统与永历政权势不两立。十一月二十九日，内战爆发，双方在广东三水县城西展开厮杀，极大地消耗了抗清力量。清朝大将李成栋乘南明内讧，于十一月攻占潮州（今广东潮州潮安）、惠州，十二月十五日攻克广州。绍武帝朱聿𨮁被清军所俘，自缢而死。苏观生以身殉国，从各地逃往广州的明朝亲王、郡王共计十六人皆被清军处斩。绍武政权仅存在四十一天便覆亡了。

永历政权统治集团内部极端腐朽，因袭了明末的党争，一切以个人和小集团的利益为准，将国家大局置于脑后。少数较为正派的官员想有所作为，挽救危局，但他们的努力也在党争中化为乌有。十二月二十六日，朱由榔再次逃入广西，颠沛流离，处境极为险恶。

永历元年（1647年）正月，永历帝逃往桂林。李成栋的大军攻克肇庆，连下高、雷、廉三州，尾追朱由榔向广西推进，兵不血刃地攻占广西重镇梧州。正当南明政权形势万分危急之时，大顺农民军的余部出现在抗清斗争的最前线，挽救了危险的时局。李自成死后，其余部分为二支，分别由郝摇旗、刘体纯和李过、高一功率领，先后进入湖南，与明湖广总督何腾蛟等联合进行抗清斗争。五月清朝大将孔有德率军进攻桂林，被瞿式耜、焦琏所败。瞿式耜将此次胜利大肆宣扬，但就实际情况而言，这次战役的规模并不大。此时李成栋率主力部队进攻广西，清军在广东的兵力十分单薄。永历朝廷对清军的虚实一无所知，非降即逃，错过了大好的时机。在此危难之际，广东出现了一大批仁人志士，自行组织义军展开抗清斗争，其中最负盛名的是南明的"三忠"，即陈邦彦、张家玉、陈子状。

陈邦彦、张家玉、陈子状三人领导的义军虽然先后被清军镇压，但正是由于广东各地兴起的武装反清浪潮令清廷不得不抽回进攻广西的大军。正因如此，永历朝廷在广西的统治才得以维持下去。

十一月南明何腾蛟、瞿式耜于全州击败清将孔有德的大军，同时李成栋的军队在广西亦受挫，回到广东。大顺农民军余部李过、郝摇旗等与南明联合抗清，军威大振，在湖南连连取得胜利，几乎收复了湖南全境。永历二年（1648年），江西提督金声桓、广东提督李成栋、大同总兵姜瓖，先后反清复明，南明声势大震。一时间永历政权控制的区域扩大到了云南、贵州、广东、广西、湖南、江西、四川等省，清廷为之大震。但永历政权内部矛盾重重，各派政治势力互相攻讦，农民军也备受排挤，不能团结一致，这就给清军提供了喘息之机。何腾蛟、瞿式耜先后在湘潭、桂林的战役中被俘牺牲，清军重新占领了湖南、广西，其他刚刚收复的失地也先后落入清军的手中。

　　永历六年（1652年），永历朝廷接受张献忠部将孙可望、李定国联合抗清的意见，抗清斗争再次出现高潮。不料孙可望与李定国之间矛盾激化，破坏了大好形势。

　　永历十年（1656年），大将李定国迎桂王朱由榔至云南，次年又大败孙可望。孙可望投降清朝，永历朝中的虚实尽为清军所知，令永历政权陷入被动。永历十二年（1658年），吴三桂率清军攻入云南。次年清兵三路追逼，吴三桂攻克昆明，永历帝被迫出逃缅甸。李定国曾连连交涉，欲迎他回云南，均为缅甸国王拒绝。李定国率大军在磨盘山设下埋伏，企图一举歼灭清军，不料因内奸泄密而失败。

　　永历十五年（1661年），吴三桂率清军进入缅甸，索回永历帝。次年四月，吴三桂将永历帝押回云南，拘禁于昆明。他害怕夜长梦多，经清廷批准将永历帝及其眷属二十五人在昆明处死。永历帝终年四十岁，葬处不明。这样南明最后的一个政权也宣告灭亡。

桂林府图

此图出自明代《古今图书编》中的《两广总镇图》。桂林是当时南明军队与清军交战的重要战场，永历政权的重要将领李定国曾在此击败清定南王孔有德，取得桂林之战大捷。

国姓爷郑成功

　　郑成功，原名森，字明俨，又字大木，福建南安石井人。父亲是明末福建总兵官郑芝龙，母亲是日本女子田川氏（中国文献称其为翁氏）。明熹宗天启四年（1624年），郑成功出生于日本长崎，七岁以前都随母亲居住在日本，直到明毅宗崇祯三年（1630年）才被父亲接回福建。

　　郑芝龙是明朝著名海商李旦的义子。天启五年（1625年），李旦病逝，郑芝龙继承了义父的事业，在台湾建立了初具规模的郑氏地方统治政权，并拥有当时闽海上最大的武装集团。郑芝龙海上势力的日益扩张，令明朝统治者极为恐慌，多次派兵围剿，均未能成功。崇祯元年（1628年），福建巡抚熊文灿对郑芝龙进行招抚，授予其"五虎游击将军"的头衔。崇祯六年（1633年）七月，荷兰殖民者入侵东南沿海。十月郑芝龙会同闽、粤水师进

正史史料

（顺治十八年）十二月丙午，平西王吴三桂、定西将军爱星阿会报大军入缅，缅人执明永历帝朱由榔以献。明将白文选降。班师。丁卯，宗人府进玉牒。

——《清史稿·圣祖本纪一》

行反击，大败荷兰殖民者。因军功卓著，朝廷加封郑芝龙为福建总兵，后擢升福建总督。郑芝龙不仅仕途一帆风顺，还取得了东南沿海的制海权，并不断扩张自己的势力，成为雄霸东方的海上霸主。南明隆武元年（1645 年），郑芝龙在福州拥立了唐王，建立了隆武政权。郑森得到隆武帝的恩宠，赐国姓朱，改名成功。所以后来人们常称郑成功为"国姓爷"。

隆武二年（1646 年），郑芝龙不顾郑成功的反对，投降了清朝。郑成功在烈屿（今小金门）誓师起兵，走上了抗清的道路。次年郑成功已拥有几千人马，自称"招讨大将军"，进一步招兵买马，郑芝龙的旧部纷纷集结在郑成功的周围，很快便组成了一支声势浩大的军队。

永历十三年（1659 年）五月，郑成功亲任招讨大元帅，开始了平生最大规模的北伐斗争。七月北伐大军在各路清军的反攻下遭到严重的损失。九月郑成功退回厦门。此时全国的反清斗争已进入低潮，清廷已控制了中原大部分领土。大顺军的余部龟缩在川、鄂交界的山区，李定国的残部也退缩到云南，永历帝已逃到缅甸。由此郑成功面临着更为险峻的形势。

为了在战争中取得主动，郑成功便把目光转向台湾，考虑收复台湾，将其作为抗清基地。对此郑成功曾明确指出，台湾"田园万顷，沃野千里。造船制品，吾民麟集"，"我欲平克台湾，以为根本之地，安顿将领家眷。然后东征西讨，无内顾之忧，并可生聚教训也"。再者，荷兰殖民者于明熹宗天启四年（1624 年）侵占台湾，对台湾人民开始了长达三十八年的殖民统治，台湾人民不堪忍受荷兰侵略者的暴行，盼望祖国收复台湾，于是郑成功下定收复台湾的决心。

永历十五年（1661 年）正月，清朝顺治皇帝去世，郑成功判断清军不可能在短期内大规模的用兵，于是召集军事会议，决定渡海东征台湾。同年三月初一，郑成功集中了十倍于荷军的兵力，在金门举行了隆重的誓师仪式。三月二十三日，郑成功率领第一梯队自金门料罗湾出航，领航的是澎湖游击洪喧。三月二十七日，郑成功率军行至柑橘屿海面时，遭风雨所阻，被迫折回澎湖。一连几天，风雨不停，军队的粮食供应出现了困难。如果再滞留在澎湖，不仅对军心不利，更重要的是不能按预定的日期抵达迂回窄浅的鹿耳门水道。而经过郑成功的事先调查，必须利用每月初一日和十六日的大潮才能进入鹿耳门，否则就要向后推迟半个月的时间。于是郑成功不顾有些将领的劝阻，当机立断，决定冒着暴风雨横渡海峡，于四月初一日顺利地通过了鹿耳门。

郑成功出其不意地从鹿耳门开进台江，荷兰殖民者惊慌失措，慌忙迎敌。当晚郑军突破荷军的火力，只用了不到两个小时就在禾寮港成功登陆，扎下营寨，并在鹿耳门也登陆扎营，以防北线敌军进攻。台湾的汉族和高山族人民见到郑成功的军队，喜出望外，争先恐后地出来迎接。郑成功占据有利地形，修建防御工事，切断了荷军的军事要塞赤嵌楼与台湾城的联系，为从海、陆两面打败荷军做好了准备。

荷军接连失利，被迫龟缩在赤嵌楼和台湾城，不敢出战。郑军乘胜围攻赤嵌楼，并切断了荷军的水源。台湾人民也自发地组织起来，协助郑成功的军队打击荷军。四月初七，郑成功除留下一部分兵力扫清其他地方的荷军外，亲自率领主力部队亲自围攻台湾城。台湾城中的荷兰殖民者负隅顽抗，拒绝了郑成功招降的建议。

郑成功鉴于强攻一时难以取胜，改变策略，决定采取长围久困、且耕且战的方针。五月初六，赤嵌楼中的荷军终于动摇了。经讨谈判，赤嵌楼司令官描难实叮签订了投降书。五月初八，郑成功的军队收复了赤嵌楼。

在取得赤嵌楼的控制权后，郑成功的军队势不可挡，很快地占领了大员市区，从大员市区、北线尾以及大员与台湾本岛相连的下场陆路三个方向对荷军最主要的据点台湾城形成包围。

荷军多次拒绝郑成功的劝降，郑军在围困台湾城八个多月后即开始发起总攻。荷军困守孤城，岌岌可危，士气低落。荷兰总督揆一见大势已去，被迫同郑成功谈判，并签订了十八款投降条约。根据条约规定，揆一于南明永历十五年十二月十三日（即1662年2月1日）率部投降。

至此，沦陷了三十八年之久的台湾重新回到祖国的怀抱，捍卫了中华民族的利益。郑成功收复台湾五个月后，因戎马倥偬，操劳成疾，不幸逝世，时年只有三十八岁。

郑成功弈棋听军情

郑成功,原名森,因得到隆武帝的恩宠,被赐国姓朱,改名成功,并授御营中军都督。此图为郑成功弈棋听军情的情景。

繁华：大明的文化风貌

随着社会经济的发展，明代在思想文化领域内形成了一股反传统的思潮。在这种思潮的影响下，哲学、文学、艺术、科技等诸多方面都在前代的基础上有了很大的突破，取得了许多辉煌的成就。

正史史料

　　明太祖起布衣，定天下，当干戈抢攘之时，所至征召者儒，讲论道德，修明治术，兴起教化，焕乎成一代之宏规。虽天亹英姿，而诸儒之功不为无助也。制科取士，一以经义为先，网罗硕学。嗣世承平，文教特盛，大臣以文学登用者，林立朝右。

——《明史·儒林列传一》

哲学思想

　　明代初期，程朱理学是支配文人的统治思想。明代中叶以来，随着社会的变迁，思想领域也发生了重大的变化，心学开始兴起，并衍生了许多学派。各种学派互相争论，使沉寂已久的思想焕发出勃勃生机。

程朱理学被奉为经典

　　明太祖朱元璋为了巩固新王朝，除了在政治、经济、军事等方面采取各种措施以加强专制统治外，还在思想领域标榜儒学，大力提倡程朱理学，以强化思想统治。明太祖认为"治本于心"则"其用无穷"，相反"治本于法"则"其用盖有时而穷"，由此可以看出思想的统一甚至比创制立法更为重要。洪武十七年（1384年），朝廷做出规定，乡会试《四书》义以朱熹《集注》，经义以程颐、朱熹等注解为准。明成祖朱棣更加尊崇程朱理学，特命翰林学士胡广等人纂修《性理大全》《四书大全》《五经大全》，辑录宋、元理学各家之说，颁行全国，作为参加科举考试的必读之书，凡不符合程朱理学的思想都被视作异端而加以排斥。正如《明史·儒林传序》所载："明初诸儒，皆朱子门人之支流余裔，师承有自，矩矱秩然。"

　　在封建统治者的强制推行下，程朱理学在明初的思想界占据了统治地位，被奉为经典。这一时期的著名理学家有薛瑄和吴与弼。

　　薛瑄，字德温，号敬轩，谥文清，山西河津人。他是明代著名的理学大师，开创了"河东学派"。他出身于书香门第。祖父薛仲义"通经术，以元末不仕，教授乡里"。父亲薛贞是明初的儒学教谕。在严格的家庭教育下，薛瑄自幼勤奋读书，"慨然以求道为志"。尽管他诗文造诣很深，但他始终认为"作诗作文写字，皆非本领工夫，惟于身心上用力最要"，从而将精力放在理

武当山紫霄宫木鱼

木鱼是一种外形酷似鱼头形状的木制品，相传为僧人所创制，有警示僧众不忘昼夜修行之意。同时其在道教中也有使用，例如在武当山几乎所有的道教音乐场合，都要用木鱼来击节。

学的研究上。他从四十岁步入仕途，其间几经起落，曾任广东道监察御史、云南道监察御史、大理寺左少卿、大理寺右丞、礼部右侍郎等职。致仕后他以教授学生为业。在政治上，他强调重视民心，认为"自古未有不遂民心而得天下者"，为政者要"以爱人为本"；在学术上，他尊崇朱熹，认为"孔子之后有大功于圣学者，朱子也"。

薛瑄对张载十分推崇，接受了张载气本体论的思想，批判朱熹"理在气先"的观点，指出"理只在气中，决不可分先后"。他认为理是万事万物自然之脉络，不可以脱离气而单独存在，太极之理"只在气中，非是气之外悬空有太极"，从而批判了朱熹所谓太极之理先于阴阳而生阴阳的观点。但是在理和气的关系上，薛瑄还是没有突破朱熹的理本气末的唯心论观点，主张"理为主，气为客。客有往来，皆主之所为，而主则不与俱往"。这也就是说，理是不变的，主宰着气的往来变动。

薛瑄从理气观出发，发展了朱熹的"格物致知"说，认为"耳目口鼻各专一事而心则无不通"，肯定了感性认识与理性认识直接有密不可分的联系，且后者高于前者。他主张向外求知，提倡笃实践履之学，强调"应事"是通向天理的途径。他对心学主张的静坐悟道论加以批判："谓人读书为义外工夫，必欲人静坐，先得此心。若如其说，未有不流于禅者。"在个人修养方面，他提出"复性"说，认为人首先要"能知"，然后再力行，这样就可以自觉地复其性，从而达到圣人的境地。

薛瑄终生研读性理诸书，在当时社会上有很高的威望，被尊称为"薛夫

子"，于明穆宗隆庆六年（1572 年）被奉入孔庙从祀。他的主要著作有《文集》《读书录》《理学粹言》《从政名言》《策问》《读书二录》等，其中《读书二录》是其代表作。薛瑄以朱熹的思想为宗，并对朱熹的思想加以修正和发展，在理学上开创了一个新的门派"河东学派"。薛瑄在长期的从教生涯里，培养造就了一大批学者，门生遍及四方，他的思想也成为影响巨大的显学，获得了广泛的崇奉。此外"关学"（张载创立的理学学派）的一大批学者都师从于薛瑄，在一定程度上可以说，是薛瑄造就了明代"关学"的中兴。

吴与弼是明朝前期与薛瑄齐名的著名学者，两人并称为"南北两大儒"。吴与弼，江西崇仁人，号康斋。他专心攻读《四书五经》、诸儒语录及《二程全书》，立志以讲授理学为己任，在当时享有很高的名望。他无意于仕途，一生只做过几个月的左春坊左谕德，其余的时间一直家居讲学。他一生潜心研治理学，著有《日录》及《康斋文集》。

吴与弼尊崇朱熹的理学，主张"人须于贫贱患难上立得住脚，克治粗暴，使心性纯然。上不怨天，下不尤人，物我两忘，唯知有理而已"。他遵循程朱之学，主张心分知觉与理，主张静时涵养，动时省察，务使内心湛然虚明。他的学术思想深受众多儒士的推崇，形成当时影响较大的学派"崇仁学派"。从其学者多达数百人，比较著名的有胡居仁、陈献章、娄谅、胡九韶、车泰、饶烈等。

同时吴与弼的思想中也夹杂着一些心学的观点。他在一篇题为《道中作》的诗中说："寸心含宇宙，不乐复如何。"这是寸心包含宇宙的思想。他的门徒陈献章承袭了吴与弼的心学思想，并加以发展，创立了"白沙学派"，成为明代著名的心学家。由此可见，黄宗羲将吴与弼看作明代心学之滥觞是有道理的。

心学的兴起

明代中期，随着社会矛盾的激化，思想领域也发生了巨大的变化。长期占据统治地位的程朱理学已显得陈腐，在学术上墨守成规，完全丧失了创新精神，加剧了统治阶级内部的思想危机。一些学者从信仰朱熹理学，转而探求陆学，于是心学兴起。陈献章和王守仁就是明代心学的先驱者。

陈献章，字公甫，号实斋，广东新会白沙里人，被学者称为"白沙先生"，主要著作有《白沙子全集》。他早年曾习举业，信奉程朱理学，在

黄宗羲

黄宗羲，字太冲，号南雷，浙江余姚人，明末清初著名的经学家、史学家、思想家、教育家。他的一生著述颇丰，有《明儒学案》《明夷待访录》等书流传于世。

二十七岁时来到江西师从著名学者吴与弼。一年后他返回故乡，闭门苦读，废寝忘食，苦苦寻求心与理的合一。他在三十九岁时来到京城，"扬言于朝以为真儒复出，由是名震京师"。陈献章一生未入仕途，潜心于学，在学术上取得了很高的成就。

在论述"气""理""心"的相互关系时，陈献章主张"元气"是构成宇宙万物的基本要素，"元气塞天地，万古常周流"。他并没有把"气"当作本体，而主张"道为天地之本"，元气所充塞的天地仅是沧海一粟而已。这与朱熹所主张的"理"是万物之本的观点是相似的。但陈献章并不认为"理"是独立于宇宙万物之先的绝对存在，从而背离了客观主义唯心的理学。陈献章认为"君子一心，万理完具，事物虽多，莫非在我"，主张"万理""万物"都是吾心的产物，成为主观唯心主义的"心学"。陈献章的为学之道是"以静为主"，"端坐澄心，于静中养出端倪"，并创立了岭南第一个颇具影响的学术流派"江门学派"。陈白沙是岭南地区唯一诏准从祀孔庙的学者，享有"岭南第一人""广东第一大儒"的美誉，在学术上具有重要的地位。"江门学派"的出现，使"久抑而未彰"的心学得以复兴，结束了程朱理学的一统局面。

王守仁是明代心学的集大成者。王守仁，字伯安，浙江余姚人，世称阳明先生，弘治年间（1488年—1505年）进士，官至南京兵部尚书。他生活的时期，阶级矛盾日益尖锐，社会动荡不安，封建统治陷入严重的危机。此时程朱理学已沦为僵化的教条，成为封建士大夫猎取功名利禄的工具，丧失了控制、笼络人们思想的力量。王守仁将社会动乱的原因归结为人心凋敝。他说："夫天下之不治，由于士风之衰薄，而士风之衰薄，由于学术之不明。"为了整治人心，挽救当时的政治危机，王守仁创立了"心学"，世称"王学""姚江之学"。

王守仁继承了陆九渊"宇宙便是吾心，吾心便是宇宙"的观点，提出"心外无物"的观点。他说："人的良知就是草木瓦石的良知，若草木瓦石无人的良知，不可以为草木瓦石矣。岂惟草木瓦石为然，天地无人的良知亦不可为天地矣。"他又进一步指出："身之主宰便是心，心之所发便是意，意之本体便是知，意之所在便是物。"王守仁将"心"视为世界万物的本源，离开了人的意识活动，就不存在客观事物。他认为天地万物是第二性的，是"心""良知"等精神意识所派生的。

他又提出"心外无理"的观点。他进一步发挥了陆九渊"心即理"的观

王守仁

王守仁，字伯安，明代著名的哲学家。因他曾筑室读书于故乡阳明洞，世称阳明先生。他的学说被称为"阳明学"。

王守仁书法

王守仁不但在哲学思想领域有很高的成就，而且在书法上也颇有造诣。此件作品笔法稳健，风格俊逸，颇有东晋书法家王羲之的遗风。

点，主张万物的"理"不存在于客观事物中，而是存在于人心之中。他主张："夫万事万物之理不外于吾心，而必曰穷天下之理……是犹析心与理而为二也。"他说："物理不外于吾心，外吾心而求物理，无物理矣。遗物理而求吾心，吾心又何物邪？"他认为程朱理学的错误就在于"析心与理而为二也"。王守仁所说的"理"或"天理"，主要是指封建伦理道德的基本原则，也就是仁、义、礼、智、信等封建道德。

在认识论上，王守仁提出了"致良知"和"知行合一"说。他认为"良知"是存在于人心中的天理，人人都有良知。他认为"知是心之本体，心自然会知。见父自然知孝，见兄自然知弟，见孺子入井自然知恻隐，此便是良知"。这里的"良知"也就是封建伦理纲常，是一种天赋的道德。所谓"致良知"，就是指人们克制私欲的认识和修养功夫。人的良知会被私欲所蒙蔽，必须要下一番"致"的功夫来使"良知"得以恢复，从而加强自身的道德修养。同时他还主张"致知格物"。他说："所谓致知格物者，致吾心之良知于事事物物也。吾心之良知即所谓天理也。致吾心良知之天理于事事物物，则事事物物皆得其理矣。致吾心之良知致知也，事事物物皆得其理者格物也。是合心与理而为一者也。"也就是说，这里的"致知格物"并不是探求客观事物的规律，而是为了"致良知"，即将人心中原有的天理贯彻到万事万物之中。

王守仁的"知行合一"说，是指知和行都产生于心，因此这二者是合一的。

刺绣梅竹山禽图

刺绣是用绣针引彩线，按设计好的花纹在纺织品上刺绣运针，以绣迹构成花纹图案的一种工艺。这幅明朝的刺绣作品构图简练，针法老道，是明代刺绣的典范之作。

正史史料

（王）艮乃谒守仁江西，与守仁辩久之，大服，拜为弟子。明日告之悔，复就宾位自如。已，心折，卒称弟子。从守仁归里，叹曰："吾师倡明绝学，何风之不广也！"还家，制小车北上，所过招要人士，告以守仁之道，人聚观者千百。抵京师，同门生骇异，匿其车，趣使返。

——《明史·儒林列传二》

朱熹提倡"知先行后"的观点，由此在封建士大夫中逐渐形成了知而不行的弊端。王守仁对这种崇尚空谈、不务实际的情况非常不满，特别强调"知"和"行"的统一，"知"决定"行"。但是他认为"一念发动处，便即是行了"，从而混淆了"知"和"行"的界限，歪曲了"行"的真正意义，使"知行合一"成为"致良知"的一种手段。

王守仁晚年时用四句话来概括自己的思想，即"无善无恶心之体，有善有恶意之动，知善知恶是良知，为善去恶是格物"，被称为"王门四句教"。心学在王守仁去世后继续发展，但因为王守仁的学说本身就有许多矛盾，从而发展成为许多派别。正德时期（1506年—1521年）、嘉靖时期（1522年—1566年）以后，王守仁的心学更加兴盛，信奉者众多，其中有影响的是浙中王门和江右王门。浙中王门的代表人物是钱德洪和王畿，江右王门的代表人物是邹守益。钱德洪、邹守益二人在学术上较为保守，以恢宏师说为宗旨，而王畿则主张突破藩篱，有所创作，因此三人之中王畿对后世的影响较大。

泰州学派

"泰州学派"活跃于16世纪，是一个很有特色的学派。"泰州学派"的人员成分较为复杂，其中有一部分是上层社会的官员，但有相当多的人来自于下层社会，能凝聚下层社会的思想意识，视野开阔，敢于颠覆"坐而论道"的传统，冒险而行。其代表人物有王艮、何心隐、罗汝芳等人。

"泰州学派"的创始人王艮，原名王银，泰州安丰场（今江苏东台）人，字汝止。王艮出身于灶户，父辈都以煮盐为生，家境十分贫寒。他当过小商贩，对下层社会有着深刻的理解。在三十八岁时，他亲赴南昌，拜著名学者王守仁为师。阳明让他改名为王艮，字汝止。王艮名义上虽然是王阳明的弟子，却很有主见，"往往驾师说之上"，"时时不满其师说"。在王门学习八年

缂丝桃花双雀图

缂丝，又称"刻丝"。其成品正反两面如一，与苏绣双面绣有异曲同工之妙。该作品为明织花鸟写生册中的一幅，其构图精美，空间层次异常突出，为明代缂丝中的精品。

之久。王守仁去世后，王艮回到泰州讲学，此后自立门户，创立了"泰州学派"，主要著作有《王心斋全集》。

王艮哲学思想的核心仍从属于心学范畴，但有许多独到之处，主要是："百姓日用之道"与"格物论"。王艮没有因循师说，而是提出"百姓日用之道"，将圣人之道与"百姓日用之道"等同起来。他说："圣人之道，无异于百姓日用。凡有异者，皆是异端。"他又说："百姓日用条理处，即是圣人之条理处。圣人知，便不失；百姓不知，便会失。"这样他将理学家津津乐道的"圣人之学"与百姓吃饭穿衣等日常生活需求联系起来，强调能否满足百姓的日常生活需求才是衡量"圣人之学"的标准。如果不能满足百姓的日常生活需求，"人有困于贫而冻馁其身者"，就违反了"圣人之学"，便是异端。

所谓"格物论"，则强调以"自身"为本位。对于"格物"的定义，王艮有这样的阐述："格物，知本也；立本，安身也。"王艮将"安身"视作立天下的根本，而"安身"首先是指自身生活的安稳，也就是能吃饱穿暖。只有人人都能"立本安身"，那么之后才谈得上"齐家治国平天下"。这与王守仁"人欲之私"的说法大相径庭，肯定了人们物质欲望的合理性。王艮所讲的"安身"还包括人身的安，有维护人身尊严的含义。他说："身与道原是一体，至尊者此道，至尊者此身。尊身不尊道，不谓之尊身；尊道不尊身，不谓之尊道。"由此可见，他将"身"和"道"都看作"至尊者"，都不能受到损害。

王艮的思想自成一家，他以身边的平民百姓为讲学对象，"不以老幼贵贱贤愚，有志愿学者传之"。同时他不讲"仪规"，并不以师长自居，开创了

骑驴图

此幅作品为明代画家张路所作。图中一老者稳坐驴背，悠然自得。该图人物线条简练而又潇洒流畅，驴子神态生动，颇具飘逸之意。

讲学的平民作风。他在四十一岁时，北上进京"传道"。他在沿途当街讲道，所到之处，群聚围观，不下千人，深受百姓的欢迎，打开了"泰州学派"的新局面。四十七岁时，王艮回到家乡进行讲学。此时地方豪强大肆吞并"草荡"，使许多贫苦的灶户生计艰危，沿海盐业日益凋敝。在当地地方官的要求下，王艮提出"均分草荡"的方案被采纳，有效地遏止了草荡土地的疯狂兼并，使沿海盐业很快得以恢复和发展。

一些学者对王艮的思想加以发展，成为"泰州学派"的后学，何心隐、罗汝芳就是其中的佼佼者。

何心隐，本名梁汝元，江西永丰人。他在三十岁时应乡试中第一名，此后便放弃了举业，专心治学。三十七岁时，他在家乡建立"萃和堂"，把全族老少组织成一个共同体，通财互助，共教共养，创建了一个中国式的"乌托邦"。他还亲自处理"堂务"，包括冠婚丧祭、教幼养老、服役纳税等事项。之后他因抵制地方官无理加征"皇木银两"而入狱，出狱后北游京师，在谷门会馆进行讲学，但因事触犯权贵，被逼出京。从此他足迹遍布天下，最后在湖北孝感安定下来，聚徒讲学。

何心隐认为："性而味，性而色，性而声，性而安逸，性也。"他否定了

"天理"与"人欲"的对立，认为人们满足味、声、色、安逸等欲望是合乎人性的。在上述认识的基础上，他反对"绝欲"，提倡"育欲"，并要求"与百姓同欲"。这就是说百姓共同需要的物质要求是合理的，应该得到适当的满足，反映了"人性平等"的思想。何心隐猛烈抨击封建专制主义，提出"无父无君非弑父弑君"的观点，遭到顽固派的反对，被捕入狱，死于湖北武昌狱中。但他所提倡的思想在江汉一带广为传播。

罗汝芳，字惟德，号近溪，被称为近溪先生，江西南城人。嘉靖三十二年（1553年），他考取进士，授太湖（今安徽太湖）知县。之后他历任太湖知县、宁国知府，官至参政。他一生深入下层社会，接纳四方学子，从事讲学活动，以启人"良知"和济人急难闻名于世。

授徒图

该图描绘了一学士向女弟子传授技艺的情景。学士据石案而坐，两位女弟子坐于案边，一位低头欣赏一幅画，另一位正往瓶中插花。画面造型严谨，浅淡雅致，别有一番韵趣。

罗汝芳提出"赤子之心"的观点，以"不学不虑"去"体仁"，持见新奇，一扫宋明理学迂谨之腐气。他说："天初生我，只是个赤子。赤子之心，浑然天理。细看其知不必虑，能不必学，果然与莫之为而为，莫之致而至的体段，浑然打得对同过。"他将"赤子之心"视作自然具备着"知"和"能"的"浑然天理"，具有反对封建传统伦理思想的进步意义。他认为"大道只在自身"，人的良知是永远不会泯灭的，不能通过修炼来增加，也不会因为不修炼而减少，圣愚的区别只在于"觉"与"迷"之间，因而成为圣人并非难事。

"泰州学派"源于王学，而又特立独行，具有一种冲击传统思想的战斗精神，被统治阶级视为惑世诬民的"异端"思想。"泰州学派"的许多著名学者曾身陷囹圄，甚而被封建政府所杀害。"泰州学派"的出现为中国文化打开了一个新的局面，是李贽进步思想的先导。

"异端"李贽

李贽，号卓吾，别号温陵居士，又号宏甫，泉州晋江（今福建泉州）人。他在嘉靖三十一年（1552年）乡试中举，此后做过二十多年的地方官。在四十岁时，他开始接触王守仁的心学，之后师从王艮之子王襞，尽得"泰州学派"真传。晚年李贽寓居湖北黄安，后移居麻城芝佛院，从事讲学和著述。

李贽潜心治学近二十年，晚年落发明志，甘以"异端"自居，其思想具有鲜明的叛逆精神，为当政者所不容。万历二十七年（1599年），李贽的著

缂丝桃花双鸟图册

缂织方法以平缂为主。画面上桃花娇艳，桃枝挺秀，双鸟栖于枝上，一派春意盎然的景象。

作《藏书》刊行，被当权者所忌恨。万历三十年（1602 年）春，朝廷以"敢倡乱道，惑世诬民"罪名将李贽逮捕入狱，其著作也被列为禁书。李贽以剃刀自刭，死于狱中。他一生著作颇丰，主要有《藏书》《续藏书》《焚书》《续焚书》《史纲评要》《四书评》以及《李氏文集》等。

在中国思想史上，李贽以倡"童心"说而闻名于世。李贽对"泰州学派"罗汝芳的"赤子之心"加以发扬，提出"童心说"。他认为："童子者，人之初也；童心者，心之初也。""夫童心者，真心也。……绝假纯真，最初一念之本心也。"这种"童心"是一种未曾受到假道学熏染的纯真无瑕的精神状态，也就是如同儿童那样淳朴的心，亦称真心。人有真心，才是真人。"失却童心，便失却真心；失却真心，便失却真人。人而非真，全不复有初矣"。这与王守仁的"致良知"说大相径庭，王守仁所说的"良知"指的是义理，而李贽所讲的"童心"则重在"绝假存真"，没有受到义理渲染的赤子之心。李贽强调义理蒙蔽了"童心"，义理懂得越多，那么童心便丧失得越多。他主张一切"闻见""道理"都应放在"童心"的天平上重新加以衡量，以判断真伪，决定其价值，带有浓厚的个性解放的色彩。

正是基于这样的认识，李贽对程朱理学进行了史无前例的尖锐批判。《焚书》《续焚书》可以说是李贽与当世程朱学者针锋相对的论战集，因书中多半是"忿激语，不比寻常套语。恐览者或生怪憾，故名曰《焚书》，言其当焚而弃之也"。自汉武帝"罢黜百家，独尊儒术"开始，儒学便成为专制王朝的统治思想，儒者亦因之而登入庙堂，以其学而入仕。而李贽却提出"儒者不可

听箫图

此图为明代画家刘俊所绘。画面上近岸有一渔船，上坐一吹箫渔夫，其旁水榭中坐一书生，正侧耳聆听，神色悠闲。水榭旁有一古树，远处群山万壑。整幅画面给人一种空濛、幽远的意境。

以治天下国家"，指出明朝的理学家们只知空谈道德，没有真才实学，使国家民族处于存亡危急之际却无人可用。

李贽以十分大胆的言论对孔孟传统思想和程朱理学进行了非常广泛的批判，其内容主要集中在以下几点。

第一，李贽大胆地对孔子的圣人形象提出异议。他认为人们之所以尊奉孔子，只不过是人云亦云所致。孔子本人从未以圣人自居，也未曾教人学己，后人奉孔子为万世师表是非常盲目的，如同"矮子观场，随人说妍，和声而已"。他指出，孔子的圣人形象是人为塑造的，绝非出自"童心"，应还原历史本来面目，将孔子视为普通人。事实上李贽非常钦佩孔子的学识，认为他"为出类拔萃之人，为首出庶物之人，为鲁国之儒一人，天下之儒一人，万世之儒一人也"。他所猛烈抨击的并不是历史上的孔子，而是被视为统治工具的孔子。

第二，李贽认为历史评价的标准应该是多元的，并随着时间的推移而改变，而不能以"孔子之是非为是非"。他提出"是非无定质、无定论"的观点。他大胆地对儒家经典的神圣性提出质疑，认为这些儒家经典并不是什么圣人之言，"非其史官过为褒崇之词，则其臣子极为赞美之语"，再不然就是"其迂阔门徒、懵懂弟子记忆师说，有头无尾，得后遗前，随其所见，笔之于书"。他诘问道："前三代，吾无论矣。后三代，汉、唐、宋是也。中间千百余年而独无是非者，岂其人无是非哉？"李贽认为是非的价值标准是与时俱进的，"如岁时然，昼夜更迭，不相一也。昨日是而今日非矣，今日非而后日又是矣"。他还认为："人之是非，初无定质；人之是非人也，亦无定论。"在他看来，人应该形成自己的是非标准，否则就不能称其为人，表现了他反传统反教条的无畏精神。他在《藏书》中写道："今日之是非，谓予李卓吾一人之是非，可也；谓为千万世大贤大人之公是非，亦可也；谓予颠倒千万世之是非，而复非是予之所非是焉，亦可也。则予之是非，信乎其可矣。"李贽大力提倡是非价值判定的时代性和自主性，充分表现了他渴望摆脱传统思想束缚的自由倾向。同时他认为是非无定质、无定论，否定了是非的客观标准，陷入了相对主义的泥潭。这是他的主观唯心主义思想所决定的。此外李贽强烈抨击"道统"说，主张学术平等。自唐代韩愈提出"道统"以来，"道统"说便成为统治者推行文化专制的工具。李贽认为"道统"说纯属妄说，是道学家们用来排斥异己的手段。他反对独尊儒术，认为百家学说各有所长，主张学术平等。

第三，李贽不承认物质世界的独立存在，认为社会生活与自然世界的"人伦物理"都是"真空"的表现。宋代程朱理学、陆氏心学和明代阳明学派虽然门户不同，思想上存在诸多差异，但大体上都认可"天理"或"太极"

为天地万物的本源，将道德伦常升至本体地位。李贽则力排众议，认为："一与二为二，理与气为二，阴阳与太极为二，太极与无极为二，反覆穷诘，无不是二。"李贽以夫妇来譬喻天地，主张"以二为本"，不仅将世界的本原还给自然，而且以"天下万物皆生于两"的命题走出了"万物归一"的传统思维定式，否定"天理"即伦理道德的绝对权威，从而在认识上形成一定的自由度。传统儒学奉行"正其义不谋其利，明其道不计其功"，李贽对此不以为然，认为"为无私之说者，皆画饼之谈，观场之见"，人谋求私利和物质追求是合理的。

　　第四，李贽否定了理学家"存天理，灭人欲"的观点，强调物质生活的重要性。他认为"大道"无外乎人伦物理，并将人伦物理和日常物质生活联系起来。他说："道之在人，犹水之在地也。人之求道，犹之掘地而求水也。然则水无不在地，人无不载道也审矣。"他又说："穿衣吃饭，即是人伦物理；除却穿衣吃饭，无伦物矣。世间种种皆衣与食类耳，故举衣与饭而世间种种自然在其中，非衣饭之外更有所谓种种绝与百姓不相同者也。"李贽主张人无法脱

蕉林酌酒图轴

此图为明代画家陈洪绶所绘。画面中一高士在蕉林中悠然独酌，神态闲适。二女在旁烹茶伺候。此图线条细劲流畅，用色古雅浓丽，展示了夏日中清凉一角的韵致。

离基本的物质生活，去空谈社会伦理和道德。所谓圣圣相传的"天道"并不是高不可攀的，而只是存在于人们每天的生活之中。在他看来，人的天性就是"自私"，"趋利避害，人人同心"，人类的一切活动都是出于自私自利的动机。这种利己主义的人性论，带有反封建的启蒙意义。

　　第五，李贽主张能力平等论。在他看来，凡人和圣人并没有本质的差别，人是天地的造物，在许多方面都存在共性。他认为："天下无一人不生知，无一物不生知，亦无一刻不生知者，但自不知耳，然又未尝不可使之知。"封建礼教强调夫权，男尊女卑。李贽批判了这种男女不平等的偏见，大胆地提出愚夫愚妇与圣人在本性及能力方面都是一样的。他认为："圣人所能者，夫妇之不肖可以与能，勿下视世间之夫妇为也。……若说夫妇所不能者，则虽圣人亦必不能，勿高视一切圣人为也。"他对"下学上达"之说不以为然，主张"圣人"与"凡民"在认识能力和道德修养方面都没有什么差别，表达了对封建纲常礼法的蔑视与嘲弄。李贽还提出"致一之道"，主张古今一心、上下同

名家评史

在一个法学不发达而哲学说教至高无上的时代，李贽提出，包含在有关法令的法律中的传统行为准则可以被思想认识取而代之，因而迈出了更远的一步。由于这种观点含蓄地怀疑道德律的超越地位，李因拥护这种不符合传统规范的思想而不得不死于狱中。

——黄仁宇

体、人无贵贱，这相较于传统儒学而言，带有革命性的平等色彩，无疑是一种认识上的超越。在等级森严的封建社会，李贽言人所不敢言，想人所不敢想，足以惊世骇俗，振聋发聩。

第六，李贽主张学者应该言行一致。他认为："古之圣人言必可用，用必其言，虽所言不同，然未尝有欲用而不如其言者。"他认为："学道，其实也。道学，其名也。故世之好名者必讲道学，以道学能起名也；无用者必讲道学，以道学之足以济用也；欺天罔人者必讲道学，以道学之足以售其欺罔之谋也。"在他看来，学者有"学道"和"道学"两类，程颢、杨时、王守仁皆是言行一致的儒者，而当世程朱学者则多为言行不一致的道学家。李贽揭露了假道学的虚伪性，对传统儒学养育下的普遍虚伪人格进行了无情的揭露。

小说的繁荣

明代文学上的主要成就表现在小说方面。随着商品经济的高度发展，市民阶层不断壮大。为适应市民阶层的文化需要，大众化的小说逐渐取代了以士大夫为主要欣赏对象的旧体诗词文学，呈现出繁荣兴盛的景象。

历史演义小说《三国演义》

宋元以来，民间说话人（说书人）经过长期的艺术加工，留下了许多讲史"话本"，如《全相三国志平话》《大唐三藏取经诗话》等。话本的出现是城市商业发展的结果，与六朝志怪、唐代传奇不同，话本的服务对象已不限于文人士大夫的小圈子，而是开始面对社会大众，从而导致了中国"小说史上的一大变迁"。到了元末明初，出现了一个小说创作的高潮，章回体小说步

三顾茅庐

三顾茅庐是《三国演义》中的著名故事。当时刘备为了招纳贤才，曾三次拜访诸葛亮。该图就反映了他们见面后畅谈天下形势的情景。

入日臻完善的阶段，而罗贯中所著的《三国演义》（全称《三国志通俗演义》）就是其中成就最高的作品。

　　罗贯中，名本，表字贯中，号湖海散人，山西太原人（一说浙江钱塘人），生平事迹难以确考。据明初人贾仲名《录鬼簿续编》所载："罗贯中，太原人，号湖海散人。与人寡合，乐府隐语，极为清新。与余为忘年交，遭时多故，天各一方。至正甲辰复会，别来又六十余年，竟不知其所终。"这段记载，后来被当作有关罗贯中生平的最为可靠的依据。《录鬼簿续编》作于明永乐二十年（1422年），后人据此推断罗贯中的活动时间大约在元天历（1328年—1330年）到明永乐（1403年—1424年）之间。罗贯中经历了元末农民战争，与元末农民起义的领袖之一张士诚有过联系，具有一定的军事、政治斗争经验。他的文学才能是多方面的，曾写过乐府隐语，还写过戏曲作品《赵太祖龙虎风云会》《忠正孝子连环谏》《三平章死哭蜚虎子》等。他的主要成就还是在小说方面，除《三国演义》外，还有《隋唐两朝志传》《残唐五代史演义》《三遂平妖传》《粉妆楼》等。此外罗贯中还和施耐庵合著了另一部具有划时代意义的作品《水浒传》。

　　《三国演义》不仅是中国章回小说的开山作品，而且是明清长篇历史

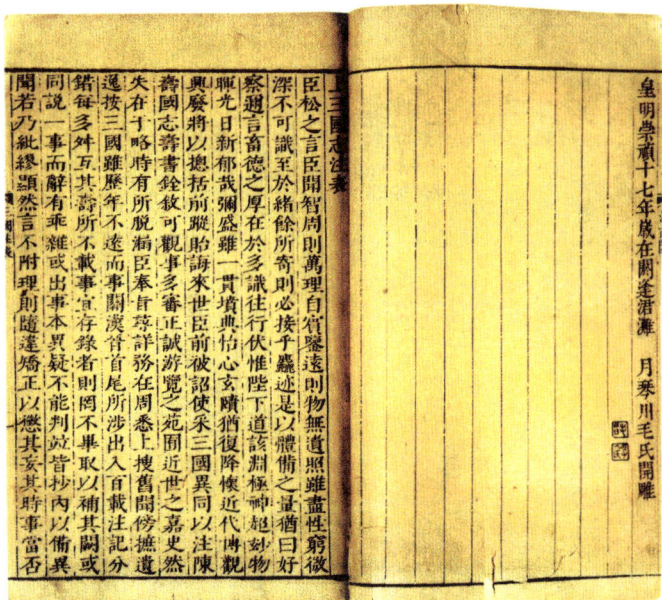

《三国志》书影
《三国志》为晋代陈寿所撰。他以简练优美的语言记述了魏、蜀、吴三国鼎立时期一系列生动的人物形象，为《三国演义》的成书提供了重要的资料。

小说中流传最广、影响最大、成就最高的作品。这部作品定稿于元末明初，最早的本子是明弘治七年（1494 年）金华蒋大器（庸愚子）作序的版本，但这个版本今已不传。现在可以见到的最早版本是嘉靖元年（1522 年）刊刻本，全书分 24 卷，每卷 10 目，每目有题，共 240 目。嘉靖（1522 年—1566 年）后该书出现了很多版本，至明末李卓吾将 240 目合并为一百二十回本，名为《李卓吾先生批评三国志》。到了清朝初年，毛纶、毛宗岗在明末刊本的基础上，对《三国演义》加以重新修订，使情节更为紧凑，这就是现在通行的版本。

罗贯中以陈寿《三国志》及裴松之注为依据，吸取了西晋至元一千多年来民间传说的丰富营养，并在此基础上结合自己参加元末农民起义军的生活经历，描写了自东汉末年黄巾起义至西晋灭吴统一全国近一百多年的历史，集中描绘了三国时期各封建统治集团之间的军事、政治、外交方面的种种斗争。《三国演义》的艺术成就是多方面的。首先，它充分地显示了罗贯中在人物刻画方面的惊人技巧。全书四百多个人物中，无论是曹操、刘备、孙权这些群雄之首，还是诸葛亮、关羽、张飞、赵云、黄忠、鲁肃、周瑜、黄盖、郭嘉、许攸、张辽、陆逊以及王允、董卓、吕布这些文臣武将，都具有鲜明的个性，尤其是诸葛亮、曹操、关羽、张飞、周瑜、司马懿等人的形象塑造可谓是呼之欲出。其次，罗贯中对战争的描绘是极其成功的。全书共有大大

大破连环马

《水浒传》的故事在民间深入人心，并以多种艺术形式流传。该年画就反映了梁山好汉大破双鞭将呼延灼连环马的故事。

小小四十余次战争，而作者抓住每次战争的特点，描写得有声有色，绝无雷同之感，充分显示出战争的多样性和复杂性。再者，作品巧妙地处理了历史真实和艺术塑造的关系，书中"七分实事，三分虚构，以致观者往往为所惑乱"，为后世历史小说的创造提供了成功的范例。最后，小说脉络清晰，把百余年头绪纷繁、错综复杂的事件组织得完整严密，前后呼应，环环紧扣。

《三国演义》的社会影响是巨大的，不少农民战争以《三国演义》中的战略战术为借鉴，给封建统治者以沉重的打击。明中叶以后，许多作者仿效其创造方法，"因而有《夏书》《商书》《列国》《两汉》《唐书》《残唐》《南北宋》诸刻，其浩瀚与正史分签并架"。《三国演义》还被翻译成十多个国家的文字风行全世界，受到世界各国人民的喜爱。国外学者对这部作品给予了高度的评价，称之为"一部真正具有丰富人民性的杰作"，而《大英百科全书》则称罗贯中为"第一位知名的艺术大师"。

英雄传奇小说《水浒传》

与《三国演义》同时问世、并与之齐名的另一部名著是《水浒传》。《水浒传》原名《江湖豪客传》，又称《忠义水浒传》，是中国历史上第一部描写农民起义的长篇小说，被朝廷列为禁书。

作者施耐庵，名子安（一说名耳），字彦端，号耐庵，或称为杭州人，或称其原籍苏州，后迁往淮安。有关施耐庵生平事迹的材料极少，一些记载亦颇多矛盾。只知施耐庵曾中元末进士，在钱塘（今浙江杭州）为官三年，因不满官场黑暗而弃官回乡。相传张士诚起义抗元时，施耐庵曾加入了张士诚的幕下，和张士诚的部将下元亨相交甚密。后因张士诚贪图享乐，不纳忠言，施耐庵十分失望，最终选择离去。张士诚身亡国灭，施耐庵浪迹天涯，漫游山东、河南等地，后隐居不出，感时政衰败，作《水浒传》寄托心意。另外《水浒传》也有署名罗贯中的，一些学者认为罗贯中是施耐庵的门生。至于成书年代，也是众说纷纭，比较可信的说法是在永乐（1403 年—1424 年）至正德（1506 年—1521 年）、嘉靖（1522 年—1566 年）之间。《水浒传》的版本比较复杂，现在所见的《水浒传》主要版本有百回本、百二十回本和七十回本三种。这三种版本皆是明朝万历（1573 年—1620 年）以后的刊本，其中以万历时期天都外臣序的百回本为最早的版本，万历末年杨定见作序的百二十回本次之。百回本与百二十回本相比，只是少了征田虎、王庆的故事，其余文字略同。七十回本是明末金圣叹的删节本，将原书七十一回以后的内容都删去，仅仅保留了梁山一百零八名好汉排座次。金圣叹将原书的第一回改为楔子，结尾补写"惊噩梦"一回，成为七十回。

《水浒传》的成书，取材于北宋徽宗年间宋江起义的故事。据《宋史·徽宗本纪》记载："淮南盗宋江等犯淮阳军，遣将讨捕。又犯京东、河北，入楚、海州界，命知州张叔夜招降之。"宋江起义的故事很快被说书人作为创作话本的素材，在南宋罗烨的《醉翁谈录》中记有小说《青面兽》《花和尚》和《武行者》，描写的就是杨志、鲁智深、武松的故事，这便是有关《水浒传》话本的最早记载。

在《水浒传》成书以前，在宋元年间流行的《大宋宣和遗事》《癸辛杂识》和《瓮天脞语》等书中描写了宋江起义的故事。这时水浒故事已由许多分散独立的单篇发展为系统连贯的整体，初步具有了《水浒传》的故事梗概。元代杂剧盛行，涌现了大量的水浒故事剧本。正是在此基础上，施耐庵才完成了这部优秀的古典名著《水浒传》。

《水浒传》生动地描写了北宋末年宋江领导的梁山起义由酝酿、发生、壮大以致失败的故事，展示了北宋末年的社会图景，歌颂了梁山泊好汉替天行道、除暴安良的正义精神。作者以其高度的艺术表现力，塑造了许多个性鲜明的英雄形象，如鲁智深、武松、李逵、宋江等，并通过这些艺术形象揭示出"官逼民反"的深刻道理。而梁山好汉悲剧性的结局则反映了作者清醒的现实主义态度，为后世的农民革命提供了一种深刻的历史教训，这正是《水

名家评史

　　吴承恩撰写的幽默小说《西游记》，里面写到儒、释、道三教，包含着深刻的内容，它是一部寓有反抗封建统治意义的神话作品。吴承恩本善于滑稽，他讲妖怪的喜怒哀乐都近于人情，所以人人都喜欢看。

——鲁迅

浒传》的成功之处。《水浒传》是中国历史上一部划时代的小说，为后世长篇小说的创作确立了一个极高的起点。金圣叹对《水浒传》给予了高度的评价，将其与《离骚》《庄子》《史记》《杜诗》《西厢记》合称为"六才子书"。而冯梦龙则将《水浒传》与《三国演义》《西游记》《金瓶梅》定为"四大奇书"。

　　对于《水浒传》的思想倾向，历代学者众说纷纭。明代的李贽等人认为《水浒传》表现的是忠义的思想，而明朝的左懋第则认为这是一部写给强盗看的书，是教人做强盗的书，对世风的影响很坏。当时朝廷接受了左懋第的建议，将《水浒传》列为禁书。金圣叹也支持左懋第的观点，这也是他把七十回以后的内容砍掉的原因之一。此外清朝的俞万春也支持这种观点，并亲自撰写《荡寇志》，杜撰出宋江等人"被张叔夜擒拿正法"的故事。19 世纪 50 年代以来，大多数学者认为《水浒传》是歌颂农民起义的作品。事实上《水浒传》所反映的创作思想是非常复杂的，是由作者所处的时代、社会经历和社会地位所决定的。

神魔小说《西游记》

　　继《三国演义》《水浒传》之后，在嘉靖（1522 年—1566 年）、万历（1573 年—1620 年）年间出现了一部长篇神魔小说《西游记》。它是一部思想性和艺术性都臻于一流的伟大作品，是明代长篇小说的重要流派之一——神魔小说的代表作，具有杰出的浪漫主义色彩。

　　《西游记》的作者吴承恩，字汝忠，号射阳山人，淮安府山阳县（今江苏淮安）人。据天启年间（1621 年—1627 年）的《淮安府志》记载，吴承恩"性敏而多慧，博极群书，为诗文下笔立成，清雅流丽，有秦少游之风。复善谐剧，所著杂记几种，名震一时"。他早年曾希望以科举进身，但科考不利，至四十三岁才补上"岁贡生"，就读于南京国子监。嘉靖四十五年（1566 年），吴承恩任长兴县丞，"未久，耻折腰，遂拂袖而归，放浪诗酒"，贫病以

孙悟空大闹天宫

孙悟空大闹天宫是《西游记》中最为精彩的故事之一。该图描绘的是二郎神杨戬奉天庭之命捉拿孙悟空，却被众猴缠绕，不能施展本领。

终。他一生诗、文、词创作甚多，死后大部亡佚，仅有后人辑集的《射阳先生存稿》4卷存世，包括诗1卷、散文3卷，卷末附小诗38首。

《西游记》全书共一百回，主要描写了孙悟空保护唐僧西天取经的故事，并借此讽刺封建社会的黑暗。唐僧取经在历史上确有其事，即唐太宗贞观年间（627年—649年）和尚玄奘从长安出发后，途经中亚、阿富汗、巴基斯坦，到天竺（印度）求取佛经。玄奘的西天取经前后历经十九年，行程达几万里，轰动一时。后来玄奘口述西行见闻，由弟子辩机辑录成《大唐西域记》。这部书主要描写了玄奘一路上所见各国的历史、地理等情况，故事性不是很强。直到他的弟子慧立、彦琮撰写的《大唐大慈恩寺三藏法师传》，才为玄奘的西行经历平添了许多神话色彩。此后唐僧取经的故事在民间广泛流传，出现了《大唐三藏取经诗话》《唐三藏》《蟠桃会》《唐三藏西天取经》《二郎神锁齐天大圣》等作品。吴承恩正是在这些民间传说、话本、戏曲的基础上，经过艺术创造，完成了这部伟大的文学巨著。

《西游记》成书于吴承恩的晚年，书成后不久就开始刊刻。现在可以见到的较早的版本有明万历二十年（1592年）世德堂刻本和此后李卓吾的评本。吴承恩一生坎坷，遂借《西游记》来寄托自己的社会理想，抒发内心的不满

女王逼配

唐僧师徒四人途经女儿国，貌美如花的国王对唐僧产生了感情，希望与之成婚，却遭到了唐僧的拒绝。此幅插图即反映了唐僧与女王逼配的场景。

和愤懑。他自言："虽然吾书名为志怪，盖不专明鬼，实记人间变异，亦微有鉴戒寓焉。"

神魔小说往往由两个部分组成。其一为出身传，其二为灵应传或降妖传。《西游记》的结构亦不例外，第一回到十二回是全书的引子，其中前七回描写了孙悟空的来历和大闹天宫等故事，为他后来保护唐僧去西天取经提供了背景资料。第八回至第十二回则讲述了小说的另一主人公唐僧的出身，交代了取经的缘由。第十三回至第一百回，是全书的主要内容，演述了唐僧、孙悟空师徒四人一路上降妖伏魔、去西天取经的故事。

《西游记》通过神魔故事，曲折地揭露了明代社会的黑暗以及统治者的腐朽。正如鲁迅先生在《中国小说史略》中指出，《西游记》"讽刺揶揄则取当时世态，加以铺张描写"，"作者禀性，'复善谐剧'，故虽述变幻恍惚之事，亦每杂解颐之言，使神魔皆有人情，精魅亦通世故"。事实上《西游记》中所描写的虚幻神魔世界，处处都可以看到现实社会的投影。

《西游记》的内容极为庞杂，巧妙地融合了佛、道、儒三家的思想，在艺术上也取得了极高的成就。它以丰富奇特的艺术想象、生动曲折的故事情节、栩栩如生的人物形象、幽默诙谐的语言，构筑了一座令人流连忘返的艺术宫殿。这部作品在艺术上的最大成就，是成功地创造了孙悟空这个不朽的艺术形象。小说基本围绕着孙悟空而展开，在孙悟空身上体现出我国劳动人民蔑视权威、敢于反抗的英雄气概，代表了一种正义的力量。这些特点使作品超越了时间的界限，博得了不同年代、不同国家读者的喜爱。从 19 世纪开始，它就被翻译为日、英、法、德、俄、等十多种文字，流行于全世界。《美国大

南都繁会图卷（局部）
明朝南京城的商业有了很大发展。街市纵横，行人摩肩接踵，市面店铺林立，标牌琳琅满目。这无疑是当时社会经济发达的鲜明体现。

百科全书》认为它是"一部具有丰富内容和光辉思想的神话小说"，而《法国大百科全书》则指出"全书故事的描写充满幽默和风趣，给读者以浓厚的兴味"。《西游记》作为我国古代长篇浪漫主义小说的高峰，在世界文学史上也占有独特的地位。

世情小说《金瓶梅》

晚明时期，正是思想突破的年代，也是人们追求自我的时代，这种思想倾向在小说创作上得到了充分的体现。在隆庆（1567年—1572年）万历年间（1573年—1620年），出现了一部具有现实主义倾向的世情小说《金瓶梅》。

现存的《金瓶梅》共计一百回，有两个版本，一个是万历四十五年（1617年）东吴弄珠客作序的《金瓶梅词话》，另一个是天启年间（1621年—1627年）刻的《原本金瓶梅》。两者在回目上有较大的不同，在内容和文字上也有一些出入。之后出来的《金瓶梅》刻本，基本上都以天启年刻本为准。

关于《金瓶梅》的作者，历来都有着各种不同的意见。万历时人沈德符在《万历野获编》中提出："闻此为嘉靖间（1522 年—1566 年）大名士手笔。"后人由此臆断出《金瓶梅》的作者是当时文坛领袖王世贞。相传王世贞的父亲王忬进《清明上河图》赝品于权臣严嵩，被唐顺之识破，王忬因此死于非命。王世贞为了给父亲报仇，乃作《金瓶梅》，在书中下毒，献于唐顺之，将其毒死。这些传说已被后世的研究者所否定。万历四十五年《金瓶梅》的刻本中有署名欣欣子的序云："窃谓兰陵笑笑生作《金瓶梅传》，寄意于时俗，盖有谓也。"后世一些学者据此推断作者应当是兰陵（今山东枣庄峄城）人，再加上书中使用了许多山东方言，更使人有理由相信作者是山东人无疑。至于作者的真实姓名，目前在学界还没有定论。我国著名的历史学家吴晗根据书中一些具体的描写，推断出此书的成书年代大约在隆庆至万历三十年之间。

杜十娘怒沉百宝箱

《杜十娘怒沉百宝箱》出自《警世通言》。该图描述的是杜十娘对将其卖至一富家公子的李甲失望之至，将百宝箱怒沉江底的场景。

《金瓶梅》是中国文学史上第一部由文人独立创作的长篇小说，此后文人创作小说成为文学创作的主流。在《金瓶梅》成书之前，长篇小说无不取材于历史故事或神话传说，而《金瓶梅》摆脱了这一传统，以现实的社会生活为题材，使中国现实主义小说的创作方法臻于成熟。《金瓶梅》以市井人物与世俗风情为题材，反映了明代中后期社会政治、经济、风土民情等诸多方面的历史情况。它的出现标志着前代小说集体整理加工式创作模式的终结，开创了世情小说的先河，在中国文学史上具有显著的地位。

《金瓶梅》的书名从小说中的主要人物西门庆的三个妾室潘金莲、李瓶儿、庞春梅的名字中各取一字而成。也有学者主张，这实际上还有更深一层含义，也就是说"金"字代表金钱，"瓶"字代表美酒，"梅"字代表女色。

《金瓶梅》截取《水浒传》中西门庆与潘金莲偷情之事，加以扩充，主要描写了封建时代市侩势力的代表人物西门庆的罪恶生活，从而抨击了明代社会的黑暗和腐败。作品以相当多的篇幅描写了西门庆及其妻妾的性生活，这些毫无掩饰的性描写使它成为中国古代色情小说的代表，有"古今第一淫书"之称。事实上《金瓶梅》具有极为深厚的时代内涵。它假托宋朝旧事，实则生动再现了晚明时期政治和社会的各种丑恶现象。全书以西门庆为中心，描写了富商、官僚、恶霸三位一体的西门庆从发迹到败落的过程，一方面辐射市井社会，另一方面反映官场社会，描绘出一个时代的广阔图景，暴露出晚明社会的肮脏与丑恶。再者作品以相当多的篇幅对西门庆及其妻妾的家庭活动加以描述，反映出人性遭到扭曲和异化的过程。以潘金莲、李瓶儿、庞春

沈小霞相会出师表

《沈小霞相会出师表》是《喻世明言》中的著名故事。讲的是沈炼因弹劾奸臣严嵩而死，其子沈小霞躲过了严嵩的毒计，最后等到其父昭雪之时，将其父所书之《出师表》供奉在祠堂之中的故事。

梅为代表的诸多女性，虽然出身、性格、遭遇各不相同，但都无视于所谓的道德名节，被不正常的情欲、物欲和肉欲所支配。她们以扭曲的人性去对抗道德沦丧的夫权社会，最后走向堕落和毁灭。作品从不同角度显示出人的原始本能和欲望，赤裸裸地表现出在金钱力量冲击下人性的扭曲与堕落。

作为一部杰出的现实主义文学巨著，《金瓶梅》是中国古代小说发展的里程碑。它突破了中国长篇小说的传统创造模式，在艺术上做出了许多开拓和创新，为中国古代小说的演进做出了划时代的贡献。

"三言"和"二拍"

随着明代城市工商业的发展，以及社会财富的增长，原来为文人士大夫服务的"雅"文化向服务于社会大众的"俗"文化发展。随着民间文化的发展，一些文人开始注重从民间文化中吸取养分，创造出雅俗共赏的作品。到了明代中后期，白话短篇小说的创作取得了极大的发展，盛行一时。这种文学样式脱胎于宋、元的话本，即将民间的"说话人"的文字本加以加工整理，成为话本集，又称短篇小说集。他们有意模拟了原来话本的结构形式，甚至特别强调取材于"书会先生"或者"老郎"，从而形成了明代特有的短篇小说拟话本的创作高峰。其中最有代表性的作品就是"三言"和"二拍"。

所谓"三言"，是冯梦龙所著的《喻世明言》《警世通言》《醒世恒言》三部短篇小说集的合称。

冯梦龙，字犹龙、耳犹、子犹，号墨憨斋主人、龙子犹、茂苑外史、顾曲散人、姑苏词奴等，苏州长洲（今江苏苏州）人。冯梦龙"才情跌荡，诗文丽藻，尤工经学"，崇祯三年（1630年）补为贡生，后任福建寿宁知县。明朝灭亡后，他死于忧愤。冯梦龙是一位颇有成就的文学家，在李贽等人思想的影响下，强调通俗文学中蕴藏着真诚的情感和强大的教化力量。他的文学才能是多方面的，除了"三言"之外，还编辑《古今谈概》《情史》等笔记小说，搜集整理《挂枝儿》《山歌》这两部民歌集，改写了《新列国志》《平妖传》等长篇小说，还编了散曲集《太霞新奏》，是有明一代致力最勤、成就最大的通俗文学家。

"三言"刊于天启年间（1621年—1627年），分册刊行，每集四十篇，共计一百二十篇，包括冯梦龙辑选的宋、元、明话本，明代的拟话本，以及他

历史细读

拟话本是文人模仿话本的结构创作的小说。鲁迅在《中国小说史略》中最早应用这一名称，并将其视为由话本向后代文人小说过渡的一种中间状态。它们的体裁与话本相似，皆为首尾有诗，中间用诗词加以点缀，辞句多用俚俗，然而又在许多方面与话本有所区别，"近讲史而非口谈，似小说而无捏合"，"故形式仅存，而精采遂逊"。

本人的创作。表面上看来，"三言"主要是对宋元话本及明代拟话本进行编辑，实际上冯梦龙在对其进行编辑的同时，也作了一定的修订，这种编辑与修订便是冯梦龙的文本重构。冯梦龙之所以将这三部小说集取名为《喻世明言》《警世通言》《醒世恒言》，就是要让它们发挥劝谕世人、警戒世人和唤醒世人的作用。"三言"反映了冯梦龙极为复杂的创作思想，以主张自然人性的人文思想对传统文化思想加以重新解构的同时，又吸收了传统的儒家思想。值得注意的是，冯梦龙所提倡的儒学精神是先秦的儒学精神，又包含了一些释、道思想，而不是宋明之际所宣扬的"存天理，灭人欲"的理学。

冯梦龙作为一个封建社会中的进步文人，尽管其思想受到了市民意识的深刻影响，但还是主张回归先秦的儒学精神。因此总体上来说，他要求小说的内容"不害于风化，不谬于圣贤，不戾于诗书经史"，从而达到"令人为忠臣，为孝子，为贤牧，为良友，为义夫，为节妇，为树德之士，为积善之家，如是而已矣"。"三言"故事内容取材广泛，其中三分之二是明人的作品，反映了当时社会各个阶层的生活侧面，表现了新兴市民阶层的价值观念，具有深刻的社会意义。在"三言"中，恋爱婚姻题材占了很大的篇幅，其中比较著名的有《杜十娘怒沉百宝箱》《卖油郎独占花魁》等。"三言"还有许多描写商人和手工业者的故事，如《施润泽滩阙遇友》《吕大郎还金完骨肉》等，对认识当时的社会状况有很大的帮助。此外"三言"中还有一些作品毫不留情地揭露了黑暗的政治，体现了忠奸两种力量的激烈斗争，而《沈小霞相会出师表》就是其中的代表作。

"三言"的出现为通俗世情小说的发展注入了新的活力，使其从单纯的伦理说教或色情描写中走出，富有浓厚的生活气息，成为艺术真实与生活真实高度融合的杰作。

与"三言"相比，"二拍"则完全站到了维护传统的立场上，是典型的

李将军错认舅

《李将军错认舅 刘氏女诡从夫》是《二刻拍案惊奇》中的一篇故事。描述了刘翠翠被李将军虏去作妾，其丈夫金定历尽艰辛，找到翠翠，但迫于将军权势，不得夫妻相认，最后以双双殉情来表明他们之间至死不渝的感情。

伦理说教小说。凌濛初所著的《初刻拍案惊奇》和《二刻拍案惊奇》的思想倾向和艺术风格均相同，故人们习惯上将这两部拟话本小说集合称之为"二拍"。"三言"和"二拍"又合称为"三言二拍"。

凌濛初，又名凌波，字玄房，号初成、稚成，别号即空观主人，乌程（今浙江湖州吴兴）人。他曾任徐州通判等职。与冯梦龙反理学的倾向不同，凌濛初摆出一副道学家的面孔，思想上较为保守。

《初刻拍案惊奇》《二刻拍案惊奇》分别写于崇祯元年（1628年）和崇祯五年（1632年）。至于凌濛初的创作动机，据《拍案惊奇·序》和《二刻拍案惊奇·小引》记载，大致有三个方面。首先，是应书商所邀。冯梦龙的"三言"受到读者的热烈欢迎，一时洛阳纸贵，于是凌濛初便在"肆中人"的邀请下编辑《拍案惊奇》。《初刻拍案惊奇》问世后反响极大，在书商的劝说下，凌濛初又开始了《二刻拍案惊奇》的创作；其次，是为了救时匡弊、挽救世风。明代中后期以来，社会风气日趋淫靡，小说创作亦受到不良的影响，出现了一大批格调低下，以描写男女淫乱为主的艳情小说。凌濛初认为这些小说"广摭诬造"，"亵秽不忍闻"，完全背离了小说创作"劝善惩恶，有益风化"的宗旨。因此他创造了"二拍"，以"意存劝戒，不为风雅罪人"；其三，他以此宣泄内心的苦闷，以笔墨来求取精神的慰藉。

《初刻拍案惊奇》和《二刻拍案惊奇》各40卷，每卷1篇，共有80篇，但两书中第23卷内容重复，《二刻拍案惊奇》第40卷为杂剧《宋公明闹元宵》，故此实则收录拟话本故事78篇。"二拍"中的作品虽然也有一些取自宋元话本，但都经过作者的重新创造，大都注入了宣扬因果报应和忠孝纲常的内容。

正如孙楷第《三言二拍源流考》所云："凌氏的拟话本小说，得力处在于选择话题，借一事而构设意象。往往本事在原书中不过数十字，记叙旧闻，了无意趣。在小说则清谈娓娓，文逾数千。抒情写景，如在耳目。化神奇于臭腐，易阴惨为阳舒，其功力亦实等于创作。""二拍"的内容大体包括四个方面：其一，描写爱情与婚姻问题的作品占有重大的比重，如《李将军错认舅 刘氏女诡从夫》《满少卿饥附饱飏 焦文姬生仇死报》等。这类题材的作品大都肯定了青年男女，尤其是年轻女性对爱情坚贞的信念，反对"父母之命，媒妁之言"的陈旧思想，具有一定的进步性。在肯定人欲的晚明启蒙思潮的影响下，许多作品肯定了青年男女对情欲的积极追求，对那些受情欲驱

占日测病

中医的一个基本思想就是人的身体状况与日月运行和天气变化相对应。因此古人认为，通过对天象和天气的观测，可以预测人的健康状况。此图就是明代书籍中一幅通过占日预测疾病的插图。

使而失去贞操的女性表示同情；其二，作者用相当多的篇幅描写了商人与商业活动，如《转运汉遇巧洞庭红 波斯胡指破鼍龙壳》《叠居奇程客得助 三救厄海神显灵》等。在"二拍"中所刻画的众多商人形象中，大多是正面形象。他们具有良好的人格，对事业、爱情有着执著的追求，并最后获得成功。当然，"二拍"中也描写了一大批商人的丑陋的一面，诸如沉迷女色、狠心刻毒、嫌贫爱富、凶暴残忍、薄情厌旧等。"二拍"不仅刻画了形形色色的商人形象，还对商人和经商行业表达了自己的看法，将经商视为正道、善业，肯定了人们对金钱财富的追求，不仅赞扬人们通过经商致富，对通过其他途径获取财富的行为也表示支持；其三，作者还描写了官吏及其活动，如《青楼市探人踪红花场假鬼闹》等。"二拍"中刻画了许多贪官酷吏的形象，深刻地揭露了封建统治者的贪婪凶残、荒淫好色。其四，作者对颓废的世风加以描写，真实地反映了当时的社会生活风貌。

"二拍"基本上是凌濛初个人独立创作的，是我国文学史上第一部文人独立创作的拟话本小说集。同时"二拍"还是继"三言"之后最有影响的古代白话小说集。"二拍"反映了中国17世纪正在崛起的市民阶层的思想意识，折射出特定历史阶段的社会风貌、时代精神。但总体来说多数篇章充斥着封建迷信、因果报应、宿命思想及色情描写，在思想内容、艺术水平方面都不及"三言"。

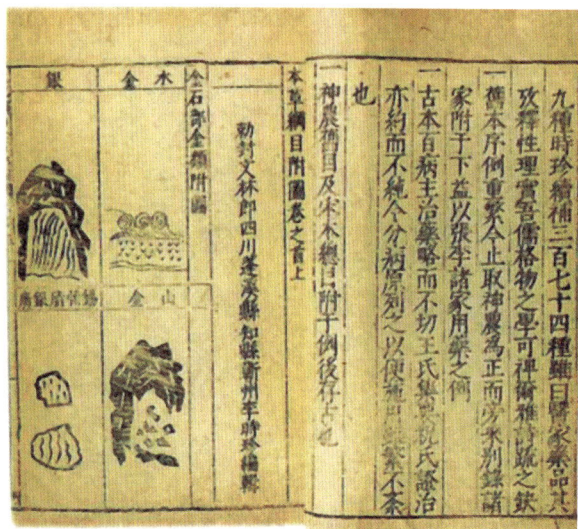

《本草纲目》插图

《本草纲目》是明代医学家李时珍几十年心血的结晶。其书共 190 多万字，载有药物 1892 种，其中载有新药 374 种，是我国医药宝库中的一份珍贵遗产，被誉为"东方药物巨典"。

四大科技巨匠

随着社会经济的发展，明代在科学技术方面取得了许多辉煌的成就，诞生了不少著名的科学家和优秀的科技著作，其中的佼佼者有李时珍和《本草纲目》、徐光启和《农政全书》、宋应星和《天工开物》、徐霞客和《徐霞客游记》。

李时珍和《本草纲目》

中国的医药学是整个人类的伟大宝库，历史源远流长，人才辈出，而李时珍就是其中杰出的代表人物。

李时珍，字东璧，晚年号濒湖山人，湖北蕲州（今湖北蕲春）人。他出生于一个医学世家，父亲李言闻是当地著名的医生，并著有《医学八脉法》《四诊发明》等医学专著。李时珍受到家学的熏陶，从少年时代起便对医药学产生了浓厚的兴趣。

明代科举盛行，医生地位低下，因此父亲李言闻希望李时珍通过读书应试，走上仕途，以改变家庭的社会地位。李时珍对空洞乏味的八股文不感兴趣，自十四岁考取秀才后，曾三次到武昌参加乡试，均名落孙山。于是他决心不再应试，专心学医，并向父亲表明了自己的决心。李言闻只好改变初衷，精心地培养他。几年之后，李时珍便小有所成。自二十四岁开始，李时珍便跟随父亲正式行医。在父亲的言传身教下，他的医术进步很快。他善于钻研，

正史史料

徐光启，字子先，上海人。万历二十五年举乡试第一，又七年成进士。由庶吉士历赞善。从西洋人利玛窦学天文、历算、火器，尽其术。遂遍习兵机、屯田、盐策、水利诸书。

——《明史·徐光启传》

灵活应用"单方""验方"，治好了许多疑难杂症，成为一名很有名望的医生。

李时珍好读医书，对传世的药物学专著颇有研究。李时珍发现古代的本草书籍"品数既繁，名称多杂。或一物析为二三，或二物混为一品"，还有许多谬误之处，特别是一些具有毒性的药品竟被误认为"久服延年"。于是他决心重新编纂一部本草书籍。从三十一岁开始，李时珍便开始酝酿此事。他"穷搜博采"，除了医药学专著外，"凡子、史、经、传、声韵、农圃、医卜、星相、乐府诸家"全都查阅，史称"阅书八百余家"，并写了大量的读书札记。

李时珍不仅博览群书，还更注重野外采集和实地调查。他不辞辛苦，在门徒庞宪、儿子李建元的陪伴下，远涉深山旷野，遍访名医宿儒，观察和收集药物标本。他的足迹遍及湖广、江西、江苏、安徽好多地方，后人为此写下了"远穷僻壤之产，险探山麓之华"的诗句。李时珍每到一地，就虚心地向当地农民、渔民、猎人、樵夫、工匠等人请教，解决了书本上的许多疑难问题。李时珍不惮辛苦，纠正前人"唯据纸上猜度"的主观臆断，耐心细致地对各类药物"一一采视，颇得其真"，"罗列诸品，反复谛视"，弄清了许多似是而非的问题。当时太和山五龙宫产的"榔梅"被道士们说成"可以长生不老的仙果"，成为皇帝的贡品，严禁私下采摘。李时珍不顾他人的反对，对"榔梅"进行认真研究，发现它只是一种变形后的榆树果实，并没有什么特殊功效。

嘉靖三十一年（1552 年），三十五岁的李时珍为楚王的儿子治好了气厥病。之后他被任为楚王府的奉祠正，兼管良医所事务。几年后他被举荐到京城太医院任职。当时嘉靖皇帝迷信方士，祈求长生，太医院的人员为了迎合皇帝的心意，和方士竞相研制所谓的长生不老之药，将太医院弄得乌烟瘴气。李时珍不愿与这些人同流合污，一年后便辞职回乡。在楚王府和京城太医院的任职时间里，李时珍得以饱览了王府和皇家珍藏的医药书籍，并认识了许多珍贵药材和外国贡献的药物，大大开阔了眼界。这些经历对他日后编撰

《本草纲目》帮助很大。

嘉靖四十年（1561年），四十四岁的李时珍回到湖北老家，着手开始编写《本草纲目》。与此同时，他还坚持为穷苦百姓看病，并多次出外进行实地考察。经过近二十年的努力，直至万历六年（1578年）《本草纲目》才得以脱稿。《本草纲目》全书共52卷，190多万字。此书将药物分为16部，62类，诸家本草所收药物1518种，在前人基础上增收药物374种，共计1892种，辑录药方11096则，同时附有药物形态图1100余幅。

《本草纲目》确立了新的分类方法，打破了自《神农本草经》以来沿袭了上千年的上、中、下三品分类法，以药物的自然属性进行分类。它把矿物性药物分为水、火、土、金四部，将植物性药物分为草、谷、菜、果、木五部，将动物性药物分为虫、鳞、介、禽、兽、人六部，部下又成30类，再向下分成若干种。书中还系统地记述了各种药物的性能，做到纲目有序，条理清晰，"博而不繁，详面有要"。以某种药物的名称为纲，下列具体条目，包括校正、释名、集解、正误、修治、气味、主治、发明、附录、附方等项，叙述甚详。其中以"释名"来说明药物名称的来源和依据，以"集解"来说明药物的产地、形态和采集方法，以"修治"来说明药物的泡制方法，以"气味"来说明药物的性质，以"主治"来说明药物的功效，以"发明"来说明对药物观察、研究以及实际应用中的新经验。

李时珍以科学家的求真精神，在书中纠正了前人书中的许多错误，将药物学的研究提高到新的阶段。《神农本草经》在古代被奉为经典，书中记述水银"久服神仙"。后世医书沿袭了这种观点，晋代葛洪在《抱朴子》一书中也认为水银是"长生之药"，唐甄权言其"还丹元母"，《大明本草》称其"无毒"，因此在六朝之下因服用水银而毙命者不知凡几。李时珍在《本草纲目》一书中批判了这一错误的观点，指出："水银乃至阴之精，禀沉着之性。得凡火煅炼，则飞腾灵变；得人气熏蒸，则入骨钻筋，绝阳蚀脑。阴毒之物无似之者。"

《本草纲目》在临床治疗方面也具有极高的参考价值。书中收载各类附方11096首，涉及内科、外科、妇科、儿科、五官科等，其中仅有2900多首为旧方，其余都是新方。许多方剂效果显著，又简便经济，极具实用性。

《本草纲目》记载了众多的动植物和矿产品种，不仅为我国药物学的发展作出了重大贡献，还对植物学、动物学、矿物学、化学的发展产生了深远的影响。在动植物分类学等许多方面有着突出的成就。李时珍首先提出以植物的形态、特征、生长环境和性能等方面进行分类，这种分类法比西方植物学分类法的创始人林耐还要早一百五十多年。

万历二十一年（1593年），七十六岁的李时珍告别了人世，安葬在湖北省蕲春县蕲州镇竹林湖村。三年后《本草纲目》在南京刊行。万历三十四年（1606 年），《本草纲目》流传到日本，先后出版了两种日文译本。此后《本草纲目》又流传到世界各地，被译成法、德、英、拉丁、俄、朝鲜等十余种文字在国外出版，对世界药物学和植物学的发展产生了积极的影响。早在 1951 年维也纳的世界和平理事会上，李时珍就被列为古代世界名人。《本草纲目》被誉为"东方医药巨典"，英国著名生物学家达尔文也对此书赞誉有加，称其为"中国古代百科全书"。

徐光启和《农政全书》

我国幅员辽阔，土地肥沃，自古以来农业就十分发达。在漫长的封建社会，历朝统治者都以农业为立国之本，广大的农民勤奋耕作，在长年的生产实践中积累了丰富的生产经验，有大量的创造发明。许多研究农业生产技术的学者，对劳动人民的创造发明和生产经验加以整理，留下许多名篇巨著，如北魏贾思勰的《齐民要术》、宋代陈旉的《农书》、元代王祯的《农书》等。到了明代，随着社会经济的高度发达，农业生产又有了新的发展，一部全面总结古今农业生产技术的新农书应时而出，这就是徐光启的《农政全书》。

徐光启，字子先，号玄扈，上海人。他于明嘉靖四十一年（1562 年）出生在一个小地主家庭，卒于崇祯六年（1633 年），是明代杰出的科学家。在他青少年时期，家乡倭寇肆虐，家道中落，他的祖母和母亲不得不靠着"早暮纺绩"来补贴生活。父亲经商失败后，在家务农。他在三十五岁时考取举人，在四十二岁时中了进士，先后在翰林院、詹事府和礼部任职，官至内阁大学士。崇祯时期，政治日益腐败，权臣用事，宦官乱政，使徐光启在仕途上屡遭排挤和打击，在政治上未能有所建树。万历四十六年（1618 年），辽东一带边事严峻。徐光启上疏主张采用西方的科学技术，以加强北部边防，并亲自总结出一套《选练条格》和练兵计划，但不为朝廷采纳。但是作为一个关心国家命运的学者，他以坚忍不拔的精神钻研科学文化，对天文、历法、数学、生物学和农学各方面都具有高深的造诣。

徐光启自幼就经常到农田里干些农活，在考取功名以

徐光启

徐光启，字子先，号玄扈，万历三十二年（1604 年）进士。他除了在农业方面做出重大贡献之外，在天文历法、数学、军事等方面也有突出的成就。

徐光启夫人

徐光启只有夫人吴氏，未置侧室。相传徐光启本来准备纳妾，但在一次与利玛窦谈话之后，就打消了这一想法。

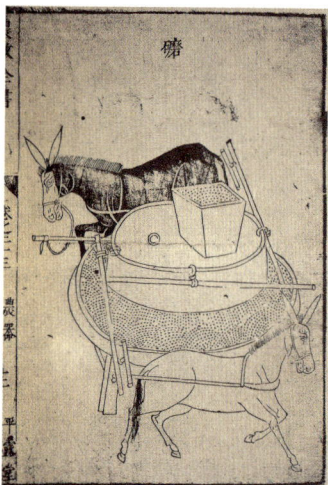

《农政全书》插图
《农政全书》涉猎极广，包括水利、开垦、栽培、蚕桑、牧养、荒政等各个方面，为后人研究明代农事提供了珍贵的资料。

后，虽忙于政事，但一刻也没有忘怀农本。面对明王朝的统治江河日下，徐光启多次向皇帝上奏，陈说根本之计在于农，自号"玄扈先生"，以明重农之志。万历三十五年（1607年）至万历三十八年（1610年），徐光启为父亲居丧三年。在这段时间里，他在家乡进行农业试验，总结出许多农作物种植、引种、耕作的生产经验，写出了《甘薯疏》《芜菁疏》《吉贝疏》《种棉花法》和《代园种竹图说》等农业著作。万历四十一年（1613年）秋至万历四十六年（1618年）闰四月，徐光启又来到天津进行农业试验。天启元年（1621年）他再次来到天津，进行大规模的农业试验，从而写出了《北耕录》《宜垦令》和《农遗杂疏》等著作。这些活动为他日后编撰《农政全书》奠定了坚实的基础。天启二年（1622年），徐光启告病回乡。他不顾年事已高，坚持进行农业试验，同时开始大量搜集、整理资料，以撰写农书。崇祯元年（1628年），徐光启官复原职，此时农书的写作已经初具规模，但他上任后一直奉命忙于负责修订历书，因而没有时间对农书进行最后的定稿工作。在他去世后，这部农书便由他的门人陈子龙等人负责修订，最后在崇祯十二年（1639年），也就是在徐光启去世六年后刻板付印，并定名为《农政全书》。

《农政全书》共60卷，50多万字，分为12目，包括农本、田制、水利、农器、农事、开垦、栽培、蚕桑、牧养、酿造、造屋、家庭日用以及荒政等方面。其中，"开垦"、"水利"和"荒政"是全书最主要的内容，并占了全书将近一半的篇幅，这在前代大型农书中是很少见的。

《农政全书》内容十分丰富，基本上囊括了古代农业生产和人民生活的各个方面，可以说是集古代农书之大成。与前代大型农书相比，此书最主要的特点在于始终贯穿着徐光启的"农政"思想。无论是北魏贾思勰的《齐民要术》，还是元代王祯的《农书》，重点都在于介绍农业生产技术和知识，可以说是纯技术性的农书。《农政全书》在内容上大致分为农政措施和农业技术两部分，前者是全书的纲，后者则是实现纲领的具体措施。徐光启作为地主阶级的有识之士，面对明朝末年的重重危机，曾提出富国强兵的政治主张。他认为农业是百姓衣食的来源，是国家富强的根本，"富国必以本业，强国必以正兵"，积极提倡"农本"思想。正因如此，书中出现了开垦、水利、荒政这样不同寻常的内容，反映了作者的政治主张。以"荒政"为例，在汉代的《氾胜之书》、北魏的《齐民要术》中偶尔也谈到一两种备荒作物，甚至在元代王祯的《农书》中出现"备荒论"，但其篇幅较《农政全书》相比实在是少得可怜。徐光启认为灾荒是引起农民起义的重要原因，在《农政全书》中特别重视"荒政"，共有18卷，其篇幅占全书的三分之一以上。徐光启在"荒政"这部分内容中，对历代救荒政策与措施作了综述，并总结了同自然灾害作斗争的经验，最后还录载了前人所写的《救荒本草》和王磐的《野菜谱》两书中的414种植物，作为灾荒时的粮食代用品。当时西北方有着广阔的荒地，而京师和军队需要的大量粮食则要从长江下游征调，路途遥远，耗费惊人。这些现实现象正是《农政全书》中专门讨论开垦和水利问题的出发点，从某种意义上来说，这也是徐光启写作《农政全书》的宗旨。

徐光启在重视农政的同时并没有忽视农业技术。书中不仅辑录了古代三百多种重要的农业文献，还及时地总结了明朝当代农家以及他本人多年从事农事试验的经验，使一些传统的农业技术和从实践中获得的新经验得以流传和推广。在辑录文献方面，徐光启"大而经纶康济之书，小而农桑琐屑之务，目不停览，手不停笔"，全书征引的文献多达225种，可以说是"杂采众家"。徐光启在大量摘引前人文献的同时，并不是盲目追随古人，卖弄博雅，而是去粗取精，有批判地存录。对于一些迷信之流，他便阙而不录。对于收录的文献，也采用"玄扈先生曰"（相当于今天的"编者按"）的形式提出自己独到的见解与经验，或指出错误，或纠正缺点，或补充不足，这在古农书中是空前绝后的。徐光启用大量的事实对"凡种植必用本地种"的"唯风土论"进行了尖锐的批判，提出"人定胜天"的观点，对引进新的农作物、推广新品种产生了深远的影响。他大力提倡经济作物的种植和推广。书中系统地介绍了长江三角洲地区的棉花栽培经验，如棉花的种植制度、土壤耕作和丰产措施等，其中最为精彩的就是他亲自总结的"精拣核，早下种，深根，短干，稀科，肥壅"的丰产十四字诀。在消灭蝗灾方面，他对历史上发生的大型蝗灾进行了分析，得出了蝗灾"最盛于夏秋之间""涸泽者蝗之原本也"的结论，并通过对蝗虫的细致观察提出了防治办法。此外其他关于农作物栽培种植方面的经验，更是不胜枚举，这使得《农政全书》成为一部名副其实的农业百科全书。

早在万历二十八年（1600年），徐光启便在南京结识了耶稣会意大利人利玛窦。徐光启对利玛窦的学识十分钦佩，两人一见如故，结为知己。万历三十一年（1603年），徐光启再次来到南京，并接受了洗礼，加入了天主教。他向利玛窦请教自然科学方面的知识，深切地认识到国内的知识分子在科举制度和儒学的影响下，轻视实用科学技术，脱离实践，导致国内科学技术落后。为了将西洋先进的自然科学知识介绍到中国，徐光启与利玛窦合作，翻

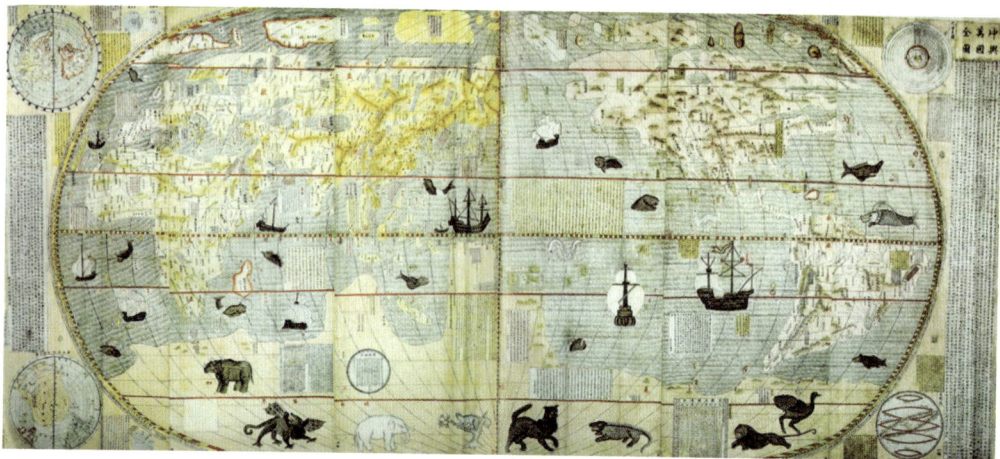

坤舆万国全图

《坤舆万国全图》是万历年间意大利人利玛窦利用西方的研究成果，并结合明代的地理学成就绘制而成的世界地图。该图已经绘有南北美洲、南极洲等，可以算作是当时东亚地区最为详尽的世界地图。

译了欧几里得《几何原本》的前 6 卷，并于万历三十五年（1607 年）定稿出版。此外两人合作无间，共同翻译了《测量法义》《测量异同》等两部应用几何方面的著作。徐光启还单独翻译了水利学著作《泰西水法》。在就任礼部尚书时，他向崇祯皇帝上疏，主张开设历局，修订历法。崇祯皇帝命他为监督，聘请耶稣会士龙华民、罗雅谷、汤若望等人共同修订。在修订历法的工作中，徐光启"上推远古，下验将来"，并亲自参加观测、验算等具体工作。经过多年的艰苦劳动，他完成了 130 多卷的《崇祯历书》的编纂工作。除此之外，他还曾亲自练兵，负责制造火器，著有《徐氏庖言》《兵事或问》等军事方面的著作。

宋应星和《天工开物》

宋应星，字长庚，江西奉新人。他出生于明朝万历十五年（1587 年），约卒于清朝顺治（1644 年—1661 年）末年。他出生于官宦世家，自幼诵习经书。曾祖宋景官至南京工部尚书，对工程技术方面的知识十分精通，曾督修过宫殿。宋应星自幼受家庭影响，对手工业、建筑业和农业方面的知识耳濡目染，为日后的研究创作打下了坚实的基础。

万历四十三年（1615 年），宋应星与兄长一起去参加江西省的乡试，兄弟二人同时中了举人，在乡间传为美谈。此后宋应星先后五次进京参加会试，屡试不中。崇祯七年（1634 年），已届不惑之年的宋应星首次出任江西省分

《天工开物》之锤锚图

《天工开物》是明代宋应星所著的一部综合性的科学技术著作，被誉为"中国17世纪的工艺百科全书"。该图取自《天工开物》，反映了当时锤锚的制作工艺。

宜县教谕（县学的教官）。崇祯十四年（1641年），宋应星升任安徽亳州知府。明朝灭亡后，宋应星弃官返乡，终老山林，卒于顺治末年。

宋应星兴趣广泛，注重实用技术，对农业、手工业、商业等各行各业的状况进行了广泛而深入的调查。作为一个有远见的封建官僚，他注意总结对生产发展有利的科技知识和生产经验。在就任江西省分宜县教谕之时，宋应星写出了享誉中外的科技巨著《天工开物》。此书几经增删，历时三年之久，最后于崇祯十年（1637年）在友人涂伯聚的帮助下刊行于世。

《天工开物》全书共分上、中、下3卷，又按照不同的生产项目细分成18卷。"乃粒第一"，详细记载了粮食作物和部分植物油原料的栽培；"乃服第二"，详细记载了蚕丝棉布的生产；"彰施第三"，详细记载了染料制造技术；"粹精第四"，详细记载了粮食原料的加工；"作咸第五"，详细记载了食盐的生产；"甘嗜第六"，详细记载了糖的制造；"陶埏第七"，详细记载了砖、瓦、陶器的制造；"冶铸第八"，详细记载了金属器物的铸造；"舟车第九"，详细记载了各种车辆、船只的类型、结构和功能；"锤锻第十"，详细记载了金属器物的锻造；"燔石第十一"，详细记载了炭、石灰及各种矿石的烧炼；"膏液第十二"，详细记载了油类的榨取方法；"杀青第十三"，详细记载了造纸

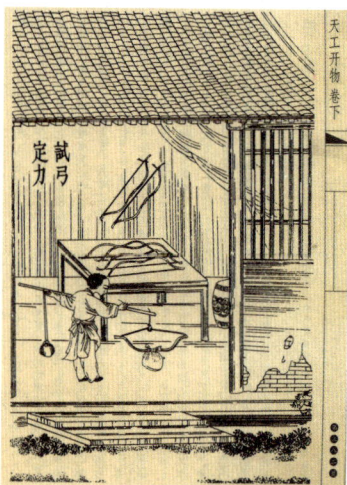

《天工开物》之试弓定力

试弓定力,宋应星在《天工开物》中说:"凡造弓,视人力强弱为轻重。"并指出了当时的一种"试弓定力"的办法,即"凡试弓力,以足踏弦就地,秤钩搭挂弓腰。弦满之时,推移秤锤所压,则知多少。"图中所示即为此法。

方法;"五金第十四"详细记载了各种金属的冶炼技术;"佳兵第十五",详细记载了各种兵器、火药的制造及使用;"丹青第十六",详细记载了各种颜料的制造;"曲蘖第十七",详细记载了酵母剂的制造;"珠玉第十八",详细记载了珠宝玉料的开采。

《天工开物》文字简洁,内容广博,对中国古代(主要是明代)的农业、手工业等方面的科学技术成就进行了全面系统的记叙,为研究明代农业、手工业提供了大量的宝贵资料,是一部内容全面、系统分明、资料翔实、体制宏大的科学著作。宋应星认为自然界中蕴藏着丰富的资源,为人类的生存提供了物质条件,而人类是"万物之灵",能够利用自己的聪明才智开发自然,创造物质财富,因此将此书命名为《天工开物》。在安排内容先后顺序时,他取"贵五谷而贱金玉"之义,将与人民群众日常生活关系较为密切的内容放在前面。

《天工开物》有着重大的科学价值。

第一,它总结了我国先进的农业和手工业生产技术。书中对水稻的记载尤为详尽,不仅介绍了水稻的各种品种,还对浸种、育秧、施肥、耕耙、除草、防虫等一系列种植过程进行了详细的阐述。宋应星还十分注重总结经济作物的栽培经验,对甘蔗等作物的选种、育苗、中耕、培土等方法进行了详细的记述。宋应星还介绍了用杂交优势来改良品种的方法,如在养蚕技术上最先记述"早雄配晚雌"的培育方法,即用不同蚕蛾品种杂交而培育出新的品种。在手工业方面,书中详细记述了灌钢法、炼锌法、铁锚锻造工艺、钢铁拉拔工艺等先进技术。

第二,《天工开物》以科学的态度阐述了自然界和生活中的一些知识,破除了人们的一些迷信观念。例如宋应星详细解释了田野中出现磷火的原因,说明磷火并不是鬼火;说明窑变是原料变质所造成的,并不是什么神秘现象。

第三,《天工开物》注重用数据来说明问题。全书共记录了130多条技术经济数据,对生产工具的规格、尺寸等诸多方面都用数据进行详细说明,有助于人们对当时的生产力水平进行科学的判断。

当然由于时代的局限,《天工开物》也存在一些不足之处。它对一些生产技术的叙述还不够准确,在一些地方还保留着一些迷信的传说。但这只是白璧微瑕,它依然是同时代中世界上不可多得的科学著作,在我国乃至世界科学技术史上都占有重要的地位。大约在17世纪末年,它就流传到日本,深受日本学术界的重视,刻印了多种版本。日本学者对《天工开物》给予了高度

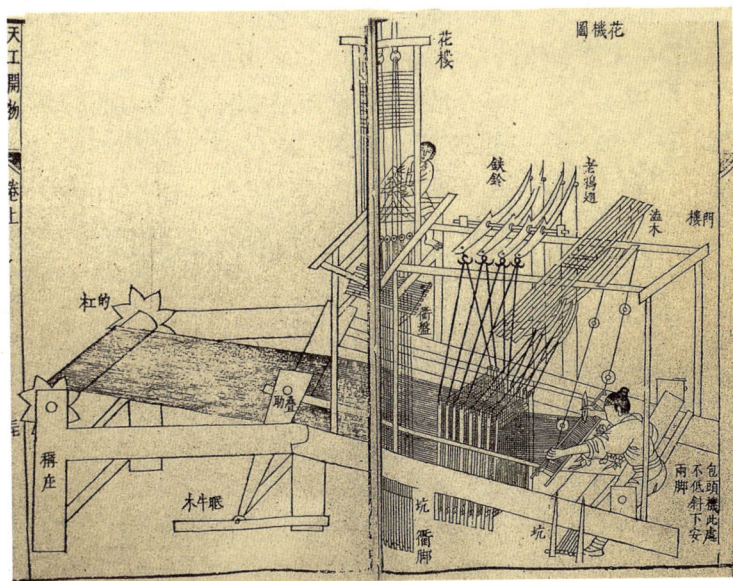

《天工开物》之花机图
明代纺织技术有了很大的发展，在纺织机械的改进上也取得了相当的进步。从图中我们可以了解到当时的花机形式以及人们在花机上劳作的情景。

的评价："作为展望在悠久的历史过程中发展起来的中国技术全貌的书籍，是没有比它更合适的了。"19世纪30年代它被摘译成法文，之后不同文版的摘译本便盛行在欧洲，对欧洲的社会生产和科学研究都产生了深远的影响，成为一本世界性科技巨著。英国著名科学家李约瑟称《天工开物》是"17世纪早期的重要工业技术著作"，还把宋应星誉为"中国的狄德罗"。

徐霞客和《徐霞客游记》

　　徐霞客，本名宏祖，字振之，霞客是他的别号，江苏江阴人。他的祖上世代都是大地主，家境富裕，家中藏书丰富。他自幼勤奋好学，特别喜欢堪舆地志、山海图经等书籍。在青年时代，他也曾参加科举考试，但未能考中，之后便摒弃仕途，立志读书。他"益搜古人逸事，与丹台石室之藏，靡不旁览"，对历史、地理以及游记一类的书籍产生了浓厚的兴趣，被书中所描绘的壮丽山河所深深吸引。同时他对前人所写的地理书中"承袭附会"的做法深为不满，决心实地考察名山大川，探索自然界的奥秘。他对友人说："大丈夫应当朝游碧海，暮到苍梧，怎能一生局促在海疆一隅。"他从二十二岁起，便开始了自己的游历生涯。

　　徐霞客的远大抱负得到母亲王夫人的理解和支持。当徐霞客初次出游太

徐霞客

徐霞客是明朝著名地理学家。他历经三十多年的考察写成了六十余万字的《徐霞客游记》，对我国的地理学研究作出了重要贡献。

湖的时候，她特意为他缝制了一顶"远游冠"以状行色。在此后的三十多年里，徐霞客历经千辛万苦，足迹踏遍大半个中国。在当时的历史条件下，外出旅行有诸多不便。一路上徐霞客跋山涉水，披荆斩棘，常常置身于荒野险僻之处，渴了就喝山泉水，饿了就以野果充饥。为了探寻山川河流的奥秘，他不畏豺狼虎豹，不惧路途艰辛，攀险崖，履绝壁，穿幽谷，探河源，表现出坚定的信念和超人的意志。

他游黄山时，天气寒冷，山崖积雪很深，背阴处还结了许多冰，溜滑难行。他就用手杖凿冰成洞，凿成一个洞，跨一步，再凿一个洞，又跨一步，就这样一步一步地攀上顶峰，得出了"五岳归来不看山，黄山归来不看岳"的著名结论。他还特别留意前人记载中自相矛盾或臆测揣摩的地方，通过亲身考察，得出真实可靠的结论。为了堪明大龙湫湖水的真正源头和雁湖的确切位置，他冒着生命危险多次攀登雁荡山，反复进行实地考察，最后证明了雁湖之水与大龙湫风马牛不相及，纠正了前人志书中"宕在山顶，龙湫之水即自宕来"的错误记载。

徐霞客每次出游，每天都坚持把旅途中的所见所闻和内心感受详尽而生动地记录下来。无论是荒村茅屋，还是山野破庙，他都坚持写作，从未间断。崇祯十三年（1640年），徐霞客因重病缠身，双脚不能行走，被人送回了家乡。他回家后一直卧病在床，无力整理自己的游记。在临危之时，他委托自己的外甥季梦良（字会明）来实现自己的心愿。在季梦良和王忠纫的共同努力下，游记手稿得以成书。可惜的是，此时正是明末战乱之际，大部分《游记》手稿在战火中被焚，季梦良所整理出来的书稿残缺不全。此时世间还流传着数种抄本，但皆有残缺和讹误。之后季会明和李寄（相传是徐霞客的第四子）经过多方努力，去伪存真，才使得这部《徐霞客游记》免于湮灭的命运。

《徐霞客游记》"文字质直，不事雕饰"，被明末学者钱谦益誉为"世间真文字"，具有很高的文学水平。但是更为重要的是《徐霞客游记》还是一部科学巨著，在科学上有着许多贡献。

徐霞客在没有任何政府资助的条件下，纯粹以考察自然为目的，一生寄情于山水，足迹踏遍今天的江苏、浙江、安徽、福建、山东、河北、山西、陕西、河南、江西、广东、广西、湖南、湖北、贵州、云南、北京、天津、上海等十九个省、直辖市、自治区。可以说他将自己的毕生精力全部献给了地理考察事业，是中国古代最负盛名的地理学家。